Entender o judaísmo começa com uma análise dos eventos históricos significativos que moldaram a cultura judaica e com o aprendizado do alfabeto hebraico, das bênçãos, palavras e expressões judaicas.

CONHECENDO O ALFABETO HEBRAICO

Ter uma ideia das palavras hebraicas e de suas pronúncias começa com o alfabeto. Conheça o alfabeto hebraico — os nomes das letras e como pronunciá-las.

Letra	Nome	Som
א	Alef	Silenciosa
ב / ב	Bet / Vet	B / V
ג	Guimel	G (de gato)
ד	Dalet	D
ה	Hê	H
ו	Vav	V
ז	Zayin	Z
ח	Chet	CH (gutural)
ט	Tet	T
י	Yud	Y
כ / ך	Caf / Final	K
כ / ך	Chaf / Final	CH
ל	Lamed	L
מ / ם	Mem / Final	M
נ / ן	Nun / Final	N
ס	Samech	S
ע	Ayin	Silenciosa ou levemente gutural
פ / ף	Pei / Final	P
פ / ף	Fei / Final	F
צ / ץ	Tsadik / Final	TS
ק	Cof	K
ר	Resh	R
ש / ש	Shin / Sin	SH / S
ת	Tav	T
ְ	Shevá	Silenciosa
ִ	Hiriq	I longo
ֵ	Tsere	E longo
ֶ	Segol	É
ָ	Kamats	A
ַ	Patach	A
ֻ / וּ	Kubuts / Shuruk	U
ֹ / וֹ	Holem	O longo

UMA BREVE LINHA DO TEMPO DA HISTÓRIA JUDAICA

Compreender o judaísmo inicia-se com uma análise dos eventos históricos que moldaram a cultura judaica. Veja a seguir uma breve linha do tempo com os principais eventos da história judaica.

Data	Evento
c. 1800 AEC	Abraão e Sara começam a Jornada ao Judaísmo.
c. 1250 AEC	Moisés lidera os hebreus para fugirem da escravidão do Egito.
c. 1000 AEC	O rei Davi une e desenvolve o Reino.
c. 950 AEC	O rei Salomão constrói o primeiro Templo de Jerusalém.
722 AEC	Os assírios destroem o Reino Norte de Israel, dispersando as dez tribos.
586 AEC	Os babilônios derrubam o Reino do Sul, destroem o primeiro Templo, levam os judeus para a Babilônia.
428 AEC	O segundo Templo é dedicado por Esdras e Neemias.
164 AEC	Revolta dos asmoneus contra o governo grego (celebrada em Chanucá).
70	O segundo Templo é destruído pelos romanos.
135	Rebelião de Bar Kochba.
c. 200	Codificação da Mishná.
c. 500	Codificação do Talmud Babilônico.
1492	Os judeus são expulsos da Espanha.
1880	Começam as migrações em massa para a América.
1938	A noite dos cristais (Kristallnacht) dá início ao Holocausto.
1948	Declaração do Estado de Israel.
1972	Primeira ordenação de uma rabina.

Judaísmo
Para leigos

Judaísmo Para Leigos ®

Copyright © 2022 da Starlin Alta Editora e Consultoria Eireli.
ISBN: 978-65-5520-554-1

Translated from original Judaism For Dummies®. Copyright © 2019 by John Wiley & Sons, Inc. ISBN 978-1-119-64307-4. This translation is published and sold by permission of John Wiley & Sons, Inc., the owner of all rights to publish and sell the same. PORTUGUESE language edition published by Starlin Alta Editora e Consultoria Eireli, Copyright © 2022 by Starlin Alta Editora e Consultoria Eireli.

Impresso no Brasil — 1ª Edição, 2022 — Edição revisada conforme o Acordo Ortográfico da Língua Portuguesa de 2009.

Todos os direitos estão reservados e protegidos por Lei. Nenhuma parte deste livro, sem autorização prévia por escrito da editora, poderá ser reproduzida ou transmitida. A violação dos Direitos Autorais é crime estabelecido na Lei nº 9.610/98 e com punição de acordo com o artigo 184 do Código Penal.

A editora não se responsabiliza pelo conteúdo da obra, formulada exclusivamente pelo(s) autor(es).

Marcas Registradas: Todos os termos mencionados e reconhecidos como Marca Registrada e/ou Comercial são de responsabilidade de seus proprietários. A editora informa não estar associada a nenhum produto e/ou fornecedor apresentado no livro.

Erratas e arquivos de apoio: No site da editora relatamos, com a devida correção, qualquer erro encontrado em nossos livros, bem como disponibilizamos arquivos de apoio se aplicáveis à obra em questão.

Acesse o site www.altabooks.com.br e procure pelo título do livro desejado para ter acesso às erratas, aos arquivos de apoio e/ou a outros conteúdos aplicáveis à obra.

Suporte Técnico: A obra é comercializada na forma em que está, sem direito a suporte técnico ou orientação pessoal/exclusiva ao leitor.

A editora não se responsabiliza pela manutenção, atualização e idioma dos sites referidos pelos autores nesta obra.

Dados Internacionais de Catalogação na Publicação (CIP) de acordo com ISBD

F181j   Falcon, Rabino Ted
          Judaísmo Para leigos / Rabino Ted Falcon, David Blatner ; traduzido por Alberto Streicher. – Rio de Janeiro : Alta Books, 2022.
          448 p. ; 16cm x 23cm.

          Tradução de: Judaism For Dummies
          Inclui índice e apêndice.
          ISBN: 978-65-5520-554-1

          1. Religião. 2. Judaísmo. I. Blatner, David. II. Streicher, Alberto. III. Título.

2022-1751   CDD 296.712
                                                   CDU 296

Elaborado por Vagner Rodolfo da Silva - CRB-8/9410

Índice para catálogo sistemático:
1. Religião : Judaísmo 296.712
2. Religião : Judaísmo 26

Produção Editorial
Editora Alta Books

Diretor Editorial
Anderson Vieira
anderson.vieira@altabooks.com.br

Editor
José Ruggeri
j.ruggeri@altabooks.com.br

Gerência Comercial
Claudio Lima
claudio@altabooks.com.br

Gerência Marketing
Andréa Guatiello
andrea@altabooks.com.br

Coordenação Comercial
Thiago Biaggi

Coordenação de Eventos
Viviane Paiva
comercial@altabooks.com.br

Coordenação ADM/Finc.
Solange Souza

Direitos Autorais
Raquel Porto
rights@altabooks.com.br

Produtor da Obra
Thiê Alves

Produtores Editoriais
Illysabelle Trajano
Maria de Lourdes Borges
Paulo Gomes
Thales Silva

Equipe Comercial
Adriana Baricelli
Ana Carolina Marinho
Daiana Costa
Fillipe Amorim
Heber Garcia
Kaique Luiz
Maira Conceição

Equipe Editorial
Beatriz de Assis
Betânia Santos
Brenda Rodrigues
Caroline David
Gabriela Paiva
Henrique Waldez
Kelry Oliveira
Marcelli Ferreira
Mariana Portugal
Matheus Mello

Marketing Editorial
Jessica Nogueira
Livia Carvalho
Marcelo Santos
Pedro Guimarães
Thiago Brito

Atuaram na edição desta obra:

Tradução
Alberto Streicher

Copidesque
Alessandro Thomé

Revisão Técnica
Clarissa Feder
Mestre em Literatura
Hebraica pela USP

Revisão Gramatical
Carolina Palha
Hellen Suzuki

Diagramação
Lucia Quaresma

Editora afiliada à: ASSOCIADO

Rua Viúva Cláudio, 291 – Bairro Industrial do Jacaré
CEP: 20.970-031 – Rio de Janeiro (RJ)
Tels.: (21) 3278-8069 / 3278-8419
www.altabooks.com.br – altabooks@altabooks.com.br
Ouvidoria: ouvidoria@altabooks.com.br

Judaísmo
Para leigos

Tradução da 2ª Edição

Rabino Ted Falcon
e David Blatner

ALTA BOOKS
E D I T O R A
Rio de Janeiro, 2022

Judaísmo
Para leigos

Tradução da 2ª Edição

**Rabino Ted Falcon
e David Blatner**

Dedicatória

Ted: Para minha esposa Ruth e verdadeira companheira amor.
David: Para minha mãe, Bobbie, que sempre me encorajou

ALTA BOOKS
EDITORA

Sobre os Autores

O **rabino Ted Falcon** é um dos pioneiros da espiritualidade judaica dentro do contexto do judaísmo reformista e foi ordenado em 1968, na Union College Hebraica — Instituto Judaico de Religião, em Cincinnati, Ohio, EUA. Obteve doutorado na California School of Professional Psychology, em 1975. É conferencista e professor reconhecido em todo o país e autor de *A Journey of Awakening: A Guide for Using the Kabbalistic Tree of Life in Jewish Meditation* ["Uma Jornada de Despertar: Um guia para usar a árvore cabalística da vida na meditação judaica", em tradução livre]. Desde 2001, o rabino Falcon vem trabalhando com o pastor Don Mackenzie e com o imã Jamal Rahman, conhecidos como os Interfaith Amigos [Amigos Inter-religiosos]. Com eles, escreveu *Getting to the Heart of Interfaith: The Eye-Opening, Hope-Filled Friendship of a Pastor, a Rabbi, and an Imam, and Religion Gone Astray: What We Found at the Heart of Interfaith* ["Chegando ao Coração da Inter-religião: A amizade reveladora e cheia de esperança de um pastor, um rabino e um imã, e a religião perdida: o que encontramos no coração da inter-religião", em tradução livre]. Ele também fundou a Makom Ohr Shalom, uma sinagoga para meditação judaica em Los Angeles, e a sinagoga meditativa Bet Alef Meditative Synagogue em Seattle, ambas nos EUA. É palestrante, escritor e terapeuta espiritual.

David Blatner é autor premiado e best-seller de quinze livros sobre diversos assuntos — de aviação a imagens digitais ao número pi (π). Conhecido por seu estilo de escrita bem-humorada e fácil de ser lida sobre assuntos complicados, Blatner vive em Seattle e teve mais de 500 mil exemplares vendidos e traduzidos para quatorze idiomas. Ele já ministrou seminários na América do Norte, na Austrália, na Ásia, no Oriente Médio e na Europa, e pode ser encontrado online, em inglês, no site 63p.com. O Sr. Blatner sempre foi judeu.

Dedicatória

Ted: Para minhas netas, Ezra e Veronica, com muito amor.

David: Para minha mãe, Barbara, que sempre me encorajou.

Agradecimentos dos Autores

Sabe aquele ditado que diz "Nunca julgue um livro pela capa"? Nossos nomes estão na capa deste livro, mas isso diz apenas parte de uma história muito maior. Gostaríamos de agradecer a nossos muitos professores, amigos, familiares e apoiadores (alguns dos quais estão em mais de uma dessas categorias).

Primeiro, precisamos dar uma salva de palmas para nossas esposas, Ruth Neuwald Falcon e Debra Carlson, cuja paciência e cujo amor transformaram esse processo exaustivo em algo suportável. Obrigado também ao revisor técnico principal da primeira edição, rabino Harry Zeitlin, cuja sabedoria e disponibilidade nunca deixaram de oferecer duas interpretações quando tínhamos espaço apenas para uma. Também fizemos uso dos comentários sábios e da grande ajuda do rabino Yossi Liebowitz e de Arielle Vale.

De igual modo, dezenas de outras pessoas — como David Morgenstern e Gabe Harbs — contribuíram com fatos e números que nos ajudaram imensamente. Obrigado também ao rabino Rami Shapiro e a Aaron Shapiro, nossos ótimos editores técnicos desta segunda edição. Este livro não poderia ter sido produzido sem uma quantidade considerável de cafeína (Ted toma o descafeinado) da Third Place Books, em Lake Forest Park, Seattle. Muito obrigado ao nosso agente, Reid Boates, e ao pessoal da Wiley, incluindo Tracy Boggier e nossa excelente editora, Jennifer Moore.

David: Gostaria de agradecer a David Weinstein (e a sua família) por ter me arrastado à shul [sinagoga] quando criança para comer comidas ótimas, assim como a Lawrence Horwitz, Mordy Golding e Glenn Fleishman por sua inspiração, palavras carinhosas e ajuda ao longo do caminho. Obrigado também aos meus filhos, Gabriel e Daniel, que adoram aprender ao meu lado. E um grande agradecimento ao meu coautor, Ted, cujos ensinamentos profundos e sinceros me ajudaram a ver o judaísmo de uma nova maneira.

Ted: Gostaria de agradecer aos professores e alunos (que geralmente são as mesmas pessoas) que tive ao longo dos anos e especialmente às minhas comunidades em Seattle e em Los Angeles, que me ensinaram o que significa ser um rabino. Meu trabalho como um dos Interfaith Amigos aprofundou minha apreciação pela sabedoria do judaísmo, celebrando ao mesmo tempo as verdades de outras tradições, e sou grato pela presença do pastor Don Mackenzie e do imã Jamal Rahman em minha vida. E continuo sendo profundamente grato pela expertise, pelo humor, pela sabedoria e pela amizade de meu coautor, David Blatner.

Sumário Resumido

Introdução 1

Parte 1: Em que os Judeus Acreditam 9

CAPÍTULO 1: Engraçado, Você Não Parece Judeu: Quem É Judeu e por quê 11

CAPÍTULO 2: É Tudo Um: Judaísmo e Deus 25

CAPÍTULO 3: Uma Torá Infinita: O Desdobrar de uma Tradição 37

CAPÍTULO 4: Um Caminho de Bênçãos: O Judaísmo como Prática Diária 49

CAPÍTULO 5: O Misticismo Judaico 73

CAPÍTULO 6: Desafios Éticos 93

Parte 2: Do Ventre ao Túmulo: O Ciclo da Vida 109

CAPÍTULO 7: No Princípio: Nascimento e Bris 111

CAPÍTULO 8: A Maioridade: Bar e Bat Mitzvá 121

CAPÍTULO 9: Leve-me à Chupá a Tempo: Casamentos 129

CAPÍTULO 10: Passando pelo Vale: A Sombra da Morte 141

Parte 3: Um Panorama da História Judaica 155

CAPÍTULO 11: Deixe Meu Povo Ir: De Abraão ao Êxodo 157

CAPÍTULO 12: Os Reis de Israel: O Primeiro Templo 171

CAPÍTULO 13: Unidos pelo Exílio: O Segundo Templo 179

CAPÍTULO 14: Os Exílios Continuam: O Primeiro Milênio 189

CAPÍTULO 15: O Maior Horror, o Maior Triunfo 201

CAPÍTULO 16: Judeus Budistas e Outros Desafios da Nova Era 219

CAPÍTULO 17: O Problema do Antissemitismo 229

Parte 4: Celebrações e Dias Sagrados 241

CAPÍTULO 18: Um Gostinho do Paraíso: Shabat 243

CAPÍTULO 19: Que Venha o Novo: Rosh Hashaná 261

CAPÍTULO 20: Ficando Sério: Yom Kipur 275

CAPÍTULO 21: O Grande Céu Aberto: Sucot 287

CAPÍTULO 22: Buscando a Luz em Tempos Escuros: Chanucá 297

CAPÍTULO 23: Celebrando a Renovação: Tu Bishvat 309

CAPÍTULO 24: O "Carnaval" Judaico: Purim 315

CAPÍTULO 25: Do Lamento ao Júbilo: Pessach 325

CAPÍTULO 26: O Esplendor da Natureza: Shavuot 351

CAPÍTULO 27: Um Dia de Luto: Tishá BeAv 363

Parte 5: A Parte dos Dez 367

CAPÍTULO 28: Dez Pessoas que Ajudaram a Moldar o Judaísmo 369

CAPÍTULO 29: Respostas a Dez Perguntas Comuns sobre o Judaísmo........377

Parte 6: Apêndices 391

APÊNDICE A: Oy Vey! e Outras Palavras que Você Precisa Saber 393

APÊNDICE B: Uma Amostra das Orações e Bênções Judaicas 405

APÊNDICE C: Agora Vá e Aprenda 415

Índice 421

Sumário

INTRODUÇÃO...1
   Sobre Este Livro...1
   Convenções Usadas Neste Livro..............................2
      Pronunciando palavras judaicas........................2
      Sobre as traduções...................................3
   Penso que...4
   Como Este Livro Está Organizado.............................5
      Parte 1: Em que os Judeus Acreditam...................5
      Parte 2: Do Ventre ao Túmulo: O Ciclo da Vida..........5
      Parte 3: Um Panorama da História Judaica..............5
      Parte 4: Celebrações e Dias Sagrados..................5
      Parte 5: A Parte dos Dez..............................6
      Parte 6: Apêndices...................................6
   Ícones Usados Neste Livro...................................6
   De Lá para Cá, Daqui para Lá................................7

PARTE 1: EM QUE OS JUDEUS ACREDITAM.....................9

CAPÍTULO 1: Engraçado, Você Não Parece Judeu: Quem É Judeu e por quê..................................11
   A Tribo Judaica..12
      O que significa o nome?..............................12
      Judeus em toda parte.................................13
      Quem decide se você é judeu?.........................13
      É um mundo pequeno, afinal...........................14
   Principais Galhos da Árvore.................................16
      Judeus ortodoxos....................................16
      Denominações dissidentes.............................19
   Adivinha Quem É Judeu Também?!.............................23

CAPÍTULO 2: É Tudo Um: Judaísmo e Deus....................25
   Refletindo sobre as Crenças Judaicas a Respeito de Deus.....26
      Uma religião de atos, não de credos...................26
      Argumentando com Deus...............................26
      Onde Deus está......................................27
   Chamando um Deus por Vários Nomes.........................27
      O que há em um nome?................................28
      O nome divino de quatro letras.......................28
      O Ser singular escondido no plural....................29
      O nome próprio de Deus..............................29
      Não há fim para os nomes de Deus.....................30

Olhando por Detrás do Nome. 31
    Deus cria. 31
    Deus revela. 32
    Deus redime 34
Embarcando em uma Jornada Rumo à Realidade Definitiva 35

CAPÍTULO 3:

Uma Torá Infinita: O Desdobrar de uma Tradição 37

Torá: A Luz que Nunca Se Apaga 37
    Os Cinco Livros de Moisés. 38
    As leituras semanais 39
O TaNaKH: A Bíblia Hebraica 40
    Nevi'im ("Profetas"). 41
    Ketuvim ("Escritos"). 42
    A Haftará. 42
    Interpretando a Bíblia 43
Uma Revolução Oculta: A Torá Oral. 43
    A lei da terra: A Mishná. 45
    Os ensinamentos explicados: O Talmud 46
    Contando histórias: O Midrash. 47
A Torá em Expansão. 48

CAPÍTULO 4:

Um Caminho de Bênçãos: O Judaísmo como Prática Diária. 49

Conectando-se com Deus e com a Comunidade pela
  Prática: As Mitzvot 50
    613 hábitos de pessoas altamente eficazes. 51
    As mulheres e as mitzvot 52
    Os motivos das mitzvot. 53
Conectando-se com Deus e com a Comunidade pelas
  Bênçãos e Orações 54
    Adoração particular 57
    O serviço de adoração comunitária 57
Indo à Sinagoga 60
    Quatro coisas presentes em todas as sinagogas 61
    Quem é quem na sinagoga 62
Seguindo as Leis Dietéticas Judaicas: Guia Rápido para
  a Comida Kosher 63
    Os motivos por trás do kosher. 65
    OU significa OK para a maioria. 66
Purificando o Espírito: Ritos e Rituais 66
Vestindo-se para Deus: Hábitos do Vestuário Judaico 67
    O yarmulke. 68
    Franjas e xales. 69
    E as atarás como sinal: Colocando tefilin. 70

xii   Judaísmo Para Leigos

O Lar Judaico 71
Em cada batente: A mezuzá 71
O extraordinário candelabro: A menorá 72
Portanto, Agora Vá e Viva 72

CAPÍTULO 5: **O Misticismo Judaico** 73
Mergulhando no Misticismo Judaico 73
Em que os místicos tendem a acreditar 74
A cabalá 74
Fazendo um Tour Místico Mágico 76
Primeiros textos místicos 76
Isaac Luria, o sábio de Safed 78
Israel ben Eliezer, o bom mestre 80
Ao Infinito e Além: A Meditação Judaica 81
Seguindo Mapas para a Compreensão: Imagens e Símbolos . . .83
A Árvore da Vida 84
As dez sefirot 87
Os Quatro Mundos 90
Os cinco níveis da alma 91

CAPÍTULO 6: **Desafios Éticos** 93
Indo à Essência da Coisa 94
A Regra de Ouro 94
Expressões de Deus 94
Tikun olam 96
Encarregados para agir 96
Encontrando a Intersecção entre Retidão e Caridade 97
Resolvendo o Problema dos Outros 98
Desafios Intra e Interconfessionais 99
Abraçando Nossa Sexualidade 100
Visões místicas da união sexual 101
Controle de natalidade e aborto 102
Homossexualidade 102
Relações proibidas 103
Encontrando um Caminho para a Paz 103
Interrompendo o ciclo 104
Respeitando os Animais e o Ambiente 106
Bal tashchit: Não destrua 106
Tza'ar ba'alei kayim: Trate as criaturas vivas
com dignidade 107
Esforçando-nos pelo tikun olam 108

Sumário xiii

PARTE 2: DO VENTRE AO TÚMULO: O CICLO DA VIDA 109

CAPÍTULO 7: **No Princípio: Nascimento e Bris**................... 111

Fazendo o Corte: Circuncisão Ritual 112
- Sabendo quem está envolvido.......................... 113
- Aderindo aos rituais e às cerimônias 113
- Fazendo a escolha 115

Agradecendo a Deus pelas Garotinhas 116
Jogando o Jogo dos Nomes 117
Comprando o Primogênito de Volta 120

CAPÍTULO 8: **A Maioridade: Bar e Bat Mitzvá**................... 121

Preparando-se para o Grande Dia.......................... 122
Celebrando o Bar/Bat Mitzvá.............................. 123
- Lendo o Bom Livro.................................... 123
- Discurso, discurso!................................... 124
- Um momento a ser celebrado 126
- Celebrando já adulto................................. 127

Confirmando Suas Crenças 128

CAPÍTULO 9: **Leve-me à Chupá a Tempo: Casamentos** 129

Analisando as Origens do Casamento Judaico 130
Preparando-se para a Cerimônia 131
Curtindo a Cerimônia de Casamento 132
- Erguendo a chupá 132
- Bebendo o fruto da vinha 133
- Trocando os anéis 134
- Compartilhando as sete bênçãos 134
- Quebrando o copo.................................... 135
- Registrando por escrito 136
- Curtindo momentos sagrados, antes e depois 136

Obtendo o Guet: Divórcio................................. 137
- Passando pelo divórcio................................ 139
- Deparando-se com problemas raros 140

CAPÍTULO 10: **Passando pelo Vale: A Sombra da Morte**......... 141

Planejando-se para a Morte............................... 142
- Escrevendo um testamento ético 142
- Fazendo confissões finais.............................. 143
- Recitando palavras de despedida 143

Organizando o Funeral 145
- Retornando à terra 145
- Preparando o corpo 147
- Participando do funeral e do enterro................... 148

Observando o Período de Luto. 150
    A primeira semana após o funeral 150
    O primeiro mês e ano. 151
Recitando o Kadish. 152
Relembrando os Mortos 154

PARTE 3: UM PANORAMA DA HISTÓRIA JUDAICA. 155

CAPÍTULO 11: Deixe Meu Povo Ir: De Abraão ao Êxodo 157

A Gênese de um Povo 159
    Começos de um caminho 159
    A geração seguinte. 160
    Quem ganha a bênção? 161
    Lutando com Deus. 162
O Filho Também Ascende. 163
    Interpretando sonhos. 164
    Um sonho se realiza 165
A Escravidão e o Êxodo 166
    Nasce uma estrela 167
    Já chegamos?. 168
Entrando na Terra Prometida 169

CAPÍTULO 12: Os Reis de Israel: O Primeiro Templo 171

Encontrando o Cara Certo para Ser o Rei 172
Continuando a Guerra e a Paz 173
    No palco, entra Davi. 173
    Mágica e desordem 174
Vivendo sob o Leão de Judá. 174
    A sabedoria de Salomão. 176
    Construindo o templo. 176
Contando um Conto de Dois Reinos 177
A Queda do Primeiro Templo 178

CAPÍTULO 13: Unidos pelo Exílio: O Segundo Templo 179

Encontrando um Lar Longe de Casa. 180
    Nada como estar em casa 180
    Construindo e reconstruindo 181
Está Falando Grego?! 181
    Tempos de paz e guerra. 182
    O último imperador. 182
Cada um para Seu Lado 183
Todos os Caminhos Levam a Roma. 183
Um Edifício Complexo 184
    Não um, mas muitos messias. 185
    Morte e desmembramento. 185
Seitas e Violência. 186

Sumário   XV

CAPÍTULO 14: **Os Exílios Continuam: O Primeiro Milênio**........ 189

Guardai-vos, o Fim Se Aproxima!.......................... 190
    Revoluções e messias................................ 190
    O surgimento do Talmud............................. 191
Fugindo de Roma 192
Judeus sob o Islã.. 193
    Segunda classe é melhor que classe nenhuma.......... 194
    A ascensão do Gaon................................. 195
    Tudo que brilha é ouro............................... 195
Deixe Meu Povo Ficar: Prosperidade e Perseguição.......... 196
    Ofereça a outra face................................. 196
    Pegue o dinheiro e fuja.............................. 197
O Reinado na Espanha 198
    Ninguém esperava a Inquisição espanhola 199
    Cristianismo ou prisão............................... 199

CAPÍTULO 15: **O Maior Horror, o Maior Triunfo**.................... 201

Quando a Polônia Era o Centro 202
    Quatro terras, um povo 202
    O massacre de Chmielnicki 202
O Despontar de uma Nova Era............................. 203
    O Iluminismo....................................... 203
    A questão da cidadania 204
Passando dos Limites 205
Respostas ao Iluminismo 205
    Reforma.. 206
    Mudar ou não mudar 207
O Surgimento do Nacionalismo e do Racismo 207
    O retorno das políticas antijudaicas 208
    Os pogroms 208
Ficando Pior e Pulando Fora 209
    Passagem para a Palestina 209
    Quase lá 210
    A subida de Hitler ao poder........................... 210
O Holocausto 211
    Pouco demais, tarde demais.......................... 211
    A guerra contra os judeus............................ 212
    Os campos de morte................................. 213
    A queda do Terceiro Reich............................ 214
Fundando um Novo Estado Judeu 215

CAPÍTULO 16: Judeus Budistas e Outros Desafios da Nova Era 219

À Sombra do Holocausto 219

Os Lados Bom e Ruim da América 220

Você será assimilado 220

O povo que escolhe 221

Os Judeus como Professores Espirituais de Outras Tradições 222

Não sabia que os judeus faziam isso! 222

Encontrando paralelos 223

A Nova Espiritualidade Judaica 224

Judeu contra Judeu contra Judeu 225

Quem é judeu 225

Não conseguimos resolver isso? 226

Considerando o Futuro do Judaísmo 227

CAPÍTULO 17: O Problema do Antissemitismo 229

Recontando o Incompreensível 230

Temendo uma Proporção Desconhecida: As Origens do Ódio 232

Explodindo Crenças Falsas e Perigosas 233

Crença 1: Os judeus mataram Jesus 233

Crença 2: Há uma conspiração judaica internacional 234

Crença 3: Os judeus praticam assassinatos rituais 235

Antissemitismo na literatura e na arte 236

Da Religião à Raça: Antissemitismo nos Tempos Modernos ... 237

Israel e o antissemitismo 238

A cor do antissemitismo 238

Antissemitismo do século XXI 240

Rumo à Cura 240

PARTE 4: CELEBRAÇÕES E DIAS SAGRADOS 241

CAPÍTULO 18: Um Gostinho do Paraíso: Shabat 243

Entendendo o Shabat 244

Shabat: Restrição ou Alívio? 244

Sabendo que trabalho evitar 245

Descobrindo o que é o suficiente 245

Redefinindo as regras 246

Fazendo o que pode no Shabat 247

Recepcionando o Shabat 247

Acendendo as velas 248

Recitando as bênçãos sobre a família, o vinho e o pão 249

Comendo a refeição 252

Participando dos serviços da noite de Shabat 255

A manhã irrompeu 255

Sumário xvii

Dizendo Tchau ao Shabat............................ 256
Vinhos e velas 257
Açúcar, especiarias e tudo de bom.................. 258
Os Aspectos Universais do Shabat..................... 259

CAPÍTULO 19: Que Venha o Novo: Rosh Hashaná 261
Um Dia para Fazer Julgamentos 262
O Livro da Vida: Recomeçando tudo................. 263
Teshuvá: Voltando aos trilhos..................... 264
O Plano de 40 Dias................................. 264
Os dias de Elul................................ 265
Preparativos: Selichot 265
Celebrando o Rosh Hashaná.......................... 266
O machzor: O livro de orações das Grandes Festas....... 268
Tocando o chifre.............................. 269
Tashlich 270
Os Dez Dias de Temor.............................. 271
Limpando sua casa espiritual 271
Kaparot 273
Começos Reais Significam Mudanças Reais 273

CAPÍTULO 20: Ficando Sério: Yom Kipur 275
O Yom Kipur Significa Sempre Ter que Dizer Me Desculpe ... 276
Buscando o perdão divino......................... 276
Arrependendo-se 277
Celebrando o Yom Kipur............................ 278
Jejuando, mas devorando a negatividade 279
Seguindo a jornada de um longo dia 280
Preparando-se para o Yom Kipur 280
Considerando o Kol Nidre: O serviço da noite.......... 281
Lendo e se ajoelhando 283
Honrando a Luz do Yom Kipur 285

CAPÍTULO 21: O Grande Céu Aberto: Sucot 287
Um Dia de "Ação de Graças" Judaico..................... 288
Agradecendo 288
Espírito aventureiro: Construindo a sucá 289
Guia para o Sucot 289
Uma sucá nasce a cada minuto 289
Balançando o lulav e o etrog...................... 291
Shemini Atzeret 294
Simchat Torá.................................... 294

CAPÍTULO 22: Buscando a Luz em Tempos Escuros: Chanucá 297

Acendendo uma Luz na Noite Mais Escura 297

A Boa Luta: O que o Chanucá Celebra 298

Os dois livros dos Macabeus 298

Judá desce o martelo 299

A história do milagre do óleo 299

Os Macabeus são recompensados 300

Abraçando os Costumes do Chanucá 300

Acendendo as velas 301

Bênçãos para o momento 303

Lembrando-se do óleo: Deliciosas frituras 303

Girando o sevivon 305

Presentear ou não presentear 306

Ganhando o Real Presente de Chanucá: A Renovação
Pessoal 307

CAPÍTULO 23: Celebrando a Renovação: Tu Bishvat 309

Dando Dízimos de Frutos da Terra e do Espírito 310

Um Sêder da Fruta e do Vinho 310

Tente Isto em Casa 312

Jardineiros Iluminados 313

Uma Árvore Imortal 313

CAPÍTULO 24: O "Carnaval" Judaico: Purim 315

Purim: Baseado em uma História Real (Mais ou Menos) 315

Tudo começa com uma rainha banida 316

No palco, Ester 316

Haman entra em cena 317

O grande erro de Haman 317

A batalha final 318

Por que o Purim Sobreviveu 319

A persistência da perseguição 319

Dentro e fora de você 319

Solte os Fogos: Celebrando o Purim 320

Lendo o livro de Ester — A meguilá completa 320

Festejando e se fantasiando 321

Dando o presente dos doces 322

Lembrando-se dos pobres 324

Outras tradições: O Jejum de Ester 324

Trazendo a Escuridão à Luz 324

Sumário xix

CAPÍTULO 25: **Do Lamento ao Júbilo: Pessach** 325

Analisando os Motivos Subjacentes ao Pessach 326

Este Alimento Pode, Aquele Não 327

Kosher para Pessach................................ 327

O simbolismo das restrições do Pessach 328

Começando do Início: Preparando-se para o Pessach........ 329

Eliminando o chametz................................ 330

Doando para a caridade no Pessach 331

O Sêder: Fácil como Contar de 1 a 10.................... 332

A hagadá: O pequeno manual de instruções
do Pessach................................... 332

Olha só quem vem para o jantar! 333

A mesa preparada 334

Passos do sêder 339

Novas tradições: A taça de Miriam 345

Um Momento para Pensarmos sobre a Liberdade........... 345

É tudo uma questão de escolha........................ 346

Dayenu: Tanta gratidão............................. 347

Só Acaba com o Ômer................................ 347

Raízes agrícolas................................... 347

O mágico e místico sete 348

Yom HaShoá 349

Dia da Independência Israelense...................... 349

Lag BaÔmer...................................... 350

Os Temas Universais em Pessach 350

CAPÍTULO 26: **O Esplendor da Natureza: Shavuot** 351

As Ideias por Trás de Shavuot........................... 352

Recebendo a Torá 352

Reunindo-se no Sinai............................... 353

Sintonize-se hoje!................................. 354

Anunciai pelas montanhas........................... 354

Contando histórias................................. 355

Buscando Novos Rituais 356

Fazendo uma noitada mística......................... 356

Decorem o salão................................... 357

Tomou? 358

Lendo Rute...................................... 360

Tradições não tradicionais........................... 361

Novo Despertar 362

CAPÍTULO 27: Um Dia de Luto: Tishá BeAv 363

Jejuando, Lendo e Refletindo 364

O Tishá BeAv Atualmente 365

Tu BeAv: Libertação para a Alegria 366

PARTE 5: A PARTE DOS DEZ 367

CAPÍTULO 28: Dez Pessoas que Ajudaram a Moldar o Judaísmo 369

Hilel 370

Rashi 370

Maimônides 371

Yossef Caro 371

Isaac Luria 372

Baal Shem Tov 373

Henrietta Szold 373

Abraham Isaac Kook 374

Martin Buber 375

Abraham Joshua Heschel 376

CAPÍTULO 29: Respostas a Dez Perguntas Comuns sobre o Judaísmo 377

Por que os Judeus Não Acreditam em Jesus? 377

O que Significa Ser o Povo "Escolhido"? 378

Por que Israel É Tão Importante para os Judeus? 379

Por que Há Tantos Médicos, Advogados e Artistas Judeus? ... 379

Qual É o Papel das Mulheres no Judaísmo? 380

O que É o "Humor Judaico"? 381

Autoexame: Tente isso em casa! 382

Britânico no ornamento, iídiche no pensamento 384

Qual Papel a Música Desempenha na Cultura Judaica? 385

Quem Comanda o Judaísmo? 386

Posso Me Converter ao Judaísmo? 387

Qual É a Relação entre o Judaísmo e o Islã? 388

PARTE 6: APÊNDICES 391

APÊNDICE A: Oy Vey! e Outras Palavras que Você Precisa Saber 393

Uma Cartilha de Palavras Básicas 393

Iídiche, Inglídiche e Portuguídiche, Oy! 397

APÊNDICE B: Uma Amostra das Orações e Bênçãos Judaicas 405

O Foco Central: Shemá e Veahavtá 406

Primeira Coisa pela Manhã............................. 407

Última Coisa pela Noite................................ 407

Bênçãos Úteis Diversas................................ 408

Bênçãos para a comida 408

Bênçãos que fazem momentos especiais............... 410

Bênçãos para atos rituais.......................... 411

Bênçãos como lembretes e ensinamentos.............. 413

APÊNDICE C: Agora Vá e Aprenda 415

Livros para o Povo do Livro 415

Nas Bancas 417

Algumas Organizações Judaicas 418

Ações educacionais e sociais 418

Caridades 418

Judaísmo na Internet 419

ÍNDICE 421

xxii **Judaísmo Para Leigos**

Introdução

Estamos maravilhados com a quantidade de pessoas que passaram a se interessar pelo judaísmo em anos recentes. Algumas delas estão em busca de conexões significativas com o passado. Outras têm o desejo de compreensão e rituais mais profundos, um anseio por algo precioso para legarem a seus filhos, que seja emocionalmente gratificante e traga amor para a vida. Para muitos judeus (e não judeus também), isso significa explorar a rica complexidade do judaísmo — alguns na descoberta da religião, outros reexaminando as tradições perdidas ou esquecidas de sua juventude.

Para os não judeus, esse interesse talvez acompanhe uma percepção cada vez maior da significância do judaísmo como fonte e inspiração para Jesus e para o "Antigo Testamento". Parece que hoje em dia as pessoas estão mais abertas para apreciar a profundidade do judaísmo sem o ver como uma ameaça às outras fés.

Para os judeus, tal ressurgência de interesse talvez provenha de uma comunidade que está se recuperando dos horrores do Holocausto e redescobrindo que a fé e a prática ainda existem. Certamente, muito do interesse se origina na percepção cada vez maior de que o judaísmo tem muito a oferecer nos âmbitos místico, meditativo e espiritual.

Sobre Este Livro

O problema para muitas pessoas interessadas pelo judaísmo é que a vasta maioria dos livros judaicos disponíveis atualmente trata de um assunto específico com muita profundidade (como trezentas páginas apenas sobre a festa de Sucot), ou aborda o judaísmo sob uma perspectiva ortodoxa ("Estas são as 613 coisas que você *deve* fazer se sabe o que é bom para você"). Para nós, não há nada de errado com essas abordagens, mas queremos oferecer algo diferente. Acreditamos que mesmo um assunto tão profundo e importante como o judaísmo pode ser algo divertido de ler. E, quanto mais se aprende sobre o assunto, mais divertido fica.

Com isso em mente, oferecemos a você o *Judaísmo Para Leigos*. Não importa por que está aqui — seja por interesse na religião, na espiritualidade, na cultura ou nas tradições étnicas —, este livro lhe proporciona um vislumbre do judaísmo que você nunca viu antes e que o ajudará a entender toda a empolgação envolvida.

Ainda melhor é que organizamos todas essas informações importantes em capítulos fáceis de serem lidos, organizados em blocos de fácil acesso.

Convenções Usadas Neste Livro

Ao longo do livro, usamos algumas convenções, e pode levar um tempinho até que você se acostume com elas. Primeiro, quando falamos de datas, não usamos a.C. e d.C, pois essa notação é baseada na teologia cristã. Nós usamos AEC ("Antes da Era Comum") e EC ("na Era Comum").

Também nos esforçamos ao máximo para não atribuir um gênero a Deus. Como descrevemos no Capítulo 2, o judaísmo deixa muito claro que Deus não é masculino nem feminino. No entanto, quando sentimos que algo está sendo perdido por não usarmos pronomes masculinos ou femininos, eles permanecem.

Além disso, para ajudá-lo a navegar pelo livro, conforme começa a explorar o mundo do judaísmo, usamos as seguintes convenções:

» O texto *em itálico* destaca novas palavras e termos definidos. As palavras em hebraico ficam em itálico na primeira vez que as definimos e, nas próximas ocorrências do termo, voltam à fonte regular.

» O texto **em negrito** indica palavras-chave em listas de tópicos e as partes de ação nos passos numerados.

» O texto `nesta fonte` destaca um endereço de internet.

Pronunciando palavras judaicas

Não dá para ler algo sobre o judaísmo sem se deparar com o idioma hebraico, e incluímos diversas palavras nesse idioma ao longo do livro. No entanto, há algumas coisas que você precisa saber sobre a leitura em hebraico. Por exemplo, ela é feita da direita para a esquerda.

Cha, Kha, Ra!

A língua hebraica não tem o som de "tch" ou "ch", como na palavra "tchau", em português. Esse som simplesmente não existe!

Mas em hebraico há um som gutural, de ar passando pela garganta, como na palavra "rádio" (com o "ra" feito na garganta, e não com a língua). Na maioria dos casos, *transliteramos* ("soletramos como deve se dizer") esse som com as letras "ch". No entanto, para algumas palavras que são mais conhecidas, como "Shekhinah" e "Tanakh", usamos o "kh", pois é assim que são grafadas em geral. Embora usemos as letras "ch" para elas, você deve usar o som gutural ao ver essas palavras, como "Chanucá" [ranucá] ou "challah" [ralá].

2   Judaísmo Para Leigos

O iídiche — a mistura leste europeia de hebraico, alemão e idiomas eslávicos — *tem* o som "tch", e de vez em quando incluímos palavras que usam esse som (como "boychik" e "kvetch"). Nessas poucas instâncias, informaremos qual pronúncia usar.

Você diz Tomate, eu digo Tomasse

Há uma letra no alfabeto hebraico que os judeus ashkenazim [asquenazitas, ou asquenazes] tradicionalmente pronunciam "sav", e os judeus sefaradim [sefarditas] pronunciam "tav". O resultado é que muitas palavras podem ser pronunciadas corretamente de duas maneiras. Por exemplo, *Shabat* e *Shabos* estão ambas corretas. O hebraico israelita moderno segue a tradição dos sefaradim (com a pronúncia "t"), mas muitos descendentes de judeus do Leste Europeu preferem o som "s".

Neste livro, quase sempre usamos a pronúncia israelita moderna. Se lhe for mais confortável dizer "bris" (em vez de "brit"), "Shavuos" (em vez de "Shavuot") ou "Bereshis" (em vez de "Bereshit"), não precisa ligar para a editora reclamando — apenas faça a troca em sua mente.

Observe também que os israelenses tendem a colocar a tônica de uma palavra na última sílaba, quando os ocidentais tendem a colocá-la em uma sílaba antes. Então, você ouvirá "Sha-vu-*ót*" em vez de "Sha-*vu*-ós", ou "ma-*zál* tov" em vez de "*má*-zel tov".

Pronunciando as vogais

As vogais hebraicas são pronunciadas praticamente como em português: *a* é pronunciada "a" [não "ã"], *e* fica "é, ou ê", *i* é "i", *o* é "ô" e *u* é "u". Por exemplo, *Magen David* (a estrela de Davi) é pronunciada "ma-*guên* da-*vid*" e *Tikun Olam* ("o reparo do mundo") fica "ti-*kun* ô-*lam*". Sempre que possível, incluímos as chaves de pronúncia ao longo do livro.

Sobre as traduções

Traduzir de um idioma para outro sempre requer interpretação e consenso. As traduções de hebraico que verá neste livro — que nós mesmos fizemos ou que vieram de fontes judaicas tradicionais — podem ser significativamente diferentes daquelas em outros livros. Caso encontre traduções diferentes para o mesmo texto, há uma boa chance de que ambas estejam certas, dependendo de sua perspectiva, e que há lições a serem aprendidas nas duas versões.

Penso que...

Ao escrever este livro, presumimos que nossos leitores não saibam nada sobre os judeus e o judaísmo. Com vistas nisso, explicamos todos os rituais, ideias e termos que você precisa saber, de forma que entenda mesmo se estiver lendo sobre essas coisas pela primeira vez.

De fato, em termos de judaísmo, ser um "leigo" não é apenas algo tolerado — é ativamente encorajado, e o tem sido há mais de 2 mil anos. A cada primavera, durante o feriado chamado Pessach (a Páscoa judaica — veja o Capítulo 25), judeus de todo o mundo releem um livro chamado de *Hagadá*. O livro conta a história de como os hebreus escaparam da escravidão egípcia, há cerca de 3.300 anos, e suplementa a história com vários outros poemas, canções e fábulas, incluindo uma sobre os quatro filhos:

» O filho "sábio" busca a profundidade e o significado na história de Pessach, tentando encontrar conexões e verdades espirituais escondidas no feriado.

» O filho "malvado", cuja natureza rebelde requer explicações detalhadas para tudo, exige que os rituais do feriado sejam relevantes para a própria vida.

» O filho "simples" apenas sorri e fala: "Diga-me o que fazer e o farei." Ele quer saber o como, não o porquê, encontrando um conforto profundo nos rituais em si.

» O "leigo", ao qual o título deste livro faz referência, é o quarto filho. Ele deseja conhecimento, mas não sabe por onde começar. A *Hagadá* descreve o quarto filho apenas como "aquele que não sabe o suficiente para fazer uma pergunta".

Centenas de rabinos ensinam que *todos* esses filhos vivem dentro de cada um de nós e que devemos celebrá-los todos — especialmente o leigo interno.

Este livro é projetado para todos os seus quatro filhos internos. Algumas vezes, talvez você diga: "Olha, só quero saber como fazer este ritual." Então descrevemos os rituais e lhe damos um passo a passo com as instruções. Outras vezes, talvez você bata o pé e diga: "O que é esta tradição? Como é relevante para mim?" Tudo bem! Às vezes todo mundo precisa expressar certa rebeldia, então analisamos também essas coisas no livro.

Caso seja um buscador sábio e experiente, com um anseio pela conexão, também encontrará joias em cada capítulo deste livro. Em última instância, esperamos que leia o livro a partir da perspectiva aberta e honestamente curiosa da "mente iniciante" do leigo, que o deixa receptivo para um aprendizado mais profundo.

Como Este Livro Está Organizado

Para poder extrair o máximo do livro de forma rápida e eficiente, organizamos o conteúdo em partes, cada uma com o próprio tema.

Parte 1: Em que os Judeus Acreditam

Começamos explorando os diferentes grupos dentro da comunidade judaica, como os ashkenazim e os sefaradim, e as denominações, como ortodoxos, da reforma, e assim por diante. Depois, nosso foco passa às duas questões mais importantes no judaísmo — Deus e a Torá —, antes de analisarmos as práticas básicas e os fundamentos éticos do judaísmo, como as leis de cashrut (o que define o que é ou não kosher), o que acontece na sinagoga e o que o judaísmo diz sobre guerra e ambiente. A Parte 1 se encerra com uma análise das práticas antigas (e realmente legais) do misticismo judaico (geralmente chamado de *Cabalá*).

Parte 2: Do Ventre ao Túmulo: O Ciclo da Vida

Na Parte 2, analisamos como o judaísmo honra e celebra os principais estágios da vida por meio de rituais, incluindo o *brit-milá*, ou "bris" (circuncisão e dar o nome aos meninos), a cerimônia de *brit bat* (boas-vindas e dar o nome às meninas), Bar e Bat Mitzvá (celebração da maioridade religiosa), casamento e ritos fúnebres.

Parte 3: Um Panorama da História Judaica

Não dá para entender o judaísmo (nem mesmo a civilização ocidental) sem saber algo sobre a história judaica. Mas isso não significa que ela tem que ser chata! Na Parte 3, mergulhamos nos destaques e nos pontos fracos — das histórias bíblicas aos dias modernos —, com foco no que você precisa saber e por quê.

Parte 4: Celebrações e Dias Sagrados

Certo, é Chanucá de novo (ou Pessach, Sucót ou qualquer outra) — como "fazer corretamente"? Na Parte 4, exploramos cada um dos principais feriados judaicos, do Shabat semanal à Sucót, que dura uma semana. Se quiser saber o quê, onde, quando, por quê, como ou quem, é aqui que deve procurar.

Introdução 5

Parte 5: A Parte dos Dez

Se tiver tempo apenas para uma leitura rápida, não deixe de colocar uma marca páginas no início da Parte 5. Incluímos uma lista de pessoas sobre as quais você deve saber, além de respostas a perguntas comuns sobre o judaísmo.

Parte 6: Apêndices

Caso esteja em uma discussão acalorada com um judeu, é melhor saber a diferença entre "shlemiel" e "shlemazl", e entre "tuchis" e "tsuris". Não se preocupe, falamos sobre tudo isso nos Apêndices, onde apresentamos também um guia rápido e fácil para as orações e as bênçãos, além de uma lista de recursos que você pode usar para encontrar informações adicionais.

Ícones Usados Neste Livro

Para destacar algumas informações importantes, usamos os seguintes ícones ao longo do livro:

DICA

As informações ao lado deste ícone lhe dizem coisas que podem levar a uma compreensão mais profunda ou a uma experiência mais significativa com o judaísmo.

LEMBRE-SE

Este ícone destaca ideias das quais você deve se lembrar conforme explora ou pratica o judaísmo.

CONTROVÉRSIA

Sempre que vir este ícone, encontrará alguma discordância do mundo judaico.

CASOS E CAUSOS

Este ícone o adverte sobre uma história mais pessoal escondida no texto. Leia a seu próprio risco.

CUIDADO

O texto ao lado deste ícone o ajudará a ficar longe de quaisquer percalços que possa encontrar conforme lê a respeito da fé ou a experimenta.

PALAVRAS DE SABEDORIA

Este ícone destaca alguns dos ensinamentos judaicos mais importantes dos últimos milênios.

De Lá para Cá, Daqui para Lá

Este é um livro de referência, o que significa que você não precisa lê-lo do início ao fim. (Embora será muito bem-vindo para fazer exatamente isso.) Escrevemos os capítulos como pacotes independentes de informações. Assim, por exemplo, se for participar de um casamento judaico, pode pular direto para o Capítulo 9; caso seja convidado para um Sêder de Pessach, vá para o Capítulo 25.

É claro, muitas das ideias centrais do judaísmo — os temas aos quais voltamos constantemente ao longo do livro — são abordadas na Parte 1, então talvez seja uma boa ideia examinar essa parte primeiro.

De bônus, convidamos você a dar uma olhada em nossa Folha de Cola online sobre o judaísmo. Confira o alfabeto hebraico, uma breve linha do tempo da história judaica e algumas bênçãos, palavras e expressões comuns. Acesse o site da editora, www.altabooks.com.br, digite o título do livro ou o código ISBN no campo de busca e acesse o material. Sinta-se livre também para visitar nosso site, www.joyofjewish.com [todos os sites mostrados ao longo do livro apresentam conteúdo em inglês, salvo se informado diferentemente]. E, como acreditamos que o judaísmo é um tipo de conversa que continua eternamente, envie-nos um e-mail: authors@joyofjewish.com.

1

Em que os Judeus Acreditam

NESTA PARTE...

Você descobrirá por que nunca pode saber ao certo se alguém é judeu (ou não) apenas pela aparência. Além disso, aprenderá a real sobre todos os detalhes quanto a *ser* judeu: o judaísmo é uma raça ou uma tribo? Uma religião ou uma prática? É preciso acreditar em Deus? E todas aquelas coisas de meditação e cabalá? Isso não é judaico, é?!

> **NESTE CAPÍTULO**
>
> » Entendendo a diferença entre judeus ashkenazim e sefaradim
>
> » Explorando as possibilidades, dos ortodoxos aos reformistas (e muito mais)
>
> » Jogando "adivinha quem é judeu?"

Capítulo **1**

Engraçado, Você Não Parece Judeu: Quem É Judeu e por quê

Costumávamos pensar que era possível dizer se alguém é judeu apenas pela aparência. Nós dois crescemos em épocas e lugares bem diferentes nos EUA, mas ambos desenvolvemos a mesma noção sobre o que significa ser judeu: estatura pequena (e um pouco acima do peso), nariz grande, cabelo escuro ondulado ou encaracolado, olhos escuros... não dá para explicar bem escrevendo — é mais um tipo de sentimento. "Ei, aquele cara é judeu?" "Ah, sim, sem dúvidas." Você simplesmente sabe!

Então fomos a Israel. Levou cerca de cinco segundos para nós dois percebermos que o que considerávamos "judeu" era apenas um pequeno segmento de um panorama muito maior — como descobrir que o amor não se resume a beijar. Vimos judeus loiros, do Oriente Médio, asiáticos, negros, latinos, judeus que se pareciam com Arnold Schwarzenegger e com Britney Spears. Rapaz, tínhamos muito a aprender!

A Tribo Judaica

O judaísmo não é uma raça e nem mesmo uma cultura específica ou um grupo étnico. Há pouco mais de 15 milhões de judeus espalhados pelo mundo, incluindo cerca de 6 milhões nos EUA [aproximadamente 120 mil no Brasil] e mais ou menos 5 milhões em Israel — então, obviamente, o judaísmo não é "uma nação". E, se você for parecido com a gente, conhece mais judeus que não acreditam em Deus ou não praticam as observâncias judaicas do que o contrário, então ser judeu não tem a ver necessariamente com religião.

LEMBRE-SE

Assim, o que *significa* ser judeu? Veja algumas coisas básicas:

» **Ser *judeu* significa que você é membro de uma tribo milenar.** A tribo começou com um casal, Abraão e Sara, mais de 4 mil anos atrás, cresceu com o tempo e existe ainda hoje. Você pode se tornar uma parte autêntica da tribo judaica de duas formas: nascer de mãe judia ou juntar-se por meio de uma série de rituais (a *conversão*). Algumas pessoas acreditam que há também outras formas de se tornar um judeu; falaremos sobre essa questão posteriormente neste capítulo.

» **O *judaísmo* é um conjunto de crenças, práticas e éticas baseadas na Torá (veja o Capítulo 3).** É possível praticar o judaísmo sem ser judeu, e você pode ser judeu e não praticar o judaísmo.

O que significa o nome?

A palavra "judeu" não aparece em lugar nenhum na Bíblia. Por exemplo, a turma que saiu da escravidão no Egito, no livro do Êxodo (veja o Capítulo 11), era chamada de "hebreus" ou "filhos de Israel", e cada um pertencia a uma das doze tribos de Israel. Dez dessas doze tribos foram dispersadas pelos assírios no século VIII AEC. (veja o Capítulo 11), mas as tribos de Judá e de Benjamim (sendo essa a menor) permaneceram como o Reino do Sul, conhecido como Judeia, até o início do século VI AEC.

DICA

Quando a Judeia caiu perante os babilônios e o povo foi levado ao exílio, ficaram conhecidos como os juda-itas (*yehudim*), visto que eram o povo de Judá (*Yehudah*). Em hebraico, o nome *yehudim* ainda persiste e significa apenas "judeus". A religião que praticavam foi posteriormente chamada de "Judá-ismo" — que se tornou "judaísmo".

12 PARTE 1 **Em que os Judeus Acreditam**

Judeus em toda parte

O povo judeu sempre teve a tendência de se espalhar por todo o mundo conhecido. Evidências indicam que, mesmo séculos antes de Jesus, comunidades judaicas habitavam o norte e a costa leste da África, a Europa e a Ásia. Estavam entre os primeiros povos que vieram da Europa para as Américas nos séculos XV e XVI. Algumas evidências sugerem que havia pelo menos um judeu a bordo do navio com Colombo. (Algumas pessoas suspeitam que o próprio Colombo era judeu, talvez porque os judeus foram expulsos da Espanha em 1492.)

Aonde quer que fossem, sua população crescia por meio de casamentos mistos e conversões, e — o mais importante — mantinham sua religião básica ao mesmo tempo em que adotavam a cultura e as normas da área local. É por isso que cerca de 20% dos judeus de descendência europeia têm olhos azuis e que alguns judeus são negros, hispanos ou asiáticos. Isso também explica por que um judeu de Nova York tem aparência e hábitos diferentes de um judeu de Mumbai, mas eles provavelmente conseguiriam, mesmo que desajeitadamente, acompanhar os serviços de Shabat um do outro (veja o Capítulo 18).

De igual modo, a comida, a música e o humor judaicos do Iraque e do Iêmen têm uma natureza muito mais árabe do que o sabor espanhol dos judeus brasileiros e argentinos, que é diferente da sopa borscht e da música klezmer dos judeus europeus. E todos eles falam hebraico com dialetos diferentes! Os judeus não se encaixam em qualquer conjunto consistente de estereótipos ou de expectativas.

Contudo, todos estão ligados inextricavelmente apenas por serem judeus. Talvez seja uma prática e crença comuns no judaísmo; talvez seja um senso comum da história, ou um senso compartilhado de ser um estranho quanto à cultura mais ampla. Ou, ainda, pode ser um sentimento profundo e inato de conexão com a tribo.

Quem decide se você é judeu?

Dois anos após o novo governo de Israel assumir o poder em 1948, ele aprovou a Lei do Retorno, que afirma que qualquer pessoa que tenha nascido de mãe judia ou qualquer pessoa que tenha se convertido ao judaísmo pode se mudar para Israel e solicitar a cidadania. Isso reacendeu imediatamente uma controvérsia que teve início muito antes e que continua até hoje: quem pode dizer se alguém é ou não realmente judeu?

O fato de a pessoa praticar o judaísmo não interfere na cidadania, pois Israel foi fundado em sua maioria por judeus seculares. Mas e aquelas pessoas que nasceram judias e foram criadas como cristãs ou muçulmanas, ou que praticaram outras religiões? Alguns dizem que você precisa não apenas se identificar como judeu, mas também não praticar nenhuma outra religião. Outros dizem que a religião não tem nada a ver com isso e destacam que os nazistas mataram milhares de pessoas que eram judias por nascimento, mas que praticavam alguma outra religião. Anualmente, as cortes israelenses consideram casos argumentando sobre o fato de alguém ser ou não judeu.

CONTROVÉRSIA

E os convertidos? Tecnicamente, alguém que se converte ao judaísmo não é diferente de alguém nascido judeu. No entanto, nem todos entendem dessa forma. Na seção a seguir, analisaremos as diversas denominações do judaísmo, incluindo os ortodoxos, que se recusam a reconhecer a conversão, de qualquer pessoa, que tenha sido realizada por um rabino reformista ou conservador.

Muitas pessoas dizem "Sou metade judeu" (se um dos pais é judeu) ou "Sou um quarto judeu" (se um dos avós é judeu). Os judeus tradicionais argumentam que você é ou não judeu. Para eles, se a mãe de sua mãe era judia, então sua mãe é judia, e, se sua mãe é judia, você é judeu. Entre os judeus reconstrucionistas e os reformistas americanos, se apenas seu pai é judeu e você foi criado como judeu, então é considerado judeu também[1].

É um mundo pequeno, afinal

Há tempos os judeus vêm se espalhando pelos quatro cantos do mundo, assim, comunidades significativas (com mais de 100 mil pessoas) vivem na França, Austrália, Argentina e África do Sul. Nos EUA, a maioria das pessoas pensa que todos os judeus vivem nas cidades grandes, como Nova York (onde há mais de 1,5 milhão de judeus). Mas muitos também vivem nos estados do "Velho Oeste", como Wyoming, nos estados bem ao Sul, como Louisiana, e em todos os lugares entre esses pontos.

De fato, a maioria do povo judeu vive fora de Israel, não apenas atualmente, mas tem sido assim há mais de 2,5 mil anos. E não importa onde vivam, a maioria se identifica com um destes dois grupos: ashkenazi e sefaradi [ou asquenazitas e sefaraditas].

Ashkenazi

Os descendentes de judeus que, até por volta de 1900, viviam em algum ponto entre o Noroeste Europeu (como França e Alemanha) e o Leste Europeu (incluindo Rússia, Ucrânia e Lituânia) são chamados de *ashkenazi* (pronuncia-se "ash-ke-*ná*-zi"; *ashkenazim* é o plural). A maioria de judeus no mundo é ashkenazi.

---

[1] No Brasil, é preciso passar por um processo de conversão, mas essa questão é controversa. Na dúvida, consulte um rabino local. [N. da T.]

14 PARTE 1 **Em que os Judeus Acreditam**

NEGRO E JUDEU

Na maioria das sinagogas do mundo, é raro ver um afrodescendente. Claro, há os ocasionais convertidos, como Sammy Davis Jr., mas, em geral, os judeus tendem a ser brancos (da Europa) ou morenos (do Oriente Médio). No entanto, há mais de 100 mil judeus negros ao redor do mundo, incluindo muitos da Etiópia, que foram transportados para Israel no final dos anos 1970 e início dos 1980. Os judeus etíopes, que foram em grande parte cortados do resto do mundo judeu há milênios, praticavam uma forma de judaísmo que não mudou desde os tempos pré-talmúdicos. Perceba que, embora essas pessoas sejam às vezes chamadas de "falashas", esse nome se tornou pejorativo de algum modo, e "judeus etíopes" ou "Beta Israel" ("Casa de Israel") é preferível. Além disso, alguns afrodescendentes dos EUA se denominam judeus negros, hebreus ou israelitas. Muitos judeus negros são muito observantes dos antigos rituais e tradições, leem e escrevem hebraico e se identificam como judeus a vida toda.

Sefaradi

Os descendentes de judeus que viviam na Espanha até por volta do século XV são chamados de *sefaradi* (se-fa-*ra*-di; *sefaradim* no plural). Após a expulsão (veja o Capítulo 14), esses judeus viajaram à África do Norte, à Itália, ao Império Otomano (Turquia) e de volta ao Oriente Médio. É claro, muitos começaram nessas áreas (sendo que nunca foram até a Espanha, para começar), mas são geralmente chamados sefaradim assim mesmo. Você também ouvirá sobre os judeus do Oriente Médio chamados *mizrahim* [*mizrahi*, no singular] — que significa "do Leste" ou "Oriental"; lembre-se de que aqui o som do "h" é gutural.

Nos últimos quinhentos anos, os sefaradim interagiam basicamente com os muçulmanos, especialmente com os africanos e árabes. Hoje, muito de sua cultura (música, linguagem, melodias litúrgicas, comida, costumes nos festivais, e assim por diante) é baseada naquelas culturas. Os ashkenazim, por outro lado, interagiam principalmente com as culturas cristãs europeias, resultando em um sentimento étnico muito diferente.

Embora Israel tenha sido fundado principalmente por judeus ashkenazim, mais da metade dos israelenses sempre foi sefaradim. No entanto, as culturas muito diferentes causaram diversas dificuldades. Muitos ashkenazim não confiam nos sefaradim e acham que eles "arruinaram" Israel, e vice-versa. Felizmente, com o passar do tempo, parece que as coisas estão melhorando.

CAPÍTULO 1 **Engraçado, Você Não Parece Judeu...** 15

Principais Galhos da Árvore

Ao dizermos que o judaísmo é um conjunto de crenças e práticas, estamos passando por cima de uma questão-chave: ele engloba muitos conjuntos diferentes de crenças e práticas! De certa forma, podemos vê-lo como uma árvore com muitos galhos; há um tronco e um sistema de raízes em comum, mas cada seita ou denominação vai para o próprio galho, e, em muitos casos, cada sinagoga está no próprio graveto.

A maioria dos judeus entende que os principais galhos da árvore são os ortodoxos, os conservadores, os reformistas e os não religiosos — e talvez acrescentem alguns outros, como os ultraortodoxos, os ortodoxos modernos, os reconstrucionistas, os da renovação e os humanistas. Por outro lado, alguns ortodoxos tradicionais entendem de forma diferente: para eles, a ortodoxia é a árvore toda, e o que os demais estão fazendo é outra coisa — talvez uma outra árvore inteira, mas certamente não estão praticando o judaísmo.

A diferença básica entre os grupos é que, enquanto os ortodoxos acreditam que a Torá (tanto a escrita como a oral; veja o Capítulo 3) foi dada por Deus a Moisés, palavra por palavra, os judeus mais liberais tendem a acreditar que a Torá e a *halachá* (a lei judaica) podem ter sido divinamente inspiradas, mas foram expressas por pessoas influenciadas por seu próprio tempo e lugar.

Judeus ortodoxos

Quando ouve o termo "judeu ortodoxo", provavelmente você pensa em um homem vestindo um longo casaco preto, com cachos compridos de cabelo por cima das costeletas, uma barba enorme e com chapéu preto. Mas, na realidade, há dezenas de estilos distintos dentro da ortodoxia judaica, cada um com diferentes culturas, filosofias educacionais, modelos de liderança e conjunto de políticas. Verdade, muitos deles de fato usam chapéus e casacos pretos, mas muitos outros — normalmente chamados de ortodoxos modernos — quase sempre vestem roupas modernas, e talvez você nem os consiga diferenciar dos não judeus.

Contudo, todos os judeus ortodoxos tecnicamente aceitam a Torá como a palavra de Deus. Assim, embora veja uma diferença cultural gigantesca entre o ortodoxo que veste um *shtreimel* (o chapéu preto felpudo usado por alguns ultraortodoxos) e o ortodoxo que veste jeans e camiseta, a maioria das pessoas acharia extremamente difícil discernir qualquer diferença entre suas crenças e observâncias religiosas.

Os judeus liberais começaram a chamar os mais observantes de "ortodoxos" (o que significa literalmente "crença correta" ou "doutrina apropriada") no final do século XIX como um termo pejorativo, de certa forma.

Mas para os ortodoxos, não há o espectro de "mais ou menos ortodoxo", então o termo realmente não significava nada para eles. Não obstante, a expressão pegou.

No entanto, a maioria das pessoas faz distinção entre os judeus "ortodoxos modernos" (que se engajam em muitos aspectos da cultura moderna e secular) e os "ultraortodoxos" (às vezes chamados *haredi* ou "chapéus pretos", que tendem a se isolar da cultura moderna). Porém, sempre há exceções! O Chabad (que analisamos no Apêndice A) fica em algum ponto entre esses dois.

Todas aquelas roupas pretas

Sabemos que você está morrendo de vontade de perguntar: "Por que alguns judeus ortodoxos usam todas aquelas roupas pretas?" A resposta simples é que estão de luto pela destruição do Segundo Templo, ocorrida há mais de 1.900 anos. No entanto, isso não explica *o que* eles vestem. Embora algumas comunidades ortodoxas "do chapéu preto" (como a Chabad Lubavitch e a Mitnagdim; veja "Hassidim e Mitnagdim", mais adiante neste capítulo) usem algo como ternos pretos modernos, outras — especialmente a hassídica ultraortodoxa — tentam conscientemente resistir às influências modernas. Seus longos casacos pretos, chapéus pretos, meias brancas e calçados à moda antiga são uma forma de se agarrar à antiga cultura do Leste Europeu do século XVIII. As mulheres tradicionais não têm o mesmo código de vestimenta, mas tendem a usar roupas mais modestas (veja o Capítulo 4).

Os ultraortodoxos se diferenciam de outras maneiras também. Muitos minimizam o contato com o "mundo externo", então geralmente não têm TVs em casa, sintonizam os rádios em programas religiosos, não vão ao cinema, e pelo menos um grupo determinou que seus membros não devem usar a internet ou usá-la de maneira restrita.

Para muitas pessoas, tais restrições parecem extremas. Por outro lado, pense nisso da seguinte maneira: a quanta pornografia você quer que sua família esteja exposta? Para alguns, muito do mundo secular é bastante pornográfico e ofensivo, e se perguntam "Por que me deixar ser tentado por isso?".

Grupos diferentes, interpretações distintas

Mesmo em uma comunidade judaica relativamente pequena com poucos ortodoxos, podemos encontrar diversas sinagogas ortodoxas. Dois motivos explicam isso: primeiro, os ortodoxos precisam conseguir caminhar até a sinagoga no Shabat (veja o Capítulo 18); segundo, cada congregação ortodoxa tem as próprias culturas, ideias, interpretações e estilos particulares.

Por exemplo, um rabino ortodoxo pode dizer que o mandamento bíblico para "Não aparareis as pontas da barba" significa não cortar os *cachos* (o cabelo que cresce para o lado da testa). Outro rabino diz: "Não, o mandamento significa que os homens não devem se barbear." Um terceiro pode entrar na conversa com sua interpretação: "Você não pode se barbear com um instrumento que tenha uma lâmina de gume único, mas pode usar um barbeador com lâminas rotatórias."

De modo semelhante, alguns grupos são sionistas convictos (apoiadores de um Estado judaico de Israel) e outros não acreditam que Israel deveria existir (porque o Messias ainda não veio). Alguns creem que seus filhos devem receber uma educação secular e religiosa, e outros dizem que apenas a religiosa é importante. Alguns se socializam com judeus não tradicionais ou visitam uma sinagoga não ortodoxa, enquanto outros se recusam a fazer isso.

Como explicaremos nos próximos dois capítulos, não há uma autoridade final no judaísmo, então cada judeu deve decidir a quem e o que seguir.

Hassidim e Mitnagdim

Um "quem é quem" de todos os diferentes grupos ortodoxos e suas doutrinas encheria um livro pequeno por si só. No entanto, todos basicamente se enquadram em um destes dois tipos: *hassidim* e *mitnagdim* (também pronunciado "misnagdim" por muitos ashkenazim). Visto que a palavra "hassidim" (plural de "hassid") é pronunciada com o som gutural "kh" (ou como apresentamos no início do livro, "ch"), como o "r" na palavra "rádio", algumas pessoas a escrevem chassidim.

O hassidismo é um movimento fundado no século XVIII por Ba'al Shem Tov (veja o Capítulo 28), com ênfase na oração sincera, alegre e intensa — incluindo a dança extática, os cantos e a narrativa de histórias como uma forma de conexão com Deus. Logo após 1760, quando Baal Shem Tov faleceu, o hassidismo se fragmentou em diversos outros grupos, tais como Chabad Lubavitch, Belzer, Satmar e Breslov (todos ainda em existência).

O movimento surgiu na época em que o judaísmo tradicional se concentrava em uma abordagem ascética e acadêmica da Torá e do Talmud (veja o Capítulo 3). A maioria dos rabinos da época insistia que apenas o estudo culto, crítico e erudito era importante, em contraste à simples e sincera devoção do hassidismo. Elijah ben Solomon Zalman, conhecido como o Vilna Gaon, era a força motriz por trás daqueles judeus ascéticos, que passaram a ser conhecidos como *mitnagdim* (que literalmente significa "opositores"); ele chegou até a proibir as interações com os hassidim, temendo que sua adoração extática e a falta de foco intelectual fossem um perigo para o judaísmo.

Felizmente, no final do século XIX, a maior parte do antagonismo desapareceu, especialmente conforme os dois grupos formaram uma frente comum contra os reformadores religiosos e o antissemitismo. Desde então, os movimentos hassídico e mitnagid passaram a influenciar grandemente um ao outro. Porém, ainda há diferenças. Enquanto os mitnagdim tendem a focar o chefe de uma *yeshivah* (escola) específica, os hassidim tendem a focar seu *rebbe* (como chamam seus rabinos) específico, que atua quase da mesma forma que um guru o faz em algumas tradições orientais. Os mitnagdim tendem a basear seu estudo no Talmud e na halachá, e os hasidim tendem a estudar os escritos de seu rebbe (e do rebbe dele, e assim por diante, bem como outros textos tradicionais).

Denominações dissidentes

Como o judaísmo lida com o fato de que os tempos e as pessoas mudam? Os tradicionais tendem a evitar as mudanças ou — mais comumente — aplicar interpretações estabelecidas da Torá, do Talmud e da halachá pregressa a questões modernas. No entanto, no início do século XIX, muitos judeus começaram a repensar tal posição, argumentando que essas fontes nem eram realmente divinas, mas respostas muito humanas à inspiração divina. Se a Torá, o Talmud e a halachá são criações humanas, pensaram os reformadores, então devem ser inspecionados, julgados e compreendidos como tendo sido afetados por seu momento e lugar específicos de criação.

LEMBRE-SE

Aquela turma não estava dizendo que os textos tradicionais não têm significado; ainda estudavam a Torá, o Talmud e a halachá, mas insistiam que algumas passagens eram mais significativas para recortes de tempo específicos do que para outros, e que cada um é responsável por descobrir o que é relevante para seu próprio tempo.

Esses movimentos são geralmente agrupados sob o termo geral "judaísmo liberal", embora haja um vasto espectro de crenças e observâncias entre os grupos. Os mais conhecidos são os reformistas, conservadores, reconstrucionistas, da renovação e humanistas. A maioria é dos EUA e — em um grau menor — da Europa. Existem também em Israel, onde estão gradualmente se tornando mais estabelecidos.

Reformistas

O judaísmo reformista (é reformista, não reformado!) — provavelmente o maior grupo judeu nos EUA — se baseia na ideia de que todos os judeus têm a responsabilidade de educar a si mesmos e tomar decisões sobre suas práticas espirituais com base na consciência, em vez de simplesmente usar uma lei externa. Nesse grupo, a Torá, o Talmud e a halachá são recursos necessários, mas os judeus reformistas tendem a dar ênfase nas ações sociais e éticas com base nos escritos dos profetas, e não na observância ritual da Torá, da halachá e do Talmud.

CAPÍTULO 1 **Engraçado, Você Não Parece Judeu...** 19

Infelizmente, muitos judeus hoje associam o movimento reformista — que fora da América do Norte é geralmente chamado de judaísmo progressista ou liberal — a adorações vazias e insignificantes, ou a congregações que querem reter o sentido de ser judeu sem realmente seguir qualquer prática além do Sêder de Pessach e dos serviços de sexta-feira à noite. Não negaremos que alguns grupos são assim, nem que o movimento reformista das décadas de 1950 e 1960 muitas vezes não tinha um senso de espiritualidade, mas o movimento reformista mudou radicalmente nas décadas recentes. Hoje, muitas congregações reformistas são profundamente comprometidas com uma percepção viva e envolvente do judaísmo e da espiritualidade judaica.

Os judeus reformistas tendem a retirar o que não consideram ser elementos essenciais do judaísmo, de modo a observar mais de perto a essência da tradição. Por exemplo, quando o movimento se iniciou no começo do século XIX, as sinagogas reformistas começaram a deixar os homens e as mulheres se sentarem juntos, praticamente deixaram de lado as leis dietéticas e encorajaram a música instrumental durante os serviços de Shabat. Os costumes vestuários — como kipot e xales de oração (talit/talitot) — foram desestimulados (embora hoje um número cada vez maior de reformistas os use).

Em 1972, o movimento reformista se tornou o primeiro a ordenar mulheres como rabinas. Embora esse movimento, que tem atualmente o crescimento mais rápido nos EUA, continue a inovar, começou também a abraçar práticas mais tradicionais, fato refletido na revisão feita em 1999 dos princípios básicos do judaísmo reformista.

Conservadores

O movimento do judaísmo conservador (geralmente chamado de judaísmo histórico na Europa, e de *masorti* em Israel) sempre nos lembra da fábula dos três ursos, em que Cachinhos Dourados diz: "Essa é mole demais, aquela é dura demais, mas esta é perfeita!" Desde o final do século XIX, muitos judeus começaram a sentir que o movimento reformista foi longe demais em sua rejeição da observância tradicional, mas também que as comunidades ortodoxas eram irrealistas nas restrições com relação à vida moderna.

Os judeus conservadores tendem a respeitar muitas leis judaicas, como a cashrut, a observação do Shabat e de outros feriados religiosos, e a realização de rezas diárias. Ao mesmo tempo, concordam com o movimento reformista de que a halachá tem base na história e que, portanto, precisa ser reconsiderada em cada era. Os rabinos conservadores determinaram que, quando um judeu mora longe demais da sinagoga, ele pode ir de carro (mas encorajaram a caminhada quando possível), e alguns vinhos e queijos considerados kosher pelos conservadores não foram aceitos pelos ortodoxos.

20   PARTE 1 **Em que os Judeus Acreditam**

As sinagogas conservadoras às vezes são percebidas como inconsistentes quanto às questões legais judaicas. Algumas pessoas acusaram os conservadores de hipócritas, pois seus rabinos pareciam tender às práticas ortodoxas, enquanto a congregação tendia às práticas reformistas. Mas sabemos de congregações conservadoras que são basicamente indistinguíveis dos grupos ortodoxos modernos, então não dá para dizer sem ir lá, sentar-se e ver por si mesmo.

O judaísmo conservador floresceu durante o século XX e foi, por um longo tempo, o maior grupo judaico nos EUA. No entanto, alguns relatórios indicam que seu tamanho vem diminuindo em anos recentes, conforme muitos judeus conservadores se sentem cada vez mais atraídos pelas congregações reformistas, de renovação ou ortodoxas. (As pessoas que ficaram ofendidas quando o movimento conservador começou a ordenar rabinas em 1985 foram especialmente atraídas à comunidade ortodoxa.)

Reconstrucionistas

Quando o filósofo judeu do século XVIII, Baruch Spinoza, anunciou que Deus não era um ser separado, mas a própria natureza, a comunidade judaica ficou tão enfurecida, que o excomungaram, declarando que nenhum outro judeu poderia sequer conversar com ele, muito menos ler seus escritos. Pulemos trezentos anos para a frente e encontraremos o teólogo do século XX, Mordecai Kaplan, levando as teorias de Spinoza ainda mais além. O resultado? Um grupo de rabinos ortodoxos o excomungou e queimou o livro de orações que ele publicara.

Hoje, ninguém se lembra do nome daqueles rabinos queimadores de livros, mas qualquer aluno de filosofia no mundo lê Spinoza, e Kaplan é o fundador do quarto maior movimento judaico: o reconstrucionista.

Kaplan era um rabino conservador, e durante sua longa permanência no seminário rabínico conservador, começou a ensinar que Deus não era um Ser, mas a força subjacente natural, moral e criativa do Universo, a força que cria a ordem e proporciona a felicidade humana. Ele ensinou também que cada geração de judeus tem a obrigação de manter o judaísmo vivo ao "reconstruí-lo" — não pela eliminação de práticas e palavras, como no movimento reformista, mas em sua reinterpretação, de modo a encontrar novos significados que sejam relevantes para a época.

O reconstrucionismo, como um movimento separado, desenvolveu-se no final da década de 1920, mas não estabeleceu uma escola rabínica até 1968. Hoje, o movimento conta com cerca de cem congregações. Elas tendem a ver o rabino como um facilitador e um recurso valioso, mas não necessariamente como o líder; também encorajam muito a participação leiga e a reconstrução criativa tanto do ritual como da adoração.

Renovação

O judaísmo renovado surgiu das filosofias de Martin Buber e Abraham Heschel (veja o Capítulo 28), bem como dos ensinamentos "neo-hassídicos" do Reb Shlomo Carlebach e do Reb Zalman Schachter-Shalomi. Ele ensina que as pessoas podem obter sabedoria a partir de uma variedade de fontes, incluindo o hassidismo, a cabalá, o feminismo, os profetas, o ambientalismo e os escritos de rabinos antigos.

A renovação se concentra em uma abordagem acolhedora, igualitária e prática da adoração e comunidade judaicas. Ela encoraja a mistura de ideais tradicionais e feministas. Além disso, as congregações renovadas abraçaram lições de diversas tradições espirituais, como a filosofia oriental e as práticas meditativas tanto do Oriente como judaicas. Os programas de renovação apoiam uma ecologia espiritual, relacionando práticas judaicas com ações políticas e ecológicas.

As quarenta ou cinquenta congregações do judaísmo renovado e as *chavurot* (grupos de amizade) ao redor do mundo (a maioria nos EUA) variam grandemente em suas observâncias da liturgia e do ritual tradicionais. De fato, o grupo define a si mesmo como "transdenominacional", convidando judeus de todos os aspectos da comunidade judaica maior para se reconectar, aprender e celebrar juntos.

JUDEUS MESSIÂNICOS

Apesar do fato histórico de que praticamente todos os primeiros cristãos, como o próprio Jesus, eram judeus, hoje o judaísmo é completamente incompatível com uma crença em Jesus como o Messias (veja o Capítulo 29). No entanto, uma minoria minúscula de judeus e não judeus que observam as tradições judaicas — como usar kipot e xales de oração [*talit/talitot*], recitar o Shemá e celebrar as festas — acredita que Jesus é o *Mashiach* (Messias) judaico.

As pessoas que acreditam na observância judaica e que Jesus traz a redenção são chamadas de judeus messiânicos. (Alguns os chamam de "Judeus por Jesus", mas esse é apenas o nome de sua maior organização ministerial, não da denominação em si.) Alguns deles vão a sinagogas messiânicas, outros, à igreja, a maioria chama Jesus de "Yeshua", e, como outros cristãos, estão esperando o retorno de Jesus.

Os grupos judaicos e os rabinos quase que universalmente condenam o judaísmo messiânico (às vezes chamado de *judaísmo nazareno*) como sendo um movimento cristão ou até mesmo uma seita, insistindo que o movimento é uma abominação e uma ameaça ao judaísmo. Muitos cristãos consideram o judaísmo messiânico confuso e não cristão; assim, as crenças do grupo o deixam entre a cruz e a espada.

PARTE 1 **Em que os Judeus Acreditam**

Judaísmo humanista

O que fazer se você sente que é judeu — gosta dos feriados, da comida, música, do senso de ética e envolvimento social, do humor etc. —, mas não curte a ideia de Deus? Certamente, não está sozinho. O movimento humanista, também chamado de judaísmo humanista secular, foi criado em 1963 pelo rabino Sherwin Wine e se baseia nos ideais humanistas do pensamento crítico e racional, assim como no desenvolvimento das profundidades e dimensões individuais e comunitárias.

Os judeus humanistas se concentram na cultura e civilização judaicas, celebrando seu legado como uma maneira de encontrar significado na vida e minimizando o papel de Deus ou de quaisquer forças cósmicas. Na verdade, eles definem um judeu como qualquer um que se identifique com a história e a cultura do povo judeu. Removem completamente a linguagem teísta de sua liturgia.

As quase oitenta congregações humanistas na América do Norte celebram os feriados judaicos, as cerimônias de Bar e Bat Mitzvá e outras tradições judaicas, embora atribuam interpretações não religiosas para tudo. Tais judeus tendem a se envolver bastante em ações sociais, e provavelmente não é coincidência que foi uma mulher a primeira rabina humanista ordenada.

Adivinha Quem É Judeu Também?!

Muitos judeus adoram descobrir quem é judeu também, especialmente os famosos (ou infames) e — o melhor de tudo — as pessoas que você nunca imaginaria que o fossem. Veja a seguir uma lista com algumas celebridades menos conhecidas e suas realizações, que você pode usar para testar seus amigos e familiares:

> » Louis Brandeis tornou-se ministro da Suprema Corte dos EUA em 1916.

> » Levi Strauss popularizou o jeans; Ralph Lauren (nascido Ralph Lifshitz), Calvin Klein, Donna Karan e Isaac Mizrahi mudaram a forma como nos vestimos.

> » Joe Siegel e Jerry Shuster inventaram o Super-Homem; Stan Lee inventou o Homem Aranha e, com Jack Kirby, inventou o Hulk e os X-Men; Bob Kane inventou o Batman, e William Gaines fundou a *Revista Mad.*

> » Os músicos Paula Abdul, Neil Diamond, Bob Dylan (nascido Robert Zimmerman), George Gershwin, Mickey Hart (baterista do Grateful Dead), Billy Joel, Carole King, Geddy Lee (vocalista do Rush), Barry Manilow

(nascido Barry Pincus), Bette Midler, David Lee Roth (do Van Halen), Neil Sedaka, Gene Simmons (baixista do Kiss, nascido Chaim Witz), Amy Winehouse, Paul Simon e Art Garfunkel.

» Os gângsteres Meyer Lansky e Bugsy Siegel, e o assassino de Lee Harvey Oswald, Jack Ruby.

» Os autores Al Franken, Franz Kafka, Harold Pinter, Ayn Rand (nascida Alissa Rosenbaum), Harold Robbins e Marianne Williamson (chamada por alguns de a "sacerdotisa" da espiritualidade da Nova Era).

» Mark Zuckerberg (fundador do Facebook), Larry Ellison (fundador } da Oracle), Sergey Brin (fundador do Google) e Steve Ballmer (ex-CEO da Microsoft).

» Herb Lubalin criou muitas das fontes tipográficas que usamos hoje; o arquiteto Frank Gehry (costumava ser Goldberg) projetou muitos dos prédios mais singulares do mundo.

» Os artistas Sarah Jessica Parker, Natalie Portman, Alyson Hannigan, Winona Ryder, Gwyneth Paltrow, Scarlett Johannson, William Shatner, de *Star Trek* (Captão Kirk), Leonard Nimoy (Spock) e Walter Koenig (Chekov), assim como Rod Serling, de *No Limite da Realidade*, e Goldie Hawn, John Garfield, Tony Curtis (nascido Bernie Shwartz) e Kirk Douglas (nascido Issur Danielovitch).

» O famoso mímico Marcel Marceau, o ilusionista Harry Houdini (nascido Erich Weiss), o comunista Leon Trótski e o cosmologista Carl Sagan.

> **NESTE CAPÍTULO**
>
> » Entendendo um Deus de muitas maneiras
>
> » Descobrindo os diversos nomes de Deus
>
> » Reconciliando a existência de Deus e do mal
>
> » Desvendando a revelação infinita de Deus

Capítulo 2

É Tudo Um: Judaísmo e Deus

eus faz as pessoas hesitarem. Bem, pelo menos o tema "Deus" causa isso.

Você ficaria decepcionado e deixaria o livro de lado se disséssemos que o judaísmo não se importa com o que você pensa sobre Deus? Ou ficaria irado se insistíssemos que o judaísmo exige absolutamente que acredite em Deus? De muitas formas, ambas as afirmações são verdadeiras: em essência, o judaísmo acredita na existência de um Deus — e apenas um Deus —, porém não apenas deixa no vácuo a definição sobre *o que* Deus é, como também permite que os judeus não acreditem em Deus nenhum.

A maioria das pessoas fica surpresa ao descobrir que alguns judeus praticantes são agnósticos, insistindo que simplesmente não dá para saber se há um Deus ou não. Alguns judeus são ateus, sem acreditar em Deus nenhum. No entanto, quando alguém diz: "Não acredito em Deus", geralmente está dizendo: "Não acredito que Deus é um cara velho sentado em um trono, olhando abaixo para nós e tomando decisões sobre nossa vida." Essas mesmas pessoas podem vagar pela natureza, inspirar profundamente e experimentar um forte sentimento de admiração sobre o mistério da vida, as profundidades desconhecíveis deste Universo incrível e a majestade de todas as coisas — de uma folha de grama à vastidão de uma supernova. Se

CAPÍTULO 2 **É Tudo Um: Judaísmo e Deus** 25

nos perguntar, diremos que essas pessoas acreditam em Deus; elas apenas interpretam a palavra *Deus* de um modo diferente.

Felizmente, como mostraremos neste capítulo, o judaísmo não apenas permite todos os tipos de interpretações sobre Deus, mas encoraja as pessoas a lutarem com essa questão pessoalmente. Você discorda de alguém (mesmo de nós) sobre a natureza de Deus? Se sim, bom: está pegando o jeito da teologia judaica!

Refletindo sobre as Crenças Judaicas a Respeito de Deus

O judaísmo foi a primeira tradição a ensinar o *monoteísmo*, a crença de que há apenas um Deus. Conforme o judaísmo evoluiu, a ideia sobre Deus evoluiu também, concentrando-se em Um Ser incognoscível, universal e irretratável, que, sendo o Universo moldado em amor, requer a justiça dos seres humanos.

Uma religião de atos, não de credos

O judaísmo tende a dar mais ênfase à maneira pela qual você pode praticar sua fé por meio de sua vida no mundo do que à análise da natureza de Deus. De fato, o monoteísmo bíblico é geralmente chamado de "monoteísmo ético", por causa da forte correlação entre os atos certos e a crença em um Deus.

LEMBRE-SE

Embora algumas tradições religiosas considerem que apenas crer seja aceitável, o judaísmo não é uma delas; para os judeus, a crença só tem real significado sob a luz das ações por ela motivadas.

Argumentando com Deus

Algo quiçá singular ao judaísmo é a noção de argumentar com Deus. Por exemplo, na Bíblia, Abraão argumentou com Deus por causa dos cidadãos justos de Sodoma e Gomorra. Ele não disse apenas "Como quiser, Deus" — mas barganhou! Seria possível dizer que a cena toda estava montada para um tipo específico de interação com o divino. Os judeus são até chamados de "Filhos de Israel" por causa da história bíblica de Jacó, que lutou com um anjo e teve seu nome mudado para Israel, que significa "aquele que luta com Deus".

> ## NEGANDO A EXISTÊNCIA DE DEUS
>
> A tradição judaica permite até que possa haver certo propósito em não acreditar em Deus. Veja as palavras do rabino Moshe Leib, um grande professor hassídico:
>
> > Para qual finalidade a negação de Deus foi criada? Se alguém se aproxima e pede ajuda, você não mandará a pessoa embora com palavras piedosas, dizendo: "Tenha fé e leve seus problemas a Deus!" Sua ação deve se dar como se Deus não existisse, como se houvesse apenas uma pessoa em todo o mundo que pudesse ajudar aquele alguém — apenas você mesmo.

LEMBRE-SE

Embora a ideia de uma entrega total à fé, uma entrega a Deus, seja harmoniosa com muitas crenças cristãs e muçulmanas, é muito menos confortável para a maioria dos judeus, que são tradicionalmente ensinados a questionar para que aprendam mais profundamente. O judaísmo tende a encorajar cada um a explorar o próprio relacionamento com Deus. Para alguém que esteja confortável com a ideia de entrega, lutar com Deus não é um conceito fácil.

Onde Deus está

Alguns judeus entendem Deus como sendo uma força externa, um Ser fora do Universo que ouve as orações, controla as vidas, cria milagres e julga. Mas isso não significa que, quando a Bíblia fala sobre "o braço forte de Deus", literalmente acreditem que ele tem um braço. De fato, o pensamento judaico é muito claro sobre isso: qualquer referência a Deus como tendo semelhança aos humanos deve ser entendida como metáfora poética — como se fosse seguida pela expressão "por assim dizer".

Alguns judeus dizem que Deus contém o Universo, mas é infinitamente maior. Outros dizem que Deus é o Universo, e que o Universo é Deus. Algumas pessoas dizem que todas essas ideias são verdadeiras. A única coisa sobre a qual os judeus não argumentam de jeito nenhum é que Deus — independentemente de como se imagine que Ele seja — é totalmente incognoscível e, portanto, não pode ser captado por qualquer nome.

Chamando um Deus por Vários Nomes

No mundo antigo, dar nome a algo significava ter poder sobre aquilo. Ainda hoje, nomear sugere compreender e controlar. Então, o que fazer quanto a nomear um Deus que está além da compreensão total, certamente além do controle e geralmente percebido como tendo muito mais poder que os humanos fracotes?

Uma tradição judaica de longa data afirma que cada nome de Deus (como *Ha-Rachaman*, "Aquele que é Misericordioso") se refere a um aspecto ou qualidade do divino. O nome define as formas pelas quais os humanos experienciam Deus, em vez de limitar Sua Unidade.

LEMBRE-SE

Os judeus mais tradicionais nem escrevem a palavra "Deus" inteira, então, em muitos livros e periódicos judaicos você a verá escrita "D'us". Assim como o tetragrama que indica o nome de Deus não deve ser pronunciado (falaremos sobre isso logo mais), alguns judeus estendem tal restrição à escrita dos nomes divinos. Outra coisa: a restrição garante que o nome de Deus não será desfigurado ou apagado caso o papel seja rasgado, manchado ou jogado fora.

O que há em um nome?

De forma muito parecida com o povo Inuíte, uma tribo de esquimós, que tem diversas palavras diferentes para descrever os vários tipos de neve, a tradição judaica demonstra a importância e as nuances sutis de experienciar Deus por meio de muitos nomes. Talvez os judeus usem tantos nomes porque nenhum pode captar totalmente a essência divina, contudo as pessoas se esforçam para entender mais sobre algo que nunca pode ser totalmente compreendido.

Podemos dizer que Deus tem todos os nomes, então o mais simples na tradição judaica é *Ha-Shem* (literalmente, "O Nome"). Muitos judeus tradicionais dizem *Ha-Shem*, em vez de qualquer outro nome divino, exceto no contexto de adoração ou estudos em grupo. A tradição mística judaica geralmente se refere a Deus como *Ain Sof* ("Sem Fim"), embora às vezes seja abreviado para *Ayin* ("Não" ou "Não Coisa") para indicar como a Realidade de Deus está muito além das palavras.

O nome divino de quatro letras

O *Shem Ha-M'forash* ("O Nome Inefável") é o *Tetragrama*, o nome divino composto de quatro letras hebraicas: *yud-hei-vav-hei* (YHVH), e nunca é pronunciado como está escrito. A tradição judaica ensina que sempre que YHVH aparece, deve ser lido *Adonai* (a-do-nai; completamente outra palavra, que significa "Senhor" ou "meu Senhor"). No entanto, é importante ter em mente que o nome que *Adonai* substitui não significa "Senhor".

O mais importante é que ninguém sabe ao certo como essa palavra deve ser de fato pronunciada. Historicamente, YHVH foi mal lida como "Jeová", e muitos acadêmicos agora acham que pode ser lida "Yahweh", mas, mesmo se assim fosse, acreditamos haver algo triste em não honrar a intenção da tradição. Esse deveria ser o Nome além da pronúncia, para relembrar ao povo de que Deus está além das limitações sugeridas ao ser nomeado. O Nome de quatro letras é uma forma do verbo hebraico "ser", que significa Ser Ilimitado. É por isso que neste livro o traduzimos como "Eterno" ou "o Eterno".

O Ser singular escondido no plural

Dois dos nomes de Deus usados com mais frequência são o tetragrama impronunciável YHVH (pronunciado "Adonai" e comumente traduzido como "Senhor") e a palavra *Elohim* (geralmente traduzida como "Deus"). O que faz de *Elohim* notável é que a palavra está na forma plural do substantivo. O singular, *Eloah*, também é traduzido como "Deus", mas, embora fosse de se esperar que *Elohim* fosse traduzido como "deuses", isso nunca acontece quando está fazendo referência ao Único. (Podemos encontrar alguns lugares na Bíblia onde *Elohim* se refere aos deuses de outros povos.) Outra coisa: *Elohim* quase sempre é usado com verbos e adjetivos no singular. O que está acontecendo aqui?

Uma tradição (veja o Capítulo 5) ensina que *Elohim* é o Único se manifestando como vários —, então é uma expressão no plural daquilo que ainda é uma Unidade. Nesse sentido, YHVH se refere à Totalidade (o transcendente, que contém tudo), e *Elohim* faz referência ao Imanente, à Centelha da Divindade que desperta dentro de cada expressão do Ser Único. O nome é outra forma de lembrar as pessoas de que aquilo que veem como diversas formas individuais (pessoas, animais, plantas, pedras e assim por diante) é, nos bastidores, tudo parte do Único.

O nome próprio de Deus

LEMBRE-SE

Assim como na língua portuguesa, o hebraico define todas as coisas como sendo masculinas ou femininas — diferentemente da língua inglesa, por exemplo, que tem o pronome neutro —, como mesa e cadeira sendo "femininas", carro e quarto sendo "masculinos". Portanto, ao falarmos sobre Deus, não há como evitar o uso de uma denominação masculina ou feminina ao usarmos o português ou o hebraico, embora não seja nossa intenção dizer que Deus é homem ou mulher, masculino ou feminino. Embora tentemos evitar quaisquer traduções que sugiram uma identidade masculina ou feminina para Deus, às vezes as limitações dos idiomas nos obrigam a falarmos de Deus como "Ele" ou "Ela". Isso se dá especialmente ao contarmos histórias.

Quando Deus confrontou Moisés com a sarça ardente (no livro de Êxodo), Moisés experimentou o Chamado para retornar ao Egito e defender a liberdade dos hebreus. Embora estivesse impressionado com a pirotecnia, queria algo mais tangível, então perguntou: "Quando eu chegar diante dos israelitas e lhes disser 'O Deus dos seus antepassados me enviou a vocês', e eles me perguntarem 'Qual é o nome dele?', o que lhes direi?" Então Deus respondeu, "*Ehiê Asher Ehiê*... É isso que você dirá aos israelitas: '*Ehiê* me enviou a vocês.'" Essa é a única vez na Bíblia que alguém pergunta o nome "dEle".

Ehiê vem da mesma raiz hebraica de YHVH e significa "Eu Sou, Eu Estou". Mas tal "Eu Sou, Eu Estou" é ilimitado com relação ao tempo e ao espaço. É como se Deus dissesse: "Eu estou aqui, estou lá e estou em todos os lugares", bem como: "Eu era, eu sou e sempre serei." Além do mais, esse "Eu Sou, Eu Estou" está simplesmente definido no reflexivo: *Ehiê Asher Ehiê* significa, literalmente: "Eu Sou o que Sou." (Talvez você se lembre daquele antigo desenho do Popeye dizendo: "I yam what I yam" [Eu sou o que sou].) Com referência a Deus, tal "estado de Ser" é anterior a qualquer predicação, a qualquer limitação. Certamente, em termos de pronome, o único que pode refletir a verdadeira Unidade é a primeira pessoa do singular. Todos os outros pressupõem uma dualidade: *ele* pressupõe *ela*, *nós* pressupõe *eles* ou *elas*, e assim por diante. Deus é a Primeira Pessoa no Singular Definitiva e Universal. Nesse sentido, Deus é a identidade de tudo o que é.

Não há fim para os nomes de Deus

Obviamente, há muitos outros nomes para Deus espalhados ao longo da Bíblia e dos livros de oração. Veja uma lista de apenas alguns:

» **Ya/Ia**: São as duas primeiras letras do tetragrama, e as encontramos na palavra "Aleluia" (louvado seja *Ia*).

» **Shaday ou El Shaday ("Todo-poderoso" ou "Deus Todo-poderoso")**: É comum vermos o nome *Shaday* — ou apenas a primeira letra, *shin* — no lado externo da mezuzá, presa ao batente da porta de um lar judaico (veja o Capítulo 4).

» **Ribonó Shel Olam ("Mestre/Soberano do Universo")**: Usado geralmente em orações, este nome afirma o sentido de cuidado divino.

» **Ha-Kadosh Baruch Hu ("O Santíssimo, bendito seja Ele")**: É em geral visto como o aspecto masculino de Deus, correspondendo ao feminino *Shekhinah*.

» **Shekhinah (a "presença que habita")**: É o aspecto feminino da Unidade. Alguns rabinos ensinam que a Shekhinah [ou Shechiná] é a parte de Deus que está em exílio com o povo judeu, e alguns dizem que Ela permeia o mundo da mesma maneira que a alma permeia o corpo; assim como a alma sustenta o corpo, a Shekhinah sustenta o mundo. Em algumas tradições, *Shekhinah* é outro nome para *Elohim* (o Um que se manifesta como muitos).

30   PARTE 1 **Em que os Judeus Acreditam**

Olhando por Detrás do Nome

Nomear uma Realidade Definitiva é uma coisa, determinar a natureza de tal Realidade é outra. De muitas maneiras, os nomes em si falam da natureza do Ser e dos tipos de relacionamentos experimentados entre o humano e o Divino.

A tradição judaica sustenta que qualquer tentativa de conhecer Deus está fadada ao fracasso. Talvez qualquer visão de Deus diga mais sobre a pessoa a experimentando do que sobre a Realidade Definitiva. Mas isso não impediu que filósofos e teólogos o tentassem ao longo de milênios!

O Deus dos filósofos, é claro, tende a ser um tanto diferente do Deus dos adoradores. Maimônides, o grande teólogo judeu da Idade Média (veja o Capítulo 28), entendia Deus como a Força Motora, a "Causa Incausada", diferente da humanidade não apenas em grau, mas também em essência. O Deus de Maimônides era o Deus da razão, do intelecto, apreciado de acordo com os axiomas científicos de sua época. Realmente, os seres humanos não poderiam dizer nada sobre a natureza desse Deus, visto que os adjetivos simplesmente não podem ser aplicados a Deus da mesma forma que são aplicados às pessoas. Uma vez que Deus é ilimitado e todo-poderoso, Deus não pode "querer" ou "precisar de" qualquer coisa da humanidade.

O Deus dos místicos, por outro lado, tem uma relação complementar com a humanidade (veja o Capítulo 5). Para o místico, há uma inter-relação profunda entre Deus e a pessoa — na qual cada parte afeta a outra. A Presença de Deus (*Shekhinah*) de fato participa na experiência do exílio com os Filhos de Israel. De modo similar, as ações de cada pessoa fazem uma diferença cósmica. Os místicos entendem que as ações dos seres humanos (especialmente aquelas relacionadas com a realização das *mitzvot*, os "mandamentos") impactam a natureza do Ser Divino, pois Deus e as pessoas são um.

E o Deus do fiel — o Deus daquelas muitas gerações de judeus que contribuíram com a continuidade e com a expansão do judaísmo — é Aquele que Cria, Aquele que Revela e Aquele que Redime. Usamos letras maiúsculas para esses termos para nos lembrar de que as ações de Deus podem ser vastamente diferentes das ações humanas descritas por essas mesmas palavras.

Deus cria

Alguns judeus dizem que Deus iniciou o Big Bang e, depois, deu as costas ao Universo, deixando-o se desenrolar, como um cientista observando um experimento magnífico a certa distância. Outros judeus insistem que Deus é um Criador mais envolvido. O Midrash (veja o capítulo 3) descreve uma cena notável: quando Deus decidiu criar o mundo, Ele abriu o rolo da Torá e leu o início de Bereshit (Gênesis), como se a Torá fosse um manual de instruções ou um conjunto de plantas arquitetônicas. Você dará nós em seu cérebro se tentar entender isso de forma literal ou lógica; lembre-se de que essas coisas são poéticas.

Obviamente, assim como os cientistas tentam entender como o Universo começou, de modo a compreender melhor onde a humanidade está hoje, o judaísmo concentra-se na Criação não apenas como um evento histórico, mas como um ato em eterna florescência. Para muitos pensadores, Deus é o Criador, a fonte e o recurso constantes da criação. Deus é mais como uma Força Natural subjacente a toda vida, expressando-Se como tal vida e sustentando os ritmos e a ordem do Universo.

Deus revela

CASOS E CAUSOS

David gosta de contar uma piada antiga, baseada em uma história do Talmud, sobre dois rabinos argumentando a respeito de um detalhe da Torá. O debate quase chegou às vias de fato, quando, de repente, houve um trovão e um raio. Enquanto os rabinos se entreolhavam, perplexos, uma espécie de mão gigante desceu dos Céus e apontou para um deles. "Ele está certo", disse a intensa Voz de Deus. Após um momento, o outro rabino encolheu os ombros e disse: "Tá, tudo bem, então são dois contra um. Vamos perguntar a outra pessoa."

Alguns dizem que essa história demonstra como cada judeu é, em última instância, responsável pelas próprias interpretações, mesmo que isso signifique argumentar com Deus. Outras pessoas a entendem como uma lição de que é mais importante interpretar — e reinterpretar — as palavras da Torá (tanto a Torá escrita como a oral; veja o Capítulo 3), em vez de apelar a novas vozes celestes. De qualquer forma, há uma mensagem subjacente que Deus revela.

A revelação é o canal por meio do qual um ser humano "ouve" a palavra divina. A Bíblia está repleta de revelações, é claro, desde a primeira comunicação com Adão até Moisés e a outorga da Torá no Sinai (veja o Capítulo 25), às profundas mensagens dos Profetas maiores. Porém, a grande questão é: Será que Deus falava "abertamente" com os seres humanos e decidiu não mais o fazer? Ou talvez as pessoas conseguissem "ouvir" diferentemente naquela época? O acadêmico Julian Jaynes postulou que, nos tempos bíblicos, o cérebro humano em si estava em processo de evolução, assim, o que as pessoas agora conhecem como discernimentos pode ter sido experienciado como uma "Voz de Deus" externa.

O PROBLEMA DO MAL

Mais cedo ou mais tarde, todo mundo se pergunta: Se Deus é bom, por que há tanto mal no mundo? Deus não poderia ter criado um universo no qual simplesmente não haveria dor, tristeza e violência? Após o Holocausto, quando mais de 6 milhões de judeus foram assassinados, algumas pessoas observaram que não é possível entender Deus ou Suas "decisões", e houve outras que desistiram totalmente de Deus, proclamando: "Deus está morto!"

Para muitas outras, porém, não foi tanto uma questão da morte de Deus, mas um momento para ajustar a compreensão humana, infantil, sobre a natureza divina. Talvez Deus não tenha "todo" o poder, afinal, visto que os seres humanos receberam, literalmente, o poder de criar para o bem ou para o mal. Os rabinos talmúdicos observaram que a *yetzer tov* ("inclinação para o bem") e a *yetzer ha-rá* ("inclinação para o mal") vivem dentro de cada ser humano. Embora "rá" signifique "mal", isso se refere aos atos puramente autointeresseiros, como a cobiça. É crucial que aprendamos a equilibrar nossos instintos de autossatisfação com nossos anseios de sermos úteis aos outros e ao nosso mundo.

Embora algumas crenças imaginem um ser do mal, um "Satanás", contra quem Deus batalha, tal ideia nunca de fato se desenvolveu dentro do judaísmo. Um personagem chamado de "Ha-Satan" (pronuncia-se "ha-sa-*tán*") aparece no livro de Jó, mas tal Satanás é literalmente "o adversário" ou "o acusador" e serve como advogado de acusação de Deus, e não o arcanjo demoníaco no qual algumas pessoas acreditam. Em alguns respeitos, podemos dizer que Ha-Satan é, de fato, parte de Deus também — o aspecto de Deus que testa os seres humanos para ver o que farão com o livre-arbítrio.

A tradição cabalística (veja o Capítulo 5) há tempos ensina que Deus fala da mesma forma hoje como sempre o fez, mas que os seres humanos ouvem e interpretam de forma diferente. A tradição acredita que a revelação está sempre acontecendo, como um "canal de revelação" que não para de transmitir, esperando que os seres humanos se tornem sensitivos o suficiente para receber e entender a mensagem. Uma vez recebidas, elas são filtradas por meio de idiomas, culturas e crenças da época para que sejam compreensíveis.

É claro que, para alguns judeus, Deus não se comunica por meio de palavras, mas pelo relacionamento. Na experiência do amor, da compaixão e da criatividade, são desenroladas as percepções de Deus. E ainda, para outros, a revelação está contida na beleza do mundo natural, então, ao se relacionar com o mundo maior, as pessoas podem perceber a comunicação.

Deus redime

A frase "Deus Redime" não sugere que o Ser Universal fica recortando cupons para "resgatá-los". Infelizmente, embora a ideia de redenção seja um conceito central do judaísmo, o que exatamente ela significa está sujeito à interpretação. A maioria dos judeus concorda que a redenção é diferente da ideia cristã de salvação do pecado, especialmente porque os cristãos tendem a vê-la como um resultado da crença certa, e não dos atos certos.

O principal evento redentor na história judaica, que de muitas maneiras criou o povo judeu, foi o êxodo do Egito (veja o Capítulo 11). O judaísmo tradicional ensina que Deus redimiu os Filhos de Israel dos grandes sofrimentos da escravidão e celebra esse evento anualmente durante o Pessach (veja o Capítulo 25). Naquele momento redentor, repousa o começo da jornada essencial de um Povo em busca de seu Deus. Contudo, a tradição judaica também sustenta que Deus não simplesmente libertou os escravos; Deus criou um conjunto de opções, e cada pessoa tinha que fazer uma escolha com seu livre-arbítrio: Moisés, o Faraó e até mesmo os hebreus. Por exemplo, os comentaristas bíblicos observam que a maioria dos hebreus escravizados escolheu não sair do Egito!

Ao longo da histórica bíblica, esse tema continua e é aprofundado por meio da relação que se desenvolve entre os judeus e Deus. Fica claro que as pessoas têm responsabilidade por seguir os caminhos divinamente inspirados e viver de acordo com os princípios da justiça e da compaixão, em serviço ao Deus Único. Quando fracassam nessa responsabilidade, há punições, incluindo o exílio. Mas, mesmo em meio a tal exílio, a redenção os aguarda, caso se reformem.

Visões da redenção

Alguns judeus entendem isso como uma metáfora para a redenção pessoal do exílio, como fazer escolhas para viver de maneiras que os libertem da escravidão (sejam comportamentos viciosos, maus hábitos, raiva, medo etc.). A redenção é um processo de se tornar mais humano e mais capaz de experienciar livremente o mundo e agir de forma mais consciente. Dessa forma, talvez a redenção seja outra palavra para autorrealização, despertar ou consciência de Deus.

Outros insistem que a redenção não pode ser alcançada apenas pelo indivíduo, mas virá de uma vez para todo o Povo de Israel ou para o mundo inteiro. Nessa interpretação tradicional, Deus guia a história por meio de um caminho que se desdobra indefinidamente, e o ato final será a redenção da humanidade, concretizada por um rei judeu chamado de *Mashiach* (Messias). Nesse momento, todos os judeus (até os "malvados") retornarão aos caminhos da Torá e serão tirados do exílio para que voltem à terra de Israel. Para o judaísmo tradicional, tal promessa de redenção se traduz em uma Era Messiânica futura, incluindo a ressurreição dos mortos.

34   PARTE 1 **Em que os Judeus Acreditam**

Os caminhos da redenção

A promessa futura de redenção apresenta a ideia de que a história tem um propósito, de que há direção e intenção envolvidas, em vez de apenas ser caótica e sem finalidade. Os caminhos básicos que levam à redenção — pessoal ou comunitária — envolvem observar as mitzvot [plural de *mitzvá*, que significa um ato de boa ação ou um mandamento] (veja o Capítulo 4) e realizar atos de *tikun olam*, a cura do mundo por meio de uma vida inteira de séries de ações responsáveis e de bênçãos intencionais.

Embarcando em uma Jornada Rumo à Realidade Definitiva

A experiência espiritual, na qual uma pessoa ou um grupo se abre à Presença Maior, parece uma parte natural da consciência humana. Ao longo das eras, homens e mulheres vêm sendo tocados por essa Presença inefável e geralmente têm as direções de suas vidas alteradas para sempre. Essa é a experiência contada vez após vez na literatura bíblica e em muitos textos da tradição judaica.

Embora no judaísmo não faltem pessoas que ficam indagando sobre a natureza específica de tal Ser Divino, há uma tendência de que ele se concentre mais na descoberta de maneiras de conectar o Sagrado com a vida comum. Deus é experienciado por meio do cumprimento das mitzvot (veja o Capítulo 4), bem como por meio do despertar para as maravilhas dos relacionamentos com os outros e com o mundo natural. A vida é santificada pela percepção da conexão sempre presente com o Ser Maior.

NESTE CAPÍTULO

» Descobrindo a essência de uma fé: Os Cinco Livros de Moisés

» Analisando a Bíblia hebraica

» Revelando a tradição oral judaica: O Talmud

» Contando histórias: A literatura do midrash

Capítulo 3

Uma Torá Infinita: O Desdobrar de uma Tradição

O judaísmo sobrevive há quase 4 mil anos, incluindo 2 mil anos sem uma terra natal, sem o Templo em Jerusalém, sem qualquer localização geográfica em comum e sem o apoio externo. O judaísmo e os judeus sobrevivem por causa da Torá. Não importa onde vivem, quais horrores ou alegrias experimentam, a alma de sua fé foi carregada e comunicada por meio das formas, dos caminhos e dos ensinamentos da Torá.

Torá: A Luz que Nunca Se Apaga

A palavra Torá ("instrução") refere-se aos cinco primeiros livros da Bíblia hebraica, que são escritos em um rolo preso a duas hastes de madeira (veja a Figura 3-1). Escrito em pergaminho, o texto vem sendo cuidadosamente copiado por escribas há mais de 2.500 anos. Em um nível, os cinco livros narram uma história desde a criação do mundo até a morte de Moisés, por volta de 1.200 AEC. Em um nível mais profundo, a Torá é o texto central que guia o Caminho, chamado de judaísmo.

CAPÍTULO 3 **Uma Torá Infinita: O Desdobrar de uma Tradição** 37

FIGURA 3-1:
Os judeus ashkenazim cobrem os rolos da Torá com uma capa ricamente decorada.

Rob Melnychuk/Getty Images

Os Cinco Livros de Moisés

DICA

Os cinco livros são comumente nomeados de Gênesis, Êxodo, Levítico, Números e Deuteronômio, seguindo a primeira tradução grega da Bíblia. Ruth, esposa de Ted, aprendeu a memorizar os nomes com um mnemônico: "General Electric Lightbulbs Never Dim" [As Lâmpadas da General Eletric Nunca Se Apagam — em português há várias opções, como Graças E Louvores, Nosso Deus]. Observe que os nomes em hebraico de cada livro são bem diferentes (são retirados da primeira e singular palavra que aparece em cada livro):

» **Gênesis (*Bereshit*, "No princípio"):** Fala sobre a criação do mundo, sobre os patriarcas e as matriarcas (incluindo Abraão, Sara e Jacó), e conclui com a história de Jacó, José e o futuro assentamento do povo de Israel no Egito (veja o Capítulo 11).

» **Êxodo (*Shemot*, "Nomes"):** Conta a luta para sair do Egito, a revelação da Torá no Monte Sinai (incluindo os Dez Mandamentos) e o início da jornada no deserto.

» **Levítico (*Vayikra*, "E Ele chamou"):** Trata, em grande parte, de questões levíticas, ou sacerdotais, com respeito ao funcionamento do Santuário, embora este livro também inclua alguns ensinamentos éticos incríveis.

- » **Números (*BaMidbar*, "No deserto"):** Começa com a realização de um censo das tribos e continua com a jornada do povo em meio ao deserto.

- » **Deuteronômio (*D'varim*, "Palavras"):** Consiste em discursos de Moisés recapitulando toda a jornada. O livro conclui com a morte de Moisés e a entrada do povo na Terra Prometida.

Quando esses cinco livros são impressos no formato de um livro (em vez de em um rolo de pergaminho), são geralmente chamados de *Chumash* (de *chamesh*, "cinco"; lembre-se que esse "ch" é aquele som gutural "kh"), ou de *Pentateuco* (que é apalavra grega que significa "cinco partes"). Visto que a tradição ensina que Moisés escreveu os livros com base na revelação divina, praticamente ouvindo um ditado de Deus, os livros também são chamados de os Cinco Livros de Moisés.

Se já tomou seu café hoje e está esperto, pode ter percebido a indicação de que a Torá foi ditada para Moisés, embora ela inclua a história de sua própria morte e enterro. Os judeus tradicionais (veja o Capítulo 1) não veem qualquer problema com essa contradição, porque, para um judeu tradicional, as palavras são de Deus, não de Moisés.

As leituras semanais

O *Sefer Torah* (livro ou rolo da Torá) é o item mais importante em uma sinagoga, e ele "vive" no *Aron Kodesh* (a "Arca Sagrada" ou armário, às vezes coberto com lindas decorações e cortinas). Uma porção da Torá é lida semanalmente em cada sinagoga às segundas-feiras, quintas-feiras e Shabatot (veja o Capítulo 18), e nos feriados (veja a Figura 3-2).

FIGURA 3-2: O rolo da Torá é lido com um apontador [Yad — mãozinha] para que os dedos não encostem nas letras.

Rob Melnychuk/Getty Images

CAPÍTULO 3 **Uma Torá Infinita: O Desdobrar de uma Tradição** 39

FAZENDO UM SEFER TORÁ

Todo mundo que trabalha no mercado editorial sabe que alguns errinhos de digitação sempre passam pelos revisores, não importa o quanto eles, bem... revsem (percebeu?). Com a Torá é diferente. O texto de cada Torá é idêntico, pois é copiado letra a letra a partir de um original por um *sofer* ("escriba") nas seções do pergaminho. Até mesmo os detalhes decorativos em algumas letras são copiados com exatidão. Caso o *sofer* cometa um erro, ele (os *sofrim* tradicionais são invariavelmente homens, embora agora pelo menos uma Torá tenha sido copiada por uma mulher) precisa raspar a tinta do pergaminho, e, se não conseguir corrigir completamente o erro, a página inteira deve ser destruída. Assim, a Torá escrita tem sido adoravelmente preservada por mais de 2.500 anos. Leva-se cerca de um ano para completar um rolo de Torá, e o produto final pode custar entre US$40 mil e US$120 mil. (Também é possível comprar uma Torá recauchutada com o preço variando de US$10 mil e US$40 mil. Que pechincha!) Caso um rolo fique danificado ou, depois de uns cem ou duzentos anos, fique gasto além da possibilidade de conserto, ele não é jogado fora — é enterrado em um cemitério judaico, com outros livros sagrados.

Os cinco livros são divididos em 54 porções, chamadas de *parashiót* (cada uma é uma *parashá*), também chamadas de *sidrót* (*sidrá*, no singular). Pelo menos uma parashá é lida a cada semana do ano; algumas semanas têm duas parashiót para acomodar o ano judaico corretamente. Algumas sinagogas dividem as porções da Torá diferentemente, de modo que levam três anos, em vez de um, para ler todos os cinco livros.

Durante os serviços em uma sinagoga na manhã do Shabat, a leitura da Torá é seguida pela *Haftará* (veja a seção logo à frente neste capítulo). Tradicionalmente, a pessoa que lê a Haftarah também repete os últimos versos da parashá, chamados de *maftir*.

LEMBRE-SE

Os capítulos e versos da Bíblia hebraica foram uma invenção muito posterior, quando a tradução latina, a "vulgata", foi criada (em 405 EC). Originalmente, cada parashá da Torá tem seu próprio nome, como a "Parashá Noach", que corresponde a Gênesis 6:9–11:32.

O TaNaKH: A Bíblia Hebraica

Os cinco livros da Torá aparecem como a primeira de três seções da Bíblia hebraica, que contém 39 livros refletindo textos que foram juntados ao longo de quase 2 mil anos. Outro nome para a Bíblia hebraica é *Tanakh*, que na verdade é um acrônimo formado pelas primeiras letras dos nomes de cada uma das três seções: "T" é de *Torá*, "N" é de *Nevi'im* ("Profetas") e "KH" é de *Ketuvim* ("Escritos").

UM GOLPE DE SABEDORIA

Dois dos rabinos mais influentes no desenvolvimento da Tradição Oral foram Hilel (70 AEC a 10 EC) e Shamai (50 AEC a 30 EC). Provavelmente a história mais famosa sobre eles conta sobre um não judeu que buscava descobrir a essência do judaísmo.

Primeiro, o homem foi a Shamai, que estava em pleno trabalho (todos os rabinos daquela época tinham empregos também, e Shamai era construtor). O homem pediu a Shamai: "Diga-me o significado do judaísmo enquanto me equilibro em apenas um pé." Shamai encarou o homem e então golpeou-o na cabeça com sua vara de medir.

Sem estar particularmente satisfeito, o homem então visitou o sábio Hilel, levando o mesmo pedido: "Diga-me o significado do judaísmo enquanto me equilibro em apenas um pé." Hilel observou-o por um momento e disse: "Não faça aos outros o que não quer que façam a você. Aí está toda a Torá, o resto é comentário — agora vá e aprenda."

Embora essa seja uma linda história sobre Hilel, consideramos que o ensinamento de Shamai há tempos é desvalorizado. Talvez você conheça a tradição zen budista na qual um professor pode golpear o aluno para assustá-lo de modo a aprender uma forma totalmente nova de ver as coisas. Talvez Shamai soubesse que entender a essência do judaísmo não é tanto uma questão de princípio gentil, mas uma questão de profunda transformação interna.

Porém, como pode adivinhar, as respostas gentis, práticas e cheias de compaixão de Hilel, assim como suas decisões em questões legais, foram praticamente sempre seguidas. Mas há muitos que suspeitam que os ensinamentos de Shamai tinham, de fato, mais base espiritual, e a tradição considera que, enquanto as decisões de Hilel são apropriadas para este mundo, }as de Shamai serão seguidas no Mundo Vindouro.

DICA

Se quiser passar a impressão de ser um *mayven* (especialista), não chame a Bíblia hebraica de "Antigo Testamento". Esse é um termo cristão baseado na ideia de que há um *Novo* Testamento que substitui a Bíblia hebraica. Os judeus preferem chamar sua Bíblia de Bíblia hebraica, ou apenas de Escrituras Sagradas. O que os cristãos chamam de Novo Testamento é geralmente referido pelo judaísmo como a Bíblia cristã.

Nevi'im ("Profetas")

Nevi'im (ne-vi-im) contém um registro da maior parte da história mais importante dos cerca de setecentos anos após Moisés (veja os Capítulos 12 e 13). A história é contada nos livros de Josué, Juízes, Samuel e Reis. *Nevi'im* também inclui as palavras dos profetas maiores do século VI AEC, como Isaías, Jeremias e Ezequiel. Os últimos doze livros em *Nevi'im* — de Oséias a Malaquias — são muito menores e geralmente agrupados como "Os Doze Profetas".

Ketuvim ("Escritos")

Ketuvim (ke-tu-vim) é uma coleção de livros, mas que não necessariamente se relacionam entre si. Alguns (Esdras, Neemias e Crônicas) dizem respeito à história; outros (como Provérbios) falam sobre, bem, provérbios. Os livros de Eclesiastes e Lamentações expressam algumas das reflexões mais sombrias sobre a vida.

O livro de Salmos, o maior da Bíblia, contém 150 poemas de louvor, anseio e celebração que formam a base de muitas orações e hinos tanto na tradição judaica como na cristã. Os livros de Jó, Rute, Ester e Daniel registram buscas morais e religiosas épicas. O Cântico dos Cânticos é um lindo poema de amor que muitas pessoas leem como uma metáfora sobre o relacionamento entre Deus e o povo judeu.

Após terem sido passados oralmente de geração em geração, a maioria dos livros do Tanakh foi escrita por volta do século III AEC. No entanto, estudiosos judeus não determinaram o cânone oficial — a lista de livros que "conseguiram chegar" à Bíblia — até 90 EC, na cidade de Yavne (também chamada Jamnia). Os estudiosos dessa cidade deixaram de fora diversos livros que seriam incluídos na *Septuaginta* (a tradução grega da Bíblia), incluindo os *Apócrifos* ("livros escondidos"), como os quatro livros dos Macabeus. Porém, as Bíblias católica romana e ortodoxa grega incluem esses livros, pois elas se baseiam na Septuaginta.

A Haftará

Cada uma das 54 parashiót está associada com uma seção dos *Nevi'im* (livros históricos e proféticos da Bíblia hebraica). Essas 54 seções dos Nevi-im são chamadas de *Haftará* (o nome "Haftará" significa "tirar licença", representando uma leitura adicional seguindo a porção da Torá). A maioria dos historiadores acredita que durante um período especialmente repressivo, talvez no início do século II AEC, quando a leitura pública da Torá era uma ofensa capital, os estudiosos então liam textos que não eram da Torá e que os recordava da porção semanal da Torá, seja pelo tema, seja pelos personagens. Assim, as pessoas conseguiam se lembrar de qual porção da Torá deveria ser lida. Posteriormente, quando a proibição foi abolida, essa leitura adicional foi mantida, então até hoje os judeus normalmente leem tanto os textos da Torá como da Haftará no Shabat e nos festivais.

Interpretando a Bíblia

O "fundamentalismo" judaico não foca a "verdade literal" da Bíblia, como o fazem algumas outras formas de fundamentalismo religioso. Embora muitos judeus tradicionais acreditem que o Tanakh expresse a Palavra de Deus, poucos argumentariam que o significado literal das palavras é o correto. Um importante ensinamento rabínico diz que há setenta interpretações para cada palavra na Torá — e estão todas corretas! A tradição judaica fala sobre quatro dimensões de significado: literal, alegórico, metafórico e místico.

PALAVRAS DE SABEDORIA

Por exemplo: quando Abraão ouve *Lech lechá me-artzêcha...* ("Saia da sua terra..."), parece que Deus está simplesmente dizendo para que ele se mude. Porém, uma interpretação mais profunda encoraja o leitor a considerar a natureza de tais jornadas em um contexto pessoal: o que realmente significa "sair" de um lugar? Então uma interpretação ainda mais profunda aborda as pessoas que estão em uma busca espiritual na qual lhes pedem que saiam da zona de conforto com relação a antigas ideias e identidades e rumem ao desconhecido. Por fim, as duas primeiras palavras (geralmente traduzidas como "Saia") também podem ser traduzidas literalmente como "Vá para si mesmo". Em um nível mais místico, o chamado nos direciona rumo a uma jornada interna.

O estudo da interpretação se chama *hermenêutica*, e ela é uma parte importante da compreensão judaica da Torá. É por causa da hermenêutica que cinco diferentes rabinos podem fazer cinco sermões diferentes sobre o mesmo texto. Os grupos judaicos mais fundamentalistas não se concentram em uma interpretação exclusiva do texto da Torá tanto quanto em uma aplicação muito estrita da prática ritualística.

Uma Revolução Oculta: A Torá Oral

A Torá escrita pode ser o texto central do povo judeu, mas se fosse tudo que nós, judeus, tivéssemos, estaríamos em problemas. Por exemplo, a Torá não explica como realizar um casamento religioso, o que "olho por olho" realmente significa, nem mesmo como honrar o Shabat e outros feriados (especialmente desde que o Templo foi destruído e os judeus não mais puderam fazer sacrifícios animais). Pense na Torá como a partitura de uma sinfonia maravilhosa; a música escrita contém as notas, mas não diz como as tocar. Os judeus precisam mais do que os rolos da Torá para saber como "tocar" o judaísmo.

A "direção musical" é fornecida pela "Torá Oral", um conjunto de ensinamentos, interpretações e insights que complementam a Torá escrita. Um dos professores de Ted no seminário, o Dr. Ellis Rivkin, falava sobre o desenvolvimento da Torá Oral como uma das revoluções religiosas mais profundas de todos os tempos. Sem ela, ensinava ele, o judaísmo dificilmente teria sobrevivido tanto tempo assim.

EXEMPLO DE UM DIÁLOGO TALMÚDICO

Embora poucas pessoas, além dos judeus estudiosos e religiosos, leiam o Talmud, as discussões oferecem um vislumbre fascinante da essência da tradição oral. Vejamos um pequeno exemplo em torno da oração judaica central, a Amidá ("Em pé"), também conhecida como Shemonê Esrê ("As Dezoito").

Mishná: Raban Gamaliel diz que todos devem rezar as "Dezoito [Bênçãos]" diariamente. O rabino Yehoshua diz que a pessoa deve rezar apenas uma parte das Dezoito Bênçãos. O rabino Akiva diz que se a pessoa as conhece claramente, então deve dizer todas as dezoito, de outro modo, deve rezar uma parte. O rabino Eliezer diz que qualquer pessoa que reza "no automático" não está de fato rezando.

Aqui, três rabinos do primeiro e segundo séculos discutem como recitar a oração central de um serviço religioso judaico. Lembre-se de que, naquela época, não havia livros de oração impressos, portanto as pessoas tinham que saber as rezas de memória. Então, gerações depois na Guemará, os rabinos que estavam lendo a Mishná se perguntavam por que deveria haver dezoito bênçãos, para começar.

Guemará: Em que as "Dezoito Bênçãos" estão baseadas? O rabino Hilel, filho do rabino Shmuel Bar Nachmani, diz que são indicadas pelas dezoito vezes nas quais o nome de Deus é mencionado no Salmo 29. Rav Yosef as baseia nas dezoito vezes em que o nome de Deus é mencionado no Shemá. O rabino Tanchum disse, em nome do rabino Yehoshua Ben Levy, que as dezoito bênçãos correspondem às dezoito principais vértebras na espinha dorsal humana.

Parece que o rabino Hilel está dialogando com Rav Yosef, embora eles tenham vivido em períodos com um século de diferença (nos séculos III e IV, respectivamente). Então o rabino Tanchum (do início do século IV) diz que seu professor, o rabino Yehoshua Ben Levy, levou a discussão ao "mundo real" quando relacionou o número dezoito com as vértebras centrais da espinha dorsal (como entendia a anatomia medieval). Isso é interessante porque a espinha conecta as funções inferiores e superiores do corpo e, assim, simboliza a conexão entre as esferas físicas e espirituais. Então, visto que a oração sob discussão tem dezoito sessões, ela age como um lembrete sobre o papel do judeu como uma ponte entre os mundos.

Os judeus tradicionais e ortodoxos acreditam que Moisés, no Sinai, recebeu não apenas o que veio a ser a Torá Escrita (*Torá she-bich-tav*), mas também a Torá Oral (*Torá shê-be-al pê*). A própria tradição oral afirma: "Moisés recebeu a Torá [escrita e oral] do Sinai, transmitiu-a a Josué, este aos velhos, estes aos profetas e estes à comunidade da grande Sinagoga..." Assim, os judeus entendem que não apenas a Torá Escrita é a palavra de Deus, mas a Torá Oral também.

44   PARTE 1 **Em que os Judeus Acreditam**

Séculos depois, essa própria tradição oral seria escrita na forma da Mishná, do Talmud e do Midrash — e assim seria ainda mais interpretada por incontáveis rabinos e estudantes, desenvolvendo-se no judaísmo de hoje. Cada vez que a tradição oral é escrita, ela faz surgir o próximo passo do processo.

CONTROVÉRSIA

Judeus mais liberais tendem a descartar a transmissão da Torá Oral no Sinai; em vez disso, acreditam que a Torá Oral se desenvolveu lentamente com o passar do tempo. Essa turma reconhece que a Mishná, o Talmud e o Midrash ainda contêm verdades eternas, mas também acredita que algumas passagens atreladas a ambientes culturais antigos deixarem de ser relevantes.

A lei da terra: A Mishná

Os primeiros estudiosos e professores (aproximadamente entre 100 AEC e 100 EC) desenvolveram diretrizes para um Caminho de Vida contínuo, chamado de *halachá*. Tenha a halachá (que é geralmente traduzida como "material legal" ou "lei", mas que literalmente significa "a caminhada" — como em "andar em sintonia com o que fala") sido ou não divinamente outorgada, ela forneceu a estrutura para a prática comunitária do judaísmo. Por mais de duzentos anos, esse conjunto de materiais se desenvolveu oralmente, e, como era considerado uma tradição oral, os judeus eram proibidos de escrevê-lo.

No entanto, após os romanos matarem centenas de milhares de judeus nos anos iniciais do primeiro milênio (veja o Capítulo 14), e com a halachá continuando a se tornar mais complexa, os judeus perceberam a importância de codificar pela escrita as tradições em expansão. Embora alguns dos primeiros rabinos tivessem coletado materiais antes dele, Judá Ha-Nassi ("Judá, o Príncipe", que é também chamado apenas de "Rabi") finalmente codificou as leis, criando a *Mishná* entre 200 e 220 EC.

A Mishná (o nome é derivado de "um ensinamento que é repetido", indicando sua origem como uma tradição oral) inclui lições e citações dos sábios Hilel e Shamai (os rabinos do primeiro século) até Judá Ha-Nassi (que viveu no terceiro século). A Mishná contém uma coleção de decisões e práticas legais das quais a tradição judaica ainda depende. Ela está organizada como um livro de direito (em comparação com a narrativa da Torá), separando a Caminhada judaica em seis *sedarim* ("ordens") básicas:

» **Zera-im ("Sementes"):** Bênçãos e orações, leis agrícolas.

» **Mo-ed ("Festivais"):** Leis do Shabat e das festas.

» **Nashim ("Mulheres"):** Casamento, divórcio e outros votos.

CAPÍTULO 3 **Uma Torá Infinita: O Desdobrar de uma Tradição** 45

» **Nezikin ("Danos"):** Leis civis, idolatria e o *Pirkê Avot* ("Ética dos Pais", uma coleção de citações e provérbios éticos ditos pelos rabinos).

» **Kodashim ("Coisas Sagradas"):** Sacrifícios do templo, abate ritual e leis dietéticas.

» **Tohorot ("Purezas"):** Purezas e impurezas rituais.

Os ensinamentos explicados: O Talmud

Os antigos sábios temiam que, quando a Mishná fosse escrita, ela não atenderia às demandas dos novos tempos, e estavam certos. Academias de aprendizado judaico despontaram na Palestina e na Babilônia (hoje Iraque) para discutir novas questões levantadas por suas considerações da Mishná. A maioria dos rabinos tinha outros empregos, mas sua verdadeira paixão era se reunir nas academias para discutir, argumentar e debater as preocupações que surgiam do texto da Mishná, das novas questões legais, da Torá, das histórias de eventos sobrenaturais e de uma infinidade de outros assuntos.

Seus diálogos eram o início de outra parte da Torá Oral, a *Guemará* ("completude"). A Guemará é basicamente um comentário sobre os vários ensinamentos da Mishná. Quando esta lida principalmente com questões de halachá, aquela contém tanto a halachá quanto a *hagadá* ("discurso", histórias, lendas e partes de sermões; os contos e os ensinamentos que "leem nas entrelinhas" do Tanakh e do Talmud). A Mishná, com a Guemará, ficou conhecida como o *Talmud* ("ensinamento").

Em tamanho, o Tanakh fica minúsculo ao lado do gigantesco Talmud, geralmente disponível em trinta volumes (com traduções e comentários). Perceba que a maioria dos judeus tradicionais não foca o "estudo bíblico"; sua concentração é no estudo do Talmud. No entanto, a Bíblia tende a ser o foco dos judeus mais liberais.

É difícil ler a Bíblia, especialmente sem comentários de ajuda, mas ler o Talmud é difícil elevado a muitas potências (dê uma olhada na Figura 3-3 para ver quantas informações estão compactadas em apenas uma página). As discussões contêm diversas opiniões radicalmente diferentes, oferecidas por rabinos que parecem estar no mesmo cômodo, mas que, na realidade, viveram em séculos diferentes. Os argumentos, em geral, aparecem em forma não linear, como uma associação livre ou como navegar em uma internet cósmica. Algumas pessoas dizem que você não lê o Talmud, mas que nada nele. Porém, subjacentes às complexidades do texto, os estudiosos talmúdicos encontram insights e significados profundos.

46   PARTE 1 **Em que os Judeus Acreditam**

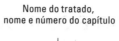

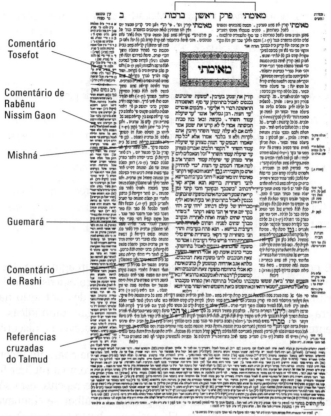

FIGURA 3-3: Exemplo de página do Talmud.

Então, com o término do Talmud, estaria a tradição oral terminada? É claro que não. Comentários, codificações, perguntas e respostas continuam a se desenrolar por meio de livros, artigos e discussões rabínicas. Tal discussão contínua e infinita também é considerada parte da Torá Oral.

Contando histórias: O Midrash

Talvez as partes mais fascinantes da Torá Oral (pelo menos para os leitores leigos) é o grande composto do *Midrash* (de *d'rash*, uma "exposição", ou "sermão"), que contém tanto materiais de halachá como de hagadá. A maioria das pessoas se concentra na hagadá — os contos e ensinamentos que fazem uma "leitura nas entrelinhas" do Tanakh e do Talmud. As coleções de Midrash mais conhecidas abrangem os anos entre os séculos IV e VI, embora a forma midráshica tenha continuado em coleções ao longo do século XIII, e o Midrash existe ainda hoje, na forma de sermões, histórias e homilias contemporâneas.

ABRAÃO E OS ÍDOLOS

Uma das histórias mais famosas do Midrash é sobre o patriarca Abraão, de quando ainda era criança. Conforme o conto, o pai de Abraão era vendedor de ídolos, com uma loja repleta de estátuas de diversos deuses. Certo dia, seu pai lhe confiou o cuidado da loja enquanto precisava sair. Abraão, olhando ao redor do cômodo de ídolos, pegou um pedaço de pau e começou a esmagar todos eles, com exceção do maior, nas mãos do qual então repousou o pedaço de pau.

Quando seu pai retornou, ficou perplexo com a destruição em sua loja e perguntou: "O que aconteceu?" Abraão respondeu calmamente: "Aquele ídolo esmagou todos os outros." Seu pai replicou: "Ídolos não podem fazer isso." E Abraão disse: "É isso mesmo, pai, os ídolos são impotentes."

Essa história, que traz lindamente os aspectos da história bíblica à vida, é tão conhecida que muitas pessoas cresceram achando que estava realmente escrita em Gênesis. Ted só descobriu no seminário que era um midrash!

É no Midrash que o grande gênio criativo e imaginativo dos judeus despontou, e em geral encontramos insights psicológicos, emocionais e espirituais por lá. Torna-se possível um tipo de descontração na hagadá que era normalmente inibida nas discussões legais talmúdicas, e a tradição entende que Deus sorri quando as pessoas escrevem e discutem hagadá.

Por exemplo, um midrash famoso explica uma aparente inconsistência no livro de Gênesis, sendo que tanto o homem como a mulher foram criados no primeiro capítulo, mas então o homem de repente está só no segundo capítulo. Um midrash diz que a primeira mulher se chamava Lilith, mas Adão não se dava com ela. Ele reclamou bastante com Deus: "Não concordamos em nada. Ela nunca me escuta." Então, de acordo com esse midrash, Deus baniu Lilith e a substitui por Eva, com quem Adão se dava melhor. Muito tempo depois, um movimento judaico feminista acolheu Lilith, pois ela foi criada em igualdade com Adão. Lembre-se: é apenas um midrash — apenas uma história.

A Torá em Expansão

A palavra *Torá* tem um terceiro significado, que é ainda maior, além da lei escrita e oral. Torá é o Caminho judaico, é a coisa toda. Ela representa 3.800 anos, que continuamos a somar. A Torá é a busca em expansão, em evolução, de um povo que explora a natureza da Realidade Definitiva e as responsabilidades do Ser Humano.

48   PARTE 1 **Em que os Judeus Acreditam**

NESTE CAPÍTULO

» Trilhando o caminho judaico:
É uma *mitzvah*

» Conectando-se pela oração na
sinagoga e em casa

» Entendendo as leis
dietéticas kosher

» Enfeitando pessoas e lugares com
adornos e símbolos judaicos

Capítulo **4**

Um Caminho de Bênçãos: O Judaísmo como Prática Diária

N ossas esposas tentaram nos convencer a fazer aulas de ioga. Havíamos lido a respeito e ouvido testemunhos, sabendo que seria bom para nós. Mas, oy, é desconfortável ficar se dobrando como um peixe encalhado enquanto os colegas mais experientes (sem mencionar o instrutor) se dobram, torcem e esticam, em geral mantendo uma ótima aparência.

Como aquelas pessoas ficaram tão boas? A resposta é óbvia, mas frustrante: prática. Elas foram às aulas dia após dia, semana após semana, e, aos poucos, foram pegando o jeito, melhorando sua aparência e como se sentiam. E, para aqueles de nós que cresceram com o foco em terminar o trabalho e cruzar a linha de chegada, há um aspecto ainda mais irritante em tais atividades: não há uma linha de chegada. É por isso que chamam a ioga — ou artes marciais, meditação etc.— de *prática*: você sempre estará praticando, melhorando e indo mais longe.

O judaísmo, uma religião que se concentra muito mais em ações do que em crenças, envolve práticas. Quando somos novos na prática, pode parecer estranho. Tudo bem. Continue assim mesmo. Você pode se surpreender ao se ver aberto a significados mais profundos em sua vida — mas provavelmente não ajudará com suas posturas de ioga.

Conectando-se com Deus e com a Comunidade pela Prática: As Mitzvot

Você pode já ter escutado que o judaísmo é um estilo de vida. E faz sentido falarmos dele dessa forma, pois a religião é um conjunto de práticas. Tais práticas, especificamente quando são veículos pelos quais uma pessoa se conecta mais conscientemente com Deus, são chamadas de *mitzvot* (mitz--vót é o plural de *mitzvá*), que significam mandamentos, atos religiosos ou atos de boa ação.

Como é possível descobrir as mitzvot? Por meio da *halachá* — praticando os ensinamentos da tradição judaica (volte ao Capítulo 3 para obter mais informações sobre a halachá). As mitzvot compõem os passos no caminho da halachá, ao longo do qual um judeu descobre sua conexão com Deus, assim como com o passado, com o presente e com o futuro da comunidade judaica.

As mitzvot consistem em rituais e em atos éticos, seguindo os princípios expressos na Torá (veja o Capítulo 3). Algumas práticas, como usar uma cobertura na cabeça (*kipá*, ou *yarmulke*; veja "Vestindo-se para Deus: Hábitos do Vestuário Judaico", posteriormente neste capítulo), foram desenvolvidas mais recentemente e são classificadas como *min'hag* (costume); no entanto, após tantos anos de práticas, tais costumes se tornaram praticamente mitzvot.

Sem dúvidas, as mitzvot mais famosas são os Dez Mandamentos. Em hebraico, são chamados de *Asseret Ha-Dibrot* (As Dez Proclamações/Falas) ou de *Asseret Ha-D'varim* (Os Dez Princípios). A Bíblia nunca se refere às práticas especificamente como *mandamentos*, talvez porque eram bastante básicos e fundamentais à comunidade. Aqui estão os Dez Princípios, numerados de acordo com a tradição judaica (as divisões cristãs tendem a ser levemente diferentes):

1. **Eu sou o Eterno, teu Deus, que te tirei da terra do Egito.**

2. **Não terás outros deuses diante de Mim. Não farás para ti imagem de escultura.**

3. **Não jurarás em nome do Eterno, teu Deus, em vão (literalmente, para nada).**

PARTE 1 **Em que os Judeus Acreditam**

4. **Estejas lembrado do Shabat (e observe-o) para santificá-lo.**

5. **Honrarás a teu pai e a tua mãe.**

6. **Não assassinarás.**

7. **Não adulterarás.**

8. **Não furtarás.**

9. **Não darás falso testemunho.**

10. **Não cobiçarás.**

Esses são os princípios (mitzvot) centrais que servem como fundamento para todos os outros da vida judaica. De acordo com a tradição, há outros 603.

613 hábitos de pessoas altamente eficazes

No século III, o rabino Simlai ensinou que Deus outorgou 613 mandamentos (também chamados de *taryag mitzvot*) na Torá. Então dividiu-os em 248 mandamentos positivos (farás isso e aquilo) e em 365 negativos (não farás isso e aquilo). Acreditava-se que o número 248 correspondia ao número de órgãos e tendões no corpo humano, e o número 365, ao de dias em um ano solar.

Exemplos de mitzvot positivas incluem:

Acreditar em Deus.

Amar a Deus.

Estudar e ensinar Torá.

Construir um santuário para Deus.

Participar nos serviços da sinagoga.

Dizer as bênçãos após as refeições.

Limpar-se espiritualmente em um banho ritual (mikvá).

Deixar respigas para os pobres.

Dar dízimo aos pobres.

Descansar no Shabat.

Comer matzá no Pessach.

Jejuar no Yom Kipur.

Fazer caridade.

Veja algumas mitzvot negativas:

Não acredite em qualquer outro deus.

Não adore ídolos.

Não faça tatuagens (ou cicatrizes decorativas).

Não entre no santuário embriagado.

Não atrase os pagamentos de votos.

Não consuma um animal impuro.

Não consuma sangue.

Não consuma produtos fermentados no Pessach.

Não falhe ao fazer caridade.

Não acuse alguém sob o relato de apenas uma testemunha.

Dos 613 mandamentos, mais de 200 não podem mais ser observados porque exigem o Templo antigo, que foi destruído em 70 EC. Além disso, alguns dizem que 26 dos mandamentos exigem viver em Israel (como a mitzvá de deixar uma porção de um campo sem ser colhida para que haja respigas para os pobres).

As mitzvot estão espalhadas por toda a Bíblia, então cada rabino inclui mitzvot levemente distintas em suas listas e as organiza de forma diferente. Por exemplo, o livro *Sefer Ha-Mitzvot* (Livro dos Mandamentos), escrito no século XII por Maimônides, e o *Sefer Ha-Mitzvot Ha-Kitzur* (O Livro Conciso dos Mandamentos), escrito por Chafetz Chayim no século XX, enumeram os mandamentos diferentemente. As mitzvot também foram codificadas no século XVI por Yossef Caro no livro *Shulchan Aruch* (A Mesa Posta), que ainda serve como a autoridade básica em questões de práticas tradicionais.

As mulheres e as mitzvot

Todos os mandamentos negativos se aplicam tanto a homens como a mulheres, mas estas estão liberadas das mitzvot positivas e aquelas com tempo definido, por causa das demandas da criação dos filhos e dos cuidados do lar. Por exemplo, as mulheres não precisam vestir o *talit* (xale de oração) ou participar dos serviços diários na sinagoga. Embora nada as impeça de realizar tais miztvot, comunidades mais tradicionais tendem a desencorajá-las de fazê-lo; essas mesmas comunidades ficam incomodadas com o interesse de algumas mulheres em explorar tais práticas. Em comunidades menos tradicionais, em que as mulheres são tratadas com muito mais igualdade, não se surpreenda caso veja uma mulher usando um talit na sinagoga.

52   PARTE 1 **Em que os Judeus Acreditam**

AS SETE MITZVOT UNIVERSAIS

A tradição ensina que, quando a arca de Noé tocou o solo, após a devastação do dilúvio, a humanidade recebeu sete leis básicas, chamadas de Leis de Noé. Tais pilares básicos da civilização humana deveriam ser observados por todos, não apenas pelos judeus:

- Não assassinar.
- Não furtar.
- Não adorar falsos deuses.
- Não ser imoral sexualmente.
- Não consumir a carne de um animal antes de ser abatido.
- Não blasfemar contra Deus.
- Estabelecer tribunais e levar os ofensores à justiça.

Os motivos das mitzvot

Para os tradicionalistas, responder à pergunta "Por que realizar as mitzvot?" é fácil. Eles dizem que os mandamentos da Torá representam a vontade de Deus e a aliança entre o povo judeu e Deus. No entanto, até mesmo os tradicionalistas fazem exceções; em uma crise, somos obrigados a violar as mitzvot caso isso signifique salvar uma vida. A exceção a *essa* exceção são as mitzvot que proíbem a idolatria, o assassinato, o adultério e o incesto, que não são permitidos sob nenhuma circunstância.

Muitos dos judeus não tradicionais (talvez a maioria) têm pouca ou nenhuma inclinação para realizar as mitzvot ou para seguir a halachá (veja o Capítulo 3) e se consideram judeus por causa das origens ou da identidade cultural (veja o Capítulo 1). Outros observam apenas aquelas mitzvot que lhes são mais significativas e escolhem não seguir as demais.

O rabino Arnold Jacob Wolf compara as mitzvot com joias preciosas que aparecem no caminho judaico: algumas delas — como acender as velas de Chanucá, comer matzá no Pessach e acender uma vela memorial para um progenitor falecido — são fáceis de aprender e realizar. Outras — como observar o Shabat mais completamente e se alimentar de acordo com as leis dietéticas judaicas de *cashrut* — demandam uma persistência especial, mas também podem ser joias maravilhosas para carregar.

LEMBRE-SE

O Caminho judaico é definido pelo estudo e pelo acolhimento das joias — as mitzvot — ao longo do percurso. Elas podem iluminar profundamente sua vida e conectá-lo de forma mais significativa com Deus e com o povo judeu.

CAPÍTULO 4 **Um Caminho de Bênçãos: O Judaísmo como Prática Diária** 53

A DOCE CARIDADE DA JUSTIÇA

Um dos temas mais básicos das mitzvot tem a ver com sustentar aqueles que não o conseguem por conta própria, seja no âmbito financeiro, físico, emocional ou mental. O termo hebraico para esse tipo de doação é *tzedaká*, e, embora seja traduzido como "caridade", a palavra significa "justiça". Na tradição judaica, essas ações de caridade não são apenas uma questão de ter um coração bondoso. Os judeus as veem como as ações certas no mundo e tão importantes como qualquer outra mitzvá. Por exemplo, a tradição judaica institui um dízimo para os necessitados (chamado de *ma'asser kessafim*) como uma obrigação social básica.

Aqui estão os famosos oito graus de *tzedaká* estabelecidos por Maimônides (veja o Capítulo 28), começando pelo mais baixo:

- Doar apenas de má vontade.
- Doar com disposição, mas menos do que seria apropriado.
- Doar apenas depois de alguém pedir.
- Doar antes de alguém pedir.
- Doar de modo que o doador não saiba quem é o beneficiário.
- Doar de modo que o beneficiário não saiba quem é o doador.
- Doar de modo que nem o doador nem o beneficiário saibam da identidade um do outro.
- Ajudar os pobres a se reabilitarem emprestando-lhes dinheiro, fazendo parcerias com eles, empregando-os ou oferecendo trabalho, pois dessa forma o objetivo é alcançado sem nenhuma perda de autorrespeito.

Conectando-se com Deus e com a Comunidade pelas Bênçãos e Orações

Imagine que você mora em um continente e que seu amigo mora em outro, e vocês dois entram no oceano. O fato é que vocês estão se conectando. Sempre que você entra no oceano, está em contato com outros em todo o mundo. É assim que funciona com a oração: quando você entra nas profundezas da oração, está conectado com todos os outros naquele espaço, incluindo aqueles que o habitaram no passado. As orações o ajudam a se conectar com um Ser compartilhado, uma Presença Universal por meio da qual as pessoas estão conectadas.

Na tradição judaica, o espaço sagrado da oração está sempre disponível. Você pode acessá-lo por meio das orações comunitárias diárias e das orações e bênçãos particulares que santificam até mesmo os momentos mais banais da vida cotidiana. Tais orações regulares (*tefilot*) e bênçãos (*berachot*) o mantêm consciente a respeito do contexto maior no qual vive. Infelizmente, um problema com as orações tão constantes é a própria tendência humana de entrar no automático — observar a forma externa e se esquecer do conteúdo interno. Por esse motivo, a *kavaná* é muito crucial.

Kavaná é a intencionalidade com a qual as orações e bênçãos, e até mesmo seus atos e suas palavras, devem fluir. A tradição ensina frequentemente o quanto a kavaná é importante com respeito à observação de todas as mitzvot, incluindo aquelas de bênçãos e orações.

Às vezes, vemos os judeus balançando o corpo em profunda concentração (o termo é *shuckling*, do iídiche "balançar"), enquanto oram (chamado *davening*, do iídiche "rezar"). É uma maneira de entrar em oração com o corpo todo (veja a Figura 4-1). De igual modo, durante os serviços de adoração na sinagoga, é possível ver algumas pessoas participarem de uma sutil coreografia, na qual dobram os joelhos e se curvam, ou dão diversos passos para a frente e para trás. Essas ações ajudam os judeus a orarem com kavaná.

FIGURA 4-1: Um judeu tradicional faz suas orações matinais no Muro das Lamentações, em Jerusalém. Os papeizinhos colocados no muro contêm orações.

Foto: cortesia de David Blatner

DICA

Esses movimentos são costumes, e não mandamentos; mas, caso se sinta confortável em realizá-los, poderá aprender facilmente observando outras pessoas.

GUIA DE INICIANTES PARA A SINAGOGA

Ir à sinagoga pela primeira vez pode ser impressionante e confuso. Caso esteja familiarizado com uma sinagoga, certamente fica se perguntando por que outras realizam os serviços de forma tão diferente (acrescentando orações, deixando outras de fora, e assim por diante). Caso não esteja familiarizado com os serviços de adoração em geral, nosso melhor conselho é apenas prestar atenção, mantendo os olhos e ouvidos abertos, e fazer planos de participar algumas vezes até conseguir acompanhar. Não tenha medo de perguntar, mas apenas quando as pessoas não estiverem no meio de uma oração. Veja, a seguir, algumas outras coisas a serem consideradas:

- Use roupas modestas como um sinal de respeito. Os homens devem usar uma *kipá* (cobertura da cabeça; o plural é *kipot*) no santuário; algumas mulheres também usam kipot, mas apenas em congregações não ortodoxas. Há kipot extras na entrada da maioria das sinagogas. As mulheres podem usar uma echarpe. Os homens geralmente usam camisas brancas ou azul-claras, e as mulheres, vestidos ou saias. Não é necessário um xale de orações; de qualquer forma, nem se deve usar um caso não seja judeu. Analisaremos em detalhes os costumes judaicos de vestimentas na seção "Vestindo-se para Deus: Hábitos do Vestuário Judaico", posteriormente neste capítulo.

- Caso não tenha um *sidur* (livro de orações), peça um que tenha a versão em português, caso não saiba hebraico. Ainda melhor, peça um com a tradução e a transliteração, assim você vê como deve pronunciar o hebraico.

- Nas sinagogas ortodoxas, homens e mulheres sempre se sentam separadamente. Isso é desconfortável para alguns casais, mas é assim. Em outras sinagogas, homens e mulheres quase sempre ficam juntos.

- A coisa toda pode parecer desorganizada, especialmente em algumas shuls [sinagogas, em iídiche] ortodoxas. Algumas pessoas podem estar em pé, enquanto outras estão sentadas, então, de repente, todo mundo se junta para uma canção ou oração, e depois as pessoas voltam para onde estavam. Lembre-se de que os judeus geralmente oram no próprio ritmo, mas na companhia de outras pessoas.

- Procure chegar na hora (ou antes), mas se chegar atrasado não entre enquanto a congregação está em pé ou durante o sermão do rabino. Talvez perceba outras pessoas chegando atrasadas (às vezes, muito atrasadas). Em vez de apenas se juntarem aos demais, elas geralmente começam do início do serviço de oração. Em geral, as pessoas também simplesmente vão embora quando terminam.

- Não haverá arrecadação de ofertas (sobretudo no Shabat; veja o Capítulo 18). Porém, pode haver uma caixa para doações na entrada.

56 PARTE 1 **Em que os Judeus Acreditam**

- Levante-se (com todos os demais) como um sinal de respeito quando a arca for aberta. Porém, em outros momentos, as pessoas se levantarão ou se curvarão; não precisa fazer isso se não quiser.

- Normalmente, antes da leitura da Torá, ela é levada ao redor da sinagoga (ato esse chamado de *hakafá*), as pessoas esticam a mão e a tocam com os dedos (ou com o xale de orações) e então beijam os dedos (ou o xale). Não é preciso fazer isso; é apenas uma forma de fazer contato com o símbolo central da tradição judaica. Após a leitura da Torá, ela é geralmente levantada e mostrada à congregação (o que é chamado de *hagbá*).

Adoração particular

Embora os judeus sejam encorajados a rezar em uma comunidade, nada os impede de fazê-lo individualmente. O judaísmo reconhece vários tipos diferentes de oração — incluindo o louvor a Deus, pedir por ajuda, agradecer e até mesmo apenas brigar com os problemas geralmente difíceis em nossa vida.

LEMBRE-SE

As orações são quase sempre direcionadas a Deus, mas há discordância entre os judeus quanto ao que Deus é. O importante é que você encontre uma interpretação que lhe pareça certa (veja o Capítulo 2).

Além das várias bênçãos tradicionalmente recitadas durante as adorações em grupo, muitas devem ser proferidas a sós. Por exemplo, muitos judeus dizem as bênçãos no começo e no final do dia (veja o Apêndice B). Outra coisa: embora o silêncio não seja parte da adoração comunal, os judeus consideram a meditação silente como uma parte importante da adoração particular.

O serviço de adoração comunitária

Na época da Mishná (terminada por volta de 200 EC; veja mais detalhes no Capítulo 3), os serviços de adoração na sinagoga praticados pelos judeus estavam, em grande parte, estabelecidos. Na maioria dos dias, os judeus tradicionais podem participar de qualquer um destes serviços:

» **Arvit** ou **Ma'ariv:** Preces da noite (lembre-se de que o dia judaico tem início com o pôr do sol).

» **Shacharit:** Preces da manhã.

» **Minchá:** Preces da tarde.

CAPÍTULO 4 **Um Caminho de Bênçãos: O Judaísmo como Prática Diária** 57

Nos Shabatot e nos dias festivos, há um serviço adicional:

» **Mussaf:** Serviço adicional que acontece após as preces da manhã.

Os rabinos do primeiro século observaram que o *Shemá* deveria ser recitado duas vezes por dia (como era mesmo durante os dias do Segundo Templo; veja o Apêndice B), com bênçãos específicas antes e depois. E a *Amidá* diária (veja a próxima seção) também estava basicamente definida em 100 EC. A fórmula de abertura para uma *brachá*, uma bênção (*Baruch Atá Adonai...*, "Bendito sejas Tu, Eterno..."), ficou popular após a destruição do Segundo Templo e possibilitou que uma série de bênçãos fossem desenvolvidas para os serviços religiosos. Além da oração pública, cada pessoa acrescentava as próprias orações particulares, geralmente recitando Salmos.

Os serviços tradicionais são conduzidos totalmente em hebraico, embora a maioria dos livros de oração inclua também traduções e transliterações.

LEMBRE-SE

A lei judaica insiste em que se entenda o que se está orando, de modo que permite que as pessoas orem em qualquer idioma que conheçam (com exceção do Shemá). Não obstante, a maioria das congregações (mesmo as reformadas) tende a usar o hebraico atualmente.

Tradicionalmente, é necessário um *minian* (mini-*ãn*, que significa "quórum") de dez homens para orar em comunidade, mas as comunidades não ortodoxas agora consideram as mulheres também. Com o minian, o serviço religioso geralmente começa com alguns salmos, poemas e leituras apropriadas para a ocasião. Diversos outros elementos são sempre incluídos (os quais analisaremos nas próximas seções), como a recitação do Shemá, a Amidá, o Aleinu, o Cadish e, às vezes, uma leitura da Torá e de outros livros da Bíblia.

O Shemá e suas bênçãos

Os judeus recitam o *Kriat Shemá* (Declaração do Shemá; veja o Apêndice B) durante os serviços matutinos e noturnos. Ele contém três seções da Torá:

» **Deuteronômio 6:4-9:** A primeira passagem declara a Unidade de Deus e promove o amor como a forma de lembrar, ensinar e agir no mundo.

» **Deuteronômio 11:13-21:** A segunda seção destaca novamente o amor de Deus e nos recorda de que as ações humanas fazem diferença no mundo.

» **Números 15:37-41:** A passagem final encoraja os adoradores a se lembrarem da redenção divina ao usarem franjas, chamadas de *tzitzit*, nos cantos de suas roupas (veja "Vestindo-se para Deus: Hábitos do Vestuário Judaico", posteriormente neste capítulo).

Adicionalmente, os judeus sempre incluem no Shemá bênçãos que são apropriadas para a manhã ou para a noite, assim como bênçãos para a Torá, para a redenção e para a proteção.

A Amidá

A *Amidá* (literalmente, "em pé", porque os adoradores sempre ficam em pé ao recitá-la) é a oração central do serviço de adoração. É geralmente chamada também de *Tefilá* ("Oração") ou de *Shemonê Esre* ("as dezoito", fazendo referência às dezoito bendições que a oração continha originalmente, embora a décima nona tenha sido acrescentada tempos atrás). Primeiro, você a lê silenciosamente (movendo os lábios ao recitá-la alto o suficiente para que escute), e, depois, o condutor do serviço a lê em voz alta.

As dezenove bênçãos da Amidá consistem em três seções que refletem os três modos básicos da adoração judaica:

> » **Shevach:** As três primeiras bênçãos expressam louvor pelos patriarcas judaicos, pelas maravilhas e pela santidade de Deus.
>
> » **Bakashá:** As treze bênçãos centrais fazem petições, divididas assim:
>
> • Um conjunto de petições por conhecimento, arrependimento, perdão, redenção, cura e prosperidade.
>
> • Sete petições que se relacionam com a restauração de Jerusalém, com a justiça, com os hereges (essa é mais uma maldição, na verdade), com os convertidos, com os justos, com a Presença de Deus em Israel e com a restauração da linhagem davídica de reis.
>
> • Uma petição final para que Deus ouça todas as orações.
>
> » **Hoda'á:** Três bênçãos de agradecimento com relação à aceitação da adoração, às expressões de gratidão e às bênçãos da paz.

LEMBRE-SE

No Shabat e em outros feriados, os judeus substituem a seção do meio, Bakashá, por uma única bênção que se concentra na santidade daquele dia em particular. Isso é feito porque tais orações peticionárias são contrárias ao espírito do Shabat — que imagina a realidade como já sendo igual ao Éden.

Após a Amidá, os congregantes geralmente têm um tempo para a adoração silenciosa ou para as orações individuais.

Lendo a Torá

Durante os serviços de adoração matutinos nas segundas-feiras e nas quintas-feiras, e nas tardes de Shabat, um rabino, um cantor ou um congregante culto lê as seções da porção semanal da Torá. A porção completa é lida na manhã de Shabat, seguida pela *Haftará*, que são as leituras complementares dos Profetas. A Torá também é lida nas manhãs de dias festivos, com diversas orações de louvor (*halel*).

Aleinu

Na parte final de cada serviço de adoração tradicional, vem o *Aleinu*, no qual os adoradores afirmam a Unidade de Deus e oram para que essa Unidade possa um dia conectar verdadeiramente todas as pessoas.

Cadish

Analisaremos o *Cadish* com mais profundidade no Capítulo 10, mas é basicamente uma oração escrita quase toda em aramaico que expressa o louvor a Deus e o anseio pelo estabelecimento do Reino de Deus na Terra. Os judeus recitam o *Chatzi Cadish* (uma versão mais curta da oração) para separar as principais seções da adoração, então o ouvimos mais de uma vez durante o serviço.

Por fim, ao término do serviço, os adoradores recitam o último Cadish, chamado de *Cadish dos Enlutados*. Tradicionalmente, apenas aqueles que estão enlutados pela perda de um parente próximo se levantam e recitam esse Cadish, mas atualmente, em muitas comunidades, todos se levantam. A oração ficou associada à memória dos mortos porque ocorria bem no término do serviço de orações — quando, por costume, os nomes dos que haviam falecido recentemente eram lidos. O curioso é que o Cadish dos Enlutados não faz menção à morte; ele dá ênfase ao louvor a Deus.

Indo à Sinagoga

Nós crescemos ouvindo as pessoas falarem sobre ir ao templo para orar ou adorar. Foi só muito tempo depois que descobrimos que a maioria dos judeus não chama a casa de adoração de templo, preferindo reservar essa palavra para *O Templo* de Jerusalém (que foi destruído pelos babilônios em 586 AEC, reconstruído e, depois, destruído pelos romanos em 70 EC). Algumas congregações reformadas ainda usam o termo "templo", mas está ficando mais raro.

Hoje em dia, os judeus tendem a chamar o local judaico de adoração de "sinagoga" (que, na verdade, vem do grego e significa "encontro" ou "assembleia"). A língua hebraica tem várias palavras diferentes para *sinagoga*, incluindo *Beit Midrash* (Casa de Aprendizado), *Beit Tefilá* (Casa de oração) e *Beit Knesset* (Casa de Assembleia). Esses nomes refletem as diversas atividades que acontecem em uma sinagoga: educação, oração e encontros da comunidade. Muitas pessoas também usam a palavra em iídiche *shul* (da palavra em alemão para "escola") para se referir à sinagoga.

60 PARTE 1 **Em que os Judeus Acreditam**

DICA

Se quiser participar de uma congregação ou se juntar a ela, nós o exortamos fortemente a dar uma olhada em sua região (considerando que haja mais de uma onde você vive). As sinagogas podem variar significativamente não apenas em sua aparência física, mas também no tipo de congregação que a frequenta. Fisicamente, algumas sinagogas se comparam a catedrais, enquanto outras estão abrigadas em apartamentos. O tipo de congregação pode variar de grupos tradicionais, que seguem a halachá, a comunidades muito menos tradicionais, que abraçam os valores do vegetarianismo, da Nova Era [New Age] e do feminismo. Tire um tempo para analisar suas opções de modo que encontre uma congregação que se encaixe bem com seus próprios valores.

Independentemente de quantas diferenças existam entre as sinagogas, elas compartilham de algumas coisas em comum, que descrevemos na próxima seção.

Quatro coisas presentes em todas as sinagogas

Em cada sinagoga, você encontrará os seguintes itens:

» **O Aron Kodesh:** A arca que abriga os rolos da Torá. Por convenção, nos países ocidentais, fica sempre no muro oriental (para que, ao ficar de frente para ela, a congregação fique de frente para Jerusalém). A arca pode ter portas e é geralmente coberta por uma cortina (chamada de *parochet*), que pode ser decorada com ornamentos.

» **A Ner Tamid:** A luz eterna, que geralmente fica acima da arca. A luz — atualmente, uma lâmpada elétrica ou a óleo — simboliza a *menorá* (sobre a qual falaremos posteriormente neste capítulo) do antigo Templo e reflete a Presença Eterna experimentada por meio da oração e do estudo na sinagoga.

» **A bimá:** O local em que a Torá é lida e o serviço é conduzido. É, em geral, uma plataforma erguida no centro da sinagoga (no costume sefaradim) ou junto à parede oriental, em frente do Aron Kodesh.

» **Área de assentos:** Todas as sinagogas têm uma área de assentos para as congregações. As não ortodoxas (veja o Capítulo 1) permitem que homens e mulheres se sentem juntos, em um espaço compartilhado. As sinagogas ortodoxas têm áreas de assentos diferentes para homens e mulheres, separadas por um divisor chamado de *mechitzá* (mê-*rrí*-tsa). Esta geralmente tem a forma de uma cortina curta ou de um divisor parcial, alta o suficiente para que os homens e as mulheres não consigam se ver durante o serviço. Não entraremos nas voláteis questões políticas em torno da mechitzá; é suficiente dizer que, embora em algumas sinagogas a separação apague claramente o papel das mulheres, em muitas sinagogas ortodoxas ela tem o propósito de fazer com que todos se sintam "separados, mas iguais".

As sinagogas, em sua maioria, refletem o estilo de santuário da cultura dominante. Muitas sinagogas do Oriente Médio se parecem com mesquitas, enquanto aquelas na Inglaterra tendem a se parecer mais com igrejas. No entanto, elas raramente têm estátuas de animais ou de pessoas, em obediência ao mandamento que proíbe as imagens de escultura. (Uma exceção notável é o geralmente presente "Leão de Judá", a insígnia do antigo Reino da Judeia; veja o Capítulo 12.)[1]

Quem é quem na sinagoga

Muitas pessoas são envolvidas para conduzir os serviços de adoração, mas o foco quase sempre recai sobre duas pessoas: o rabino e o cantor.

O rabino

Embora uma congregação possa conduzir os serviços religiosos sem um rabino, a maioria emprega um. Ele também atua como educador e conselheiro, e oficializa os eventos relacionados ao ciclo da vida, como a nomeação dos bebês, as cerimônias de Bar ou Bat Mitzvá, os casamentos e os funerais (veja a Parte 2 para obter mais informações sobre esses eventos).

Os estudantes rabínicos normalmente fazem cinco anos de trabalho de pós-graduação antes de serem ordenados rabinos. As *yeshivot* (os seminários) ortodoxas tendem a ter um programa de estudo menos formal, mas é muito mais extensivo em questões de lei judaica. A ordenação (assim como o diploma que a acompanha) é chamada de *semichá,* literalmente se referindo à imposição das mãos por meio da qual a ordenação é tradicionalmente conferida.

No passado, só havia rabinos, mas, desde 1972, há rabinos e rabinas não ortodoxos. Embora a maioria dos rabinos seja geralmente chamado de *rabi* (um termo em hebraico que transmite honra, semelhante a "reverendo"), alguns judeus dentro das comunidades chassídicas e renovadas chamam seus rabinos de *reb* ou *rebe.* Algumas pessoas também usam a palavra em hebraico para rabino, que é simplesmente *rav.*

O cantor

Em uma sinagoga tradicional, o cantor (*chazan,* em hebraico) é quem de fato conduz os serviços no shul. Na maioria das outras sinagogas, ele faz solos musicais de seleções de orações e conduz a comunidade nos cantos. O cantor conduz os cantos tradicionais para a leitura da Torá, bem como os diferentes motivos musicais para as adorações diárias, de Shabat, dos festivais e das Grandes Festas. Ele traz uma grande profundidade musical e litúrgica para a comunidade. Muitas escolas rabínicas oferecem programas de treinamento para cantores.

---

1 Em muitos locais, como no Brasil e na Argentina, por medo de terrorismo, as sinagogas são cercadas com grandes muros e outras estruturas de proteção. [N. do T.]

62 PARTE 1 **Em que os Judeus Acreditam**

Embora tradicionalmente os cantores, assim como os rabinos, sejam todos homens, atualmente as mulheres ocupam posições de cantoras em muitas sinagogas.

Seguindo as Leis Dietéticas Judaicas: Guia Rápido para a Comida Kosher

Se tivéssemos que indicar uma pergunta sobre o judaísmo que nos fazem mais do que todas as outras, teria que ser: "Para que essa coisa de kosher?" A palavra kosher[2] (ou kasher) é tão bem conhecida que se tornou parte do cotidiano de outros idiomas e significa que algo é permitido, legal ou apropriado. No entanto, no judaísmo, kosher quase que exclusivamente se refere à comida: o que os judeus podem ou não comer.

As leis dietéticas judaicas são chamadas de cashrut e são tão complexas que volumes inteiros foram escritos sobre elas. No entanto, elas são mais ou menos resumidas nestas regras:

» Animais com cascos fendidos e que são ruminantes são kosher, incluindo gado, ovelha, cordeiro e veado. Outros mamíferos, como porcos, camelos e lebres, não são kosher (chamados de treif, da palavra hebraica tereifa, que significa "rasgar"). Além de não poderem ser consumidos, nenhum produto derivado deles é kosher.

» Certos procedimentos devem ser seguidos para garantir um abate sem crueldade. Por exemplo, a garganta do animal deve ser cortada por um abatedor ritual treinado (chamado de shochet), usando um único corte de uma faca extremamente afiada, sem fissuras.

» Certas partes dos animais não são kosher, como o nervo ciático da parte traseira. Infelizmente, além de essas partes serem difíceis de remover, elas também incluem alguns dos melhores cortes, o que explica por que é raro encontrar filé mignon, bifes de alcatra e de lombo, pernil de cordeiro ou costela ponta de agulha.

» Os animais doentes ou com falhas físicas nos órgãos são treif. Quando os pulmões dos animais são examinados em busca de irregularidades, e nenhuma é encontrada, o animal é considerado glat ("suave"). Caso haja qualquer dúvida quanto à qualidade da carne, mesmo com a comprovação de que esteja boa (kosher), ela não é considerada kosher glat.

---

2 Os termos "casher", "kasher" e "kosher" são usados, sendo o primeiro mais comum em Israel e nas comunidades sefaraditas. Kosher é mais utilizado pelos norte-americanos e pelas comunidades ashkenazim, sendo também mais utilizado internacionalmente. Por motivos de padronização, esta edição optou pelo termo "kosher". [N. do T.]

CAPÍTULO 4 **Um Caminho de Bênçãos: O Judaísmo como Prática Diária** 63

» Frutos do mar são kosher desde que tenham barbatanas e escamas. Lagostas, ostras, camarões, polvos, lulas e siris são proibidos. Alguns peixes, como peixe-espada e esturjão, têm escamas questionáveis, então são geralmente considerados treif.

» Aves domesticadas — frango, peru, codorna, galinha, pomba, ganço, pato e faisão — são kosher, mas pássaros de caça (como águias e falcões) são treif.

» Todos os répteis, insetos e anfíbios são treif. Observe que alguns aditivos e corantes alimentícios são feitos com insetos, então são itens proibidos também. (Os judeus fazem algumas exceções: goma laca, que vem do inseto Kerria lacca e é usada para deixar muitas comidas mais brilhantes, é kosher, porque é considerado mais uma rocha do que um alimento.)

» O sangue de qualquer animal é treif, então a carne kosher (com exceção dos peixes) precisa ser *kosherizarda* (tornada kosher) ao ter o sangue drenado, ser lavada e salgada. ("Sal kosher" não significa que pode ser consumido — ele é um mineral, então qualquer sal é kosher —, mas é chamado assim porque é áspero e bom para a kosherização.) A carne kosher é sempre bem passada, assim não há partes rosadas ou vermelhas.

» As leis de cashrut expandem a proibição bíblica de cozinhar um animal no leite de sua mãe para não consumir qualquer laticínio e carne juntos. Os judeus não podem colocar esses dois tipos de alimentos no mesmo prato nem mesmo consumi-los durante a mesma refeição (mesmo que seja um pedacinho de um ou do outro). Assim, cheesebúrgueres — ou qualquer sanduíche com milkshake — estão fora. Geralmente, os judeus esperam várias horas após uma refeição com carne (chamada de *fleishig*) antes de consumir laticínios (*milchig*), e vice-versa. As aves, como o frango, já estiveram isentas dessa lei (porque não dão leite), mas tempos atrás os rabinos decidiram que não podemos misturar aves e laticínios também. Os peixes estão completamente isentos dessa regra.

» Alimentos que não são carne ou laticínio — incluindo todas as frutas, vegetais, ervas, grãos, fungos, nozes, raízes, produtos de soja etc. — são *parve*, ou seja, são neutros. Quer dizer, podemos consumi-los com carne ou laticínios. Os ovos também são parve (embora, se houver uma mancha de sangue nele, é considerado treif).

» Os produtos feitos de uvas (suco ou vinho) devem ser monitorados e autorizados como sendo kosher por um rabino.

» O status de kosher dos alimentos pode ser transferido para utensílios ou pratos (com exceção daqueles de vidro). Assim, os judeus tradicionais têm pelo menos dois conjuntos de pratos — um para leite e outro para

64   PARTE 1 **Em que os Judeus Acreditam**

carne —, assim como dois ou mais conjuntos de utensílios, fogões e lava-louças. Como leis adicionais de cashrut se aplicam durante o Pessach, algumas famílias têm um terceiro (ou quarto) conjunto de pratos (ou apenas usam pratos de plástico naquela semana; veja o Capítulo 25). Por sorte, há várias formas de kosherizar os utensílios e panelas.

As leis de cashrut estendem-se a qualquer item consumido pelos judeus, ou que toque sua comida, então é possível ouvir sobre sacos plásticos ou papel alumínio kosher que garantem que o fabricante apenas usou óleos orgânicos kosher no processo de prensa do alumínio ou na produção dos sacos. De igual modo, a maioria dos queijos duros contém coalho, que é obtido da mucosa do estômago de animais não kosher, tornando todo queijo não kosher também.

Os motivos por trás do kosher

Todo mundo adora ficar conjecturando por que ou como essas leis aparece-ram. Por exemplo, alguns dizem que elas foram criadas por motivos de saúde — pois carne suína mal cozida pode transmitir doenças. Em última instância, porém, embora os judeus tradicionais sejam encorajados a fazer perguntas em seus estudos, quanto o assunto são as mitzvot (como se manter kosher), as razões subjacentes são muito menos importantes do que as regras em si.

Mas, para aqueles de vocês que gostam de motivos, aqui estão algumas possibilidades para remoer. Antes de tudo, manter regulamentos dietéticos específicos fortalece e define a integridade de um grupo. Uma comunidade que compartilha exigências para se alimentar tende a permanecer junta. Similarmente, as práticas de alimentação ajudam a identificar a divisão entre uma tribo e outra. Por exemplo, alguns estudiosos acreditam que a proibição de comer carne de porco resultou de um desejo de serem dife-rentes das tribos vizinhas.

A cashrut também força os judeus a serem sempre atenciosos quanto ao que colocam para dentro do corpo. Muitas tradições meditativas encorajam a alimentação consciente [mindful], mas o judaísmo as transforma em lei. Assim, os judeus mostram que os humanos podem tomar decisões a partir de seu livre-arbítrio, em vez de atender a cada desejo. A cashrut é uma disciplina, uma prática, que, como muitos acreditam, eleva a alimentação a um ritual religioso.

A tradição reconhece que toda vida é sagrada e que nenhum animal deve ser morto de forma descuidada ou dolorosa. A Torá chega até a dizer que não devemos comer tanto o pássaro quanto seus ovos (ou filhotes), dei-xando a entender que isso seria cruel demais. Algumas pessoas dizem que a cashrut realmente encoraja os judeus a se tornarem vegetarianos; a tra-dição diz que, na era Messiânica — um termo que tem significados dife-rentes para judeus diferentes —, nenhum animal ou humano matará ou consumirá outro animal.

CAPÍTULO 4 **Um Caminho de Bênçãos: O Judaísmo como Prática Diária** 65

Para alguns judeus ambientalmente preocupados, a ideia de kosher se estende além das leis tradicionais, incluindo um sentido mais amplo de comportamentos éticos, conscientes com a saúde e amigáveis à Terra. Tais judeus questionam se é permitido consumir alimentos com aditivos químicos, aqueles em embalagens não recicláveis ou carne de animais criados em jaulas.

OU significa OK para a maioria

É muito fácil se manter kosher se você é vegetariano estrito, se sempre come em casa ou se cresceu com essas regras. Muitos judeus liberais nem mesmo tentam se manter kosher, acreditando que a cashrut está entre as leis antiquadas para os tempos modernos. Alguns tomam uma posição intermediária, na qual se mantêm kosher em casa, mas não ligam em comer treif — como cheesebúrgueres — em restaurantes. Como observou certa vez o humorista David Bader, para muitos judeus, "quanto menos um pedaço de porco realmente se parecer com carne suína, menos você precisa se preocupar em consumi-lo". É só observar o número de judeus que saboreiam a carne suína agridoce naquela comida chinesa que pedem pelo delivery.

Muitos judeus menos tradicionais tentam se manter kosher ao ler os ingredientes impressos nas embalagens e evitar aqueles que não são kosher. No entanto, a maioria dos judeus ortodoxos insiste que um rabino treinado, chamado de *mashgiach,* supervisione e certifique que o alimento é kosher. Esse "selo de aprovação" é chamado de *hechsher* e normalmente aparece como um símbolo na embalagem do alimento. Os símbolos hechsher mais famosos são OU [de "Orthodox Union"] ou OK (um "O" com a letra "U" ou "K" dentro), mas há dezenas de outros símbolos. Por exemplo, em Seattle, nos EUA, o kechsher local tem um pequeno logo inspirado na famosa torre Space Needle. Observe que a letra "K" por si só em geral significa que a própria empresa certifica que o produto é kosher, mas pode ser que um rabino não tenha sido consultado.

Purificando o Espírito: Ritos e Rituais

Nada traz mais transformações como uma boa e pesada tempestade. Após as nuvens se dispersarem e o sol aparecer, o ar e o solo parecem estar limpos, e a Terra está nutrida novamente. A água é transformadora e doadora de vida, e por milênios as pessoas a usam para purificar seu corpo e suas posses — de forma literal, figurativa e espiritual.

Há muito tempo, o judaísmo tem uma tradição de dar atenção à pureza ritual e espiritual, chamada *tahará,* proveniente das instruções bíblicas com relação aos sacerdotes e sacrifícios (o sacerdote tinha que estar ritualmente puro para participar do serviço no Templo). Visto que a observância diária das mitzvot e das orações atualmente substitui os antigos sacrifícios, você precisa estar puro ritualmente para participar de forma adequada. Por exemplo, a lei judaica afirma que estar no mesmo cômodo que uma pessoa morta ou um animal morto (ou tocá-lo) torna você ritualmente impuro. Quando alguém se torna impuro (*tamai*) por um motivo ou por outro, é possível usar um ritual com água para se tornar puro (*tahor*) novamente. Assim, os judeus em geral derramam água de um jarro sobre suas maos após participar de um velório ou sair do cemitério (veja o Capítulo 10).

De igual modo, o judaísmo tradicional afirma que, durante a menstruação e durante sete dias até a interrupção do sangramento, as mulheres são tamai (então os homens não as tocam durante esse tempo). Com o término desse período, as mulheres se imergem em uma mikvá, um banho ritual composto, pelo menos em parte, de água potável (água da torneira não conta como potável). A maioria das comunidades judaicas tem uma mikvá "pública" à qual as pessoas podem ir, mas qualquer fonte, rio, lago ou oceano natural também vale.

LEMBRE-SE

A mikvá (ou a cerimônia de lavar as mãos antes de comer) não tem o propósito de limpar fisicamente; os participantes devem estar limpos com antecedência. A mikvá tem o sentido de oferecer uma limpeza *espiritual*. Muitos judeus observantes, tanto homens como mulheres, visitam uma mikvá semanalmente, antes do Shabat. Tradicionalmente, os judeus visitam a mikvá antes de se casar também.

CONTROVÉRSIA

Muitos homens e mulheres menos tradicionais veem a mikvá com suspeição, pois esse ritual de limpeza pode ser interpretado como "as mulheres ficam sujas e intocáveis" após a menstruação. Nós acreditamos que tahară tem mais a ver com a afirmação de vida, e a mikvá é um processo de renascer e recolocar o foco na criação. Não é à toa que a mikvá é exigida logo antes de a mulher estar ovulando, e os casais são reunidos quando a chance de gravidez é mais alta. O uso de mikvê [variação de mikvá; plural: mikvaot] pelos judeus reformados e reconstrucionistas está crescendo, especialmente antes das conversões, cerimônias de casamento e até mesmo de alguns feriados. Algumas comunidades liberais também exploram o uso de mikvê para a cura psicológica — para ajudar a pessoa a se recuperar de um trauma, como estupro.

Vestindo-se para Deus: Hábitos do Vestuário Judaico

Assim como a tradição judaica envolve um cuidado especial com o que comemos, ela também nos dá regulamentos específicos quanto ao que vestimos.

LEMBRE-SE

A maioria dessas regras é baseada em costumes (*min'hag*), em vez de na lei. Não há qualquer lei judaica que diga "Use um grande chapéu e um longo casaco pretos", embora alguns judeus ortodoxos escolham fazê-lo (veja o Capítulo 1). Alguns desses judeus do chapéu preto (basicamente os hassidim) também usam um *gartel* (cinto de tecido), especialmente quando oram, como um lembrete da distinção entre as partes superior e inferior do corpo, assim como a distinção metafórica entre o eu físico e o eu espiritual. Lei? Não. É costume, tradição e escolha.

Similarmente, alguns judeus gostam de usar uma Estrela de Davi, a palavra *chai* ("vida") ou uma *mezuzá* (veja a próxima seção) no chaveiro, seja para boa sorte ou como um lembrete de sua fé.

Os judeus são sempre encorajados a se vestirem modestamente em público. Nas comunidades ortodoxas, isso significa cobrir braços e pernas e, em áreas muito tradicionais, que as mulheres não usam calças.

O yarmulke

Stephen Merritt, diretor de música da congregação de Ted, chama a cobertura da cabeça que ele usa durante a adoração de "cobertura képi" (*képi* é uma palavra em iídiche para "cabeça"). No entanto, o chapeuzinho flexível e redondo que os homens judeus (e cada vez mais mulheres judias) usam é, de fato, chamado de *yarmulke* (muitas vezes com a pronúncia de *yamuke*) ou — mais comumente hoje em dia — *kipá* (o plural é *kipot*). A kipá (veja a Figura 4-2) é provavelmente o símbolo judaico mais reconhecido depois da Estrela de Davi, com seis pontas.

FIGURA 4-2: Todas as manhãs, os homens judeus tradicionais usam a *kipá*, o *talit* e os *tefilin* enquanto oram.

Muitos homens judeus tradicionais mantêm a cabeça coberta o tempo todo. Aqueles menos tradicionais podem cobri-la apenas durante as orações; alguns liberais nem chegam a usar a cobertura. No entanto, este é um daqueles casos em que um costume se tornou tão importante quanto uma lei, se não mais.

Não há lei judaica que diga que é necessário usar uma kipá. Isso provavelmente surgiu de um antigo costume do Oriente Médio de cobrir a cabeça na presença da realeza. Como Deus é visto como o Rei dos Reis, o Santo Sempre Presente, os judeus começaram a usar a cobertura da cabeça o tempo todo. Podemos entender o uso do *yarmulke* como mais uma ação que atrai a distinção entre o mundo espiritual e cerimonial e o mundo cotidiano.

Atualmente, podemos encontrar centenas de tipos diferentes de kipot, incluindo algumas tricotadas sob medida, feitas de couro, cetim, algodão, lisas, quadradas e até algumas com logos ou nomes de times de esporte impressos. Alguns adolescentes as colecionam como se fossem figurinhas, e algumas seitas ortodoxas usam certos estilos para mostrar sua afiliação.

LEMBRE-SE

Usar uma kipá é um sinal de respeito, e não de fé, então não há motivos para que um não judeu não possa usá-la. De fato, vemos candidatos não judeus a cargos públicos usar uma a cada temporada de eleições, quando visitam as sinagogas ou os centros da comunidade judaica.

CASOS E CAUSOS

Usar uma kipá em público pode ser uma experiência tanto fascinante como problemática. Durante uma investida recente, enquanto usava uma kipá, David (que quase nunca usa uma em público) percebeu que ela era o símbolo mais evidente de sua identidade religiosa que já usara, e anos de leitura sobre o antissemitismo o deixaram em constante alerta. Por outro lado, quando entrou em uma Starbucks para tomar café, acabou recebendo um tratamento especial de um estranho, funcionário do local, que lhe disse baixinho: "Olha, você é judeu, e eu também, vou lhe fazer um favor desta vez." Isso que é "membro da tribo"!

As mulheres ortodoxas não usam uma kipá, mas quase sempre cobrem a cabeça com uma *sheitel* (peruca) ou com uma echarpe. Algumas mulheres cobrem a cabeça na sinagoga, outras, sempre que estão em público. Isso é muito comum nas culturas do Oriente Médio, onde a mulher que mostra o cabelo para qualquer outro além de sua família ou marido é considerada imodesta. Algumas mulheres tradicionais chegam até a raspar a cabeça, ou a cortar o cabelo bem curto, e usam uma sheitel o tempo todo.

Franjas e xales

O livro bíblico de Números afirma que os judeus devem usar *tzitzit* [ou tsitsit] (franjas) nos cantos de suas roupas para ajudá-los a se lembrar de Deus e dos mandamentos. Tal imperativo bíblico é a base do xale de oração judaico, chamado de *talit* (veja a Figura 4-2), que quase todos os homens judeus usam durante o ofício da manhã, o shacharit. (Em congregações mais liberais, as mulheres também podem usá-lo.) Alguns talitot [plural de talit] têm apenas entre 12cm e 15cm de largura, como um cachecol, e alguns são mais largos, como pequenos cobertores, mas todos sempre têm franjas especialmente amarradas com nós penduradas dos cantos.

O único momento em que os judeus tradicionais usam o talit à noite é em Yom Kipur (veja o Capítulo 20). Aqueles nas congregações mais liberais (especialmente as reformadas) podem usar o talit na sexta-feira à noite para a recepção do Shabat, visto que é o principal evento religioso da semana, e os líderes de adoração em geral usam um talit em todos os serviços. A maioria dos homens ortodoxos também usa um *talit katan* (*talit pequeno*) o tempo todo sob as roupas — parece uma mistura de camiseta de baixo e um poncho com as franjas nos quatro cantos. Muitos homens ortodoxos colocam o *tzitzit* para dentro das calças, mas alguns o deixam pendurado na cintura, para que esteja sempre visível. O rabino Rabbi Hayim Donin escreveu certa vez que usar o tzitzit é como usar o uniforme de um exército; ao fazê-lo, você está sempre atento a seus juramentos.

Os judeus dizem uma bênção especial ao colocar o talit (veja o Apêndice B). É comum ver as pessoas se embrulharem no talit e cobrirem a cabeça com ele após colocá-lo, ou em certas partes do serviço de orações. Isso é feito em geral para aprofundar a concentração, e alguns judeus dizem que dá a impressão de que estão sendo embrulhados nas asas de Deus.

E as atarás como sinal: Colocando tefilin

Tefilin são duas caixinhas de couro com compartimentos contendo passagens da Torá. Elas são presas à cabeça e ao braço com tiras de couro (veja a Figura 4-2). Os homens tradicionais usam tefilin a cada manhã, com exceção do Shabat, em seus ofícios de adoração em casa ou na sinagoga.

Colocar tefilin se baseia em uma lei bíblica:

> E amarás ao Eterno, teu Deus, com todo o teu coração, com toda a tua alma e com todas as tuas posses.
>
> E estarão estas palavras que eu te ordeno hoje, no teu coração, e as inculcarás a teus filhos, e delas falarás sentado em tua casa e andando pelo caminho, ao deitar-te e ao levantar-te. *E as atarás como sinal na tua mão, e serão por filactérios entre os teus olhos.* E as escreverás nos umbrais de tua casa e nas tuas portas. (Deuteronômio 6:5-9; ênfase nossa)

Muitas pessoas, ao longo dos séculos, vêm insistindo que as últimas instruções nessa passagem são figurativas, como "Mantenha seus olhos na bola (Deus), e esteja certo de que acerte a jogada com seu taco (sua prática)" [expressão comum em golfe]. No entanto, os rabinos antigos determinaram que tais palavras deveriam ser entendidas literalmente. Além disso, mesmo se não o fossem, usar tefilin (também chamados de *filactérios*) é um símbolo físico muito poderoso de fé e devoção. Como Yossef Caro (veja o Capítulo 28) ensinou, os tefilin são colocados perto do coração, na cabeça e no braço para simbolizar que o coração, a mente e o corpo da pessoa estão todos a serviço de Deus.

70   PARTE 1 **Em que os Judeus Acreditam**

Há regras complexas para que os tefilin sejam kosher, e um conjunto deles pode chegar a US$250. Ao colocá-los, é preciso seguir cada procedimento específico. Se é destro, use-o no bíceps do braço esquerdo; se é canhoto, ele vai no braço direito. As duas tiras da cabeça ficam penduradas sobre seus ombros com uma volta solta segurando uma caixa na testa, e a tira do braço é cuidadosamente enrolada sete vezes, e depois, seis vezes ao redor dos dedos, seguindo um padrão específico. Qualquer rabino tradicional pode lhe mostrar como fazer.

Embora não seja contrário à lei judaica, as mulheres têm sido tradicionalmente desencorajadas (ou até proibidas) de usar tefilin, embora as evidências sugiram que algumas mulheres distintas o fizeram ao longo dos séculos. Os judeus estão lentamente se abrindo à ideia de as mulheres usarem tefilin, mesmo que isso deixe os tradicionalistas de cabelo em pé.

O Lar Judaico

Os lares judaicos são similares a outros lares da vizinhança, por dentro e por fora. No entanto, se prestar atenção, talvez perceba alguns itens que geralmente aparecem nas casas judaicas. Por exemplo, às vezes uma peça de arte com a palavra hebraica *mizrach* (Leste) está pendurada na parede oriental da casa (de frente para Jerusalém), e alguns judeus deixam à mostra o prato para o sêder [jantar cerimonial de Pessach] em um armário. A palavra hebraica *chai* (vida) é um símbolo popular em peças de arte, assim como a *hamsá*, uma mão invertida, geralmente com um olho no centro da palma. A hamsá é compartilhada com outras culturas orientais, não sendo exclusivamente judaica.

Os dois itens judaicos mais comuns que podemos encontrar em um lar judaico são a *mezuzá* e a *menorá*, que descreveremos nas próximas seções.

Em cada batente: A mezuzá

Uma leitura literal de Deuteronômio 6 (veja a seção precedente) diz que os judeus devem escrever as palavras do Shemá nos umbrais de suas casas (para obter detalhes sobre o Shemá, veja "O Shemá e suas bênçãos", anteriormente neste capítulo.) Uma *mezuzá* é um compartimento pequeno que abriga um pedaço de pergaminho, no qual estão escritos o Shemá e outros dois parágrafos dos livros de Deuteronômio e Números. Ao comprar uma mezuzá, geralmente é preciso comprar o pequeno pergaminho separadamente (um pergaminho kosher deve ser manuscrito por um escriba treinado, então pode custar ainda mais que a mezuzá).

A maioria das pessoas coloca uma mezuzá apenas nas portas da frente e dos fundos de suas casas, embora os judeus tradicionais coloquem uma na altura dos olhos em cada batente da casa, com exceção dos banheiros

CAPÍTULO 4 **Um Caminho de Bênçãos: O Judaísmo como Prática Diária** 71

e armários. Também é costumeiro colocar a mezuzá em ângulo, inclinada para dentro, no lado direito do batente conforme entre. (Conta-se a história de que os rabinos não conseguiam decidir se ela deveria ficar na vertical ou na horizontal, então decidiram que deveria ficar em um ângulo que mostrasse que o compromisso é valorizado no lar.)

Há uma bênção especial a ser dita na colocação de uma mezuzá (veja o Apêndice B). Uma vez colocada, é costume tocá-la com a ponta dos dedos e, depois, beijá-los, sempre que se entra em casa, como um sinal de reverência e recordação.

O extraordinário candelabro: A menorá

Um dos símbolos mais antigos da fé judaica, a *menorá*, era originalmente o candelabro (muito antes da invenção das velas, é claro) no antigo Templo de Jerusalém. Ele continha sete bases para sete luzes, três de cada lado e uma chama central. Embora esse ainda seja o formato básico da menorá tradicional, o termo é geralmente usado para candelabros que têm menos luzes.

Alguns judeus acendem a menorá na noite de Shabat; outros apenas a usam como um símbolo na casa e acendem as duas velas mais comuns antes do início do Shabat. Em geral, a *chanukiá*, o candelabro especial com oito braços mais um central, é referida como *menorá de Chanuká* (veja o Capítulo 22).

Portanto, Agora Vá e Viva

Embora os antissemitas por muito tempo tenham usado o verbo *judiar* como insulto, a palavra *judeu* pode ser verbalizada de um modo diferente, refletindo o modo judaico de vida. A prática tradicional é certamente uma grande parte de tal "judiação", mas ela não termina aqui. Todas as práticas judaicas buscam a afirmação do Ser Único que conecta toda a vida com Bênçãos, Compaixão, Justiça e Amor. O objetivo final do judaísmo é o despertar para uma consciência mais ampla desse Ser Único.

72   PARTE 1 **Em que os Judeus Acreditam**

NESTE CAPÍTULO

» Apresentando o lado místico do judaísmo

» Explorando os mundos da Cabalá

» Descobrindo a mística Árvore da Vida

Capítulo 5

O Misticismo Judaico

M uitos judeus — mesmo aqueles que aprenderam as regras e os regulamentos básicos do judaísmo, além das questões de ritual, prática e história — ainda sentem que algo está faltando, algo relacionado com o espírito mais profundo que pode parecer totalmente invisível atrás de ensinamentos tão externos.

Muitos judeus ficaram tão frustrados com esse sentimento de ausência do espírito que desistiram do judaísmo e, muitas vezes, buscaram outras crenças, como o budismo e suas práticas meditativas. Alguns judeus encontram o espírito mais profundo após anos de intenso estudo intelectual da Torá e do Talmud. Outros despertam ao espírito do judaísmo por meio da ação social e de uma vida baseada na moralidade e na ética judaicas. Para nós, a chave que abre a porta é o misticismo judaico. Não acreditamos que esse caminho seja adequado para todos, mas, para aqueles que buscam um sentimento mais profundo de conexão com Deus, o misticismo judaico situa-se na essência da espiritualidade judaica e no que significa ser judeu.

Mergulhando no Misticismo Judaico

O *misticismo* concentra-se em um encontro pessoal imediato com uma Realidade Maior, uma realidade que está além do que pode ser falado ou compreendido racionalmente. Algumas pessoas falam sobre essa mudança de percepção como "ver Deus", "tocar Deus" ou "alcançar a consciência de

Deus". Na tradição mística judaica, tal percepção é em geral chamada de *deva-kut* (de-va-*kut*), que significa "juntar-se a ou unificar-se com Deus". Alguns místicos estão mais interessados em tentar entender essa Realidade Maior, e outros são atraídos para encontrar modos mais plenos de experimentá-La.

Isso lhe parece um mau estereótipo de uma cena hippie excêntrica? Bem, o misticismo judaico não é dos anos 1960. A prática tem pelo menos 2 mil anos de idade, e podemos encontrar tradições místicas não apenas no judaísmo, mas no cristianismo, no islamismo e na maioria das outras religiões. Alguns dizem que o misticismo conecta as verdades mais profundas de todas as principais religiões.

Em que os místicos tendem a acreditar

Para os místicos, sempre há mais. O Universo, dizem eles, tem muitos níveis, e as pessoas normalmente experienciam apenas a superfície. Como as camadas de uma cebola, cada nível de realidade, embora real em si mesmo, tem um nível mais profundo dentro de si. Ou podemos virar do avesso o modelo da cebola: se o centro da cebola é a realidade cotidiana, então ir mais alto significa transcender de um nível para o próximo, cada um envolvendo e contendo o anterior. O místico conhece mais níveis profundos da realidade do que aqueles geralmente experienciados pelas pessoas. O que parece ser real para nossos sentidos limitados é apenas uma fachada atrás da qual os mistérios de significância cada vez maior esperam para ser descobertos.

Místicos ao longo dos tempos parecem compartilhar de uma visão em comum: que no nível mais profundo e inclusivo há apenas Um, e todos somos parte desse Um. O objetivo do místico judeu é conhecer esse Um, entender melhor as palavras do Shemá (veja o Apêndice B) quando proclama: "Deus é Um." Os místicos também tendem a usar letras maiúsculas em muitas palavras que usam!

A cabalá

Os místicos judeus experienciam e expressam a Percepção universal por meio da identidade, cultura, linguagem e símbolos judaicos. O termo geral para a tradição na essência do misticismo judaico é *cabalá*, que é traduzida literalmente como "aquilo que é recebido".

Durante muito mais de 1.500 anos, a cabalá foi transmitida por meio de professores que se reuniam com pequenos grupos de alunos. Como as ideias da cabalá representavam uma ameaça ao pensamento religioso estabelecido, os grupos de estudo geralmente se reuniam em segredo.

Apesar do fato de que os ensinos cabalísticos foram, até recentemente, reservados para alguns poucos, é notável a extensão de sua influência no todo da crença judaica. Os livros de oração ortodoxos modernos contêm muitas passagens escritas por professores de misticismo judaico.

COM C OU COM K...

A palavra "cabalá" é hebraica e também pode ser escrita em português como Kabala, qabbala ou cabala. Embora essas variações ilustrem algumas das dificuldades básicas da tradução do hebraico para o português, tais diferenças específicas contêm mais significados. Quando escrita "kabbalah", a referência é quase sempre à tradição mística e aos escritos judaicos. Quando aparece "qabbalah" ou "qabbala", a referência é geralmente a um uso cristão ou não judaico de alguns dos ensinamentos básicos dos místicos judeus. Quando escrita "cabalá" ou "cabala", a referência pode ser judaica ou cristã ("cabala" é, de fato, como a palavra está dicionarizada em português). Algumas pessoas ficam surpresas com o fato de muitos cristãos terem interesse também pela tradição mística judaica. De fato, durante a Idade Média, algumas das pessoas que mais aguardavam a publicação de textos cabalísticos eram os líderes da Igreja Católica.

A cabalá representa uma abordagem ao estudo do texto, à realização do ritual, à prática de ações no mundo e à experiência da adoração. O cabalista lê os mesmos textos básicos judaicos e pratica os mesmos rituais básicos, mas de forma diferente. A literatura cabalista se concentra na interpretação dos textos tradicionais do judaísmo, revelando os ensinamentos mais profundos que eles contêm.

Há tempos os cabalistas exploram uma infinidade de ideias e práticas que deixa a maioria das pessoas surpresa ao ouvi-las em um contexto judaico: meditação, reencarnação, crença em anjos e demônios, orar sozinho na natureza e, é claro, devakut (percepção de Deus). Na verdade, podemos discernir inúmeras diferenças entre o judaísmo tradicional e organizado e uma abordagem mais mística, incluindo o seguinte:

» **Ausência de separação entre pessoa e Deus:** A maioria dos judeus tende a ver Deus como uma entidade separada, fora do Universo físico, ou como a força de Vida dentro do Universo. Para eles, o judaísmo é basicamente uma estrutura moral, descrevendo Deus como o rei ou o pai e as pessoas como os súditos ou filhos. Porém, para o místico judeu, Deus não é apenas o Ser Transcendental Máximo, mas também o Ser Imanente Máximo. Não há separação entre pessoa e Deus. Os judeus com uma inclinação mais mística tendem a dizer que não existe nada além de Deus: tudo é Deus.

» **Nossas ações refletem Deus:** Para o judeu tradicional e racional, Deus afeta a humanidade, mas está além de ser afetado pelas pessoas. Para o místico, o relacionamento entre Deus e os humanos é muito mais íntimo. É uma transação na qual ambos são sempre afetados. Tudo está conectado, dizem os místicos, e cada ação, pensamento ou palavra ressoa em todo o Universo. O místico judeu sente uma profunda responsabilidade pela criação em si.

» **Cumprir as mitzvot perpetua a Criação**: No judaísmo tradicional, as mitzvot, ou mandamentos (veja o Capítulo 4), devem ser cumpridas, pois expressam a Vontade de Deus. Para o místico judeu, o significado das mitzvot é radicalmente diferente: elas fornecem meios preciosos por meio dos quais os judeus podem participar em um processo cósmico de continuar e completar a própria Criação. Os mandamentos são o que homens e mulheres podem (e não podem) fazer de modo a garantir a perpetuidade do Universo.

» **A espiritualidade vem de dentro:** Tradicionalmente, o judaísmo tende a ver o Espírito vindo de fora das pessoas e ensina que uma pessoa chamada Messias virá para redimir a humanidade. O misticismo tende a ver a espiritualidade e a redenção como um despertar de dentro para fora, e percebe a Consciência Messiânica despertando dentro de cada pessoa.

Fazendo um Tour Místico Mágico

Durante o século XIX e início do século XX, o misticismo judaico era um pouco mais do que uma nota de rodapé em meio a uma avalanche de pensamento racional. No entanto, conforme as pessoas começaram a explorar e celebrar as próprias experiências místicas, os estudiosos começaram a traduzir textos místicos, a financiar pesquisas sobre a história do misticismo e a descobrir que — veja só — o misticismo judaico tem uma tradição longa e profunda. Eles descobriram tradições místicas documentadas e autênticas dentro do judaísmo que chegam a 2 mil anos antes. Entre as pessoas que trouxeram esses textos à superfície está Aryeh Kaplan (um rabino ortodoxo que começou a traduzir alguns dos textos místicos antigos no meio da década de 1980), Rav Kook (veja o Capítulo 28) e Adin Steinsaltz (considerado um dos maiores eruditos do Talmud dos tempos atuais — ele faleceu em 7 de agosto de 2020).

Primeiros textos místicos

Ninguém sabe ao certo como a cabalá começou ou quem escreveu os primeiros livros que definiram a filosofia cabalística. Embora encontremos algumas referências ao misticismo e às experiências místicas na Bíblia hebraica, o primeiro texto conhecido claramente baseado no misticismo judaico apareceu nos primeiros séculos da Era Comum (EC, o que é denominado d.C. pelo mundo cristão).

Os primeiros movimentos místicos do primeiro século AEC e dos dois primeiros séculos EC são amplamente conhecidos como *Maasê Merkavá* ("Os Trabalhos da Carruagem") e *Maasê Bereshit* ("Os Trabalhos da Criação"). O misticismo de Bereshit basicamente explora as imagens do livro de Gênesis, e o da Merkavah se concentra em grande parte na imagem da carruagem

76 PARTE 1 **Em que os Judeus Acreditam**

do profeta Ezequiel (Ezequiel 1:1–3:27) e foi caracterizado pela visualização meditativa de uma carruagem levada por quatro seres míticos, cada um com quatro faces e quatro asas, brilhantes e circundados por fogo e relâmpagos.

Imagine ficar concentrado nessa imagem assustadora por um longo período em meditação! Caso faça isso, talvez perceba por que tais práticas se mostraram impopulares para um grande número de pessoas.

O misticismo dos *Hekhalot* (Palácios), que se concentra nas imagens de várias câmaras de um palácio celestial, também encoraja as meditações de visualização como meios para transcender os estados comuns de consciência.

Essas primeiras formas de exploração mística judaica estabeleceram as bases para os três livros mais importantes do desenvolvimento do misticismo judaico: *Sêfer Yetzirá*, *Sêfer Ha-Bahir* e, o mais importante, o *Zohar*.

Sêfer Yetzirá

Embora o autor do *Sêfer Yetzirá* ("Livro da Formação") seja desconhecido, o livro provavelmente teve sua origem entre os séculos II e VI. É uma história bem curta e se concentra nas energias místicas das 22 letras do alfabeto hebraico e das dez *sefirot* (níveis de consciência, ou de realidade; pronuncia-se sê-fi-*rót*; veja a seção "Seguindo Mapas para a Compreensão: Imagens e Símbolos", posteriormente neste capítulo). Juntas, as dez sefirot e as 22 letras formam os 32 "caminhos de santidade". Nesse livro muito enigmático, tais caminhos se relacionam a estados físicos e emocionais, bem como à astrologia.

O *Sêfer Yetzirá* é, de muitas formas, a espinha dorsal da cabalá. Muitos comentários escritos sobre ele o colocam como um manual de meditação que disponibiliza formas de usar as letras e as sefirot enquanto se medita.

Sêfer Ha-Bahir

O *Sêfer Ha-Bahir* ("Livro da Iluminação") apareceu no século XII, na França. Ele dá continuidade aos ensinamentos básicos das dez sefirot, explora algumas das letras do alfabeto hebraico e investiga os mistérios da alma.

A autoria do texto é incerta, mas a obra foi atribuída ao rabino Nehunia ben HaKana, professor místico do primeiro século. Embora seja mais longo que o *SêferYetzirá*, o *SêferHa-Bahir* também é um livro relativamente curto, com cerca de 12 mil palavras. O texto se identifica com a tradição da *Maaseh Merkavah*. Ele se tornou o texto cabalístico básico até a aparição do *Zohar*.

Zohar

Sem dúvidas, o livro mais importante do misticismo judaico é o *Zohar* ("Brilho", ou "Esplendor"), que apareceu na Espanha durante o século XIII. Essa obra em vários volumes consiste principalmente em comentários místicos sobre a Torá, embora também inclua diversas outras narrativas.

CAPÍTULO 5 **O Misticismo Judaico** 77

O místico judeu usa os mesmos textos que os judeus em geral sempre viram como centrais à sua fé. No entanto, ele encontra camadas escondidas e níveis mais profundos de significados nesses textos. Os comentários místicos do *Zohar* sondam ensinamentos místicos por meio das antigas palavras da Torá (veja o Capítulo 3).

Rabi Shimon bar Yochai, grande sábio do século II, aparece como o principal personagem ao longo do *Zohar*, quase como o mítico Don Juan nos populares livros de Carlos Castaneda. Para Shimon bar Yochai, as histórias e narrativas da Torá são vistas como a camada exterior de significado, como as roupas que uma pessoa veste. E assim como a alma está dentro do corpo visível, ou subjacente a ele, a Alma da Torá também reside de forma subjacente às histórias da superfície e ao conteúdo mais profundo. A Torá é vista como um documento com muitos níveis para serem descobertos e apreciados.

A abordagem alegórica e metafórica do *Zohar* à Torá leva a descrições mais caprichosas das dez sefirot e de suas relações com os motivos tradicionais. O *Zohar* prepara o terreno para a evolução posterior da tradição mística judaica.

Isaac Luria, o sábio de Safed

O *Zohar* surgiu como o texto central do misticismo judaico no século XIII. Alguns séculos depois, apareceu sua personalidade central.

Poucas pessoas conseguem expressar tal explosão de energia e insight de modo que atraem outros para si. Quando Rabbi Isaac Luria se tornou professor em Safed em 1571, ele tinha esse tipo de impacto nas pessoas ao seu redor.

Na época, a pequena cidade de Safed, na Galileia, ao norte de Israel, já era um centro de estudos cabalísticos, bem como o sonho de consumo de brilhantes rabinos tradicionais. Quando Luria passou a fazer parte do rico clima intelectual e espiritual da cidade, seus alunos lhe deram o nome de *Elohi Rabi Yitzchak* ("O Divino Rabbi Isaac"). O nome foi então abreviado para as iniciais ARI, que forma a palavra "leão" em hebraico. Rabbi Isaac Luria passou a ser conhecido como o Santo Ari, o Santo Leão da cabalá.

O Ari usava metáforas para explicar suas visões, geralmente muito complexas, de Deus e do Universo.

Tsimtsum

Uma das imagens centrais do Ari tem a ver com um processo por ele denominado de *tsimtsum*, a "contração" de Deus que abre espaço para o Universo existir. Imagine o seguinte: no princípio, a Presença Sagrada é tudo que existe, e não há espaço para que nada mais seja. Assim, após permitir que o Universo exista, Deus deve se contrair no Eu Divino para criar um espaço. Pois bem, Deus não pode estar totalmente ausente de tal lugar, então o *reshimu* ("resíduo") de Deus persiste mesmo no espaço "vazio".

78   PARTE 1 **Em que os Judeus Acreditam**

EM NOME DA UNIFICAÇÃO

O Santo Ari ensinou que as intenções com as quais realizamos qualquer ato, especialmente uma ação ritual, têm enormes consequências. O que pode ser chamado de a Grande Kavaná de Luria, a Grande Intenção, dedica a ação a ser realizada ao serviço da unificação daquilo que foi separado, afirmando que todo o Ser é Um, que todas as pessoas são Um, e que a Presença Interna (*Shekhinah*) e o Transcendente (*HaKadosh Baruch Hu*) são Um. A vida com kavaná é um viver intencional, dedicando nossas ações para apoiar uma cura maior.

Você pode experimentar o poder da kavaná, intencionalmente, ao dedicar conscientemente seu dia para a realização de um objetivo que lhe seja importante. Pela manhã, separe um momento para identificar tal objetivo, imaginar como se sentiria e dedicar seu dia para honrar essa intenção.

A promessa de viver com kavaná é a percepção da santidade de todos os seres, que é outra forma de falar sobre a liberação das Centelhas de Divindade que estão contidas, e às vezes profundamente escondidas, dentro de todas as coisas e pessoas.

Os ensinamentos de Luria respondem a algumas das perguntas religiosas mais antigas: se há um Deus, como o mundo da experiência humana pode persistir? Se há um Deus, como o mal pode existir? Por que há dor, sofrimento, violência e ódio? A cativante imagem da retirada de Deus, por definição, abre espaço tanto para o mal como para o bem.

Centelhas e cascas

A segunda imagem brilhante que Luria apresentou foi a de centelhas e cascas. Nessa metáfora, Deus tentou fazer o Universo perfeito, como se fosse um artista despejando ouro líquido nos moldes que haviam sido preparados para recebê-lo. Mas o ouro era a Luz Divina primordial e se mostrou poderosa demais para os vasos, a maioria dos quais se despedaçou, inundando o Universo informe com centelhas. Isso é o *shevirat ha-kelim*, a "quebra dos vasos", que Luria disse ser o "acidente" primordial na própria essência da criação.

As centelhas (*netzutzot*) ficaram revestidas de *kelipot* ("cascas", ou "conchas") do mundo material. Dessa forma, a Luz Divina de Deus ficou escondida no mundo cotidiano. Luria ensinou que as mitzvot (veja o Capítulo 4) liberam as centelhas e a reúnem com sua Fonte. De repente, a observância dos antigos princípios da vida judaica — questões não apenas de ritual, mas de ação compassiva — foi elevada ao status de curar a própria Criação. (Isso é chamado de *tikun olam* — a cura do mundo.)

Kavaná

O Santo Ari apresentou um conjunto elaborado de *kavanot* ("intenções") que devem preceder ações rituais, como colocar o *talit* ("xale de oração"; veja o Capítulo 4) e a recitação de orações. Dizer ou pensar em uma kavaná tem o objetivo de inspirar a unidirecionalidade da atenção, para que tanto a ação como a palavra se tornem um tipo de meditação. Estabelecer a kavaná, explicou Luria, possibilita perfurar as cascas para liberar as Centelhas da Divindade.

Algumas das kavanot do Ari estão preservadas nos livros tradicionais de oração até hoje. Nas bênçãos para colocar o talit de manhã, alguns livros de oração incluem a kavaná afirmando que esse ato deve ser feito com tal foco, com tal concentração e com tal plenitude, que seja como se você tivesse de fato cumprido cada um dos 613 mandamentos (veja o Capítulo 4).

Luria mudou a cabalá quase ao mesmo grau em que a publicação do *Zohar* a mudou. Mas nos tempos complexos e difíceis após sua morte, seus ensinamentos tomaram um rumo estranho para alguns seguidores. As comunidades judaicas do Oriente Médio no século XVII sofreram uma série de ataques terríveis nos quais mais de 100 mil judeus foram assassinados e incontáveis outros foram aterrorizados e mutilados (veja o Capítulo 15 para obter mais informações). Esses ataques e outros que se seguiram plantaram as sementes para o surgimento de outras duas personalidades fascinantes na história do judaísmo: Shabbetai Tzvi e Rabbi Israel ben Eliezer, também conhecido como o Baal Shem Tov.

Israel ben Eliezer, o bom mestre

O humilde professor do século XVIII Rabbi Israel ben Eliezer (1700–1760) era tão amado, e tinha tal habilidade para ajudar as pessoas a se curar, que ficou rapidamente conhecido como o *Baal Shem Tov* ("Bom Mestre do Nome" ou "Mestre do Bom Nome", também chamado pelo acrônimo *Besht*; veja o Capítulo 28).

Rabbi Israel ensinou um caminho de alegria profunda, encorajando formas de adoração que incluíam música e dança. Ainda mais radicalmente, o Baal Shem Tov acreditava que aquele regozijo espiritual estava à disposição de todos os judeus, mesmo se não tivessem estudado muito. Ele abriu as portas da cabalá para as massas e conquistou tanto seguidores (os *hassidim*) como opositores (os *mitnagdim*, ou "os oponentes").

Os mitnagdim não eram necessariamente antimísticos (seu líder, o Vilna Gaon, escreveu mais sobre o assunto da cabalá do que qualquer outro). Como a fúria do establishment contra os hippies nos anos 1960, os mitnagdim se opuseram firmemente à mensagem anti-intelectual do Besht e, talvez se lembrando das traições do drama de Shabbetai Tzvi, temiam esse curador que atraía as pessoas ao seu redor com semelhante fervor intenso. O antagonismo entre esses grupos ficou tão acirrado que as autoridades da comunidade dos mitnagdim tentaram fazer com que os professores da comunidade hassídica fossem presos.

Embora a cabalá tivesse sido previamente confiada a enclaves relativamente pequenos, o Baal Shem Tov e seus seguidores disponibilizaram esses ensinamentos para toda a comunidade, sendo precursores de um verdadeiro renascimento da cabalá. Mesmo atualmente, sua influência é sentida na maioria dos aspectos do judaísmo, da ortodoxia até a reforma (veja o Capítulo 1). O ensinamento hassídico se concentra na devakut, um estado de ser no qual a pessoa fica liberta dos confinamentos da identidade do ego, geralmente por meio da adoração extática, e consegue experimentar a "consciência de Deus". O Baal Shem enfatizou o envolvimento do coração na oração, em vez do intelecto apenas, e encorajou a vida com kavaná, com uma intencionalidade alegre e santa.

O Baal Shem Tov também ensinou que a Presença Divina (*Shekiná*, *Shechiná* ou *Shekhinah*) deveria ser encontrada em todos os lugares e em todas as coisas. Mesmo no mal existe uma centelha divina que pode ser liberada, tema esse que continua sendo controverso. Mas para Rabbi Israel, o ensinamento significava que a Presença de Deus não poderia ser negada e que toda a vida tinha o potencial de ser elevada a sua santidade essencial.

Embora todos os judeus possam praticar e experienciar a *devakut*, o Besht também ensinou que professores santos são necessários para completar totalmente o *tikun olam*, liberando as centelhas da divindade que ficaram perdidas neste mundo. Esses professores especiais tomaram a forma do *tzadik* ("justo") e do *rebe* (palavra hassídica para "rabino"). Caso esteja familiarizado com a filosofia Oriental, pode pensar no tzadik como um "guru" — uma pessoa cuja conexão com a divindade é forte o suficiente para ajudar os outros ao longo do caminho. Um rebe hassídico enfatiza a conexão pessoal, uma presença de cura e uma energia alegre, em oposição à imagem dos mitnagdim, cuja imagem do rabino é a de um intérprete dos textos judaicos.

Ao Infinito e Além: A Meditação Judaica

O misticismo em geral e a cabalá em particular estão entre os aspectos mais difíceis do judaísmo sobre os quais falar. Simplesmente não podem ser totalmente compreendidos apenas por meio de palavras escritas ou faladas. Por milhares de anos, o caminho principal para alcançar uma verdadeira compreensão tem sido a meditação.

A meditação — sentar-se sozinho ou em grupo, relaxar, respirar suavemente — é o exato oposto da maioria do estudo judaico, que é normalmente feito em comunidade, barulhento e até argumentativo. Muitas pessoas ficam surpresas ao descobrir que o judaísmo, assim como todas as outras grandes tradições religiosas, tem um longo (mas geralmente escondido) histórico de meditação.

CAPÍTULO 5 **O Misticismo Judaico** 81

TENTE ISTO EM CASA

Rabi Nachman da Bratislava (1772–1811) encorajava todos os judeus a criarem um espaço dedicado à prática meditativa em seus lares. Um cômodo separado é o melhor, disse ele, mas o canto de um cômodo é o suficiente. Caso nada disso seja possível, Nachman aconselhou que podemos criar um espaço privado ao nos envolver em um talit (xale de oração). Com um espaço particular e silente, tente estas duas meditações simples (uma de cada vez, obviamente).

A primeira é baseada em um *mantra*, uma palavra ou frase que dizemos repetidamente, em voz alta ou em nossa cabeça, em uma tentativa de libertar a mente. Os mantras judaicos usam palavras ou frases judaicas. Você pode pegar um verso da Bíblia (como Salmos 16:8, *Shivíti Adonai lenegdi tamid* — "Consciente estou sempre da presença do Eterno") ou — melhor para iniciantes — apenas uma palavra, como *shalom* ("paz") ou *ahavá* ("amor").

Antes de começar o mantra, fique em silêncio por alguns minutos, concentrando-se na respiração. Mesmo que sua mente fique zanzando em todos os lugares, apenas busque voltar à respiração. Então, a cada vez que inspira ou expira, diga o mantra mentalmente, esticando a palavra para que tenha o comprimento da respiração. Não importa quais pensamentos apareçam em sua cabeça, é só continuar voltando ao mantra. O tempo de meditação pode levar cinco minutos, talvez meia hora ou mais. Ao término, libere sua atenção do mantra, volte à respiração e tire um momento apenas para estar consciente. Conforme abre os olhos, pode perceber que está mais calmo e mais "presente" do que antes.

A segunda meditação o encoraja a se concentrar em algo visual. Pode ser uma chama de vela, uma palavra escrita ou qualquer uma das letras hebraicas. No misticismo judaico, cada letra hebraica é vista como um veículo singular por meio do qual uma energia universal flui à Terra, e cada uma carrega uma ressonância ou vibração específica. Após ficar em silêncio e observar sua respiração, abra os olhos e olhe o objeto escolhido. Estude-o cuidadosamente até que possa fechar os olhos e vê-lo com o olho mental, e permaneça aí, respirando, *estando* com o símbolo. Concentre-se nele com os olhos fechados, de cinco a vinte minutos. Veja-o ser preenchido com luz. Quando terminar, abra os olhos lentamente e conclua a meditação.

A palavra hebraica para meditação é *hitbodedut*, que significa literalmente "estar a sós consigo mesmo" e é quase uma definição do processo meditativo. Na meditação, um estado alterado de consciência é encorajado, de modo a diminuir a divagação errante da mente, indo além dos limites da percepção costumeira. Esse processo permite que a pessoa abrace uma identidade mais inclusiva, percebendo uma conexão com toda a vida.

É claro, como chegar a esse estado é algo que varia. Basicamente, todas as práticas meditativas envolvem a respiração — seja se concentrando nela ou alterando-a —, mas a meditação judaica vai além, usando também símbolos e imagens ou textos em hebraico.

Por exemplo, uma prática é se concentrar em um dos nomes de Deus (veja a seção "Seguindo Mapas para a Compreensão: Imagens e Símbolos", posteriormente neste capítulo), visualizando as letras hebraicas que formam o nome. No box "Tente isto em casa", incluímos duas outras meditações judaicas básicas que você pode explorar.

Em última instância, seu sucesso com a meditação se baseia em uma disposição para transcender percepções costumeiras de si mesmo e do mundo, arriscando um relacionamento mais holístico com o Universo.

Veja a seguir algumas coisas para considerar quando começar a meditar e se concentrar nas práticas místicas judaicas:

» Se não está acostumado a pensar de modo intuitivo e não linear, a primeira vez pode parecer bem estranho. Lembre-se de que o misticismo se assemelha bastante com a poesia: é possível encontrar significado subjacente em tudo, mesmo quando, à primeira vista, parece totalmente obscuro. Como apreciar poesia, é preciso aprender o suficiente para entender o contexto, além de ter uma mente expansiva que permita que as ideias fluam para dentro e para fora livremente.

» Experimente um jogo místico divertido chamado "Isso é Deus" para aumentar sua percepção espiritual. Diariamente, olhe com cuidado para cada pessoa que vir na rua (ou para cada animal, ou coisa em sua mesa etc.) e diga para si mesmo: "Ei, isso é parte de Deus também." Quando reconhecer que cada pessoa e coisa ao seu redor é uma faceta do Ser Único, e quando puder manter isso em seu coração, estará ganhando o jogo.

Seguindo Mapas para a Compreensão: Imagens e Símbolos

Quando você viaja para algum lugar onde nunca esteve antes, é comum consultar um mapa para saber como ir do ponto A para o ponto B. Os mapas usam símbolos para criar na mente a imagem de um caminho. A cabalá também usa mapas para indicar a natureza da consciência e da realidade. Os mapas são ferramentas necessárias, mas, como escreveu sabiamente um professor do Ted, Alfred Korzybsky, é crucial se lembrar de que "o mapa não é o território".

CAPÍTULO 5 O Misticismo Judaico 83

O misticismo judaico usa três "mapas" básicos: a Árvore da Vida, os Quatro Mundos e os Cinco Níveis da Alma. Esses mapas usam símbolos e ideias extremamente difíceis de ser compreendidos, e os professores geralmente discordam quanto aos seus significados. É como se uma pessoa dissesse "A linha azul no mapa indica um rio que é possível descer de barco", e outra pessoa afirmasse "Não, essa linha azul indica uma fenda perigosa". O maravilhoso a respeito dos mapas místicos é que ambas as respostas podem estar corretas.

A Árvore da Vida

O símbolo cabalístico mais famoso, *Etz Chaim* ("Árvore da Vida") representa o espectro da realidade entediante do cotidiano e a Realidade da Unidade Absoluta que tudo abarca (veja a Figura 5-1). Essa ideia não é só do judaísmo; todas as tradições espirituais esboçam tal espectro, que o filósofo Ken Wilber identifica como "a Grande Corrente do Ser", refletido nos ensinamentos de todas as grandes religiões do mundo. Mas a Árvore da Vida é uma forma central pela qual os místicos judeus tentam entender esses níveis de ser.

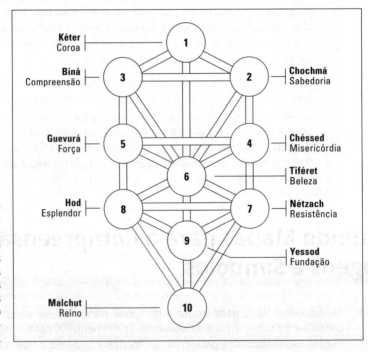

FIGURA 5-1: A Árvore da Vida cabalística ajuda os místicos a explicar as dimensões subjacentes do Universo e do espírito.

Embora seja chamada de Árvore da Vida, o diagrama realmente não se parece muito com uma árvore. Ela é formada de dez círculos para indicar as sefirot (níveis de consciência ou de realidade) para ilustrar essa corrente do

Ser (veja a próxima seção). Os dez círculos (cada um é chamado de *sefirá*; pronuncia-se se-fi-*rá*) estão dispostos em três colunas, ou pilares; três *sefirot* estão representadas em cada coluna exterior, e quatro na central.

Sefirá significa literalmente "uma contagem" e surgiu por volta do século III EC, quando as camadas de realidade eram representadas pelos números de 1 a 10. Posteriormente, as sefirot foram representadas como círculos dentro de círculos, apresentando a natureza encadeada dos níveis de realidade. E, ainda mais posteriormente (ao redor do século XI), as sefirot tomaram a forma chamada de Árvore da Vida.

O pilar da direita representa as energias de força, expansão e expressão. Alguns o chamam de Pilar da Misericórdia, descrevendo o constante dom da energia. O pilar da esquerda contém as sefirot que dão forma e manifestam a energia recebida do lado direito. É chamado de Pilar da Severidade e representa a limitação, a constrição e a força. As quatro sefirot centrais compõem o Pilar do Equilíbrio, entre os lados direito e esquerdo, e representam os níveis de identidade, do mais expansivo, no topo, ao mais contraído, na parte de baixo.

O pilar da direita é como uma pessoa que não consegue parar de trabalhar, mas que nunca realmente termina nada; o da esquerda é como a pessoa que se agarra a um projeto terminado e não o solta, então, nada mais é possível. Obviamente, nenhum desses pilares (ou pessoas) subsiste sozinho; eles precisam do equilíbrio fornecido pelo pilar central, de modo a se completarem. Por meio do pilar central, a energia pode fluir de projeto a projeto, produtivamente.

Paradoxalmente, as raízes da Árvore estão no topo do diagrama, e a floração está embaixo. As raízes conectam a Árvore à Realidade Além do Ser que tudo abrange, e a Árvore retrata o fluxo de Vida que, por fim, se manifesta como a realidade do mundo do cotidiano.

A Árvore da Vida descreve os estágios ao longo de um caminho rumo à consciência. Cada passo no caminho à compreensão é completo e verdadeiro, mas cada um tem um significado muito mais completo quando visto sob uma perspectiva mais alta. Para ilustrar isso, pense em se concentrar em cada letra deste livro. Elas são apenas rabiscos, até que você dê um passo atrás e perceba que se juntam para formar palavras, frases, parágrafos, capítulos etc.

De modo similar, a Árvore da Vida mapeia um caminho de energia e consciência. O caminho da sefirá, do topo à parte de baixo — às vezes chamado de Caminho da Criação —, descreve o processo de sair do "nada" para "algo". Gostamos de pensar nas sefirot desse caminho como uma série de transformadores elétricos: assim como não poderíamos receber em nossa casa o fluxo de eletricidade vindo diretamente de um enorme gerador elétrico, cada sefirá limita o fluxo que recebe da sefirá anterior para tornar a energia suportável para a próxima. A energia flui para baixo em zigue-zague, formando um caminho chamado "relâmpago brilhante", movendo-se pelas sefirot de acordo com sua numeração, de 1 a 10.

CAPÍTULO 5 **O Misticismo Judaico** 85

PALAVRAS, LETRAS, NÚMEROS E CÓDIGOS

O misticismo explora o esotérico e o misterioso. Os cabalistas há muito tempo buscam significados escondidos nas palavras e letras santas que formam a Torá. Como os números em hebraico podem ser representados pelas letras do alfabeto, podemos converter as letras em números (uma prática chamada de *gematria*). Se convertermos todas as letras de uma palavra em números e somá-los, obteremos outro número, em que os cabalistas tradicionalmente buscam significados mais profundos.

Por exemplo, a gematria das palavras *Ahavá* ("amor") e *Echad* ("um") é 13, indicando uma relação especial entre elas. Então, se somarmos 13 com 13, obtemos 26, que é a gematria do Tetragrama (o nome de Deus com quatro letras, YHVH; veja o Capítulo 2). Embora alguns digam que são apenas coincidências, os cabalistas tendem a levar essas coisas muito a sério e ponderar sobre os significados. De igual modo, como a palavra que significa escada (*sulam*) e a palavra *Sinai* equivalem a 130, alguns rabinos dizem que a Torá que foi dada no Sinai é como a escada de Jacó, conectando o céu e a Terra.

O problema é que algumas pessoas exageram, insistindo que há mensagens e códigos escondidos na Torá que provam conclusivamente que apenas Deus os poderia ter colocado lá. Depois que a exposição desse tópico feita pelo autor de um livro popular desafiou cientistas céticos a encontrar mensagens proféticas em qualquer outro texto, diversos matemáticos colocaram o texto completo do livro *Moby Dick*, de Melville, em um computador para chegar a profecias e códigos basicamente idênticos. Não estamos dizendo que não há mensagens escondidas nas escrituras; estamos apenas sugerindo que uma dose de ceticismo provavelmente cai bem.

O caminho que vai de baixo para cima é às vezes chamado de Caminho do Despertar, descrevendo a jornada espiritual que começa com a imersão no mundo físico e ruma para cima (ou para dentro), em direção a uma inclusão maior e a uma separação menor. Pense nesse caminho da seguinte maneira: a cada passo para cima da Árvore, você abre mão das formas limitantes do corpo, da mente e de um senso de ser separado.

A Árvore descreve o *caminho* para Deus, mas não descreve Deus. Conforme exploraremos na próxima seção, a sefirá do topo se conecta acima com o Eterno Não Conhecível. Gostamos de pensar nisso como se a Árvore oferecesse um caminho por meio de múltiplos níveis de realidade, cada um sendo um simples reflexo de algo muito maior e mais inclusivo.

Porém, a Árvore não explica apenas um processo cósmico gigante. Um dos princípios cabalísticos mais importantes aponta a interconectividade e a unidade absolutas de tudo que há. Na cabalá, a Árvore descreve cada aspecto do Universo, então é às vezes aplicada como um mapa do cosmos, outras, como um mapa da consciência, e, ainda, como um mapa da natureza do ser humano.

As dez sefirot

As sefirot são vistas como "emanações" ou talvez "estágios" no desenrolar da Criação. Cada uma reflete uma qualidade ou faceta características da Energia Única. Além das características gerais, os professores de cabalá tradicionalmente atribuem um nome de Deus, um dos principais personagens bíblicos e até uma parte do corpo para cada sefirá.

O nome de Deus associado a cada sefirá serve como um foco para meditação (é possível meditar em cada um dos nomes) assim como uma forma de compreender que Deus está refletido em todos os níveis possíveis de manifestação (veja o Capítulo 2). Associar um personagem bíblico com cada sefirá permite que os cabalistas vejam as histórias da Bíblia como ensinamentos sobre as dimensões escondidas da realidade.

E imaginar as sefirot conectadas com partes do corpo humano nos dá uma forma de entendermos a afirmação bíblica de que as pessoas são criadas "à imagem de Deus". A conexão entre as sefirot e o corpo reflete o ensinamento cabalístico de que cada pessoa conecta o céu e a Terra — as pessoas caminham sobre a terra, mas a cabeça delas (consciência) alcança o Infinito.

Veja a seguir uma breve descrição de cada sefirá:

» **Kéter:** É a sefirá mais alta e significa "coroa" (pronuncia-se *ké*-ter). Ela é o link entre o Infinito Absoluto e o finito, marcando a transição entre não ser e ser. Imagina-se Kéter na coroa da cabeça como o nome de Deus sendo *Ehiê Asher Ehiê* ("Eu Sou o que Sou").

» **Chochmá:** É a segunda *sefirá* e significa "sabedoria" (pronuncia-se rrorr-*má* — o "rr" é gutural). É a primeira *sefirá* do lado direito da Árvore, o lado que representa a força (em contraste com a natureza modeladora do lado esquerdo da Árvore). *Chochmá* representa o irrompimento da energia mental antes de ser contida por qualquer ideia, pensamento ou plano. Ela fica no hemisfério direito do cérebro. O nome de Deus associado a *Chochmá* é "Ya" (como em *Haleluya*, "louvado seja o Eterno").

» **Biná:** É a terceira sefirá, significa "compreensão" (pronuncia-se *bi*-ná) e é a primeira do lado esquerdo da Árvore da Vida. Esta é a sefirá em que ideias e pensamentos específicos tomam forma, contendo a energia recebida de Chochmá. Biná se localiza no hemisfério esquerdo do cérebro. O nome de Deus aqui é pronunciado *Elohim*, mas escrito com as letras hebraicas do tetragrama (o Nome de Deus com quatro letras, YHVH; veja o Capítulo 2).

CAPÍTULO 5 **O Misticismo Judaico** 87

» **Chéssed:** É a quarta *sefirá,* significa "misericórdia" (pronuncia-se *rré*-ssed — o rr é gutural) e representa a doação incondicional, o despejar ilimitado da energia chamada de "emoção" antes de se tornar um sentimento específico. Aqui, a energia flui livremente, sem reservas, um dom contínuo de graça, então a *sefirá* representa Misericórdia. Sua posição no corpo humano é no ombro (ou braço) direito. O nome de Deus aqui é *El* ("Deus"). Começando em *Chéssed,* cada *sefirá* é vista como uma representação de um personagem bíblico; *Chéssed* é identificada com Abraão.

» **Guevurá:** Significa "força" (pronuncia-se guê-vu-*rá*), às vezes é chamada de *Din* ("julgamento") e é a quinta sefirá; fornece as formas que contêm e restringem o fluxo recebido de *Chéssed.* Se *Chéssed* representa a emoção, *Guevurá* fornece as formas dos "sentimentos", que contêm e limitam a energia emocional indefinida oferecida por *Chéssed.* Esta sefirá representa o julgamento. Guevurá está associada com o ombro ou braço esquerdo, e o nome de Deus aqui é *Elohim* ("Deus"). Ela está associada ao filho de Abraão, Isaque.

» **Tiféret:** Significa "beleza" (pronuncia-se ti-*fé*-ret), é a sexta *sefirá* e representa o equilibro entre as energias de *Chéssed* e *Guevurá.* Se *Chéssed* fluísse sem qualquer restrição, não haveria ordem ou significado no Universo. Se Guevurá apenas limitasse, a expansão do Universo pararia. Portanto, o papel de Tiféret como a harmonizadora entre a justiça e a misericórdia é essencial para o processo cósmico contínuo da criação. Tiféret representa nosso Eu Mais Alto, uma identidade maior por meio da qual conseguimos amar incondicionalmente. Ela é vista no centro do peito (no nível do coração), e o nome de Deus é "YHVH" ("Eterno", pronuncia-se a-dô-*nai*). Jacó é o personagem bíblico associado com esta sefirá.

» **Nétzach:** A sétima sefirá significa "vitória" ou "resistência" (pronuncia-se *né*-tzach — o ch é gutural), está no lado direito da Árvore, o lado da força, e representa a energia que preenche cada sensação. Ela é entendida como a força por trás da expressão física. Está associada com o lado direito de seu plexo solar (alguns dizem que é na perna direita) e é simbolizada pelo nome divino *Adonai Tsevaot* ("Eterno dos Exércitos", pronuncia-se a-do-*nai* tsê-va-*ot*). Nétzach está relacionada com o profeta Moisés.

» **Hod:** "Esplendor", ou "glória", a oitava sefirá representa as formas da experiência física, da sensação — imagens, toques, sons, gostos e cheiros que as pessoas percebem. Cada percepção sensorial é como um recipiente no qual experimentamos as energias maiores e informes de Nétzach. Hod é vista no lado esquerdo de seu plexo solar (ou na perna esquerda), e o nome de Deus é *Elohim Tzevaot* ("Deus dos Exércitos", pronuncia-se ê-lo-*him* tzê-va-*ot*). Arão é o personagem bíblico associado com Hod.

» **Yessod:** A nona sefirá significa "fundação", equilibra as energias de Netsach e Hod e fornece o canal por meio do qual todas as energias dos níveis mais altos da Árvore fluem para a última sefirá. Ela representa o nível de identidade individual chamada de personalidade, ou ego. Em

Yessod, descobrimos o "eu" na tempestade, o "eu" que luta para encontrar segurança e proteção, e também a identidade com a qual pode agir no mundo de forma mais eficaz. Seu lugar no corpo humano é logo acima dos genitais, ou sobre eles. O nome de Deus é *Shaday* ("Deus Todo-poderoso") ou *El Chai,* ("Deus Vivo"), e o personagem bíblico é José.

» **Malchut:** A décima e última sefirá recebe o fluxo de energia de todas as outras e significa ("reino" ou "soberania"). Malchut é o mundo cotidiano. Esta sefirá está na base da espinha ou nos pés. O nome de Deus aqui é escrito e pronunciado *Adonai* ("Senhor"), e Davi é o personagem bíblico associado.

Além da sefirá mais alta da Árvore da Vida está *Ayn Sof* ("Sem Fim") — a completude de Deus além de qualquer tipo de manifestação. Essa é a Fonte de tudo que há, absolutamente sem imagem, nome ou qualidade.

Em algumas descrições da Árvore, podemos encontrar uma quase sefirá acrescentada abaixo de Chochmá e Biná, chamada *Daat* ("conhecimento"). Aqueles que mapeiam a Árvore com a forma humana localizam Daat diretamente no "terceiro olho", no meio da testa. Observe que o nome do grupo judaico internacional Chabad é, de fato, um acrônimo das palavras Chochmá, Biná e Daat.

A literatura da cabalá oferece uma segunda forma de entender as sefirot. Nessa visão alternativa, as sete sefirot de baixo são chamadas de *midot* ("qualidades") e representam as qualidades de ser que as pessoas experienciam e que devem ser compreendidas e equilibradas na vida. As três sefirot de cima são chamadas de *mochin* ("cérebro") e se relacionam com os processos mentais, em vez de com as qualidades (é por isso que elas não têm personagens bíblicos correspondentes nas descrições anteriores).

As três sefirot de cima — Kéter, Chochmá e Biná — relacionam-se com os processos mentais de impulso criativo inicial, intuição e ideia. As sete sefirot de baixo representam qualidades, então há aspectos tanto positivos quanto negativos. Chéssed representa generosidade, e seu lado negativo é o "amor sufocante". Guevurá está associada com a qualidade da força, e seu outro lado é a tirania. Tiféret significa compaixão, e compaixão em exagero é indulgência. Nétzach é resistência, que carrega a possibilidade negativa de não saber quando parar. Hod se relaciona com a veracidade, que, em demasia, se transforma em franqueza nociva. Yessod está relacionada com a interdependência, que às vezes vira codependência. E Malchut está associada com liderança, que pode se tornar controladora demais.

Vista dessa forma, a Árvore se torna um modelo para as ações humanas, ensinando como as pessoas podem permanecer equilibradas e produtivas. Seja usada como um modelo para a aventura espiritual ou para a forma de viver uma vida equilibrada na Terra, a Árvore oferece insights profundos que dão apoio ao crescimento.

CAPÍTULO 5 **O Misticismo Judaico** 89

Depois que as sefirot foram simbolizadas pelo padrão conhecido como a Árvore da Vida, 22 caminhos que as conectam foram identificados (veja a Figura 5-1), correspondendo ao número de letras do alfabeto hebraico. Isso possibilitou uma consideração ainda mais profunda das inúmeras nuances de energia transmitidas entre as sefirot.

Os Quatro Mundos

O segundo principal "mapa" no misticismo judaico descreve os Quatro Mundos, que é outra forma de entender o espectro da consciência, ou do espírito, a partir da esfera física do cotidiano até o incognoscível *Ain Sof* ("Sem Fim"). Cada um dos quatro mundos representa um estágio, ou qualidade, nesse espectro.

Embora a Árvore da Vida e os Quatro Mundos estejam relacionados, diferentes professores interpretam tal relação de forma distinta. Embora a maioria dos cabalistas identifique cada mundo com uma parte da Árvore da Vida única, Isaac Luria (veja a seção "Isaac Luria, o sábio de Safed", anteriormente neste capítulo) imaginou uma Árvore da Vida inteira em cada um dos Quatro Mundos. Veja a seguir uma descrição dos Quatro Mundos como parte de uma Árvore da Vida única:

» **Atzilut:** O primeiro Mundo é chamando Atzilut ("emanação", pronuncia-se a-tzi-*lut*) e é o mais próximo ao Infinito. Este Mundo não pode ser conhecido diretamente. Ele é representado na Árvore pelas primeiras duas sefirot, Kéter e Chochmá, e em geral é associado aos processos mentais, como inspiração ou "ideais na mente de Deus".

» **Beriá:** ("Criação" pronuncia-se be-ri-*á*) é o segundo Mundo, que é conhecível apenas por meio de experiências visionárias a partir dos níveis mais profundos de meditação. Beriá está associado com a terceira sefirá, Biná, e, portanto, pode ser identificado com as formas mentais ou com as imagens da criação. Algumas pessoas entendem Beriá como sendo um Mundo de alento, onde as ideias começam a tomar forma.

» **Yetzirá:** O mundo de Yetzirá ("formação", iê-tzi-*ra*) contém as seis sefirot seguintes, de Chesséd a Yessod, e representa a formação da realidade que se manifesta no quarto e último Mundo.

» **Assiá:** Assiá ("ação" ou "realização", a-ssi-*á*) representa o universo físico de tempo e espaço, de energia e matéria, de tudo que está disponível para ser experimentado. Este mundo representa a realidade cotidiana. Na Árvore da Vida, Assiá é representado pela última sefirá, Malchut. Assiá é o projeto real completo, a realidade manifesta (com as falhas e tudo) na qual as pessoas geralmente vagam perdidas.

OS MÍSTICOS SEMPRE CONTAM HISTÓRIAS

O impulso místico no judaísmo flui por meio de histórias populares para encorajar as pessoas a despertar seu Eu maior. Aqui temos uma delas, proveniente da tradição hassídica.

Sonho com um tesouro

Um judeu pobre chamado Yitzchak vivia em um vilarejo perto de Cracóvia e, durante três noites seguidas, teve o mesmo sonho: via um tesouro enterrado atrás de um portão na cidade de Praga. O sonho parecia tão real que Yitzchak decidiu ir buscar o tesouro escondido. Ele caminhou por três dias até Praga e viu o portão de seu sonho. Porém, este estava fortemente vigiado, pois circundava a casa de um membro da nobreza. Antes de poder chegar ao tesouro, foi parado por um guarda. O que, questionou ele, Yitzchak estava fazendo perto do portão de um nobre? Quando Yitzchak contou-lhe sobre o sonho, o guarda gargalhou. "Se fosse seguir meus sonhos", disse ele, "eu iria até uma casinha de um judeu caipira chamado Yitzchak, perto de Cracóvia, e encontraria o tesouro escondido atrás de seu fogão!". Yitzchak ficou chocado com as palavras do guarda e correu de volta para casa. Lá, procurou atrás do fogão e encontrou uma tábua solta. Embaixo dela havia um grande tesouro escondido! Ele usou o dinheiro não apenas em seu próprio favor, mas também pelo bem de sua comunidade. Ele construiu uma *shul* (sinagoga) que ainda é chamada de Shul do Reb Yitzchak até hoje.

Uma maneira de pensar sobre os Quatro Mundos é que cada Mundo faz parte do Mundo anterior, refletindo-o timidamente. É como a luz da Lua cheia, que apenas reflete a luz do Sol escondido, e então, o reflexo da luz da Lua na água, e por fim, a percepção visual dessa luz.

Os cinco níveis da alma

Sob uma perspectiva humana, a percepção do mundo não depende apenas da natureza do mundo "lá fora", mas também da natureza do mundo "aqui dentro". O "lá fora" se mostra diferentemente, dependendo de seu humor interno, dos pensamentos, das crenças e das expectativas.

A cabalá fornece o mapeamento do espaço interno, assim como do externo, e o foco do primeiro tem a ver com a experiência de identidade. O "quem" que você é varia bastante. Às vezes, você está fechado, identificado somente com seus próprios conflitos e problemas. Outras, está mais aberto para uma percepção de conexão com outros e com o mundo. Na cabalá, as diversas experiências principais de identidade são expressas em termos de níveis da alma por meio dos quais a consciência desperta a qualquer momento. A cabalá identifica cinco níveis da alma:

CAPÍTULO 5 **O Misticismo Judaico** 91

» **Nefesh:** "Alma", representada na Árvore em Yessod, simboliza a consciência denominada ego, responsável pela segurança e sobrevivência do corpo. O ego é necessário para a ação eficaz no mundo, mas às vezes tenta ganhar mais importância do que aquilo com que pode de fato lidar. As pessoas pensam erroneamente em nefesh como sendo sua única identidade, mas é apenas o primeiro nível da alma.

» **Ruach:** ("ch" gutural) "Espírito", "vento" ou "fôlego", é o próximo nível da alma e está centralizado no espaço do coração. Na Árvore da Vida, é representado pela sefirá chamada de Tiféret. Se nefesh representa a identidade individual separada, então ruach representa uma identidade mais inclusiva e interconectada. A percepção que desperta neste nível da alma experimenta sua conexão com as pessoas e com o planeta. Em ruach, as pessoas agem naturalmente com mais compaixão, pois estão conscientes de um grande Espírito compartilhado por todos.

» **Neshamá:** É o terceiro nível da alma, significa "alma" ou "fôlego" (pronuncia-se ne-sha-má) e se relaciona com a "alma adicional" que, de acordo com a tradição, fica disponível no Shabat (veja o Capítulo 18). Apenas com esta alma você pode conhecer verdadeiramente a visão inclusiva de completude que marca o Shabat. A neshamá é um "eu" que é ainda mais inclusivo do que ruach — mais como uma "alma compartilhada". Neshamá está associada com o mundo de Beriá ("criação"), é a parte de "nós" que os místicos imaginam que sobrevive à morte.

» **Chayá:** Significa "força de vida" (pronuncia-se chay-*a* — o ch é gutural), é chamada de Alma da Alma e está associada com o mundo de Atzilut. Aqui, a inclusão da identidade se abre como uma única Força de Vida, compartilhada por todos os seres. É o "eu" Único na raiz de todas as almas.

» **Yechidá:** Por fim, Yechidá ("unidade") representa o nível definitivo da alma. Na Cabalá Luriânica (veja "Isaac Luria, o sábio de Safed", anteriormente neste capítulo), entre o Ayn Sof Infinito e as emanações das sefirot e dos quatro mundos há um Ser chamado *Adam Kadmon* (o "humano primordial"). Yechidá é o nível da alma associado com Adam Kadmon e está além do que pode ser imaginado.

Os cinco níveis da alma nos ajudam a respondermos à pergunta "Quem sou eu?" ao mudá-la para "Quem sou eu agora?". Neste momento, você se define por seu trabalho? Por seu sexo, relacionamento, sua espécie? As pessoas tendem a ficar presas colocando toda a atenção em nefesh, sem se abrirem para um sentido maior do Eu. Em última instância, o misticismo judaico diz que seu ser essencial é Deus. Você é parte do Todo, assim como uma gota de água é parte do oceano.

NESTE CAPÍTULO

» Refletindo sobre a ética judaica

» Compreendendo a relação entre sexo e judaísmo

» Considerando o que o Deus Único exige

Capítulo **6**

Desafios Éticos

Além do que o judaísmo tem a nos ensinar sobre a lei judaica (*halachá*), sobre as práticas (incluindo os costumes e as mitzvot) e as crenças sobre Deus, a fé judaica também nos instrui sobre outra área: ética — quer dizer, como agimos no mundo, em relacionamentos com outras pessoas, com nosso ambiente e com Deus. A ética é o momento da verdade, e os judeus podem aplicar, ao mundo real e às experiências do cotidiano, as lições que o judaísmo ensina.

O tema da ética parece relativamente simples e até divertido quando o debate é sobre situações corriqueiras. Dois irmãos devem compartilhar um brinquedo ou o mais forte conquista o direito? Se um galho da árvore frutífera do vizinho se estende para sua propriedade, você pode colher o fruto? Porém, quando as coisas ficam mais sérias — quando há mais pessoas envolvidas, quando há vidas em jogo ou quando um senso de escassez cria punhos de ferro e corações endurecidos —, a questão da ética se torna ao mesmo tempo mais crucial para ser explorada e mais difícil de ser discutida.

Ironicamente, a ética também ensina uma das lições mais difíceis de serem aceitas: a de que não há apenas uma resposta correta. O judaísmo reflete tal ideia de diversas maneiras. Primeiro, lembre-se de que os judeus não têm uma autoridade máxima moral, como um papa, à qual recorrer. Espera-se que cada judeu pense por si mesmo, por meio da autoeducação, do entendimento das tradições escritas e orais e pelo trabalho com pessoas sábias e cultas.

CAPÍTULO 6 **Desafios Éticos** 93

Segundo, lembre-se de que a palavra "Israel" significa "lutar com Deus", o que é uma maneira de dizer que os judeus valorizam os componentes mentais e emocionais da luta relacionados às questões do mesmo modo que as próprias questões. Novamente, a ética não trata apenas de argumentar com os outros — ela trata também de encarar a si mesmo: nossas próprias contradições, vieses e demônios.

Alguns dos temas deste capítulo, incluindo aborto e homossexualidade, são controversos e podem incomodar. Contudo, nenhuma discussão do judaísmo seria prática ou realista se não abordasse as questões complexas que confrontam nossa sociedade.

Indo à Essência da Coisa

Não podemos destilar 4 mil anos de ensinamentos e tradições em alguns parágrafos, mas podemos lhe dizer a respeito dos quatro ensinamentos éticos fundamentais que estão na essência do judaísmo.

A Regra de Ouro

Quando pediram ao grande Rabi Hillel, do primeiro século, que explicasse toda a Torá "enquanto se equilibrava em um pé", ele respondeu: "Não faça aos outros o que não gostaria que fizessem a você." Talvez se reconheça isso como a Regra de Ouro, que foi refletida em muitas outras tradições, incluindo o confucionismo e o cristianismo, geralmente expressa como "Faça aos outros o que gostaria que fizessem a você".

Independentemente de como a diga, a Regra de Ouro surge da mesma filosofia subjacente: o reconhecimento da interconexão de todos os seres, o que descrevemos como a Unidade divina. E não é uma regra; é uma realidade! Quer você acredite ou não em Deus, fica claro que há apenas um "tudo", e a ciência demonstra que estamos todos conectados. Portanto, qualquer coisa que eu faça a você, também a estou fazendo a mim. A angústia e o sofrimento de outra pessoa não têm escapatória e acabam ecoando em nosso próprio coração. Quando servimos aos outros, estamos servindo a todos nós; quando punimos os outros, estamos punindo a todos nós.

Expressões de Deus

Uma crença básica do judaísmo é derivada de Gênesis 1:27: "E criou Deus o homem à sua imagem." Muitos judeus interpretam isso como uma afirmação não apenas da origem, mas como a filosofia do "assim acima como abaixo" — de que o espírito e a natureza do Único são refletidos em cada ser humano.

CITAÇÕES SOBRE TZEDAKÁ

A Torá e o Talmud estão repletos de instruções sobre como vivermos corretamente em face da pobreza. Veja alguns exemplos.

"Quem trata bem os pobres empresta ao Senhor, e Deus o recompensará." (Provérbios 19:17)

"Fazer o que é justo e certo é mais aceitável ao Senhor do que oferecer sacrifícios." (Provérbios 21:3)

"Todo aquele que não tem compaixão com seu próximo não é filho de Abraão." (Bezah, 32b)

"Até mesmo o pobre que recebe caridade tem obrigação de dar caridade aos outros." (Shulchan Aruch 248:1)

"Todo aquele que sustenta e salva uma única vida é como se tivesse sustentado o mundo todo." (Mishná Sanhedrin 4:5).

"Que a retidão corra como um rio, e a justiça, como um ribeiro perene!" (Amós 5:24)

Posteriormente, em Levítico 19, aprendemos:

E falou o Eterno a Moisés dizendo: "Fala a toda a congregação dos filhos de Israel, e lhes dirás: Santos sereis, pois santo sou Eu, o Eterno vosso Deus..."

A ideia de que cada pessoa é santa e uma expressão da Unidade Universal tem ramificações extraordinárias, pois cada ser humano deve então ser tratado com dignidade e respeito iguais, não importa seu crime, sua nacionalidade ou aparência. Então, continuando no mesmo capítulo, aprendemos regras éticas com base na ideia de que somos, todos, um reflexo de Deus:

Não furtareis, nem mentireis, nem usareis de falsidade cada um com o seu próximo... Não oprimirás o teu próximo, nem o roubarás... Não amaldiçoarás o surdo, nem porás tropeço diante do cego... Não farás injustiça no juízo, nem favorecendo o pobre, nem comprazendo ao grande; com justiça julgarás o teu próximo.

PALAVRAS DE SABEDORIA

Como escreveu certa vez o ativista de direitos animais Richard H. Schwartz: "Embora o judaísmo tenha muitos símbolos lindos, como a mezuzá, a menorá e a sucá, há apenas um símbolo que representa Deus, e este é cada pessoa. Como ensinado pelo rabino Abraham Joshua Heschel, mais importante do que ter um símbolo é *ser* um símbolo. E cada pessoa pode considerar-se um símbolo de Deus."

CAPÍTULO 6 **Desafios Éticos** 95

Tikun olam

Um terceiro fundamento básico da prática ética do judaísmo é chamado de *tikun olam*, "reparar/consertar o mundo". Logo no início do período rabínico (20 AEC–220 EC), o tikun olam se tornou uma base racional para envolver os mandamentos bíblicos de modo a atender as demandas da cultura corrente. No século XVI, as comunidades místicas judaicas (veja o Capítulo 5), o tikun olam tomou um significado espiritual mais expansivo: de acordo com a Cabalá Luriânica (veja o Capítulo 5), atos de justiça e o cumprimento das mitzvot de fato ajudam a curar toda a Criação, pois tais ações na Terra afetam todo o Universo.

Atualmente, quando tantas pessoas ao redor do mundo se sentem impotentes, como se nenhum de seus atos pudesse causar qualquer diferença, o tikun olam nos lembra de que mesmo a menor mitzvá ou ato de bondade, ou o menor protesto, contribui para a cura do mundo. Portanto, os judeus modernos frequentemente aplicam esse conceito à busca da justiça social e dos cuidados com a Terra.

Encarregados para agir

Todas as religiões têm respostas com relação ao que fazer quando as coisas dão errado. Quando o assunto é consertar tais erros, os ensinamentos éticos da Torá, dos profetas e da tradição judaica em evolução se concentram na cura das feridas do indivíduo, da comunidade e do mundo. As palavras dos antigos profetas judaicos ainda formam a base de muitas das ações sociais e do ativismo que existem atualmente.

PALAVRAS DE SABEDORIA

Veja como o profeta Miqueias, no século VIII AEC, resumiu o impulso de ensinamentos éticos fluindo da Unidade divina: "Foi declarado a vós, humanidade, o que o Eterno vos pede: que pratiqueis a justiça, e ames a misericórdia, e andes humildemente com o teu Deus" (6:8).

LEMBRE-SE

A lição de Miqueias é clara: os judeus estão encarregados de agir com compaixão e justiça em nosso mundo. E, além disso, não podem fazer vista grossa. Como o Talmud observa, "Qualquer um que pode protestar contra as transgressões de sua casa e não o faz é punido pelas ações dos membros da casa. Qualquer um que pode protestar contra as transgressões de sua comunidade e não o faz é punido pelas transgressões da comunidade" (Shabat 54b).

É irrelevante se a ação é feita em público ou no privado: "Qualquer coisa que não possa ser adequadamente realizada em público é proibida mesmo nos recintos mais secretos" (Shabat 64b).

No restante deste capítulo, daremos uma olhada nas respostas judaicas para diversas das questões mais importantes atualmente, sob a luz da ordem em três partes básica dada por Miqueias. Algumas coisas não mudaram muito nos últimos 2.900 anos. Ainda é um desafio sermos mais bondosos uns com os outros.

Encontrando a Intersecção entre Retidão e Caridade

Todo mundo gosta de pensar que virá um tempo quando a fome e a pobreza não serão mais um problema; quando todos terão o suficiente para comer, terão abrigo adequado e meios suficientes para sua sobrevivência. A Torá adota uma visão mais realista ao declarar: "Sempre haverá pobres na Terra. Portanto, eu lhe ordeno que abra o coração para o teu irmão, tanto para o pobre como para o necessitado de sua terra" (Deuteronômio 15:11).

LEMBRE-SE

Contudo, tenha em mente que a palavra hebraica *tzedaká* — comumente traduzida como "caridade" — na verdade significa "justiça". Atender às necessidades dos menos afortunados é visto no judaísmo como uma questão de justiça e de agir corretamente. Como ordena a Torá, "A justiça, somente a justiça seguirás!" (*tzedek, tzedek, tirdof*; Deuteronômio 16:20).

Pense nisso da seguinte maneira: o judaísmo coloca os fortunados e os desafortunados em cada lado de uma balança e entende que um lado deve ajudar o outro, de modo a haver algum equilíbrio. Tal conexão entre justiça, ou retidão, e caridade é central ao sistema ético judaico.

Contudo, encontrar o equilíbrio não significa necessariamente que um deve simplesmente doar algo ao outro. O grande erudito e eticista judeu Maimônides destacou que é muito melhor emprestar dinheiro a alguém para que comece seu próprio negócio do que dar esmolas. Isso está em linha com o antigo ditado "Ensine alguém a pescar, e o alimentará para a vida toda". Isso está refletido na última frase de Deuteronômio 15:7-8:

> Se houver entre ti algum pobre, de teus irmãos, em qualquer das cidades da terra que o Senhor, o seu Deus, lhe está dando, não endureçam o coração, nem fechem a mão para com seu irmão pobre. Ao contrário, tenham mão aberta e emprestem-lhe liberalmente o que ele precisar.

Somos ordenados não apenas a ajudar quando há necessidade, mas a respeitar a dignidade daqueles que ajudamos. Vemos isso claramente em Levítico 19:9-10:

Quando fizerem a colheita de sua terra, não colham até às extremidades da sua lavoura, nem ajuntem as espigas caídas de sua colheita. Não passem duas vezes pela sua vinha, nem apanhem as uvas que tiverem caído. Deixem-nas para o necessitado e para o estrangeiro. Eu sou o Senhor, o Deus de vocês.

As extremidades do campo são deixadas para aqueles que podem colher por si sós; os grãos e frutos caídos são para aqueles que não conseguem colher, mas ainda podem pegar do chão. Não importa a habilidade, a nacionalidade ou a raça, devemos oferecer uma oportunidade digna para todos.

Essa foi uma das ideias centrais por trás do movimento Mussar ("moralidade"), iniciado pelo rabino Israel Salanter (1810–1883), que promovia a ideia de que o estudo do Talmud deveria ser acompanhado de boas ações éticas e de grande humildade no mundo real do cotidiano. Nas palavras de Salanter, "Normalmente, nos preocupamos com nosso próprio bem-estar material e com a alma do nosso próximo; em vez disso, vamos nos preocupar com o bem-estar material do nosso próximo e com nossa própria alma".

A propósito, uma das agências internacionais mais eficientes que oferece comida para os necessitados é a Mazon: Uma Resposta Judaica à Fome. A palavra *mazon*, em hebraico, significa "comida" ou "sustento", e o grupo ajuda a prevenir e aliviar a fome entre pessoas de todas as fés e origens.

Resolvendo o Problema dos Outros

Geralmente achamos tentador olhar as pessoas com diferentes cores de pele e as rotular de "os outros". Ou, talvez, quando elas têm diferentes sotaques, nacionalidades, estilos de vestimenta ou comportamento que as destacam como sendo "diferentes de nós" e, portanto, algo suspeitas. Essa não é uma questão judaica, é claro, mas uma que é muito naturalmente humana. Porém, o judaísmo há tempos ensina que todos devemos encontrar uma maneira de olhar além dessas diferenças, para respeitarmos todos como iguais.

O Talmud explica: "Uma pessoa (Adão) foi criada como o ancestral comum de todas as pessoas, em nome da paz da raça humana, de modo que ninguém possa dizer para o próximo 'Meu ancestral era melhor que o seu'" (Mishná Sanhedrin 4:5). O mesmo debate continua e destaca o quão crucial é que tratemos uns aos outros com cuidado: "Pois aquele que destrói uma única vida é considerado pelas Escrituras como tendo destruído o mundo inteiro, e aquele que salva uma única vida é considerado pelas Escrituras como tendo salvo o mundo inteiro."

De fato, o judaísmo coloca uma ênfase enorme em como devemos tratar os "outros" em nossa comunidade: encontramos o mandamento de tratá-los com bondade e boa vontade, de uma forma ou de outra, 36 vezes na Torá

98 PARTE 1 **Em que os Judeus Acreditam**

— mais do que qualquer outra mitzvá! Por exemplo, "Amareis o estrangeiro, pois fostes estrangeiros na terra do Egito" (Deuteronômio 10:19, Êxodo 22:21 e Levítico 19:33–34).

Obviamente, diversas comunidades judaicas já demonstraram exemplos infelizes de racismo e xenofobia, e inclusive ouvimos argumentos de que o judaísmo em si é inerentemente racista. Porém, tenha em mente que há judeus de todos os tamanhos, cores e raças, incluindo os judeus escandinavos, africanos, asiáticos e aqueles que parecem árabes. Como explicamos no Capítulo 1, o judaísmo é muito mais uma tribo do que uma raça, com mais ênfase na ética e nas ações do que na crença ou na nacionalidade.

Por causa das sólidas bases éticas do judaísmo, e porque os judeus tendem a se identificar com outros povos em desvantagem, há tempos estão na linha de frente dos direitos civis e humanos. Por exemplo, em 1964, no ápice do movimento dos direitos humanos nos EUA, dezesseis rabinos foram presos por participarem em um protesto pacífico em Saint Augustine, Flórida. Na prisão, escreveram: "Viemos para Saint Augustine principalmente porque não poderíamos deixar de vir. Não poderíamos dizer não a Martin Luther King, a quem sempre respeitamos e admiramos e cujos leais amigos esperamos ser nos dias por vir. Não poderíamos deixar passar a oportunidade de alcançar um objetivo moral por um meio moral — um raro privilégio moderno — que foi a glória das lutas não violentas pelos direitos civis... Viemos porque não poderíamos ficar quietos pelo sangue de nosso irmão."

Desafios Intra e Interconfessionais

Devemos aplicar os mesmos ditames para tratar os outros com respeito ao confrontar pessoas com crenças ou religiões diferentes da nossa. Se de fato acreditamos que há Um Deus, então temos que presumir que o Deus dos muçulmanos, dos hindus e dos cristãos (só para mencionar algumas religiões) é o mesmo Um. E devemos respeitar que a expressão da crença deles é também um reflexo dessa Unidade, como também é a nossa.

Por esses motivos, defendemos avidamente o diálogo interconfessional (e o diálogo intraconfessional, por exemplo, entre judeus ortodoxos e judeus humanistas seculares). Não estamos falando sobre um evento público anual, como no Dia de Ação de Graças, mas sobre conversas consistentes entre indivíduos e comunidades que nos permitam conhecer uns aos outros como seres humanos. Apenas assim poderemos transcender nossas opiniões polarizadas, celebrar nossa humanidade compartilhada e começar a trabalhar juntos em respostas eficazes às questões atuais. Falta à comunidade judaica uma concordância universal quanto à importância dos relacionamentos intra e interconfessionais. Especialmente com o aumento de casamentos mistos, muitos temem que a população judaica diminua. Não obstante, acreditamos que há motivos substanciais para apoiarmos o diálogo interconfessional.

CAPÍTULO 6 **Desafios Éticos** 99

Pode parecer algo banal, mas conhecer uns aos outros, além dos slogans e jargões de nossos pontos de vista declarados, também pode nos ajudar a confrontar questões políticas práticas. Visto que não conhecemos os outros bem o suficiente, em geral é tragicamente tentador demonizá-los. Descartar a humanidade básica daqueles que se diferem de nós sempre nos leva para longe da paz maior que buscamos.

Quando os grupos intra e interconfessionais se juntarem, poderão compartilhar experiências de vida, aquilo que lhes é mais importante, e lembrar que são parte da Vida una; que somos *nós* aqui, e não "nós e eles".

Abraçando Nossa Sexualidade

O judaísmo promove o estudo, a oração e a prática de mitzvot para termos um relacionamento mais próximo e "correto" com o Universo. Mas há outro método: o sexo. Algumas tradições religiosas consideram o sexo como algo vergonhoso ou uma distração do emprenho espiritual, mas não é o caso do judaísmo. Em vez disso, o judaísmo enfatiza que o sexo é um ato profundamente santo a ser realizado regularmente, insistindo que seja prazeroso para ambos os integrantes de um casal sob matrimônio. Tendo dito isso, há, sim, algumas regras estritas envolvendo a intimidade física — regras que, para sermos justos, são abraçadas de bom coração por alguns e rejeitadas por outros.

A ética e a prática sexuais judaicas têm raízes em dois conceitos básicos: que toda a vida humana é sagrada (veja "Expressões de Deus", anteriormente neste capítulo) e que as pessoas podem estar em um estado de pureza ou impureza rituais. Esses conceitos nos levam às seguintes leis:

> » **Menstruação:** Tradicionalmente, as relações sexuais não são permitidas quando a mulher está menstruando, ou por sete dias após o último vestígio de sangue (veja "Purificando o Espírito: Ritos e Rituais", no Capítulo 4). Isso faz parte das leis altamente complexas de pureza que, como as leis kosher, refletem uma variedade de significados. Um efeito prático é que isso encoraja os casais e retomarem o coito quando o sêmen do homem está mais concentrado e a mulher está ovulando — maximizando assim a chance de concepção. Isso também enfatiza que o casamento deve estar baseado em muito mais coisas do que a sexualidade, conforme o casal deve conviver sem contato físico por praticamente metade de cada mês. Por outro lado, muitos judeus liberais consideram isso um conjunto arcaico de leis escritas por homens, com base na superstição e com falta de compreensão do corpo feminino. Portanto, a maioria das mulheres judias não participa mensalmente na mikvá — o banho ritual que conclui o ciclo menstrual — nem se abstém do contato físico com o marido.

PARTE 1 **Em que os Judeus Acreditam**

» **Derramamento da semente:** A tradição judaica tem grande atenção — pode-se até dizer que é "obcecada" às vezes — com a procriação. Tal ênfase faz sentido: na Bíblia, a primeira instrução de Deus é "Frutificai e multiplicai" (Gênesis 1:28). Outra coisa: historicamente, os judeus sempre foram uma minoria, e aumentar sua presença comunitária era uma tarefa crucial. Mas os judeus ortodoxos também entendem que cada esperma e óvulo é sagrado — uma vida em potencial. O resultado é que eles condenam qualquer atividade que "derrame a semente" — ejaculação fora da vagina. Muitos judeus atualmente desconsideram essa interpretação, tendendo a considerar a masturbação e outros atos como uma parte natural da sexualidade humana.

» **Evitando a tentação:** Os judeus entendem que devem manter um equilíbrio entre a *yetzer ha-rá* natural (a inclinação para o mal) e a *yetzer hatov* (a inclinação para o bem). Para alcançar esse equilíbrio, eles acreditam que a luxúria deve fazer par com o amor, assim como o desejo de trabalhar deve ser compensado pela paz do Shabat. Uma das maneiras pelas quais os judeus tradicionais tentam manter o equilíbrio é evitando pensamentos lascivos fora da intimidade do matrimônio. Dessa forma, homens e mulheres ortodoxos se vestem e agem modestamente, estando fisicamente separados, especialmente durante os serviços religiosos. Novamente, a maioria dos judeus liberais tenta encontrar seu próprio equilíbrio sem essas restrições.

Adicionalmente, os judeus tradicionalmente desaprovam o sexo antes do casamento. Novamente, grupos mais liberais dentro da comunidade judaica podem analisar os insights religiosos ao determinar o próprio comportamento, mas não são governados por tais insights (como dizem os reconstrucionistas, "a história tem um voto, não um veto").

LEMBRE-SE

Embora os judeus possam ter muitas leis com relação ao sexo, o judaísmo entende a sexualidade não apenas como um método de procriação, mas como um prazer e uma responsabilidade alegre no casamento. Os judeus têm leis claras definindo a exigência para que o homem se case e a obrigação do marido de satisfazer a esposa.

Visões místicas da união sexual

A tradição judaica mística leva a sexualidade a um passo adiante: a união sexual entre duas pessoas é o reflexo da própria natureza de Deus — refletindo a união dos aspectos masculinos e femininos de Deus e facilitando o fluxo da *shefa* (abundância, graça ou efluência divina) no Universo. Como o autor Jay Michaelson observa que "o Zohar diz que devemos imitar a Deus — que cria, manifesta-se na separação e une o separado novamente em Um. Para o Zohar e outros textos, a união sexual representa a união do sumo sacerdote no santo dos santos; a união do Céu e da Terra".

Sob essa perspectiva, a sexualidade saudável, consciente e íntima ajuda o processo da Criação universal — dando um significado totalmente diferente para a "pró-criação"!

Controle de natalidade e aborto

Tradicionalmente, os judeus consideram o controle de natalidade aceitável, desde que não iniba as leis com relação à procriação (mínimo de dois filhos, pelo menos um menino), porém, com exceção para o controle de doenças, os preservativos não são um método contraceptivo aprovado, por causa da proibição de "derramar a semente" (os comprimidos anticoncepcionais são o método aprovado). Judeus mais liberais consideram que as escolhas sobre sexualidade devem ser tomadas individualmente, sem ter que seguir uma autoridade religiosa tradicional em tais assuntos, incluindo o aborto.

Uma das decisões mais difíceis e importantes que uma mulher deve tomar é se trará ou não um filho ao mundo. Embora o judaísmo honre todas as vidas humanas, a vasta maioria acredita no direito da mulher de escolher o aborto. Como nem a Torá ou o Talmud dizem qualquer coisa em relação ao aborto, os rabinos há tempos fizeram suas próprias interpretações e regras sobre o assunto. Algumas tradições dizem que o bebê só se torna humano após passar pelo canal do nascimento; outros dizem que a vida de um feto é digna de ser salva.

Conhecemos rabinos que são pró-escolha e outros que são pró-vida, mas a tradição judaica difundida do *pikuach nefesh*, salvar a vida, aponta claramente que o aborto deve ser permitido caso a vida da mãe esteja em perigo. De fato, a Conferência Central dos Rabinos Norte-americanos (reformistas) emitiu uma declaração de que o aborto deve ser permitido "caso haja um perigo grave para a saúde da mãe ou do bebê... [embora] não encorajemos o aborto nem o favoreçamos por motivos triviais".

Homossexualidade

A Torá diz pouco sobre a homossexualidade, mas um verso tem sido usado para justificar a condenação da relação básica de um homem com outro: "Com homem não te deitarás, como se fosse mulher" (Levítico 18:22). Observe que o verso considera tal comportamento *to-ei-va*, que é geralmente traduzido como "abominação", mas "tabu" ou "estrangeiro" é mais preciso — a mesma palavra é usada nos casos de consumir comida não kosher, sentir um orgulho doentio ou usar balanças falsas ao pesar as coisas.

Não obstante, a ordem contra "derramar a semente" significa que os judeus ortodoxos tipicamente se restringem de qualquer ato homossexual. Curiosamente, não há condenações para os relacionamentos lésbicos na Bíblia, mas a maioria dos rabinos ortodoxos argumenta contra o comportamento homossexual tanto por homens quanto por mulheres.

Por outro lado, os homens não podem de fato "deitar-se com um homem como se fosse mulher" porque a anatomia é diferente. Assim, algumas pessoas da comunidade judaica não entendem esse verso literalmente, mas como sendo um produto de um tempo e uma cultura diferentes.

Seja como for, as atitudes com relação aos homossexuais mudaram radicalmente nos últimos quarenta anos, e grupos judaicos começaram a receber membros da comunidade lésbica, gay, bissexual e transgêneros (LGBTQQICAPF2K+). Além disso, rabinos e cantores assumidamente gays agora participam de todas as ramificações do judaísmo, exceto a ortodoxa. E a maioria dos rabinos liberais (e até alguns conservadores) vem celebrando casamentos ou cerimônias de compromisso entre pessoas do mesmo sexo há décadas.

Ainda estamos em um período de mudanças, e aqueles que aceitam mais os relacionamentos definidos pelo amor, e não pelo gênero, certamente apoiam tal mudança.

Relações proibidas

O princípio de *pikuach nefesh* expressa claramente que quase todos os mandamentos devem ser transgredidos quando para salvar uma vida. Por exemplo, embora seja tradicionalmente proibido dirigir no Shabat, é obrigação levar uma pessoa seriamente doente para receber tratamento no hospital.

LEMBRE-SE

Contudo, o judaísmo não abre exceções para os mandamentos contra o adultério e o incesto. Estão claramente em desacordo com as diretivas principais dos ensinamentos éticos sobre o valor da família e dos relacionamentos. (Outros dois mandamentos que nunca devem ser violados são as proibições contra o assassinato e a idolatria.)

Encontrando um Caminho para a Paz

A guerra nos acompanha desde o princípio da história escrita, como uma praga que sempre aparece em algum lugar do planeta. No entanto, o judaísmo afirma a importância básica da paz, e os rabinos talmúdicos destacaram que "tudo que está escrito na Torá foi escrito em prol da paz" (Tanhuma Shoftim 18).

Os rabinos também recordam que a guerra é quase sempre causada pela escassez de recursos (como comida e água), geralmente somada à falta de comportamentos íntegros, como vemos nesta declaração de Pirke Avot, a Ética dos Pais: "A espada vem ao mundo por causa da justiça atrasada e da justiça negada." Os primórdios de nossa história estão repletos de guerra e violência, mas o judaísmo celebra, em última instância, os que promovem a paz e nos lembra de que todos os humanos são expressões de Deus e de que devemos tratar nossos próximos (mesmo os inimigos) como a nós mesmos.

Portanto, embora a lei judaica permita a guerra para autodefesa, ela proíbe uma vasta gama de táticas, incluindo o envenenamento de rebanhos, a destruição de árvores frutíferas e o desperdício de fontes de alimento e de água. De igual modo, Deuteronômio 20:10 destaca que devemos sempre buscar uma solução pacífica antes de travarmos qualquer batalha, e Provérbios 25:21 observa que "Se o seu inimigo tiver fome, dê-lhe de comer; se tiver sede, dê-lhe de beber". Lembra-se do personagem clássico da tirinha cômica Pogo, que disse "Encontramos o inimigo, e ele é nós"? Talvez seja por isso que Provérbios 24:17 insiste: "Não se alegre quando o seu inimigo cair, nem exulte o seu coração quando ele tropeçar."

Interrompendo o ciclo

Inúmeros ensinamentos apoiam a importância crucial da paz, contudo os judeus e o judaísmo se viram muitas vezes envolvidos em violência e guerra. Então, como devemos interromper o ciclo?

Nós nos recordamos de uma antiga canção de acampamento que diz "Você não vai entrar no Céu se...", listando então tudo aquilo que nos impedirá de alcançar tal objetivo. Bem, fica claro que não podemos obter a paz do modo pelo qual estamos tentando. Especificamente, não podemos obter a paz por meio da guerra. Nunca nenhuma guerra trouxe a paz prometida, pois a guerra cria vencedores e perdedores. Os vencedores muito frequentemente começam a replicar as mesmas estruturas de poder contra as quais lutaram; e os perdedores logo começam a planejar a vingança.

É por isso que Provérbios 20:22 nos adverte, "Não diga: 'Eu o farei pagar pelo mal que me fez!'", e que no comentário *Avot De Rabbi Natan* lemos "Quem é um herói entre os heróis? Aquele que transforma um inimigo em amigo". Os rabinos do Talmud chegam até a declarar que, se duas pessoas precisam de ajuda e uma delas é seu inimigo, ajude o inimigo primeiro — pelo motivo de que é sempre melhor superar a própria inclinação para o mal (*yetzer ha-rá*) e converter um inimigo em amigo.

As poucas vezes na história recente quando uma guerra foi seguida pela paz resultaram de um apoio substancial do lado vencedor para aqueles que perderam. Ou seja, foi a ação pacífica que trouxe a verdadeira paz — e não a violência. Se buscamos a paz, devemos fazê-lo por meios pacíficos; se buscamos amor, devemos fazê-lo amorosamente. Quando a Torá diz "A justiça, somente a justiça seguirás" (Deuteronômio 16:20), a ocorrência duplicada da palavra "justiça" nos recorda de que ela só pode ser buscada por meios justos. Essa ainda é uma das lições mais difíceis para a humanidade aprender.

104   PARTE 1 **Em que os Judeus Acreditam**

A PAZ SEJA CONVOSCO

Há uma riqueza de citações na literatura judaica sobre a importância e o objetivo máximo da paz em nosso coração, relacionamentos e comunidades. Aqui estão algumas de nossas favoritas:

"Melhor é o homem paciente do que o guerreiro, mais vale controlar o seu espírito do que conquistar uma cidade." (Provérbios 16:32)

"Procurai ser como os discípulos de Aarão, amai a paz, procurai a paz..." (Pirke Avot 1:12)

"Não por força nem por violência, mas pelo meu Espírito, diz o Senhor dos Exércitos." (Zacarias 4:6)

"O fruto da justiça será a paz; o resultado da justiça será tranquilidade e confiança para sempre." (Isaías 32:17)

"O único motivo pelo qual o Sagrado, bendito seja Ele, criou o mundo foi para que houvesse paz entre a humanidade." (Bamidbar Rabbah 12A)

"O lobo viverá com o cordeiro, o leopardo se deitará com o bode, o bezerro, o leão e o novilho gordo pastarão juntos... Ninguém fará nenhum mal, nem destruirá coisa alguma em todo o meu santo monte, pois a terra se encherá do conhecimento do Senhor, como as águas cobrem o mar." (Isaías 11:6-9)

"Eles farão de suas espadas arados, e de suas lanças foices. Uma nação não mais pegará em armas para atacar outra nação, e não aprenderão mais a guerra." (Isaías 2:4 e Miquéias 4:3)

Vejamos mais dois ensinamentos éticos judaicos sobre a violência:

» **Assassinato:** Embora a pena de morte seja permitida, o inocente não deve ser assassinado. Gênesis 9:6 diz: "Quem derramar sangue do homem, pelo homem seu sangue será derramado; porque à imagem de Deus foi o homem criado." Essa proibição vale até mesmo se o assassinato for para salvar sua própria vida. O Talmud declara: "O governador da minha cidade me ordenou, 'Vá e mate este e aquele; senão, matarei você.' [Rabbi] respondeu, 'Deixe, pois, que ele o mate em vez de você cometer assassinato; quem sabe se seu sangue é mais vermelho? Talvez o sangue dele seja mais vermelho'" (Sanhedrin 74a).

» **Pena de morte:** A Bíblia ordena claramente a pena de morte, mas é muito cuidadosa ao exigir pelo menos duas testemunhas em suporte desse julgamento. Em última instância, no entanto, as tradições rabínicas dificultaram tanto a aplicação da pena de morte, que era praticamente impossível chegar a executá-la. Muitos grupos judaicos hoje são oficialmente contra a pena capital.

CAPÍTULO 6 **Desafios Éticos**

Em todos os serviços de oração há petições pela paz. Bem ao término do serviço, o Cadish da manhã (veja o Capítulo 4) conclui: "Aquele que firma a paz nas alturas conceda a paz sobre nós". Lembre-se de que a palavra hebraica Shalom, que significa paz, deriva da palavra "plenitude" ou "completo". Talvez a real tarefa seja começarmos com nós mesmos, encontrando a paz interior que pode melhor contribuir para o tikun olam da paz mundial.

Respeitando os Animais e o Ambiente

Ao caminharmos ao longo de uma praia intocada ou na quietude de uma floresta da montanha, podemos ver como todos — do ateu secular ao judeu ortodoxo — podem apreciar a maravilha e a reverência pelo mundo natural ao nosso redor. Eclesiastes Rabbah 7:13 descreve maravilhosamente essa incrível beleza.

PALAVRAS DE SABEDORIA

Quando Deus criou Adão, Ele o pegou e o levou ao redor de todas as árvores do Jardim do Éden e lhe disse: "Veja Minhas obras, quão lindas e dignas de louvor elas são! Veja que tudo que criei o fiz em seu benefício. Tenha cuidado para que não arruíne e destrua Meu mundo; pois, se destruí-lo, não há ninguém além de você para repará-lo."

Essa enorme reverência pela natureza tem raízes profundas no judaísmo e forma a base de duas questões importantes na ética judaica: *bal tashchit* e *tza'ar ba'alei kayim*.

Bal tashchit: Não destrua

Há séculos sabemos que nossa sobrevivência depende de um ambiente saudável, em que a comida da qual precisamos possa ser produzida, contudo continuamos a devastar nosso planeta. O antigo código de *bal tashchit*, literalmente "não destrua", proíbe a destruição perdulária ou sem sentido de recursos e do ambiente. Em vez disso, a tradição judaica encoraja o cuidado com a terra e, por extensão, com nosso mundo inteiro. A torá declara que até a terra de cultivo deve observar um "Shabat" de doze meses de descanso a cada sete anos. Atualmente, grupos judaicos, baseando suas ações em princípios religiosos, estão entre os mais ativos no trabalho por um ambiente mais saudável (veja o Capítulo 23).

DICA

O grande professor do século I, rabino Yokhanan ben Zakkai, expressou um doce amor pela terra e pelos ciclos da natureza quando ensinou: "Se você está plantando uma nova árvore, e alguém lhe diz que o Messias chegou, fique e termine de plantar."

Bal tashchit nos diz para agirmos de maneira responsável: sempre que possível, conduzir carros que têm eficiência energética, desligar a luz quando saímos de um cômodo e evitar o desperdício de comida, dinheiro ou de coisas aproveitáveis.

Tza'ar ba'alei kayim: Trate as criaturas vivas com dignidade

Embora o judaísmo coloque o papel dos seres humanos acima daquele dos animais, o princípio tradicional de *tza'ar ba'alei kayim*, evitar "o sofrimento de qualquer criatura viva", insiste que devemos respeitar e honrar os animais sob nossos cuidados. Por exemplo, o Talmud afirma "A pessoa fica proibida de comer até que alimente seus animais primeiro" (Berachot 40a), e Êxodo 20:10 observa que, no Shabat (veja o Capítulo 18), nossos animais devem repousar conosco.

Essa lei subjacente tem diversas consequências, incluindo a condenação da caça e da luta entre animais por esporte, e a regra de que os animais devem ser abatidos o mais rápido e com menos dor possível. Muitos judeus atualmente expandem essa lei para evitar qualquer produto que venha de animais que foram maltratados.

CASOS E CAUSOS

Observe que algumas pessoas usam a regra de *tza'ar ba'alei kayim* como uma base para o vegetarianismo. Os autores desta obra também refletiram sobre o tema, como David, que foi vegetariano por mais de uma década e ficou fascinado ao descobrir que Gênesis 1:29 afirma claramente que, em um mundo ideal, comeríamos apenas frutas e vegetais. Ted, por outro lado, não demorou para destacar que, após a história do Dilúvio, Deus diz: "Tudo o que vive e se move lhes servirá de alimento. Assim como lhes dei os vegetais, agora lhes dou todas as coisas" (Gênesis 9:3).

Quando nos lembramos de que compartilhamos um ambiente e que nossas ações em um lugar impactam a água e o ar em todos os lugares, percebemos que só poderemos proteger bem nosso ambiente quando agirmos juntos. A tradição judaica afirma a completude e a sacralidade essenciais de nosso mundo natural. Um ensinamento hassídico nos recomenda tirar nossos calçados, assim como a Moisés foi pedido que tirasse os seus quando se aproximou da sarça ardente, pois o chão onde pisamos é sagrado. Estamos sempre sobre solo sagrado.

Esforçando-nos pelo tikun olam

Somos apenas humanos. Às vezes, estamos à altura do desafio e refletimos os mais nobres ideais de nossa cultura e ética; às vezes, afundamos, sobrecarregados pelo medo ou raiva. Podemos encontrar exemplos óbvios de judeus prominentes que fizeram péssimas decisões éticas. Mesmo o Estado de Israel, geralmente colocado em um padrão moral mais alto do que outros países, já tomou algumas decisões éticas questionáveis nos últimos sessenta anos. Mas o judaísmo entende que não dá para esperar que acertemos o tempo todo; o que, sim, se espera de nós é que continuemos tentando e que aprendamos com nossos erros.

O Talmud registra as palavras do rabino Tarfon: "Não és obrigado a acabar o trabalho, mas não lhe podes recusar o teu concurso" (Pirke Avot 2:21). Preferimos uma leitura levemente diferente do texto: você não precisa completar o trabalho, mas não estará verdadeiramente livre *quando* desistir totalmente dele.

Questões cruciais de nosso tempo são um convite direto para nos lembrar de nossa unidade e para assumirmos responsabilidade pelo que estamos fazendo. E o judaísmo nos pede que façamos isso com bondade e compaixão, no serviço do tikun olam.

2

Do Ventre ao Túmulo: O Ciclo da Vida

NESTA PARTE...

Apresentamos em detalhes os principais rituais do ciclo da vida, do nascimento à morte. Você sabia que os judeus geralmente têm um nome em português e outro judaico? Que todo judeu com treze anos é Bar ou Bat Mitzvá, mesmo se não tiver uma cerimônia? E que os homens judeus (ashkenazitas e chassídicos) têm costume de serem enterrados com a mesma veste branca com a qual se casaram? A vida é preciosa e curta; é importante marcar os eventos sagrados com intenção e ritual.

NESTE CAPÍTULO

» **Entendendo o pacto da circuncisão**

» **Celebrando o nascimento de uma filha**

» **Dando um nome hebraico ao bebê**

» **Redimindo o filho primogênito**

Capítulo **7**

No Princípio: Nascimento e Bris

ada é mais incrível do que ter filhos — nenhum outro evento está tão cheio de medo, alegria, expectativas, esperança e choque. Talvez esteja gravado geneticamente em nossa psiquê ficarmos maravilhados com um nascimento, mesmo se não for de nosso próprio filho, de modo que nós, como uma espécie comunal, nos mobilizemos, ajudemos, encorajemos e celebremos esse momento e evento extraordinário. E, também, muitos judeus observam que a primeira *mitzvá* ("mandamento") na Bíblia é "Frutificai e multiplicai" e sentem que ter filhos é um mandamento religioso e um evento espiritual.

Consequentemente, o judaísmo tem diversos rituais importantes em torno do nascimento de um bebê. Após nascer, a criança é recebida pelos pais, familiares e pela comunidade e recebe um nome. Geralmente um rabino diz algumas bênçãos especiais para a criança na sinagoga. Para os meninos, esse processo é combinado com uma cerimônia curta chamada de *brit milá* (muitos judeus usam a pronúncia ashkenazi, "bris"; nós usamos as duas aqui). Neste capítulo, analisamos também a cerimônia para as meninas.

Alguns judeus reavivaram uma antiga tradição israelita na qual os pais plantam uma muda de cedro para cada menino recém-nascido e uma muda de cipreste ou pinheiro para cada menina. Quando o filho se casar, a árvore estará grande o suficiente para que um ou dois de seus galhos sejam usados na chupá (veja o Capítulo 9).

Fazendo o Corte: Circuncisão Ritual

Brit milá significa "pacto da circuncisão", que descreve exatamente o que acontece com o bebê menino durante o ritual. A circuncisão — quando o prepúcio é removido do pênis — é um dos procedimentos cirúrgicos mais antigos (é datado aos tempos pré-históricos, embora não saibamos explicar como os historiadores sabem disso) e é praticado há tempos em algumas tribos africanas, a maioria muçulmana, e, é claro, pelos judeus.

A Bíblia (Gênesis 17:10) diz que Abraão fez um trato com Deus: a esposa de Abraão, Sara, teria um filho (Isaque), e seus descendentes possuiriam a Terra Prometida. Em troca, Deus queria que Abraão e todos os filhos meninos fossem circuncidados. Considerando que Abraão tinha 99 anos de idade na época, é impressionante que ele tenha concordado com o trato. Mas foi o que fez, e, desde então, os pais judeus continuaram com o pacto.

As famílias judias tradicionais tendem a considerar o brit milá como um evento alegre e positivo. A turma menos tradicional tem uma grande variedade de reações à circuncisão, e alguns judeus até mesmo consideraram não circuncidar os filhos. (Falaremos sobre algumas dessas questões posteriormente nesta seção.) Assim, mesmo que um judeu não circuncidado ainda seja oficialmente judeu, a maioria dos rabinos (e provavelmente a maioria dos outros judeus) não reconhecerá seu judaísmo.

LEMBRE-SE

É importante observar que a circuncisão masculina é radicalmente diferente daquilo que algumas pessoas chamam de "circuncisão feminina". Os judeus apenas removem o prepúcio do pênis, o que tem efeitos mínimos ou nulos em longo prazo. As pessoas que realizam a circuncisão feminina (que é ilegal na maior parte do mundo) mutilam a vagina para que a mulher não experimente prazer sexual; é algo horrível.

Alguns presumem que, como o brit milá ocasiona um pequeno sangramento, é como se fosse um sacrifício. Felizmente, o judaísmo não permite qualquer tipo de sacrifício humano para Deus. O bris é um rito de passagem, inconsciente para a criança (que, obviamente, não está em posição de fazer um pacto) e deliberado para os pais da criança.

Parte do processo de conversão ao judaísmo inclui (caso seja homem) ser circuncidado. Se já é, ainda precisa passar por uma circuncisão simbólica, na qual uma gota de sangue é extraída do pênis (chamada *hatafat dam*).

Sabendo quem está envolvido

Embora os rabinos estejam quase sempre envolvidos durante as principais transições (cerimônias de Bar/Bat Mitzvá, casamentos e funerais, por exemplo), é completamente opcional ter um rabino no bris, embora muitos daqueles que tradicionalmente realizam as circuncisões sejam rabinos especialmente treinados. A tradição judaica diz que, se o pai do bebê sabe fazer a circuncisão, é ele quem deve realizá-la. No entanto, poucos pais sabem fazê-lo, então a tarefa é repassada para um substituto, chamado *mohel* (ei iídiche, pronuncia-se "moyl"; em hebraico, a pronúncia é "mo-rrel").

O mohel é geralmente rabino ou médico; em ambientes menos tradicionais, pode até ser uma mulher. De fato, como a maioria dos mohalim é especialmente treinada, eles têm experiência e habilidades significativamente maiores na realização das circuncisões do que os médicos tradicionais. O mohel em geral conduz toda a cerimônia, embora, caso esteja presente, o rabino ou a rabina da família possa ajudar também.

DICA

Escolha um mohel de confiança e com quem se sinta totalmente à vontade; peça recomendações a amigos e faça uma entrevista com mais de um mohel, caso tenha vários dentre os quais escolher.

O *sandek* (padrinho) é o participante mais honrado no brit milá, e é tradicionalmente o avô ou o bisavô (embora possa ser a avó ou outra pessoa). Ele segura a criança durante todo o ritual — geralmente com o menino sobre um travesseiro ou sobre um suporte especial para o brit milá durante o curto procedimento da circuncisão.

LEMBRE-SE

Embora usemos a tradução "padrinho" para a palavra *sandek*, o judaísmo, de fato, não tem uma tradição de padrinhos da mesma forma que o cristianismo. Caso a criança fique órfã, toda a comunidade judaica, e não apenas os padrinhos, ficam incumbidos dos seus cuidados.

Aderindo aos rituais e às cerimônias

O brit milá é normalmente marcado para o oitavo dia após o nascimento do menino, mesmo se cair em um Shabat (veja o Capítulo 18) ou algum outro feriado, o que significa que, se a criança nasce em uma quarta-feira, o bris acontece na quarta-feira seguinte. No entanto, se o bebê nascer em uma quarta-feira à noite, então o bris ocorrerá na manhã da quinta-feira seguinte, pois os dias judaicos começam com o pôr do sol, e o bris é tradicionalmente realizado durante o dia. (Observe que o Talmud — veja o Capítulo 3 — afirma que, se a saúde do bebê estiver em questão, então o bris deve ser adiado.)

ALIVIANDO A DOR NO DIA DO BRIS

Deixar o bebê confortável durante a cerimônia pode tornar a experiência muito mais agradável para todos. Embora alguns pais prefiram realizar o bris em um hospital ou em uma sinagoga, o bebê (e os pais) provavelmente se sentirá muito mais à vontade em casa. No bris, mantenha o número de participantes no mínimo, e convide mais pessoas para a recepção logo após. Nossa experiência sugere que grande parte do desconforto do bebê surge por haver muitas pessoas nervosas ao redor.

Tradicionalmente, o menino recebe uma gaze molhada com vinho para ficar chupando antes e durante o procedimento. Isso alivia a dor e o ajuda a dormir. A pesquisa médica, de fato, sugere que o açúcar em vinhos realmente doces (como o tinto Manischewitz) parece ajudar. Mohalim menos tradicionais também usam algum tipo de anestésico leve, seja com uma anestesia local ou com um creme tópico.

Há diversos motivos para esperar uma semana até a cerimônia. Alguns rabinos ensinam que todos os bebês devem experienciar todos os sete dias da criação antes do bris. Outros dizem que o bebê deve conhecer primeiro a doçura do Shabat. Outros, ainda, destacam as pesquisas médicas, que indicam que é o momento ideal para realizá-la.

Com exceção de algumas palavras e itens rituais padrão, a cerimônia do brit milá permite muita flexibilidade. De qualquer forma, a circuncisão de fato dura apenas alguns minutos (um mohel conhecido nosso insiste que leva menos de sessenta segundos). Normalmente, velas são acesas, a criança é trazida ao cômodo (em geral passada de um membro da família para outro) e entregue ao sandek, cuja cadeira é geralmente designada como a "cadeira de Elias". A tradição diz que o profeta Elias anunciará o próximo messias, e Elias também é visto como o "anjo da aliança" e protetor da criança.

Após o mohel recitar algumas bênçãos, ele ou ela realiza a circuncisão, durante a qual uma ou duas gotas de sangue devem ser extraídas. O prepúcio é guardado e normalmente enterrado após a cerimônia. Caso uma árvore tenha sido plantada para honrar o nascimento, como descrito no início deste capítulo, o prepúcio é enterrado sob ela. Então o bebê é oficialmente nomeado e abençoado. Tradicionalmente, o mohel recita "Assim como esta criança foi trazida ao Pacto, que possa ser trazida a uma vida de Torá, a um casamento digno de bênçãos e a uma vida repleta com boas ações", e diz uma bênção sobre o vinho. Após essa bênção, os pais bebem, e um pouquinho do vinho é dado ao bebê em um pedaço de pano.

Por fim, a criança é retornada aos pais para descansar, e é hora da *seudat mitzvá*, a refeição ritual de celebração.

PARTE 2 **Do Ventre ao Túmulo: O Ciclo da Vida**

DICA

A cerimônia toda (sem incluir a refeição), em geral, não leva mais do que dez minutos. Embora quaisquer adições devam ser mantidas curtas para garantir o conforto do bebê, veja a seguir algumas ideias que você pode considerar ao planejar um bris:

» Ler um poema ou outro texto curto antes da circuncisão.

» As comunidades sefardim geralmente usam incenso durante a cerimônia.

» Alguns pedem que o rabino compartilhe um breve ensinamento.

» Peça a cada pessoa presente que ofereça uma bênção pessoal para o bebê. Ainda melhor, peça que escrevam suas bênçãos ou que as gravem em áudio ou vídeo, talvez durante a refeição.

Fazendo a escolha

Muitos judeus nunca questionam a realização da circuncisão — é simplesmente parte de ser judeu. De fato, para um número cada vez maior de judeus, é um dos eventos mais espirituais e alegres. No entanto, para alguns judeus (como o autor David) que não cresceram conectados com a tradição, a circuncisão se torna uma dúvida, e não uma certeza. Aqui estão algumas ideias para pensar ao considerar sobre a circuncisão:

» Na década de 1960, cerca de 98% de todos os meninos nascidos nos EUA foram circuncidados por causa de pesquisas que diziam que, assim, teriam menos problemas médicos, como uma taxa menor de infecções do trato urinário e menos chances de contrair infecções sexualmente transmissíveis. No entanto, muitos desses riscos à saúde podem ser evitados pela limpeza diária cuidadosa, e, em 2009, menos de 40% dos meninos foram circuncidados (embora quase todos os judeus ainda o sejam).

» Em 2007, a Organização Mundial da Saúde endossou a circuncisão de meninos, denominando-a "uma intervenção importante para reduzir o risco de HIV contraído heterossexualmente". Pesquisadores também têm fortes evidências para sugerir que a circuncisão protege contra o câncer peniano e as ISTs, ajudando a reduzir o risco de câncer cervical para as parceiras.

» As complicações para esse procedimento são extremamente raras e, quando acontecem, geralmente são leves.

» Qualquer dor que o menino sofra vai embora relativamente rápido. A criança pode chorar no evento, mas parece que muito da infelicidade vem por estar presa e circundada por um bando de parentes nervosos.

» Nenhum pai quer que o filho sofra, mas, honestamente, não há como criar um filho sem dor — você não deixaria seu filho sem receber uma injeção apenas porque vai doer. Você pode argumentar que o bebê não tem escolha quanto a ser ou não circuncidado, mas quase sempre os bebês não têm escolha — os pais devem escolher o curso correto para os filhos, não necessariamente o menos doloroso. Tomamos todos os tipos de decisões para nossos filhos quando são jovens, decisões que, provavelmente, eles não escolheriam por si sós.

DICA

» Caso esteja considerando não circuncidar seu menino, pense nisto: imagine que seu filho cresce e acaba realmente se identificando com o fato de ser judeu e se apaixona por uma judia. Pouquíssimos rabinos realizarão um Bar Mitzvá ou um casamento judeu a menos que o rapaz seja circuncidado. Podemos garantir que seu filho desejará que você tenha lhe concedido cinco minutos de dor quando bebê, em vez de cinco ou dez dias de uma grande dor posteriormente na vida.

LEMBRE-SE

Alguns rabinos ensinam que o bris é um símbolo da tomada de controle sobre nossa natureza animal — um lembrete óbvio de que os homens conseguem controlar os impulsos sexuais e os apetites luxuriosos. Porém, em última instância, é importante lembrar que o brit milá conecta o menino com centenas de gerações de homens antes dele, cada um dos quais teve o bris em seu oitavo dia de vida.

Agradecendo a Deus pelas Garotinhas

Embora as bênçãos sejam geralmente ditas nas boas-vindas tanto de meninas quanto de meninos na sinagoga, a falta de uma celebração mais íntima e de uma cerimônia de nomeação para garotas historicamente tem significado que o nascimento de uma menina parece menos notável. O movimento reformista (veja o Capítulo 1) apresentou uma cerimônia doméstica para nomear as meninas também, e, mais recentemente, tal cerimônia vem se tornando uma prática comum nas comunidades conservadoras e até em algumas ortodoxas.

A cerimônia de nomeação para garotas tem diversos nomes, incluindo *brit bat* (pacto para uma filha), *simchat bat* (alegria da filha) e *brit Sara* (pacto de Sara). A tradição sefaradim há tempos também tem o costume de fazer um *seder zeved habat* (celebração pelo presente de uma filha).

GUIA DE INICIANTES PARA O BRIS

Ser convidado para um brit milá ("bris") é uma honra, embora o evento seja quase sempre carregado de tensão desde a chegada das pessoas até a circuncisão de fato estar completa. Felizmente, o trauma é geralmente mais leve do que as pessoas esperam, e o alívio torna a celebração subsequente muito mais alegre. Seja a cerimônia para um menino ou uma menina (para as meninas, a cerimônia, brit bat, não inclui a circuncisão, é claro), assegure-se de chegar no horário, e será importante levar um presentinho de bebê para entregar aos pais, embora não seja obrigatório. Caso o evento aconteça na casa dos pais, ofereça-se para levar comida para a refeição que acontece após o ritual.

O brit bat — geralmente presidido por um rabino — pode ser realizado em casa ou na sinagoga, onde for mais confortável para os pais e para a bebê. Algumas pessoas gostam de realizá-lo oito dias após o nascimento (como o brit milá), e outras esperam pela cerimônia de Havdalá do Shabat (veja o Capítulo 19) para simbolizar a separação entre a criança e o corpo da mãe. Por outro lado, alguns pais esperam até que a mãe esteja totalmente recuperada e que os integrantes da família que moram longe possam chegar, talvez até trinta dias depois do nascimento.

A cerimônia pode incluir a criança ser passada por cada membro da família, bênçãos sobre o vinho e a bebê, a nomeação e, em geral, um ritual simbólico que substitui a circuncisão. Por exemplo, os pais podem lavar as mãos e os pés da bebê, ou imergir seu corpo (não incluindo a cabeça) na água.

Jogando o Jogo dos Nomes

O judaísmo tem diversas tradições com relação à nomeação de um bebê. A tradição ashkenazi é nomear a criança com o nome de um parente que morreu. A tradição sefaradi nomeia a criança usando o nome de um parente vivo. Ambas sugerem que a criança deve ser nomeada em homenagem a alguém que você respeita e admira, um modelo para que seu filho ou sua filha siga (embora ambas as tradições determinem que a criança não deve ter o mesmo nome do pai ou da mãe). O que talvez seja o mais importante é que o nome deve suscitar memórias e sentimentos alegres, então não dê à criança o nome do seu tio Shlomo que desviou dinheiro do negócio da família.

CASOS E CAUSOS

Os pais de David apenas gostavam desse nome, mas deram a ele o nome do avô (Avram) como nome do meio. Ted foi nomeado Theodore Herzl (o "pai fundador de Israel"), e seu nome do meio, Gary, lhe foi dado em memória de sua bisavó, Gittel, que havia morrido recentemente.

CAPÍTULO 7 **No Princípio: Nascimento e Bris** 117

Perceba que os judeus fora de Israel geralmente têm dois nomes: um em hebraico e um na língua de seu local de nascimento. É esse segundo nome que aparece na certidão de nascimento da criança, mas o nome hebraico é o que será usado nos círculos e nas funções religiosas. O nome hebraico é quase sempre bíblico em sua origem (dos 2.800 nomes próprios na Bíblia, menos de 140 são, de fato, usados atualmente) ou uma palavra em hebraico como *Tová* ("bondade") ou *Baruch* ("abençoado"). Em Israel, principalmente (mas às vezes em outras partes do mundo também), o nome em hebraico coincide com o nome de uso cotidiano, como Yoram, Avital, Tamar e Asher.

Embora a correlação entre o nome comum de uma pessoa e seu nome em hebraico às vezes seja óbvia (como Gabriel e Gavriel), é mais frequente ter que dar uma forçadinha para ver a conexão. Geralmente, as pessoas escolhem os nomes em hebraico e comuns associados a um dos seguintes critérios:

» **O nome comum é derivado do nome em hebraico.** Por exemplo, Sam vem de Samuel, que vem de Shmuel, famoso personagem bíblico.

» **Os nomes têm o mesmo significado.** Helen vem da palavra grega que significa "luz", então é possível usar o nome em hebraico "Orah", que também significa "luz".

» **Os nomes soam parecidos.** O nome Lauren vem da palavra em latim para louro (um símbolo de vitória). Então, Lauren pode ter o nome Dafna em hebraico, que também significa "louro", ou pode ser chamada Leia ou Lia, simplesmente por ter o mesmo som de "L". Similarmente, um menino pode ser chamado Max por seus colegas de escola e Moshe na certidão judaica de nascimento.

» **Os nomes não têm nenhuma conexão.** Por exemplo, os pais, querendo honrar o bisavô do bebê, Mayer, deram esse nome hebraico ao filho. Porém, talvez não consigam encontrar nenhum nome correspondente em português (nem nós), então, em sua certidão de nascimento está "Laurentino". Mais tarde na vida, quando perguntarem a ele sobre a conexão entre Laurentino e Mayer, ele ficará bom em inventar respostas de improviso.

A Tabela 7-1 lista exemplos de outras combinações comuns de nomes em hebraico e português. Observe que os nomes hebraicos normalmente incluem o nome do pai da criança, e às vezes o nome do pai e da mãe. Por exemplo, "Shaul ben Noach" ("Saul, filho de Noé") ou "Orah bat Adam v'Yehudit" ("Orah, filha de Adão e Judite").

TABELA 7-1 ## Nomes em Hebraico e em Português

Nome em português	Nome em hebraico	Tradução
Breno/Bruno	Baruch ("ch" com som gutural)	Abençoado
Caroline(a)	Kineret	Harpa/Forte
Davi	David	Amado
Daniel	Dan	Juiz
Débora	Dvorah	Abelha/Falar palavras bondosas
Ester	Hadassah	Murta
Gabriel	Gavriel	Deus é minha força
Isaque	Yitzchak ("ch" com som gutural)	Riso
Max	Moshe	Extraído/Estendido
Michel	Michael ("ch" com som gutural)	Aquele que é como Deus
Paulo	Pinchás ("ch" com som gutural)	Pele escura
Rute	Rut	Amiga
Susana	Shoshana	Rosa/Lírio
Téo/Thomé	Tovya	Bom Senhor

Os judeus tradicionais não usam o nome da criança até que ela tenha sido formalmente anunciada à comunidade. Para os meninos, isso acontece no oitavo dia, durante o brit milá, quando o mohel, o rabino ou o pai diz: "e que seja conhecido na casa de Israel como (seu nome hebraico)." As meninas são anunciadas na sinagoga ou em um ritual mais privativo, com as palavras: "e que seja conhecida na casa de Israel como (seu nome hebraico)." A maioria dos pais que moram em países fora de Israel também anuncia e explica o nome do filho ou da filha no idioma local.

Achamos muito comovente quando os pais tiram um tempo para explicar por que escolheram determinado nome, especialmente se nomearam o filho ou a filha em homenagem a um membro falecido da família. É possível explicar o nome da criança durante o bris ou a cerimônia de nomeação, ou até mesmo em uma refeição festiva após a cerimônia.

Comprando o Primogênito de Volta

O livro bíblico de Números (8:17) diz: "Todo primogênito em Israel, entre os homens ou entre os rebanhos, é meu", indicando que Deus tem uma relação especial com os primogênitos. Esse verso pode ter sido a origem da antiga tradição judaica de que o primeiro bebê menino da família era dedicado ao Templo para trabalhar com os sacerdotes. No entanto, antes de mandar seu filho ir morar na sinagoga, observe que o judaísmo instituiu uma brecha conveniente: é possível comprar o filho de volta.

Dessa forma, os judeus tradicionais praticam o ritual de *Pidyon Haben* ("a redenção do filho") no 13º dia após o nascimento. É uma cerimônia muito curta na qual o pai "compra" seu filho de volta ao dar dinheiro — simbolicamente ou de verdade — para um *Cohen* (descendente da classe de sacerdotes). Judeus não tradicionais muitas vezes fazem uma doação especial para caridade de modo a honrar essa tradição.

NESTE CAPÍTULO

» **Entendendo por que todos os adultos judeus já são Bar ou Bat Mitzvah**

» **Descobrindo sua "porção de nascimento" da Torá**

» **Transformando a grande festa em um evento significativo**

» **Comprometendo-se com o judaísmo com uma cerimônia de confirmação**

Capítulo 8

A Maioridade: Bar e Bat Mitzvá

Todos nós vivemos, crescemos, aprendemos e morremos. O judaísmo desenvolveu rituais para marcar e honrar cada grande fase da vida, de modo que cada criança nasça em uma comunidade com alegria e que cada pessoa que morre dentro da comunidade seja acompanhada de solene dignidade. Infelizmente, poucas pessoas fora das comunidades tradicionais marcam as transições com rituais. Claro, um aniversário de quarenta anos é considerado um grande evento, mas compare isso com alguém que está atingindo a puberdade — nunca somos os mesmos após essa transição.

Neste capítulo, daremos uma olhada em dois passos importantes: a maioridade e a confirmação da fé. A tradição judaica diz que, quando as meninas (mais ortodoxas) fazem doze anos, e os meninos, treze, eles assumem novas responsabilidades na comunidade. Nas congregações tradicionais, é o momento em que os meninos devem começar a usar tefilin e fazer as orações diárias em um minyan (veja o Capítulo 4), e as meninas devem aprender as bênçãos para a manutenção de um lar. Embora em nossa atualidade ninguém espere que os adolescentes virem adultos de repente após a cerimônia, os judeus honram essa mudança com um ritual.

CAPÍTULO 8 **A Maioridade: Bar e Bat Mitzvá** 121

HISTORICAMENTE FALANDO

Em algum momento do século XIV, popularizou-se haver uma cerimônia que celebrasse a mudança da infância para a fase adulta e o início da puberdade. É claro, naquela época, meninos e meninas se casavam com cerca de treze anos, então essa celebração era um rito de passagem realmente significativo.

É claro, como a cerimônia de Bar Mitzvá geralmente incluía a leitura da Torá, não se permitia que as meninas participassem (veja o Capítulo 3). Felizmente, o rabino Mordecai Kaplan, fundador do movimento reconstrucionista, mudou tudo isso em 1922, quando encorajou sua filha mais velha, Judith, a ter uma cerimônia de Bat Mitzvá. Tal cerimônia não ganhou popularidade até a década de 1950, e atualmente o ritual é comum em todas as congregações, mas celebrado de formas diferentes, dependendo do grau de ortodoxia (veja o Capítulo 1).

LEMBRE-SE

No judaísmo, todos os meninos são automaticamente Bar Mitzvá aos treze anos e um dia, e cada menina é Bat Mitzvá aos doze anos e um dia. Não são necessários longos estudos ou ir para a sinagoga. A cerimônia chique é legal, mas tecnicamente desnecessária.

Bar ou Bat Mitzvá é um estado de ser, e não um verbo. Ninguém pode ser "bar mitzvado", embora alguns usem esse termo. *Bar Mitzvá* significa "filho do mandamento", e *Bat Mitzvá* significa "filha do mandamento" (algumas pessoas dizem "bas mitzvá", que é a pronúncia ashkenazi). As expressões "Bar Mitzvá" e "Bat Mitzvá" também podem se referir ao menino ou menina, como "a Bat Mitzvá está praticando para seu grande dia".

Preparando-se para o Grande Dia

A cerimônia tradicional de Bar/Bat Mitzvá não é uma tarefa fácil, exigindo estudo e disciplina por parte do menino ou da menina. Eles devem aprender o suficiente de hebraico para ler a Torá (e geralmente a Haftará também — a seção dos profetas associada com cada porção da Torá; veja mais informações no Capítulo 3) e dominar o suficiente da história e das leis judaicas para compreender o contexto do que estão lendo. Para se preparar, as crianças fazem aulas e geralmente têm práticas individuais com o rabino, cantor ou professor, com ênfase em sua porção da Torá e/ou Haftará (veja o box cinza "Lendo a parashá de seu nascimento").

A cerimônia de Bar/Bat Mitzvá é quase sempre realizada na sinagoga durante a leitura da Torá na manhã de sábado que marca o 12º aniversário (para as meninas) ou 13º (para os meninos), embora haja muitas variações.

Devido a conflitos de horário nas sinagogas, algumas cerimônias de Bar e Bat Mitzvá (o termo plural em hebraico é *B'nai Mitzvá* e *B'not Mitzvá*) são marcadas para semanas ou até meses após o aniversário.

O evento pode ser realizado em qualquer lugar, até em casa, e não precisa de um rabino presente. Algumas famílias até viajam para Israel para realizá-lo. Outra coisa: a cerimônia não precisa ser feita no Shabat; pode ser em qualquer manhã na qual a Torá é lida durante os serviços religiosos (segunda-feira, quinta-feira e Shabat). Algumas famílias gostam de agendar a cerimônia para sábado à tarde, para que as festividades possam concluir com a Havdalá (veja o Capítulo 18).

Celebrando o Bar/Bat Mitzvá

No dia do grande evento, quase todos estão tensos e nervosos. Em geral, famílias e amigos viajam longas distâncias para estar presentes, e a menina Bat Mitzvá ou o menino Bar Mitzvá fica estressado quanto à apresentação prestes a ocorrer na frente de uma multidão.

Tradicionalmente, o pai é chamado para a Torá para uma *aliyá* ("subida/ ascensão", visto que a Torá é lida a partir de uma parte mais alta da sinagoga) perante a congregação e diz uma bênção que agradece a Deus por liberá-lo de responsabilidades legais por quaisquer ações negativas do filho, embora essa bênção seja quase sempre omitida em congregações mais liberais. Em vez disso, os pais podem aproveitar a oportunidade para falar publicamente ao filho, dizendo o quanto estão orgulhosos dele ou dela.

O Bar/Bat Mitzvá é chamado para ler as últimas linhas da porção da Torá, *maftir*, que são seguidas pela leitura da Haftará. Na sequência, há uma *d'var Torá*, uma breve exposição relacionando a leitura com sua vida. Após o serviço, começa uma celebração, e a pressão do dia felizmente ficou para trás. Algumas congregações seguem o costume sefaradi de lançar doces (balas, por exemplo) após o Bar/Bat Mitzvá ler a Torá ou a Haftará.

Lendo o Bom Livro

Em algumas congregações menos tradicionais, os avós podem pegar a Torá da arca e passá-la aos pais da criança, que então a passam ao menino ou à menina. Gostamos desse ritual, pois ele dá a chance para que toda a família esteja envolvida no rito de passagem e ainda simboliza como a Torá é passada de geração a geração. Então, o Bar/Bat Mitzvá recita as bênçãos tradicionais antes da leitura.

LENDO A PARASHÁ DE SEU NASCIMENTO

Tradicionalmente, a porção da Torá e/ou da Haftará lida durante um Bar/Bat Mitzvá é a passagem que seria lida naquela semana (veja o Capítulo 3). No entanto, Ted recomenda um costumo levemente diferente: ele acredita que, independentemente de quando a cerimônia aconteça naquele ano, a porção da Torá a ser lida deve ser a parashá do nascimento da criança — quer dizer, a passagem da Torá que estava sendo lida na semana em que a criança nasceu.

Embora outras culturas tendam a dar ênfase à posição das estrelas ou a outros eventos históricos que ocorrem no momento do nascimento, os judeus com uma tendência mais mística (como Ted) geralmente consideram que a porção do nascimento pode oferecer uma apreciação e um conhecimento profundo sobre a própria vida da pessoa. É como saber que você nasceu no dia em que Pearl Harbor foi bombardeado, ou no dia em que os humanos pousaram na Lua. Como a passagem da Torá lida no Bar/Bat Mitzvá pode ser a única parte que a criança aprenderá completamente a entoar, a parashá do nascimento é a leitura perfeita na qual se concentrar.

Em muitos casos, especialmente quando o menino não sabe hebraico muito bem, é suficiente recitar as bênçãos antes e após a leitura da Torá (isso talvez reflita o ritual original de Bar Mitzvá). Lembre-se de que ler a Torá é difícil: o texto escrito não tem vogais, então tanto a pronúncia das palavras quanto sua melodia devem ser memorizadas. Em alguns casos, o Bar/Bat Mitzvá apenas entoam a porção semanal da Haftará, e às vezes, os membros da família sobem para compartilhar da leitura da Torá.

Há muitos livros que lhe dizem qual porção da Torá estava sendo lida na semana de seu nascimento, mas a internet facilita muito essa localização. Nós disponibilizamos links para sites de ajuda em nosso próprio site: www.joyofjewish.com [conteúdo em inglês].

Discurso, discurso!

Após a leitura da Torá, o menino ou a menina geralmente dão um pequeno discurso. Tradicionalmente, o discurso se concentra na porção que acabou de ser lida (chamado de *d'rash* ou *d'var Torá*), permitindo que a criança demonstre o domínio da passagem. No entanto, atualmente, esse discurso é muitas vezes um momento para agradecer aos pais e professores, ou uma oportunidade de o Bar/Bat Mitzvá demonstrar quem é ou em que acredita.

GUIA DE INICIANTES PARA UMA CERIMÔNIA DE BAR/BAT MITZVÁ

Quase todo mundo — judeus e não judeus —, mais cedo ou mais tarde, é convidado para uma cerimônia de Bar ou Bat Mitzvá, o que a torna um dos rituais judaicos com mais visibilidade. Não obstante, algumas pessoas recusam o convite porque não sabem direito o que se espera delas. Veja a seguir tudo que precisa saber:

- Raramente se espera que os convidados façam qualquer coisa em uma cerimônia de Bar/Bat Mitzvá, exceto demonstrar que estão orgulhosos e impressionados com o menino ou a menina.

- Os homens devem usar uma *kipá (yarmulke)* durante o serviço, o que já acontece nos serviços religiosos. Caso não tenha uma, geralmente pode pegar uma emprestada na entrada da sinagoga. Veja mais informações no Capítulo 4.

- Os presentes são quase que universalmente esperados (infelizmente, para algumas crianças, essa é a principal razão para haver a cerimônia). No entanto, o presente não precisa ser grande, e, em geral, os membros da família e amigos apenas dão dinheiro ao menino ou à menina; tradicionalmente, um presente monetário é dado em múltiplos de 18. (Na numerologia hebraica, o valor numérico das letras hebraicas da palavra *chai*, ou "vida", é 18.) Se o serviço acontecer na manhã de Shabat, envie o presente diretamente para a casa da criança, em vez de levar à cerimônia, especialmente se a família for mais tradicional e se abstém de carregar coisas no Shabat.

- Quando a cerimônia acabar, parabenize o menino Bar Mitzvá ou a menina Bat Mitzvá dizendo "Mazal Tov!".

- Durante a recepção, é bom esperar antes de beber ou comer até saber se serão ou não recitadas bênçãos antes.

Em geral, os pais apresentam um pequeno discurso para o filho ou para a filha após este fazer o *d'var Torá*, e então o rabino pode dar um pequeno sermão e abençoar o Bar ou a Bat Mitzvá antes que o serviço continue.

Um momento a ser celebrado

O aspecto mais controverso das cerimônias de Bar/Bat Mitzvá atualmente é a festa que as segue. A tradição judaica afirma que algum tipo de *seudat mitzvá* ("refeição festiva") é necessário. No entanto, em décadas recentes, essa pequena festa acabou se tornando um momento de mostrar superioridade social; são noites em que o "Bar" é mais do que a "Mitzvá".

Provavelmente você já ouviu histórias de famílias que gastaram uma pequena fortuna em uma celebração escandalosa de Bar/Bat Mitzvá apenas porque tinha que ser "a melhor festa de Bar/Bat Mitzvá de todos os tempos". E embora saibamos que tanto as crianças como os pais têm pressões sociais, acreditamos que seja muito mais importante dar importância ao significado do dia, em vez de a quanto pode gastar em uma festa.

DICA

Aqui estão algumas maneiras pelas quais você pode deixar a celebração de Bar/Bat Mitzvá especial sem exagerar:

» Decida um valor aceitável de custo para a celebração e sente-se com seu filho ou sua filha para trabalharem juntos no orçamento. É um momento excelente para que desenvolva neles a responsabilidade com dinheiro, ao ajudá-los a escolher onde e como gastá-lo.

» Algumas congregações atualmente insistem que o menino ou a menina complete algum tipo de serviço comunitário voluntário antes do grande dia, como um projeto *mitzvá*, demonstrando sua aceitação das novas responsabilidades por sua comunidade e por seu mundo.

» Muitas pessoas dedicam uma porcentagem do custo total da celebração para tzedaká (fazer justiça social). [Veja algumas sugestões de entidades brasileiras em `https://www.conib.org.br/`].

» Sente-se previamente com seu filho ou sua filha para planejar o que farão com os presentes em dinheiro. Talvez decidam alocar uma porcentagem para caridade (pode até pedir que pesquisem e escolham uma). Isso ajuda a ensiná-lo que o Bar/Bat Mitzvá não é ser responsável apenas por si mesmo, mas também pelo resto do mundo.

» Compre um talit (xale de orações) com seu filho ou sua filha, ou ajude-o a fazer uma bolsa para carregar o talit.

» Estude para a cerimônia com seu filho ou sua filha para que o evento se torne um assunto familiar. Permita que escolham livros sobre o judaísmo e, então, leiam-nos juntos em preparação.

> » Acrescente leituras, poemas, orações ou músicas especiais para personalizar o serviço religioso.

> » Descubra maneiras de dar mais direitos e responsabilidades para seu filho ou sua filha. Talvez aumentar a mesada e permitir ir dormir um pouco mais tarde, mas também peça que realize mais tarefas domésticas.

LEMBRE-SE

Em essência, a cerimônia e a celebração de Bar/Bat Mitzvá oferecem uma oportunidade para que a criança aprenda que consegue trabalhar duro, completar uma grande tarefa e ganhar um melhor sentido de si mesma no processo. A festa deve honrar todo esse trabalho e a pessoa, e não ser apenas fogo de palha. E quando a comunidade verdadeiramente recebe o Bar ou a Bat Mitzvá com respeito adicional, assim como com expectativas mais profundas, ele ou ela poderá experimentar um aprofundamento verdadeiro de identidade e responsabilidade pessoais.

Celebrando já adulto

Poucos aspectos do Bar/Bat Mitzvá são definitivos; a maioria é apenas um conjunto arraigado de costumes. Tendo dito isso, não é necessário ter uma cerimônia de Bar/Bat Mitzvá ao fazer doze ou treze anos (lembre-se de que ser Bar ou Bat Mitzvá não exige qualquer cerimônia). Nos últimos 25 anos, muitos adultos celebraram seu interesse e estudo do judaísmo recentemente descobertos com uma cerimônia de Bar/Bat Mitzvá, especialmente se não tiveram uma quando adolescentes.

A celebração de Bar/Bat Mitzvá para um adulto geralmente tem o mesmo formato que uma cerimônia regular (veja a seção anterior). No entanto, aprender sobre o judaísmo e honrar uma identidade judaica já adulto pode ser significativamente mais realizador e significativo do que para a maioria dos pré-adolescentes de doze ou treze anos.

Muitos adultos mais velhos também escolhem ter um segundo Bar/Bat Mitzvá quando fazem 83 anos de idade. Algumas pessoas dizem que quando fazemos 70, a vida começa novamente, então, 13 anos depois (aos 83), é possível ter outra cerimônia. De fato, Judith Kaplan Eisenstein, a primeira menina Bat Mitzvá (veja o box cinza "Historicamente falando", anteriormente neste capítulo), celebrou seu segundo Bat Mitzvá aos 83 anos de idade, em 1992.

Confirmando Suas Crenças

De modo algum queremos ofender aqueles com doze ou treze anos, apenas não achamos que a maioria dos pré-adolescentes está em uma posição de se comprometer profundamente com o judaísmo. Na verdade, um número significativo de meninos e meninas termina os estudos sobre o judaísmo após o Bar/Bat Mitzvá, muito tempo antes de poderem apreciar seus ensinamentos mais profundos. Esse não é um problema recente; de fato, quase duzentos anos atrás, os primeiros judeus reformistas da Alemanha reconheceram que a cerimônia de Bar Mitzvá estava perdendo o significado. Sua solução foi a abolir e instituir uma nova celebração: a confirmação judaica, realizada quando a criança tem entre quinze e dezessete anos, no início do verão, em Shavuot (veja o Capítulo 26), o dia em que os israelitas confirmaram sua fé no Sinai.

CONTROVÉRSIA

Os judeus tradicionais tiram sarro da confirmação como sendo uma tentativa descarada de assimilação (os rituais cristãos de confirmação já eram uma prática comum), mas as intenções dos reformistas do século XIX eram simplesmente tornar o judaísmo mais relevante e significativo. Ao perceberem que os meninos de treze anos de idade, em geral, não estavam ainda maduros o suficiente, eles adiaram a cerimônia de maioridade por alguns anos e mudaram o nome para confirmação. Não é preciso dizer que a abolição da cerimônia de Bar Mitzvá não durou muito tempo, e atualmente, a maioria dos judeus das congregações reformistas, conservadoras e reconstrucionistas realizam tanto uma cerimônia de Bar/Bat Mitzvá quanto uma de confirmação. Poucos ortodoxos celebram a confirmação, se é que há algum que a realiza.

Como preparação para a confirmação, os adolescentes continuam estudando durante dois ou três anos após seu Bar/Bat Mitzvá e fazem uma escolha consciente de se tornarem membros da comunidade judaica. As cerimônias de confirmação geralmente envolvem todos os adolescentes conduzindo os serviços, frequentemente acrescentando leituras dramáticas e elementos criativos para expressar seu compromisso[1].

---

1 No Brasil, essa prática de confirmação normalmente não acontece. [N. da T.]

NESTE CAPÍTULO

» Relembrando as origens dos casamentos judaicos

» Descobrindo a *chupá*, o anel e a *ketubá*

» Honrando o divórcio, em estilo judaico

Capítulo **9**

Leve-me à Chupá a Tempo: Casamentos

No judaísmo, os casamentos são atos profundamente sagrados, tão importantes quanto viver e morrer. De fato, a cerimônia de casamento é tão sagrada, que é chamada de *kidushin* ("santificação"), e o *Zohar* (veja o Capítulo 5) ensina que os casamentos são a maneira de Deus continuar a criar mundos.

O judaísmo está repleto de imagens de casamento: todas as sextas-feiras à noite, o Shabat é recepcionado como se fosse uma linda noiva (veja o Capítulo 18), e o relacionamento entre Deus e o povo judeu é descrito há muito tempo como o de amantes consumando suas promessas um ao outro. Em cada cerimônia de casamento, o noivo e a noiva fazem os papéis de Adão e Eva, na gênese de uma nova família.

Analisando as Origens do Casamento Judaico

O casamento pode ser sagrado, mas também é uma instituição legal, e a lei judaica detalha as regras e os regulamentos de uma cerimônia de casamento. Por exemplo, mais de três milênios atrás, os judeus estabeleceram a lei com relação a com quem os homens não podem se casar, incluindo mãe, avó, neta, irmã, meia-irmã, tia, sobrinha, sogra, madrasta, nora e qualquer mulher casada que não tenha recebido um divórcio religioso (falaremos mais sobre isso posteriormente neste capítulo).

Diferentemente de muitas culturas tradicionais, que tratam as mulheres como propriedade que é transferida do pai para o marido, a lei judaica é muito clara em relação ao fato de que os homens e as mulheres têm direitos totais e iguais na escolha do cônjuge. Mesmo nos casamentos arranjados por um *shadchan* ("casamenteiro") — uma prática que foi a norma por séculos e é comum em comunidades ultraortodoxas —, a futura noiva tinha o direito de veto a um noivo em potencial. De igual modo, em um casamento judaico hoje em dia, a noiva e o noivo não são casados *por* um oficiante. Em vez disso, eles casam um ao outro, com a ajuda de um rabino ou cantor (observe a diferença sutil, mas importante).

Tradicionalmente, o casal pode se casar de uma destas três formas:

» O homem pode dar à mulher algum item de valor e recitar um voto matrimonial perante duas testemunhas homens que não sejam parentes ou partes interessadas.

» O homem e a mulher podem assinar um documento de casamento (*ketubá*) com duas testemunhas sem interesses legais.

» Duas testemunhas podem observar o homem e a mulher entrarem em um quarto privado com a intenção de consumar o casamento por meio do ato sexual. As testemunhas não precisam observá-los no ato, obviamente.

Ao longo do tempo, todos os três métodos se fundiram no casamento moderno. Além disso, os costumes ao redor desses rituais centrais cresceram, especialmente à medida que os judeus adotaram convenções de outras culturas nos países em que se estabeleceram. Atualmente, embora algumas pessoas insistam que há apenas uma maneira judaica de se casar, há, de fato, muitas. Não obstante, muitos casamentos judaicos incluem alguns símbolos e rituais específicos, os quais analisaremos posteriormente neste capítulo.

Preparando-se para a Cerimônia

A semana antes do casamento é sempre repleta de preparativos de última hora, mas veja a seguir diversos costumes adicionais que muitos judeus incluem nesse período (observe que são todos costumes, não leis; acreditamos que as pessoas devem fazer o que lhes é mais significativo):

- » No serviço de Shabat antes do casamento (ou, na tradição sefaradi, após o casamento), o noivo (e a noiva também, em congregações mais liberais) é chamado à Torá, abençoado e recebe uma chuva de castanhas ou doces, lançados por todos os participantes (o que é chamado de *aufruf*, com base na palavra em alemão para "convocar/chamar"). O ritual pode ser comparado com o desejo de que o casal tenha um futuro "doce" e encantador junto, embora às vezes o lançamento de doces acabe sendo enérgico demais, em nossa opinião.

CASOS E CAUSOS

- » As mulheres (e alguns homens) tradicionalmente visitam uma *mikvá* (banho ritual; veja o Capítulo 4) um dia antes do casamento. A mikvá pode ser qualquer corpo d'água doce, como um lago ou um rio. David decidiu usar uma mikvá informal, às 6h da manhã, nas águas do estuário de Puget Sound, cercado de amigos — talvez mais frio do que o necessário, embora ele insista em dizer que foi uma ótima experiência.

- » Alguns tradicionalistas insistem em que os noivos não devem se ver durante toda a semana antes do casamento (ou, pelo menos, no dia). Essa é uma das primeiras convenções que os judeus mais liberais descartam.

LEMBRE-SE

Escolher uma data para o casamento também não é tão simples. Um antigo costume judaico chamado de *ein m'arvin simcha b'simcha* afirma que não devemos misturar uma *simcha* ("felicidade", ou "evento alegre") com outra *simcha*. Essa proibição significa que um casamento no Shabat está fora de questão, assim como em praticamente qualquer outro feriado judaico. É claro, você também não vai querer fazer seu casamento em um dia de jejum ou de luto (embora os preços pelos serviços de bufê fiquem mais baixos), e os judeus tradicionais também agendam a cerimônia de modo que não caia durante o ciclo menstrual da mulher (ou o casal não consumaria o casamento na noite nupcial; veja o Capítulo 4).

Curtindo a Cerimônia de Casamento

Com a chegada do dia escolhido, os pais da *kalá* ("noiva") e os do *chatan* ("noivo") levam o filho pelo corredor central. (Nos casamentos judaicos, a noiva fica do lado direito do noivo.) Em um ambiente tradicional (normalmente chassídico ashkenazita), o chatan usa vestes brancas, chamadas de *kitel*, que serão usadas apenas em seu casamento, no Sêder de Pessach (veja o Capítulo 25), nos serviços de Yom Kipur (veja o Capítulo 20) e, em alguns costumes, até em seu funeral (veja o Capítulo 10).

O relacionamento entre os pais do noivo e os da noiva é considerado tão importante que há uma palavra em iídiche para descrevê-lo: *machatunim* — como na frase: "Os pais do meu genro são meus machatunim."

A maioria dos casamentos judaicos continua com oito símbolos e rituais básicos: *bedeken* (o véu antes da cerimônia), o dossel do casamento (ou *chupá* — o ch é gutural), o vinho, os anéis, as sete bênçãos, quebrar o copo, o contrato de casamento (*ketubá*) e o *yichud* (quando os recém-casados passam alguns minutos sozinhos após a cerimônia).

Erguendo a chupá

Embora muitas pessoas gostem da ideia de se casar em uma "Casa de Deus", os professores judaicos insistem há tempos que Deus pode ser encontrado em qualquer casa e, de fato, em qualquer lugar. O segredo não é procurar um lugar sagrado no qual se casar, mas criar um espaço sagrado. Talvez esse seja um motivo pelo qual os casamentos judaicos sejam realizados sob uma chupá, um dossel suspenso sobre a cabeça dos noivos. A chupá pode estar em qualquer lugar. Na verdade, um antigo costume ashkenazi diz que, se possível, o casamento deve ser realizado ao ar livre.

A chupá — um símbolo do novo lar sendo criado e, dizem alguns, das tendas usadas pelos antigos hebreus — pode ser simples ou elaborada, como desejar. Muitos usam uma faixa de pano (geralmente um talit, ou xale de oração) suspensa por quatro hastes por amigos do casal (facilita se as hastes alcançarem o chão). Outros decoram a chupá com flores, bordados ou usam uma marquise que para em pé sozinha.

DICA

Um costume relativamente recente é pedir que alguém coordene a construção da chupá a partir de peças de materiais doados por amigos do casal. Após cada um colocar suas próprias decorações, palavras e cores em suas peças, elas são transformadas em uma manta. Após a cerimônia, a manta pode ser pendurada na parede no lar do casal para lembrá-los da cerimônia de casamento e do carinhoso apoio de sua comunidade.

CASAMENTOS INTRA E INTERCONFESSIONAIS

Quando o assunto é o casamento entre judeus e não judeus, alguns talvez estralem a língua nos dentes em tristeza, e outros bravejem que os casamentos interconfessionais serão o fim do judaísmo. Mesmo hoje em dia, algumas famílias judias ortodoxas lamentam a perda do filho quando ele ou ela se casa com um não judeu, como se tivesse morrido.

Nos últimos cinquenta anos, a porcentagem de judeus norte-americanos que tiveram casamentos mistos foi às alturas, saindo de 10% para cerca de 50%. No entanto, em muitos desses casos, a parte não judia se converte ao judaísmo ou o casal cria os filhos com pelo menos certa educação judaica.

Todos os grupos rabínicos desencorajam os casamentos interconfessionais, e muitos rabinos (até os reformistas) não os realizam. Ainda menos deles correalizarão casamentos com oficiantes de outras crenças.

A maioria dos rabinos — bem como a maior porcentagem das comunidades judaicas afiliadas — preocupa-se que os casamentos fora da fé diminuam a comunidade judaica. Por outro lado, esses rabinos (incluindo Ted) que participam de cerimônias interconfessionais sentem que o casal se casará de qualquer forma, e, sem uma participação rabínica, a probabilidade de que deixem o judaísmo é mais alta. Talvez seja melhor dar ao casal uma experiência judaica positiva conforme aborda o casamento, em vez de dispensá-lo totalmente. Incluímos diversos recursos para casais interconfessionais em nosso site, www.joyofjewish.com [conteúdo em inglês].

Uma das tradições mais estranhas de um casamento judaico (em nossa humilde opinião) é a noiva circular ao redor do noivo por três ou sete vezes (sete é mais tradicional) assim que entram sob a chupá. (Como dissemos, é um costume, não uma lei, então a prática varia). Essa tradição pode ser uma reminiscência de tempos mais antigos e supersticiosos, quando as pessoas acreditavam que a circulação criaria um escudo mágico contra maus espíritos. Ou talvez fosse apenas um símbolo de união entre duas pessoas. Atualmente, muitos judeus acham que isso faz parecer que a mulher é submissa ao homem, então eles deixam a prática de fora. Em outros casos, o noivo é quem circula ao redor da noiva, ou os dois circundam um ao outro.

Bebendo o fruto da vinha

Quase todas as celebrações judaicas incluem uma bênção com vinho. Até o século XI, os casamentos judaicos eram realizados como dois eventos — o *erusin* ("compromisso matrimonial"), também chamado de *kidushin* ("santificação"), e o *nissuin* ("recebimento", ou "núpcias") — geralmente celebrados com até um ano de diferença. Atualmente, os dois eventos se

CAPÍTULO 9 **Leve-me à Chupá a Tempo: Casamentos** 133

tornaram um, chamado de *kidushin*, mas os casamentos judaicos tradicionais ainda incluem as bênçãos sobre uma ou duas taças de vinho e bebê-las sob a chupá.

DICA

Sugerimos a escolha de uma taça especial para beber o vinho, da qual tanto a noiva quanto o noivo bebam (um após o outro, é claro). Posteriormente, o casal pode guardar a taça em um lugar especial de sua casa e usá-la no Shabat e em outras celebrações especiais da família.

Trocando os anéis

De todos os lugares que os judeus viveram, eles pegaram costumes e os costuraram no tecido de sua vida. Em nenhuma outra circunstância isso fica tão evidente como nas cerimônias de casamento. Por exemplo, um casamento tradicional judaico não tem votos, como "amar e respeitar... na alegria e na tristeza...", e assim por diante. Em vez disso, historicamente, o noivo apenas dava à noiva algum símbolo de casamento (geralmente um anel) e repetia o seguinte:

> *Ha-rei at mekudeshet li, be-tabaat zo, kedat Moshe veYisrael.*
>
> Com este anel, você fica consagrada a mim [como minha esposa], de acordo com a tradição de Moisés e de Israel.

Hoje em dia, no entanto, muitos judeus incluem votos, promessas e um monte de outras declarações com a cerimônia de dar e receber o anel. Em casamentos judaicos mais liberais, a noiva também dá um anel ao noivo, com uma declaração de consagração.

O anel em si também mudou com o tempo. Os judeus tradicionais continuam com o costume de que o anel de casamento deve ser uma aliança lisa simples e arredondada, sem pedras ou entalhe, talvez como um lembrete de que todos os judeus são iguais, não importa sua riqueza ou status. O anel também simboliza uma vida de casados lisa [suave, sem obstáculos] e feliz, e, é claro, o círculo é um símbolo da perfeição e do inquebrável círculo do relacionamento. No entanto, as mãos dos judeus atualmente exibem uma grande variedade de estilos de anéis. Para nós, é a ideia que vale.

Compartilhando as sete bênçãos

Bênçãos especiais, chamadas de *sheva berachot* ("sete bênçãos"), marcam o momento de um casamento judaico. As bênçãos começam afirmando que a Presença de Deus é refletida em tudo o que existe, e que Deus é o criador dos seres humanos, e continuam com uma declaração de que toda a comunidade celebra a união. A bênção final, que citamos a seguir, conclui destacando que a Presença Divina é celebrada no compromisso do amor:

Bendito sejas Tu, Eterno, nosso Deus, Rei do Universo, que criou o regozijo e a alegria, o noivo e a noiva, contentamento, júbilo, felicidade e deleite, amor e fraternidade, paz e amizade. Eterno, nosso Deus, que se ouça brevemente nas cidades da Judeia e nas ruas de Jerusalém voz de regozijo e voz de alegria, voz de noivo e voz de noiva, voz de júbilo de noivos sob o pálio nupcial e jovens tocando música em suas festas. Bendito sejas Tu, Eterno, que alegras o noivo junto à noiva.

O rabino ou cantor geralmente lê ou entoa as sheva berachot, embora algumas pessoas gostem de dividir as bênçãos entre amigos e familiares para que as recitem. Outra coisa: é uma tradição antiga que um *minyan* (veja o Capítulo 4) dos amigos do casal faça jantares festivos para o casal diariamente durante uma semana após o casamento, recitando as sheva berachot todas as noites, sendo por isso que esses jantares são chamados de *festas das sheva berachot*.

Quebrando o copo

Provavelmente o ritual judaico mais conhecido é o costume de quebrar um copo de vidro na conclusão de um casamento judaico. Caso esteja se perguntando, não é a taça da qual o casal bebe na cerimônia.

PALAVRAS DE SABEDORIA

Há diversas interpretações desse ritual. Os tradicionalistas dizem que o vidro quebrado representa a destruição do Templo de Jerusalém. Acreditamos que quebrar o copo de vidro é um lembrete de que, mesmo em um momento de grande alegria, as quebras e a perda também são parte importante da experiência humana. Talvez o que está sendo quebrado represente antigas estruturas ou limitações que devem ser liberadas de modo a criar espaço para novas possibilidades. Alguns dizem que o barulho afasta maus espíritos, ou até que o ato representa a intensidade e a liberação da união sexual. É claro, como destaca o humorista David Bader, talvez seja apenas uma recordação de que o casal se inscreveu para um curso sobre taças "matrimovinhais".

Independentemente do caso, assim que o copo é quebrado, todos os participantes gritam alegremente: "Mazal tov!" (veja o Apêndice A), e a cerimônia se encerra com ruidosos cantos e celebração.

DICA

Embora a maioria das pessoas use uma taça de vinho vazia, algumas usam uma lâmpada. O importante é envolver o objeto em um pano (um guardanapo geralmente não é grande o suficiente) para que ninguém se machuque. David e Ted ainda têm os resquícios do envoltório da taça usada em seus casamentos como lembranças especiais.

CAPÍTULO 9 **Leve-me à Chupá a Tempo: Casamentos** 135

Registrando por escrito

O judaísmo tem uma longa história de garantir os direitos das mulheres. O caso em questão é a *ketubá*, ou contrato matrimonial entre noivo e noiva. Os termos da ketubá (o plural é ketubot) são negociados bastante tempo antes do casamento — muito parecido com os acordos pré-nupciais atuais. O contrato é assinado com testemunhas logo antes da cerimônia e, geralmente, é lido em voz alta durante o ritual. A ketubá mais antiga conhecida tem mais de 2 mil anos, e as palavras e o conteúdo são essencialmente idênticos à ketubá atual tradicional ortodoxa (que está em aramaico, o idioma que os judeus falavam por volta do início do primeiro milênio).

Embora em anos recentes judeus mais liberais tenham escrito as próprias ketubot — em geral enfatizando mais os aspectos espirituais e interpessoais de seu relacionamento —, a ketubá tradicional há tempos usada pelos judeus ortodoxos é claramente um documento nada romântico que explicita as obrigações financeiras de cada parte. Ela não menciona Deus nem sequer uma vez! E não há dúvidas de que foi projetada para proteger os direitos da mulher.

Por exemplo, a ketubá estabelece um montante a ser pago de uma só vez para a mulher em caso de morte ou divórcio (normalmente o suficiente para viver durante um ano, mais o valor de qualquer propriedade que ela tenha trazido ao casamento), e garante que o homem a apoiará durante a vida de seu casamento. Ela até observa que o homem deve suprir a esposa sexualmente. Quando a poligamia era permitida, talvez tal provisão protegesse as mulheres mais velhas ou menos desejadas, de modo que não fossem negligenciadas.

Cerca de mil anos atrás, as pessoas começaram a criar ketubot ilustradas. A arte quase morreu, mas, desde a década de 1960, mais casais começaram a usar ketubot ilustradas, e hoje em dia é possível comprar um exemplar relativamente barato de uma linda ketubá em qualquer loja judaica. (Temos links para esses recursos em nosso site, www.joyofjewish.com — conteúdo em inglês.) Similarmente, é possível obter uma feita customizada para você.

DICA

Ainda melhor, o Baal Shem Tov (veja o Capítulo 28) ensinou que, sempre que o casal tiver uma briga feia, eles devem ler a ketubá em voz alta. Todos nós precisamos de lembretes mais cedo ou mais tarde.

Curtindo momentos sagrados, antes e depois

Acontecem tantas coisas no dia do casamento — incluindo a organização das flores, comida e música, sem mencionar a família —, que é fácil se distrair e acabar apenas com uma foto ou vídeo da cerimônia da qual esteve mentalmente ausente. O desafio então é encontrar momentos sagrados que levem novamente à concentração e a lembrar qual é a essência da cerimônia de casamento.

O costume judaico oferece diversos momentos especiais durante a cerimônia de casamento que consideramos intrigantes e úteis. Por exemplo, logo antes da cerimônia, a *kalá* e o *chatan* (noiva e noivo) encontram-se face a face em uma cerimônia curta chamada de *bedeken* ("cobertura"), na qual o casal tem um momento junto para afirmar suas intenções logo antes de entrarem na cerimônia. Originalmente, era nesse momento que o novo garantia que estava se casando com a mulher certa antes de tirar o véu dela, que escondia seu rosto.

De igual modo, os casais judeus tradicionalmente se retiram por alguns minutos em um cômodo silencioso imediatamente após o casamento, um período chamado de *yichud*. Como os noivos geralmente jejuam no dia do casamento, o yichud é um momento para que compartilhem sua primeira refeição juntos (talvez um lanche, frutas e queijo) enquanto refletem sobre o que acabou de acontecer. Antigamente, era nesse momento que o casamento era consumado, embora felizmente os casais não precisem se unir sob esse tipo de pressão.

Por fim, a celebração após o casamento é um bom momento para socializar com familiares, comer, beber e dançar até ficar com dor nos *kishkes* (veja o Apêndice A). No entanto, os sábios judeus ensinam há tempos que essa é uma festa realmente santa e sagrada e que todos os participantes devem ajudar a tornar o dia alegre para os noivos. Isso explica por que os recém--casados são geralmente erguidos nas cadeiras por amigos e familiares com muitas danças a seu redor como se fossem da realeza, cada um dos noivos segurando uma ponta de um lenço.

Obtendo o Guet: Divórcio

O divórcio tornou-se tão comum, que as pessoas brincam que os oficiantes deveriam perguntar nos casamentos: "Você aceita este homem como seu *primeiro* marido?" Obviamente, o divórcio não é nada novo. Há mais de 2 mil anos, as leis prevalecentes na maioria dos lugares permitiam que os homens se divorciassem da esposa simplesmente expulsando-a de casa. O judaísmo dificultou isso — não muito, mas o suficiente para enviar uma mensagem: tentem ficar juntos, se possível, mas caso o relacionamento se torne profundamente doloroso e destrutivo, então é melhor se divorciar.

A Bíblia afirma que o divórcio é realizado quando o marido dá um documento chamado *guet* à esposa. É um documento legal complexo escrito por um rabino e funciona como um divórcio religioso, afora qualquer divórcio civil que o casal possa buscar. (É claro, quando o guet foi estabelecido, as leis religiosa e civil eram ambas províncias da comunidade judaica.)

CAPÍTULO 9 **Leve-me à Chupá a Tempo: Casamentos** 137

PARTICIPANDO DE UM CASAMENTO JUDAICO

A maioria dos casamentos judaicos atuais não é muito diferente dos realizados por cristãos. Além das diferenças óbvias — como as bênçãos em hebraico e quebrar o copo ao final da cerimônia —, a maior parte dos casamentos judaicos assume os sabores da cultura dominante local. Não obstante, aqui estão apenas algumas coisas a serem consideradas quando participar de um casamento judaico:

- Ao término da cerimônia (que acontece geralmente logo após o noivo pisar sobre o copo), grite: "Mazal tov!" Isso realmente significa "boa sorte" (veja o Apêndice A), mas é usado no lugar de "Parabéns" ou "Viva!".

- Esteja pronto para dançar, especialmente danças em grupo, como a *hora*, na qual todos se dão as mãos e dançam em uma longa fila ou em um enorme círculo — geralmente ao redor dos noivos, que são erguidos em cadeiras. Não se preocupe se não souber os passos; dá para aprender rapidinho.

- Em casamentos mais ortodoxos, homens e mulheres se sentam separados durante a cerimônia e também celebram separados na sequência. Outra coisa: é importante esperar até que as orações sejam proferidas antes de atacar a comida na recepção.

Um aviso importante: se o casamento (ou qualquer cerimônia) for bem tradicional, homens e mulheres não podem se encostar, a menos que tenham uma relação muito próxima. Quando lhe apresentarem um rabino tradicional (se você é mulher) ou à sua esposa (se você é homem), esteja preparado para não trocarem sequer um aperto de mãos. O costume é uma questão de modéstia e adequação, e não algo a ser entendido como um insulto.

Para um judeu tradicional, um divórcio religioso é tão importante — se não mais — do que aquele concedido pelo Estado, porque um rabino conservador ou ortodoxo não fará um novo casamento de alguém que não recebeu um *guet*.

Comparada com muitas leis atuais sobre o divórcio, a lei judaica torna relativamente fácil dar início aos procedimentos de divórcio. Não é necessário provar como o casamento está ruim. Na verdade, não são necessários motivos mais convincentes do que "ele (ou ela) estragou meu jantar". Embora isso pareça frívolo, ajuda o casal a se concentrar não naquilo que está errado, mas esperançosamente no que está certo, e assim, talvez, salvar o casamento. Preparar o documento de divórcio e trazer um comitê rabínico para supervisionar o ritual é complicado e demorado, talvez dando mais tempo para que o casal reconsidere a decisão.

CERIMÔNIAS DO MESMO SEXO

O judaísmo pode reconhecer casamentos os quais o sistema legal não reconhece. Assim, embora os rabinos ortodoxos e alguns conservadores tendam a considerar os casamentos do mesmo sexo contrários à lei judaica, um número crescente de rabinos reformistas, reconstrucionistas e renovados agora oficiam uniões do mesmo sexo (alguns denominam o comprometimento de cerimônia, em vez de casamento).

O movimento reconstrucionista recebeu formalmente gays e lésbicas em 1985 e, em 1992, publicou um artigo afirmando que "lésbicas e gays devem ser recebidos em plena participação em todos os aspectos da vida comunitária como indivíduos, casais e famílias". O movimento reformista aprovou uma resolução em 2000 permitindo a união entre pessoas do mesmo sexo, mas também afirmou que os rabinos podiam escolher oficiar ou não tais cerimônias.

Conforme os sistemas legais estão debatendo mais ativamente a validade dos casamentos entre pessoas do mesmo sexo, indivíduos que pertencem a grupos religiosos liberais estão dando cada vez mais apoio à santificação de relacionamentos amorosos e comprometidos entre seus filhos, amigos, pais ou irmãos gays que querem um relacionamento duradouro e monogâmico.

Passando pelo divórcio

Se o casal não puder se reconciliar, e com a concordância de ambas as partes, o ritual de divórcio é relativamente simples: o guet é preparado na presença de um *beit din*, uma corte rabínica com três pessoas, e entregue ao homem. Ele entrega o guet à esposa, ela coloca embaixo do braço (símbolo de recebimento), e então o documento é cortado ou rasgado para que nunca possa ser usado novamente. Cada um fica com uma cópia manuscrita do documento, e a mulher deve esperar noventa dias até que possa se casar novamente (apenas para que tenha certeza de não estar grávida no momento do divórcio). O *beit din* também garante que o homem cumpra com suas obrigações financeiras sob os termos de sua ketubá (veja "Registrando por escrito", anteriormente neste capítulo).

Obviamente, os rabinos ortodoxos reconhecem um guet apenas de um beit din ortodoxo. Por outro lado, os rabinos reformistas assumem a posição de que tudo de que você precisa é um divórcio civil. No entanto, em anos recentes, rabinos não ortodoxos, em geral com ajuda do casal, criaram cerimônias de separação que buscam abordar as questões espirituais em um divórcio e encorajar uma compreensão mais profunda que pode melhorar as chances de relacionamentos melhores para cada parte no futuro. Por exemplo, essa cerimônia pode incluir a desobrigação dos símbolos nupciais, incluindo o anel, a taça de vinho, a ketubá, e assim por diante.

CAPÍTULO 9 **Leve-me à Chupá a Tempo: Casamentos** 139

Deparando-se com problemas raros

Caso ambas as partes concordem com o divórcio, o procedimento é bem simples. No entanto, se a mulher quer o divórcio e o marido não o quer conceder, ou não pode fazê-lo (pois não está presente), a mulher se torna o que é conhecido como *aguná* ("uma mulher ancorada"), e não pode se casar novamente.

Podemos encontrar histórias horríveis sobre homens antiéticos ou maldosos que extorquiram milhares de dólares da esposa em troca de um guet ou, ainda pior, homens que simplesmente não concordam com um guet sob quaisquer termos, mesmo após anos de uma amarga separação. O beit din tem a autoridade de convencer o marido a se divorciar da esposa, especialmente em casos de abuso ou negligência, mas há poucas formas de colocar isso em execução, e, muito infelizmente, muitas mulheres judias tradicionais ainda sofrem.

Caso o marido não possa ser encontrado — por exemplo, se morreu, mas o corpo não foi encontrado, e não houve testemunhas da morte —, o divórcio tradicional não pode ocorrer, e a esposa se torna aguná. Os judeus conservadores incluem uma provisão em suas ketubot dizendo que o beit din pode ser convocado pelo homem ou pela mulher e que o divórcio pode ser garantido caso qualquer parte esteja ausente e dada como morta.

PARTE 2 **Do Ventre ao Túmulo: O Ciclo da Vida**

> **NESTE CAPÍTULO**
>
> » Preparando-se para a morte com um testamento ético
>
> » Compreendendo a importância da sociedade judaica local para enterros
>
> » Sabendo o que fazer e não fazer em um funeral judaico
>
> » Recitando o *kadish* e outros rituais de luto

Capítulo **10**

Passando pelo Vale: A Sombra da Morte

As atitudes dos judeus em relação à morte são diferentes daquelas de muitos outros ocidentais. Para os judeus, o oposto de viver não é morrer — mas morrer é parte de viver, e estamos literalmente no processo de morrer neste momento. Como muitos observaram: "A vida em si é uma doença terminal com um final triste." Veja bem, não estamos tentando ser mórbidos ou sentimentais aqui. Pelo contrário, apenas queremos destacar que, se o judaísmo diz qualquer coisa sobre a morte, é que as pessoas devem reconhecê-la, honrá-la e conviver com ela.

Contraste essa aceitação da morte com a reação comum (pelo menos nos EUA e na maioria dos países ocidentais), de as pessoas tenderem a se esquivar até mesmo de mencionar a morte, preferindo dizer que as pessoas "vão embora" ou "não estão mais entre nós". Já percebeu quantas pessoas em um funeral falam sobre esportes, televisão ou sobre qualquer coisa que não seja o importante evento que acabou de ocorrer? Os judeus da atualidade são tão suscetíveis a tal negação como qualquer pessoa, contudo o próprio judaísmo ensina uma lição diferente. Como uma amiga, que perdeu a mãe recentemente, disse: "O judaísmo realmente 'faz a morte' certa."

Embora o judaísmo reconheça a natureza intensamente pessoal da morte e do luto, ele também apoia esse processo como um evento comunitário. Quando o judeu tem uma morte na família, é necessário chamar o rabino ou a congregação local; mesmo se o judeu que morreu não for membro de uma sinagoga, o rabino saberá os serviços comunitários apropriados que podem ajudar.

O judaísmo desenvolveu costumes e tradições com a compreensão de que as pessoas precisam de clareza quando se aproximam da morte — seja a sua própria ou a de um amigo ou familiar. Alguns costumes têm raízes nos tempos bíblicos — por exemplo, o livro de Gênesis diz que, quando Jacó enterrou a esposa, Raquel, ao lado da estrada, ele "levantou uma coluna sobre sua sepultura" (o que é interpretado como um pilar de pedras), daí a tradição de lápides e também de deixar uma pequena pedra ao lado do túmulo. A tradição posterior do enterro sob uma pilha de pedras reforçou esse costume. Outros costumes se originam de uma longa história de superstição judaica — como o costume de alguns de abrir uma janela após a morte de alguém para que a alma possa escapar, ou imediatamente acender uma vela junto à cabeça da pessoa para simbolizar a luz de sua alma.

Este capítulo se concentra no que os judeus podem fazer antes de morrer, o que acontece imediatamente após uma morte e o processo de luto. Uma coisa fica clara: a tradição judaica busca aceitar a morte como um passo profundamente importante do ciclo da vida. Negar a morte é negar a própria vida.

Planejando-se para a Morte

O judaísmo, como um sistema moral e ético de crenças, dá grande ênfase para que as pessoas sejam bondosas para si mesmas e para os outros. Ao manter o chamado para a bondade, os judeus são encorajados a se preparar o máximo possível para a morte. Afinal, quanto mais nos planejamos e comunicamos sobre isso com antecedência, mais fáceis serão as coisas para familiares e amigos após nossa morte. Há diversos passos para uma preparação adequada, incluindo escrever um testamento ético e fazer planos para o enterro.

Escrevendo um testamento ético

Se você fosse deixar uma mensagem para sua família ou seus amigos para ser aberta após sua morte, o que diria? O que gostaria de dizer a seus filhos ou netos (mesmo que não tenham nascido ainda)?

A ideia de escrever um testamento descrevendo o que fazer com seus bens é bastante aceita. No entanto, a tradição judaica insiste há tempos que um testamento ético também seja escrito, comunicando seus valores e suas lições, talvez no formato de uma carta ou redação, para que seja lida após sua morte. Já foram publicadas algumas coleções maravilhosas e tocantes de testamentos éticos, incluindo aqueles escritos por grandes figuras judaicas, como Maimônides, Nachmânides e o Vilna Gaon. Nos tempos modernos, as pessoas geralmente criam um vídeo de si próprias descrevendo seus testamentos éticos, para que seja compartilhado, após sua morte, pelos vivos.

Muitos incluem seu testamento ético como um "preâmbulo" não oficial a seus testamentos, embora, mesmo quem tenha poucos bens, ou nenhum, ainda pode escrever um testamento ético. Há muitos relatos de que esse documento se tornou uma preciosa relíquia de família após a morte de um dos pais ou irmãos.

DICA

Não se preocupe em passar uma impressão oficial ou poética ao escrever um testamento ético. Veja a seguir algumas coisas que pode considerar incluir:

- » Seus valores pessoais e espirituais.
- » Seus sentimentos quanto ao judaísmo e sua identidade judaica.
- » Como gostaria que as pessoas em sua família tratassem umas às outras após sua morte.
- » Quais realizações o fazem se sentir bem e quais erros gostaria que os outros evitassem.

Alguns também incluem uma nota em seus testamentos éticos perdoando ou pedindo perdão, mas a tradição judaica também encoraja que isso seja feito pessoalmente sempre que possível.

Fazendo confissões finais

O costume judaico de fazer uma "confissão" logo antes de morrer envolve pedir perdão coletivo por todos os erros.

LEMBRE-SE

Uma "confissão" judaica é muito diferente daquela de outras tradições. Para os judeus, a confissão não precisa de um rabino, embora em geral alguém esteja como testemunha. Similarmente, como o judaísmo sustenta que a confissão de cada um é entre a pessoa e Deus, o ato de confissão não envolve ser absolvido por ninguém.

Recitando palavras de despedida

Se possível, a pessoa que está se aproximando da morte pode recitar a afirmação central do judaísmo, chamada de Shemá (veja o Apêndice B), que proclama a absoluta unidade de Deus. Essa recitação tem o propósito de inspirar calma em um momento de transição, instando-nos a lembrar que tudo está contido em Deus e que, nEle, nada pode jamais ser perdido.

CAPÍTULO 10 **Passando pelo Vale: A Sombra da Morte** 143

ENCERRANDO UMA VIDA

O judaísmo entende que a vida é um presente de Deus — talvez não o presente que esperávamos, mas é um presente assim mesmo. Portanto, geralmente os judeus se opõem a alguém tirar a vida, seja sua própria ou a de outra pessoa. O suicídio é considerado desrespeitoso não apenas para um ser vivo, mas também para com Deus, então o judaísmo tem regras duras contra honrar alguém que intencionalmente cometeu suicídio: antigamente, eles não podiam ser enterrados em um cemitério judaico, o luto (incluindo dizer as orações de luto) tradicionalmente não era permitido, e às vezes os membros da família sentiam vergonha na comunidade. Tendo dito isso, a maioria dos rabinos atualmente e ao longo dos séculos tenta ao máximo demonstrar que as vítimas de suicídio tinham distúrbios mentais no momento do ato, então a maioria dos suicidas judeus é enterrada em cemitérios judaicos.

De modo similar, as organizações judaicas são uniformemente contra o suicídio assistido por médicos, argumentando que ninguém tem o direito de escolher a morte. Por outro lado, muitos judeus reconhecem uma área cinza: se alguém está terminalmente doente e em grande desconforto, o judaísmo costuma permitir que recusem tratamentos médicos adicionais "desnecessários". Quer dizer, se alguém está claramente prestes a morrer de qualquer forma, e o tratamento apenas prolongaria uma vida desagradável por um curto período, então o tratamento não é considerado "curador". Nesse sentido, a maioria das autoridades judaicas permite as ordens de não reanimação (ONR). As doenças terminais trazem uma situação obviamente complicada, e o melhor é falar com um rabino.

Encorajamos você a preparar um testamento vital, ou uma diretiva prévia, que estipule o que deve ser feito caso entre em coma e provavelmente não sobreviva sem aparelhos. Isso pode suplementar quaisquer documentos legais que queira preparar para que sirvam de orientação para aqueles que podem ter que tomar decisões muito difíceis. Comunicar seus desejos a amigos e familiares é uma grande bondade e é visto como uma *mitzvá* (um caminho que aproxima as pessoas a Deus).

Em geral, caso a pessoa que está morrendo não puder recitar o Shemá, a família e os amigos podem fazê-lo por ela. No momento da morte, todos nós precisamos de lembretes de que estamos sempre conectados com a Fonte de tudo.

Organizando o Funeral

O judaismo é muito claro sobre o que fazer imediatamente após a morte de alguém. Primeiro, ao testemunhar ou ficar sabendo sobre a morte, os judeus tradicionalmente recitam uma bênção:

> *Baruch Atá Adonai, Eloheinu Melech Ha Olam Dayan ha-Emet.*
>
> Bendito sejas Tu, Eterno, nosso Deus, Rei do Universo, o Verdadeiro Juiz.

Talvez você ouça as pessoas usarem uma versão mais curta: *Baruch Dayan ha-Emet* ("Bendito seja o Verdadeiro Juiz"). Então, tudo que é feito entre a morte e o funeral se concentra em respeitar e honrar a pessoa que acabou de morrer, assim como preparar o funeral e o enterro.

Os judeus acreditam que o funeral deve ocorrer o mais rápido possível após a morte — de preferência no mesmo dia, ou no dia seguinte, embora o funeral seja adiado um ou dois dias se a família tiver que viajar de outras cidades. Outra coisa: os funerais não são realizados no Shabat e em outros feriados.

Tradicionalmente, o corpo não é deixado sozinho, e as pessoas fazem turnos para serem *shomer* ("guarda"), recitando Salmos próximo ao falecido até o funeral. Às vezes a família paga alguém para que seja o shomer.

De modo similar, em respeito pelo morto, geralmente o corpo não é exposto em um caixão aberto, embora, caso a família queira ver o corpo por uma última vez antes do enterro, ela possa combinar isso com a funerária.

Retornando à terra

Muito do foco da tradição judaica em relação à morte gira em torno de retornar o corpo à terra em um cemitério judaico consagrado de forma mais rápida e natural possível — novamente, uma apreciação respeitosa de que a morte é parte natural da vida. É por isso que a primeira coisa que uma comunidade judaica tradicionalmente faz ao se estabelecer em um novo local é consagrar a terra do cemitério judaico.

Embalsamar o corpo — que torna mais lento o processo de decomposição — está fora de questão. Assim como ser enterrado acima do chão, embora muitos rabinos concordem que jazigos e mausoléus sejam permitidos. E, ainda, os judeus não usam maquiagem para que o falecido tenha uma aparência mais viva.

GUIA DE INICIANTES PARA UM FUNERAL JUDAICO

Os funerais judaicos raramente oferecem surpresas para quem já participou de um funeral cristão. Os ritos são similares, embora as palavras e orações sejam quase sempre diferentes. Há, porém, algumas coisas para ter em mente quando participar de um funeral judaico ou quando visitar o enlutado posteriormente:

- Muito embora o caixão esteja sempre fechado, alguns enlutados passam por ele antes ou imediatamente após o funeral para prestar uma última homenagem.

- Os homens devem usar *kipá* (*yarmulke*) na sinagoga e no cemitério. É comum encontrar extras no local, caso não tenha uma.

- Visto que as conversas fúteis são desencorajadas durante um funeral, é melhor permanecer em silêncio ou apenas participar das orações durante o serviço.

- Na prática reformista, qualquer um (homem, mulher, judeu ou não judeu) pode carregar o caixão, e fazê-lo é uma grande benção e uma mitzvá (veja o capítulo 4). [Na prática ortodoxa: somente homens levam o caixão, embora a Mishná, a Torá Oral, estabeleça que esposa e filha, e até mesmo uma sobrinha, também podem fazê-lo, desde que sejam judias. Na prática conservadora: homens ou mulheres podem fazê-lo, desde que as regras acordadas do cemitério assim permitam, sejam homens ou mulheres, desde que sejam judeus ou judias.]

- Ao término do enterro, os rabinos geralmente pedem que amigos e parentes mais distantes formem duas filas para que os enlutados imediatos possam passar entre eles, um símbolo de que não estão sozinhos e de que os outros apoiam sua dor. Os reunidos dizem: *"HaMakom yenachem etchem b'toch sha'ar ovlei Tzion VeYerushalayim."* ("Que Deus conforte-o juntamente com todos os enlutados de Sião e Jerusalém.")

- Após o funeral, a família geralmente oferece uma recepção. Entre em silêncio, sente-se perto dos enlutados e baseie-se neles: não fale até que falem com você, para falar o que eles quiserem, em vez de impor seus próprios pensamentos, e não tente animá-los. A recepção por vezes se transforma em um momento de socialização e para colocar a conversa em dia — caso isso aconteça, certifique-se de que seja em outro lugar, longe dos enlutados. Essas cortesias também se aplicam quando visitar alguém durante a semana após o funeral. Lembre-se de que está dando consolo simplesmente por estar lá.

- Enviar flores para o funeral ou para a casa do enlutado é *altamente* desencorajado no judaísmo. Elas não apenas murcharão e morrerão em alguns dias (recordando a todos da perda recente), mas os judeus consideram as flores como "embelezar" ou esconder uma realidade dura. Apenas ofereça sua presença. É costume fazer caridade em memória do morto (seja para uma que conheça ou a que era importante para o falecido).

- Pergunte aos organizadores da recepção e dos cuidados da família durante o luto o que você pode fazer para ajudar: levar comida, cuidar dos filhos, ir ao supermercado ou levá-los a algum lugar. A ideia é que os enlutados não precisam fazer nada sozinhos, e pequenos atos podem fazer uma grande diferença nesse momento.

A cremação é definitivamente descartada para judeus tradicionais, que tendem a considerá-la algo tão terrível quanto cometer suicídio (alguns rabinos nem oficiam um funeral se o corpo foi cremado). Pessoalmente, não nos opomos à cremação, visto que apenas acelera um processo que ocorre naturalmente, de qualquer forma. No entanto, talvez os primeiros judeus estivessem apenas tentando traçar uma distinção clara entre o judaísmo e as religiões pagãs, que costumeiramente cremavam seus mortos. E muitos judeus são sensíveis à cremação, pois evoca imagens do Holocausto. Independentemente do caso, muitos judeus mais liberais escolhem a cremação, embora alguns também peçam que suas cinzas sejam enterradas para que um túmulo possa ser erguido, permitindo que amigos e parentes voltem posteriormente para lamentar.

CONTROVÉRSIA

A tradição judaica é menos clara quanto a autópsias e doação de órgãos. Por um lado, os judeus sustentam há muito tempo que mutilar um corpo (mesmo um morto) é uma profanação. (De fato, quando um judeu tradicional precisa da amputação de algum membro, ele geralmente o enterra e pede que seja enterrado novamente com o corpo após sua morte.) Por outro lado, a lei judaica claramente afirma que salvar outra vida tem precedência sobre praticamente todos os outros princípios, então a maioria dos rabinos concorda que a doação de órgãos para salvar a vida de alguém é uma mitzvá (veja o Capítulo 4). E por um terceiro lado, muitos rabinos argumentam que os judeus devem evitar as autópsias a menos que sejam vitalmente importantes. Em essência, acreditamos que todas essas decisões são particulares e devem ser discutidas com um rabino, considerando cada caso.

Preparando o corpo

Considerando que o caixão será fechado, talvez você ache que o funeral judaico não se preocuparia com o estado do corpo. Longe disso! A tradição judaica sustenta que o corpo deve ser lavado cuidadosamente, vestido em uma mortalha branca (a mesma para homens e mulheres) e abençoado com orações especiais em um processo chamado de *tahará* ("purificação").

De muitas maneiras, é como vestir os sumos sacerdotes nos dias do Templo bíblico, enquanto se preparavam para entrar no Santo dos Santos (veja o Capítulo 13). Talvez a tahará seja para lembrar as pessoas de que o processo da morte não é apenas a saída deste mundo, mas também a entrada em um mundo superior e santo.

Uma das maiores *mitzvot* (mandamentos) é fazer um ato de caridade para os mortos, pois nunca poderão nos recompensar. E realizar a tahará é certamente um grande ato de caridade. No século XVI, a ideia da *chevra kadisha* (a sociedade funerária, embora signifique literalmente "sociedade sagrada") apareceu pela primeira vez em Praga. Atualmente, cada comunidade com judeus suficientes tem uma chevra kadisha composta de voluntários que são treinados nos ritos adequados para preparar os corpos para o enterro. Os homens cuidam dos corpos de homens, e as mulheres, dos corpos das mulheres; eles lavam o corpo em um silêncio reverente, falando apenas quando necessário. Sempre respeitando os mortos, eles descobrem uma pequena parte do corpo por vez para lavá-la, e caminham ao redor do corpo, em vez de esticarem-se por cima dele.

Por fim, a chevra kadisha coloca o cadáver em um caixão, às vezes envolto em um *talit* (xale de oração) com os *tzitzit* ("franjas") cortados, significando que o talit não pode mais ser usado para orações, e às vezes, com um travesseiro de palha e um pouco de terra de Israel colocado sobre os olhos e o coração. (Alguns judeus ortodoxos acreditam que aqueles que são enterrados nas terras de Israel se erguerão primeiro na ressurreição.)

A propósito, se já lidou com a indústria funerária, sabe que gostam de vender caixões caros. São lindos, mas é como enterrar dinheiro. Há muito tempo a tradição judaica é a de que o caixão seja o mais simples possível — de preferência, apenas uma caixa de pinheiro com alças. De fato, em alguns lugares, muitos judeus são enterrados sem um caixão. Se quiser cortar a conversa do vendedor, é só pedir pelo caixão kosher mais barato.

Participando do funeral e do enterro

O funeral e o enterro são feitos para honrar o morto e começar o processo de luto para aqueles que ainda estão vivos. Os funerais judaicos geralmente acontecem em uma sinagoga, em uma capela funerária ou em um cemitério, e embora por tradição sejam simples (simbolizando a crença de que as pessoas são todas iguais na morte), variam bastante e não têm liturgia definida.

Logo antes do funeral, os familiares próximos (tradicionalmente os irmãos, o cônjuge, os pais ou filhos do falecido) observam o rito de *keriá*, fazer um pequeno rasgo — em uma gravata, casaco, blusa ou na manga de um vestido — como um símbolo de tristeza. Muitos judeus prendem um laço preto no paletó e rasgam esse laço. A questão é que o judaísmo não quer apenas que você participe, ele quer que você realmente mostre sua tristeza, sem dar importância à vaidade ou ao decoro, e a keriá é como rasgar uma bolsa de tristeza, permitindo que as lágrimas e as fortes emoções caiam.

Igualmente, o discurso fúnebre (chamado de *hesped*) feito pelo rabino, por amigos ou familiares, honra o falecido e ajuda os enlutados a sentir a profundidade da perda. A palavra em hebraico para funeral é *levaya*, que significa "acompanhar", e é possível ver judeus caminhando atrás do caixão até a sepultura, geralmente parando para recitar salmos e, por fim, recitando o Kadish dos Enlutados (veja "Recitando o Kadish", posteriormente neste capítulo).

Ao término do funeral, quando o caixão é baixado à terra, os familiares e amigos mais próximos lançam a terra primeiramente, em geral com uma pá ou mesmo com as mãos. Ao encorajar os enlutados a participar ativamente do enterro, para que ouçam a terra caindo sobre o caixão, a tradição judaica garante que as pessoas reconheçam a realidade da morte e que as ajude a começar o processo de deixar ir. A prática tradicional é que cada membro da família lance três pás de terra sobre a cova usando a parte de trás da pá, e não a da frente, em forma de concha, simbolicamente dizendo o quão relutante está em perder essa pessoa amada. Talvez seja apenas superstição, mas também é costume que cada pessoa retorne a pá para o monte de terra, pois passá-la diretamente para a próxima pessoa da fila seria como entregar-lhe tristeza.

Talvez você participe de um funeral judaico e encontre um judeu que permanece fora da sala funerária ou do cemitério, mesmo que seja amigo ou familiar próximo do falecido. Homens descendentes da classe sacerdotal, chamados de *Cohanim* (e cujos sobrenomes são geralmente Cohen ou Kahn), são proibidos pela lei judaica de se aproximar de um cadáver. Exceto no caso de familiares muito próximos, os Cohanim não entram na área do cemitério. Algumas vezes, seus parentes são enterrados perto do perímetro externo do terreno, para que eles possam se aproximar o máximo possível. De fato, todos os judeus tradicionais consideram estar perto de uma pessoa morta um ato que os torna ritualmente impuros (veja o Capítulo 4), então normalmente lavam as mãos antes de sair do cemitério ou antes de entrar no recinto do funeral. Geralmente, uma jarra de água fica disponível do lado de fora para que todos molhem as mãos em uma purificação simbólica.

CAPÍTULO 10 **Passando pelo Vale: A Sombra da Morte** 149

Observando o Período de Luto

Na recepção que ocorre logo após o funeral (chamada de *seudat havra'a*, "refeição de consolação"), amigos e familiares tradicionalmente comem ovos e outros alimentos que não sejam carne ou comidas redondas (lentilhas, grão de bico, bagels etc.), como um símbolo dos ciclos e da constante renovação da vida. Observe que os enlutados nunca devem ter que preparar a refeição; é um trabalho para familiares mais distantes, amigos e vizinhos.

Tradicionalmente, os judeus também cobrem os espelhos da casa onde o luto está ocorrendo, em geral onde o falecido morava. Talvez seja um lembrete de que as pessoas não devem se preocupar com a vaidade na hora do luto e devem ser um espelho para si mesmas, concentrando-se no interior, e não no exterior. Também gostamos da crença mais mística de que, quando um corpo morre, a *nefesh* (o nível da alma mais identificado com o corpo; veja o Capítulo 5) pode ficar confusa e retornar para casa por um curto período antes de dissipar — assim, cobrimos os espelhos para que a nefesh não fique ainda mais perturbada quando não vir o próprio reflexo.

Fica tudo caótico durante a semana seguinte à morte de um familiar. Para simbolizar o transtorno, assim como o sentido de que os enlutados estão abatidos com tristeza, os familiares imediatos costumeiramente se sentam em cadeiras ou bancos baixos durante a recepção e a primeira semana após o funeral. Observe que outros convidados — amigos, vizinhos e familiares distantes — não fazem isso.

A primeira semana após o funeral

A primeira semana após o funeral é um momento importante para reflexão e cura, sendo tradicional que os judeus observem o "sentar *shivá*" durante esse período. *Shivá* significa literalmente "sete", referindo-se à lamentação de uma semana, quando, em lares tradicionais, os familiares imediatos (pais, filhos, irmãos e cônjuge) se abstêm de trabalhar, cortar o cabelo (ou se barbear), fazer sexo, ouvir música, fazer qualquer coisa alegre ou até lavar a roupa. Os judeus tradicionais também se abstêm de usar sapatos de couro (pois em tempos antigos eram considerados confortáveis demais), ler a Torá (com exceção das partes mais deprimentes, como o livro de Jó), nadar e tomar banhos exuberantes (embora os banhos básicos sejam, é claro, permitidos).

Durante a primeira semana, a maioria dos enlutados ortodoxos não sai de casa, e a sinagoga garante que um *minyan* (quórum de pelo menos dez homens) apareça para o serviço diário na casa. Caso não haja minyan, os enlutados podem participar de um serviço diário na sinagoga para recitar o *Kadish*, a oração memorial especial. Outros, menos tradicionais, também podem fazer um serviço da noite em casa que seja mais criativo em natureza. Uma boa tradição é manter uma vela acesa durante todos os sete dias como um lembrete constante da alma que partiu (dá para comparar "velas de sete dias", embora não durem sempre todos os sete dias).

LEMBRE-SE

O objetivo da shivá é permanecer focado na morte que acabou de ocorrer — tirando tempo para chorar, lamentar e sentir a perda, assim como a raiva e outras emoções —, em vez de se distrair com outras tarefas ou diversões menos importantes. O interessante é que psicólogos descobriram que as pessoas que se permitem lamentar usando esses costumes antigos tendem a se curar mais rápido e melhor. Não ousaríamos dizer a um enlutado o que *deve* fazer; pelo contrário, o segredo é estar presente enquanto necessário. Muitos judeus atualmente guardam shivá apenas por três dias, e parecem sentir que funciona para eles.

Independentemente do caso, quase todas as práticas de luto são interrompidas para o Shabat, quando os judeus participam dos serviços na sinagoga (embora ainda não façam sexo ou fiquem alegres demais). Embora não observemos os costumes de luto no Shabat, esse dia conta como um dos tradicionais sete. Por fim, na manhã do último dia, a shivá formal termina, e os enlutados voltam ao mundo real. Em geral, amigos do rabino podem aparecer para levar os enlutados para uma caminhada pós-shivá pelas redondezas.

O primeiro mês e ano

Obviamente, ninguém supera a morte de uma pessoa amada em uma semana. As três semanas seguintes (até o 30º dia após o funeral) são chamadas de *shloshim* ("trinta"), quando os enlutados começam a reconstruir a vida, mas os judeus tradicionais ainda se abstêm de cortar o cabelo ou se barbear (a menos que seja necessário para seu sustento), ou de ir a festas ou de algum entretenimento (como ver filmes ou ir a teatros). Após esse período, todos os enlutados, com exceção dos filhos do falecido, devem se desapegar e encerrar seu luto oficial.

Como a perda de um dos pais é especialmente difícil, os filhos ficam obrigados, sob a tradição judaica, a ficar de luto por um ano inteiro (com base no calendário hebraico), evitando festas e celebrações (a menos que seja algo como o próprio casamento), e recitar o kadish diariamente até o final do 11º mês. (Alguns judeus tradicionais acreditam que as ações e orações do filho podem ajudar a alma do pai ou da mãe no primeiro ano após a morte. No entanto, como apenas os mais malvados necessitam de ajuda durante um ano inteiro — veja o box "O que acontece depois?", posteriormente neste capítulo —, a tradição é recitar o kadish por apenas onze meses.)

Em algum momento durante o primeiro ano após a morte de um familiar, geralmente entre seis meses e o primeiro *yahrtzeit* (aniversário da morte), é tradicional ter uma pequena cerimônia de inauguração do túmulo ou o descerramento de uma placa de metal. No entanto, isso se baseia totalmente nos costumes locais, então varia bastante.

Recitando o Kadish

O Kadish dos Enlutados é uma oração escrita quase toda em aramaico (que é similar ao hebraico). Os judeus a recitam ao término da maioria dos serviços na sinagoga em funerais. Veja o primeiro parágrafo:

Itgadal veitkadash shmei rabá, bealmá diverá chiruté veyamlich malchutê, veyatzmach purkané vikarev meshichei. Bechayechon uvyomechon uvchayiei dechol beit Israel, baagalá uvizman kariv veimru: Amen.

Exaltado e santificado seja o Seu grande nome no mundo que Ele criou por Sua vontade, seja estabelecido o Seu reino e faça vir a Sua redenção. E apresse a vina do Seu ungido, o Messias, durante os dias da nossa vida e de toda a casa de Israel, prontamente e em tempo próximo; e dizei Amém.

O QUE ACONTECE DEPOIS?

Uma das grandes surpresas no judaísmo é que a Bíblia, a fonte da fé que levou tanto ao cristianismo como ao islamismo, não tem nada a dizer sobre o que acontece após morrermos. Céu, inferno, purgatório, reencarnação... são todos conceitos estranhos à Torá, embora não sejam necessariamente estranhos ao judaísmo. A Bíblia em si (pelo menos na superfície; os tradicionalistas podem argumentar que há significados escondidos) está preocupada especificamente em como viver neste mundo, e a ideia de uma vida futura não é central à crença judaica.

Em última instância, o judaísmo ergue as mãos e oferece muitas opções para o que pode acontecer após "termos escapado ao tumulto vital", como Shakespeare fez Hamlet poeticamente descrever a morte. Estas são algumas crenças sobre o pós-morte:

- Muitos professores judeus sugerem que não acontece basicamente nada após a morte, mas que nossa alma e nosso corpo serão ressuscitados quando Deus decidir que é a hora. Alguns acreditam que uma Jerusalém de Ouro se manifestará na era messiânica. Parece que ninguém sabe o que acontecerá depois.

- A tradição judaica mística sugere que, após morrermos, viajamos para o interior da caverna dos patriarcas, onde encontramos Adão, que aparece como um ser de luz. Após revermos nossa vida, passamos até um ano no *gehenna* ("purgatório") — talvez durante aqueles onze meses em que nossos parentes estão recitando o kadish diário —, e depois vamos para um nível mais alto de paraíso ou retornamos à Terra em um processo chamado *guilgul* (a noção judaica da reencarnação) para completar mais mitzvot.

- Alguns judeus imaginam que, depois da morte, todos ouvem Moisés ensinar a Torá. Para os justos, é o paraíso; para os malvados, é o inferno.
- Uma lenda famosa diz que tanto no Céu como no inferno os humanos se sentam a mesas repletas com saborosas comidas, mas não conseguem dobrar os cotovelos. No inferno, as pessoas passam uma fome perpétua, visto que não conseguem trazer a comida à boca; no Céu, cada um alimenta seu próximo.

O fato é que, no judaísmo, a vida bem vivida é sua própria recompensa, enquanto uma vida malvada é sua própria punição. É por isso que, em duas das histórias citadas, o Céu e o Inferno são descritos como lugares idênticos. A diferença surge de nós, refletindo a qualidade de nossa alma e como nos engajamos com a vida; realmente não tem nada a ver com um julgamento divino após a morte. Mesmo na discussão sobre a morte, o judaísmo se preocupa ante e de forma mais importante com a celebração da vida e nos ensina como viver bem.

Embora os judeus geralmente pensem que a oração do kadish é uma oração para os mortos, ela nem sequer menciona a morte ou o morrer. O nome *kadish* está relacionado com *kadosh* ("santo"), e a oração glorifica a sacralidade de Deus, louvando o Eterno pelo dom da vida. Afinal, o judaísmo se concentra na ideia de que "é tudo Um" (veja o Capítulo 2), e não é possível ter vida sem morte.

A tradição judaica (provavelmente com origem por volta do século XIII) sustenta que o filho mais velho deve recitar o kadish para o pai ou mãe falecidos todos os dias por onze meses. (De fato, em iídiche, esse filho é, na verdade, chamado de "o kadish" e muito antigamente, as pessoas que tinham apenas filhas ficavam agoniadas com isso porque não haveria "o kadish" para recitar o kadish para elas.) Mais recentemente, porém, todos os filhos podem recitar o kadish durante o período de luto, incluindo as mulheres.

PALAVRAS DE SABEDORIA

O kadish significa, para mim, que o sobrevivente manifesta de forma pública e notória seu desejo e intenção de assumir com a comunidade judaica o relacionamento que seus pais tiveram... então a corrente da tradição permanece inquebrável de geração em geração, cada um adicionando seu próprio elo.

— HENRIETTA SZOLD
(SOBRE POR QUE ELA ESCOLHEU RECITAR O KADISH, EM VEZ DE PEDIR QUE UM AMIGO HOMEM O FIZESSE)

LEMBRE-SE

Em muitas comunidades, se um estranho de repente começa a aparecer para os serviços logo cedo, todos lá apenas presumem que ele ou ela está de luto.

CAPÍTULO 10 **Passando pelo Vale: A Sombra da Morte** 153

Relembrando os Mortos

Muitos acham desconcertante que tantos judeus se recordem de quando as pessoas morreram, mas não de quando nasceram. Nos EUA, especialmente, as pessoas celebram nascimentos — de amigos, presidentes e famosos. A tradição judaica tende a se concentrar mais no dia em que alguém morreu, chamando esse dia de *yahrtzeit* (da palavra em alemão para "aniversário"; pronuncia-se *yar*-tsait). Cidadãos israelenses até celebram o yahrtzeit de líderes passados, assim como os norte-americanos honram o nascimento de Washington e Lincoln.

O yahrtzeit de um famoso (com base no calendário hebraico, não no ocidental) é, em geral, uma ocasião discreta, mas alegre. No entanto, o de um membro familiar é visto como um momento para contemplação solene, lembrando-se do falecido com orações e acendendo uma vela de 24 horas (chamada de "vela yahrtzeit", em parte simbolizando Provérbios 20:27 — "o espírito da humanidade é a luz do Eterno"). A maioria dos judeus evita celebrar ou ir a festas no yahrtzeit dos pais, e alguns até jejuam o dia todo, estudam a Torá e vão aos serviços na sinagoga. No primeiro yahrtzeit, muitos judeus compram uma placa memorial, que é colocada na parede da sinagoga a que pertencem.

De igual modo, os judeus se recordam de seus amigos e familiares falecidos em um serviço especial de oração — chamado *Yizkor* — em quatro outros feriados ao longo do ano: Yom Kipur (veja o Capítulo 20), Shemini Atzeret (o último dia de Sucot; veja o Capítulo 21), o último dia de Pessach (veja o Capítulo 25) e o último dia de Shavuot (veja o Capítulo 26). O serviço contém uma série especial de orações começando com *Yizkor Elohim*, que significa "Lembra-Se, ó Deus".

É possível escutar os judeus acrescentarem uma pequena frase em hebraico após dizerem o nome de alguém que morreu, geralmente *alav ha-shalom* ou *aleha ha-shalom* ("a paz seja com ele ou com ela"). Ou, se estão falando sobre alguém especialmente justo, podem talvez dizer *zai-cher tzadik livrachá* ("que a memória do justo seja uma bênção") ou *zichronô livrachá* ("que sua memória seja uma bênção", geralmente escrito abreviadamente como *z'l* após o nome de alguém).

3

Um Panorama da História Judaica

NESTA PARTE...

Você verá o panorama — todos os 4 mil anos de história judaica, de Abraão (o Patriarca) a Abe (sabe, aquele cara que mora perto de você). A história judaica é inquestionavelmente repleta de dor e de tristeza, mas também há muito triunfo e muita alegria. O judaísmo ensina que não é possível ter um sem o outro, então nos aprofundamos em todos os momentos e sentimentos.

NESTE CAPÍTULO

» A verdade mítica da Bíblia

» A origem do povo judeu

» Como fazer fortuna interpretando sonhos

» Do Egito à Terra Prometida

Capítulo 11

Deixe Meu Povo Ir: De Abraão ao Êxodo

Muitos judeus modernos gostam de ler sobre os mitos de outros povos — lendas nos nativos americanos, fábulas hindus, alegorias budistas, parecem todas fascinantes. É claro, se você perguntar "Bem, e as histórias dos judeus?", aqueles mesmos judeus o olharão com uma expressão engraçada e dirão: "Você quer dizer a Bíblia? Ah, aquela coisa é tão cansativa!" (Ou "primitiva" ou "batida" ou como seja a gíria atual.) No entanto, a história judaica de quase 4 mil anos pode ser qualquer coisa, menos cansativa. De fato, se você analisar bem de perto, descobrirá que ela é tão empolgante quanto qualquer outra coisa que possa encontrar — está repleta de mistérios, explorações sexuais, imaginário psicodélico e até perseguições de carros (bem, de carroças).

Não é possível contar a história da civilização humana — no Oriente ou no Ocidente — sem explorar a história dos judeus. É bem estranho, se pararmos para pensar, porque os judeus nunca representaram nada além de uma minúscula porcentagem da população de qualquer continente.

A HISTÓRIA ANTES DA HISTÓRIA

As histórias da Bíblia são verdadeiras? Noé realmente viveu até 950 anos de idade? Abraão de fato argumentou com Deus quanto ao destino de Sodoma e Gomorra? Algumas pessoas acreditam que todas as histórias da Bíblia aconteceram exatamente como estão escritas. Outras, com a mesma crença fervorosa, acreditam que as histórias têm um fundo de verdade profunda e intensa, mas que é improvável que as versões que temos hoje sejam historicamente precisas.

Os céticos observam que, curiosamente, há poucas evidências arqueológicas apoiando as primeiras histórias bíblicas. De fato, a ideia de historicidade ("a verdade histórica") ainda nem tinha sido inventada até muito tempo depois pelos antigos gregos. No entanto, cem anos de arqueologia não revelaram nada que necessariamente contradiga a Bíblia, e as linhas gerais básicas da história e da geografia são quase certamente precisas. Podemos fazer um tour hoje em Israel e reconhecer as cidades, os lagos e outras características geográficas mencionados na Bíblia.

Um motivo pelo qual muitos acreditam que a Bíblia é precisa é que ela diz muitas coisas negativas sobre grandes líderes judeus (como o rei Davi) e algumas positivas sobre pessoas que posteriormente se tornaram inimigos (como os midianitas).

O judaísmo ensina que cada verso na Torá pode ser interpretado de setenta maneiras, indicando que, em sua essência, o judaísmo acredita em "verdades", mas não *"em uma* verdade".

Isso significa que a Bíblia é um documento religioso, e não um documento histórico. Embora muitos tradicionalistas digam que a Torá é o princípio e o fim do conhecimento humano, é provavelmente seguro dizer que Deus não o matará por manter um ceticismo saudável quanto à precisão histórica dessa obra admitidamente extraordinária.

Neste capítulo, mergulhamos na parte mais antiga da história judaica: os mitos e as lendas tão velhos que sua única evidência registrada aparece na Bíblia. O início da história dos judeus é contado nos livros bíblicos de Gênesis e Êxodo (chamados *Bereshit* e *Shemot*, em hebraico). A história expõe uma série de começos: o começo da civilização, de uma tradição de fé monoteísta, de uma lei codificada e o começo do povo judeu. De fato, a palavra "gênesis" significa a origem, ou as raízes, e ao olharmos as raízes do judaísmo, podemos encontrar muito sobre quem os judeus são atualmente.

LEMBRE-SE

Memorizar uma série infinita de datas históricas e eventos não é o importante; em vez disso, busque compreender como esses começos se desdobraram de modo a colocar você (sim, você) onde está neste momento.

Esses "mitos da criação" são contados e recontados pelos judeus há pelo menos 2,6 mil anos (provavelmente muito mais), por cristãos a cerca de 2 mil anos, e por muçulmanos por mais de um milênio. Cada evento recontado tem um significado mais profundo: às vezes, são o prenúncio de eventos por vir; outras, são lições a serem aplicadas em nosso cotidiano. Embora muitos judeus considerem as histórias da Bíblia como fatos históricos, muitos outros as leem como mitos — contos ficcionais que carregam verdades profundas e atemporais. A dimensão mítica dessas histórias produz novos significados pessoais e comunais em cada geração que as lê.

A Gênese de um Povo

As obscuras origens dos seres humanos tomam forma nos primeiros livros de Gênesis, logo após o mundo ser criado. Os tradicionalistas "raiz" datam esse evento em cerca de 3800 AEC. Curiosamente, é bem no período em que a civilização despontou na Mesopotâmia (onde atualmente é o Iraque). Talvez Adão e Eva não tenham sido os primeiros seres humanos, mas representações simbólicas dos primeiros homens e mulheres civilizados. Alguns dizem que o Jardim do Éden era regado pelos rios Tigre e Eufrates, que circundam aquela terra e ainda podem ser visitados atualmente (com os vistos adequados, é claro).

LEMBRE-SE

Os rabinos usam o simbolismo de Adão e Eva para apresentar uma ideia importante: se todos os humanos são descendentes do mesmo casal, então ninguém pode insistir que vem de uma linhagem melhor. Tal lição aparece diversas vezes ao longo da Bíblia, e a literatura rabínica posterior é uma peça fundamental para reforçar a ideia de igualdade de todos os humanos (veja o Capítulo 6).

Começos de um caminho

É claro, os hebreus não existiam naquela época para fazer companhia para Adão e Eva. A história dos hebreus se desdobra depois em Gênesis e Êxodo, quase que como uma novela, contando sobre as provas e tribulações de uma família ao longo de muitas gerações.

A história começa com um cara chamado Abrão (ou *Avram*, em hebraico), que, por volta de 1800 AEC, morava em uma cidade chamada Ur com a esposa, Sarai, e o pai, Terá. Então, após alguns anos, todos se mudaram para uma cidade chamada Harã (veja a Figura 11-1).

A maioria das pessoas daquela era acreditava em muitos deuses, não apenas em um. Elas adoravam deuses das cidades, das montanhas, e assim por diante. Abrão, no entanto, acreditava em um único Deus, que falou com ele, dizendo-lhe para levar Sarai para o sul da terra de Canaã (que é hoje chamada de Israel). Deus disse a Abrão e a Sarai que sua família se tornaria uma grande nação e uma bênção para a humanidade, o que não é uma promessa qualquer, considerando que Sarai não podia ter filhos e que Abrão tinha 75 anos de idade.

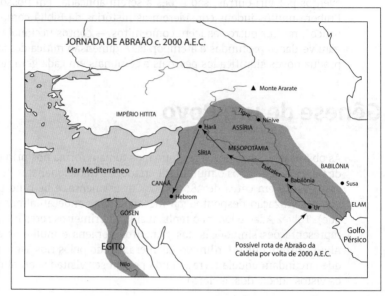

FIGURA 11-1: A jornada de Abraão, de Ur a Canaã, dá início à história judaica.

Esse passo — concordar em seguir a voz do Deus Único e viajar a Canaã — estabelece Abrão como o patriarca do monoteísmo e o criador do clã que viria a ser o Povo Judeu. Em um nível mais simbólico, Abrão deixa tudo que lhe é familiar e confia em algo mais profundo. Ele abre mão de seu antigo modo de vida para ver a Terra, uma nova forma de fazer as coisas.

Após viajar para Canaã, Deus dá a Abrão e Sarai novos nomes: Abraão e Sara. Os nomes no judaísmo estão relacionados à identidade; a mudança nos nomes deles reflete uma mudança em quem são, e "Abraão" em hebraico significa "pai de uma multidão". "Sara" significa "princesa", ou uma mulher de alto nível.

A geração seguinte

Sara fica frustrada por não poder ter filhos (ambos estão na casa dos oitenta); ela sugere a Abraão que tenha relações com sua empregada egípcia, Hagar. Foi o que ele fez, e logo em seguida, Hagar dá à luz um filho, Ismael. Deus o abençoa, e ambas as tradições judaica e islâmica sustentam que Ismael se torna o pai das tribos árabes (assim tornando primos os judeus e os árabes).

Por fim, quando Abraão faz 99 anos de idade, Deus aparece novamente para fazer um acordo: Deus garante um filho a ele e Sara, e o filho será o ancestral de uma grande nação — mas primeiro Abraão deve selar a aliança com Deus a se circuncidar, e também a seus empregados homens e seu filho Ismael, agora com treze anos, além de concordar que todos os descendentes homens sejam circuncidados. A escolha não foi fácil, mas Abraão concorda, e logo Sara concebe, dando à luz um filho, a quem circuncidam e dão o nome de Yitzhak ("Isaque", na versão em português. O nome deriva da palavra "riso").

Os problemas vêm se acumulando há anos entre Sara e Hagar, e agora Sara insiste que Abraão mande Hagar e Ismael embora, tarefa essa que não lhe dá nenhum prazer. Mas Deus lhe diz para fazer conforme Sara falou, então ele os envia para longe.

Agora a Bíblia apresenta uma história desconcertante na qual Deus parece testar a fé de Abraão. Este escuta Deus o chamar: "Abraão", e responde: *"Hineini"* ("Eis-me aqui"). Então Deus diz a Abraão para sacrificar seu amado filho Isaque.

Você consegue imaginar escolher fazer isso com seu filho, especialmente um que você esperou por cem anos para ter? É uma história poderosa e complexa de fé, e uma que os judeus releem e reexaminam anualmente em Rosh Hashaná (veja o Capítulo 19). No entanto, lembre-se de que cada história em Gênesis está ensinando algo, e esse conto de deixar os cabelos em pé é um aspecto importante dos comprometimentos do povo judeu.

Abraão leva Isaque ao Monte Moriá (o futuro local dos grandes Templos, no centro da Jerusalém moderna) e o amarra para o sacrifício. (É por isso que essa história é comumente conhecida como *Akedá* ou "a amarração".) No entanto, no momento em que levanta sua faca, Abraão ouve um anjo dizer: "Não machuque o menino... Agora sei que você realmente teme a Deus, pois não negou até mesmo seu único filho dado por Deus." Abraão solta Isaque e sacrifica um carneiro que ele encontra preso em uma moita nas redondezas.

A história da *Akedá* ilustra a proibição contra o sacrifício de crianças, que foi parte das culturas anteriores daquela região. Os judeus também acreditam que ela aborda uma questão mais profunda de maneiras saudáveis ou doentias pelas quais demonstrar a fé.

Quem ganha a bênção?

Isaque também é considerado um dos grandes patriarcas do judaísmo, mas a Bíblia não fala muito além de que se casou com Rebeca, prosperou e teve dois filhos: Esaú e Jacó (mais sobre eles em instantes).

CAPÍTULO 11 **Deixe Meu Povo Ir: De Abraão ao Êxodo** 161

Embora essa história seja geralmente chamada de História dos Patriarcas, as mulheres são participantes extremamente poderosas no drama. Por exemplo, Sara fornece força para a jornada de Abraão, e alguns até deduzem que, como Deus diz a ele para que ouça Sara, ela é, na verdade, a mais importante dos dois. De igual modo, Rebeca engendra os eventos básicos que permitem que a tradição familiar vá para Jacó, em vez de Esaú.

Jacó e Esaú são gêmeos e lutam incessantemente, mesmo ainda no ventre de Rebeca. Esaú nasce primeiro, e Jacó, na sequência, puxando o calcanhar de Esaú, um sinal de que seria um "usurpador". (O nome hebraico de Jacó deriva da palavra "calcanhar" e tem o sentido da "pessoa que toma o poder de outra".) Os dois meninos representam o conflito entre o caçador Esaú e o homem gentil (posteriormente se tornando o protótipo do acadêmico) Jacó.

Isaque claramente favorece a força viril de Esaú em detrimento das energias mais gentis e pacatas de Jacó. No entanto, quando Isaque fica velho e cego, e chega a hora de abençoar Esaú com a primogenitura, Rebeca o engana para que dê a bênção para Jacó. (Caso queira tentar isso em casa, ela veste Jacó com peles de cabrito para que tenha o cheiro e pareça cabeludo, como Esaú.) Esaú retorna da caçada, fica compreensivelmente bravo e promete matar Jacó assim que o pai morrer.

Jacó se apercebe e sai da cidade. Rápido. Mas em sua peregrinação, ele começa a amadurecer sua própria plenitude espiritual. Na primeira noite fora, ele sonha com uma escada que conecta o Céu e a Terra. Ele se vê acompanhado pela Presença Divina, observando os anjos subindo e descendo pela escada. Ele acorda com uma percepção renovada: "Certamente, o Eterno está neste lugar, e eu não sabia disso."

Ele começa a caminhar por seu caminho e vai viver com o irmão de sua mãe, Labão (ou *Lavan*) em Harã. Lá, se apaixona pela filha de Labão, Raquel, e começa a trabalhar para Labão durante sete anos para poder se casar com ela. Sete anos se passam, e Jacó e Raquel se casam. Mas na manhã seguinte, Jacó descobre que de fato se casou e dormiu com a irmã de Raquel, Lia (em hebraico, Lea). (Como assim? Ela estava de véu a noite inteira?) Labão confessa o artifício, mas diz que Jacó terá que trabalhar mais sete anos para se casar com Raquel também. (Lembre-se de que naquela época, por volta de 1650 AEC, era comum ter mais de uma esposa.)

Os anos trabalhando com Labão fortalecem Jacó, então agora ele está pronto para retornar para casa e fazer as pazes com seu irmão. Talvez ele precisasse desses anos extras para crescer física, emocional e espiritualmente.

Lutando com Deus

Enquanto Jacó vive e trabalha em Harã, ele e Lia têm sete filhos: Rúben, Simeão, Levi, Judá, Issacar, Zebulão e Diná (sua única filha). Ele também tem quatro filhos com as empregadas de Lia e Raquel: Gade, Aser, Dã e Naftali. Por fim, ele e Raquel têm um filho: José. (Jacó e Raquel têm mais um filho posteriormente, Benjamim; infelizmente, Raquel morre durante o parto.) Então, quando Jacó está pronto para retornar a Canaã, ele tem uma família bem grande e muitos recursos.

Em seu caminho rumo ao sul, para Canaã, Jacó decide passar a última noite sozinho antes do reencontro com seu gêmeo afastado, Esaú então manda que todos sigam em frente. Em uma narrativa bíblica muito escassa, "um homem" aparece e luta com Jacó durante toda aquela noite. Quando o alvorecer está prestes a acontecer, o homem pede a Jacó que o deixe ir. Embora Jacó esteja com a coxa machucada, ele não o solta e diz: "Não o deixarei até que me abençoe."

A tradição judaica sustenta que o "homem" era, de fato, um anjo de Deus. A bênção do anjo vem na forma de uma mudança significativa de nome: o anjo diz "Seu nome não será mais Jacó, mas Israel (*Yisrael*), pois lutastes com Deus e com homens e prevaleceu." Obviamente, isso não faz nenhum sentido, a menos que você saiba que o nome *Yisrael* pode significar "aquele que luta com Deus" (alguns o traduzem como "aquele que persiste com Deus", ou "príncipe de Deus").

Os descendentes de Jacó, então, tornam-se os "filhos de Israel", e cada um de seus filhos (com exceção de José e Levi) posteriormente se torna líder de uma grande tribo: as Tribos de Israel. Os dois filhos de José acabam liderando suas próprias tribos, e os levitas se tornam professores e sacerdotes para as outras tribos.

PALAVRAS DE SABEDORIA

Após esse episódio, Jacó é às vezes chamado de "Israel" e às vezes de "Jacó". Talvez "Israel" reflita uma identidade espiritual mais profunda, e "Jacó" ("o usurpador"), o eu cotidiano. Esse patriarca, assim como todos os humanos, às vezes se lembra e outras se esquece de seu eu mais profundo.

O Filho Também Ascende

Muitas histórias ajudam a definir o povo que posteriormente será o judeu, e todas começam com a história de José. Devido ao profundo amor de Jacó por Raquel, a mulher por quem serviu a Labão por tantos anos, o primeiro filho que teve com ela era claramente seu preferido. Os irmãos de José, o que não surpreende, ficaram com inveja, e conforme José crescia, parecia que entrava naquele jogo, em vez de tentar encerrá-lo.

José parecia ser um irmão detestável. Ele denunciava seus irmãos mais velhos quando realizavam atos não tão honráveis e contava a todos seus sonhos nos quais, simbolicamente, seus irmãos e até seus pais se curvavam perante ele. Seus irmãos, por fim, tramaram contra ele e, quando surgiu a ocasião, capturaram-no e lançaram-no em um poço. No entanto, em vez de matá-lo, eles o vendem como escravo para um grupo de comerciantes viajantes e retornam para casa com sua famosa túnica

CAPÍTULO 11 **Deixe Meu Povo Ir: De Abraão ao Êxodo** 163

colorida (o símbolo de seu status especial com o pai) ensopada com o sangue de um carneiro. Jacó acredita que José foi morto por um animal selvagem e lamenta sua perda.

Enquanto isso, José começa uma jornada inesperada à grandeza. Ele é cheio de engenhosidade e, em vez de seguir o destino comum dos escravos na época (uma morte prematura por excesso de trabalho), demonstra ser um mestre na administração. Após ser levado ao Egito, acaba na casa de Potifar, um membro influente na corte do Faraó, e José logo recebe autoridade sobre toda a criadagem.

O fato é que José é muito bonito e atrai o interesse da esposa de Potifar, que se insinua para ele mais de uma vez. Quando José recusa continuamente suas investidas, ela, por fim, se enfurece, pega a camisa dele como evidência e grita, dizendo que ele a molestou contra seus desejos. José é lançado no calabouço. Mas, mesmo então, ele não reclama de seu destino. Em vez disso, demonstra tantas habilidades e competências administrativas, que acaba gerenciando a prisão.

Interpretando sonhos

Os sonhos têm um lugar especial na Bíblia, oferecendo insights mais profundos a eventos dessa história antiga, mais mítica. Quando criança, os sonhos de grandeza que José tinha o colocaram em problemas com seus irmãos, mas na prisão ele descobre que, com a ajuda de Deus, pode interpretar os sonhos de dois companheiros de cela, um copeiro e o outro, padeiro. Ele diz que seus sonhos significavam que em três anos o copeiro seria solto, e o padeiro, executado — o que de fato ocorreu. Dois anos depois, o próprio Faraó teve uma série de sonhos que ninguém no reino conseguiu interpretar. O copeiro se lembrou de José e o recomenda ao Faraó, que ordena que o tirem da prisão e o levem perante si.

O Faraó sonhara que sete vacas magras consumiam sete vacas gordas, e também que sete espigas murchas engoliam sete espigas repletas de grãos. Reconhecendo a ajuda de Deus, José explica que, após sete anos de abundância, haveria uma fome de sete anos na terra do Egito. Ele então encoraja o Faraó a se planejar para os anos ruins armazenando comida durante os anos de abundância. Depois, indica que seu planejamento permitira que o Egito ganhasse poder durante os anos ruins, visto que as pessoas de perto e de longe iriam até lá em busca de comida. Ele também sugeriu que o Faraó apontasse alguém para organizar e administrar tal empreitada, e o Faraó escolheu (adivinha quem?) José, tornando-o o segundo no comando de todo o Egito.

A ESCOLA DE SUCESSO DE JOSÉ

De alguma forma, José, filho de Jacó e Raquel, sempre se dá bem. Mesmo quando as circunstâncias pareciam azedar, ele consegue sucesso pessoal e, ao mesmo tempo, apoia os outros. Se não conhecêssemos bem a história, acharíamos que ela está nos ensinando lições sobre como ter sucesso nos negócios ao sermos autênticos:

- **Não tema sonhar seus sonhos, mesmo se parecem impossíveis no momento.**

- **Não importa o que aconteça, não acumule raiva e ressentimento. Fique alerta, faça o melhor das circunstâncias e veja o panorama mais amplo.**

- **Ajude aqueles ao seu redor e aja honestamente em prol deles.**

- **Honre os insights intuitivos ao compartilhá-los para ajudar os outros.**

- **Defenda suas habilidades sem menosprezar ninguém.**

- **Não fique preso em seu ego; lembre-se de que uma sabedoria superior pode estar trabalhando por meio de você.**

- **Honre seus comprometimentos.**

- **Não se esqueça de economizar, caso anos magros surjam no futuro; suas economias crescem com o tempo.**

- **Não carregue mágoas. Esteja disposto a apoiar até mesmo aqueles que lhe fizeram mal algum dia.**

Um sonho se realiza

Tudo que José prediz se realiza, e após sete anos de fartura, durante os quais ele organiza o armazenamento da produção, a terra é atingida por uma terrível seca. O povo do Egito e das áreas circundantes negocia suas riquezas e terras com o Faraó (por meio de José) em troca de comida. Não demora até que os irmãos de José cheguem de Canaã, enviados por Jacó para comprar grãos. Eles não reconhecem José, mas ele certamente os reconhece, e quando se curvam perante ele, seu sonho da infância se torna realidade. No entanto, o tempo mudou José, de um pirralho mimado para um verdadeiro *mensch* (um homem decente; veja mais detalhes no Apêndice A), e em vez de tratá-los mal, ele age com compaixão.

José testa a integridade dos irmãos e descobre que eles também mudaram com o passar dos anos. Obviamente, quando, por fim, revela sua identidade, eles ficam aterrorizados, achando que ele buscaria vingança. Mas ele os tranquiliza, dizendo que não foram eles que o venderam à escravidão, mas Deus, e que Deus claramente queria que isso ocorresse para que pudesse providenciar comida para sua família. (Essa é uma de nossas passagens favoritas da Bíblia, e é especialmente boa para ser lembrada quando parece que tudo está dando errado.)

Na cena final deste ato, o Faraó diz a José para trazer sua família ao Egito e lhes dá uma área fértil chamada Gósen (que provavelmente era na região do delta do Nilo) para ser seu lar. Saindo de um lugar assolado pela fome, o Egito deve ter parecido uma verdadeira terra prometida para Jacó e sua família. E talvez tenha sido isso mesmo, por um tempo. Mas então as coisas mudaram.

A Escravidão e o Êxodo

No começo do livro de Êxodo, a Bíblia deixa de contar histórias de uma família e passa a contar histórias de um povo. Os Filhos de Israel prosperaram no Egito, mas, após alguns séculos, "subiu ao trono do Egito um novo rei, que nada sabia sobre José", e, como temiam os hebreus, ele os escravizou.

Embora os arqueólogos não tenham encontrado nenhuma evidência direta da escravidão dos hebreus, historiadores podem apontar uma sobreposição entre a Bíblia e a história conhecida. Por exemplo, os primeiros registros falam de um povo, chamado *Apiru* ou *Habiru*, que apareceu no Egito no século XV AEC. A palavra "Habiru" pode ser a origem da palavra "hebraico", embora pareça indicar uma classe social, e não um clã ou família em particular. Alguns acadêmicos observam que a palavra "Habiru" pode ter significado "refugiado" ou "alguém às margens da sociedade" na antiga língua cananeia.

Historiadores documentaram casos de cortesãos não egípcios (talvez como José) que ascenderam a um poder significativo nas 18ª e 19ª dinastias egípcias. No entanto, quando o Faraó Ramsés II tomou o trono (por volta de 1290 AEC), ele começou uma série de projetos de construção em massa e provavelmente escravizou diversos grupos no Egito, incluindo, talvez, as primeiras tribos de Israel. Isso corresponde à descrição bíblica, que diz que os Filhos de Israel foram escravizados e forçados a construir cidades chamadas Pitom e Ramessés. Observe que, contrário à crença comum, os hebreus não construíram as pirâmides. Elas eram vistas como locais sagrados para os egípcios e não poderiam ser construídas por uma classe de escravos.

166   PARTE 3 **Um Panorama da História Judaica**

Nasce uma estrela

O real nascimento do povo de Israel acontece durante seu êxodo, saindo da escravidão no Egito e viajando de volta a Canaã. Liderando-os para fora do Egito está um homem que terá mais influência sobre os judeus do que qualquer outro: Moisés.

A Bíblia diz que Moisés nasceu após o Faraó ter decretado que todos os recém-nascidos meninos hebreus deveriam ser mortos. Para salvar a vida dele, sua mãe o colocou em um cesto no rio, onde foi descoberto e resgatado por uma das filhas do Faraó. Assim, Moisés, na realidade, é criado na casa do Faraó, como príncipe do Egito.

Moisés cresce, mata um egípcio que estava batendo em um escravo hebreu, foge para a terra de Midiã, associa-se a Jetro, um sacerdote de Midiã, casa-se com a filha dele e tem filhos. Talvez, enquanto vivia com Jetro, Moisés tenha passado por seu próprio treinamento espiritual, e certo dia, quando estava sozinho fora com o rebanho, vê uma sarça ardente e ouve o chamado de Deus. Como Abraão antes dele, Moisés sabia o que dizer: *Hineni!* ("Eis-me aqui").

Deus o encarrega de liderar os hebreus para que não sejam mais escravos, e embora Moisés argumente e se queixe, volta ao Egito para realizar sua tarefa. A experiência da Presença de Deus é suficiente para influenciá-lo a aceitar uma carreira incrivelmente exigente.

Por fim, após confrontar repetidamente o Faraó e anunciar uma série de pragas envolvendo gafanhotos, chagas e, por fim, a morte do primogênito do Egito, Moisés finalmente consegue que o Faraó liberte os hebreus. Durante a fuga, eles se aproximam de um corpo d'água que a Bíblia chama de *Yam Suf*, o "Mar de Juncos". *Yam Suf* é geralmente traduzido como "o Mar Vermelho", mas claramente não é o mesmo corpo d'água conhecido hoje por esse nome.

Milagres extraordinários acontecem em toda a Bíblia, mas este é grande: a Bíblia diz que a água do Mar de Juncos se separou, de modo que Moisés e o povo puderam passar, mas que depois se fechou, atingindo as carruagens do Faraó. Para aqueles que gostam de explicações mais racionais, alguns acadêmicos dizem que o "mar de juncos" era pantanoso em alguns lugares, então as pessoas conseguiam passar caminhando, mas as carruagens pesadas ficaram presas pelo fundo lamacento. Aceite você a imagem milagrosa do relato bíblico ou uma possibilidade mais mundana, os hebreus fizeram a travessia em segurança, e os egípcios desistiram da perseguição naquela altura.

CAPÍTULO 11 **Deixe Meu Povo Ir: De Abraão ao Êxodo** 167

Já chegamos?

A Bíblia diz que 600 mil homens com mais de 20 anos e suas famílias saíram do Egito. Os rabinos antigos chegaram à conclusão de que a comunidade total, incluindo mulheres e crianças, poderia ter sido de 3 milhões. Que tremendo acampamento deve ter sido! Mais uma vez, alguns historiadores discordam, observando que provavelmente não havia tantas pessoas em todo o Egito. Ainda mais, comentaristas rabínicos posteriores sugerem que nem todos os hebreus estavam dispostos a deixar o Egito. Rashi, um dos comentaristas rabínicos mais famosos (veja o Capítulo 28), sugere que apenas 20% da população total dos hebreus saiu, refletindo como é difícil deixar lugares conhecidos e desbravar algo novo.

Independentemente de quantas pessoas estavam de fato lá, a viagem saindo do Egito até Canaã não foi simples para os hebreus e acabou sendo muito mais longa do que qualquer um poderia ter imaginado. Após a experiência no Mar de Juncos, Moisés levou o povo ao Monte Sinai, na parte mais ao sul da Península do Sinai. Lá, a Bíblia conta como as pessoas contemplaram a Presença de Deus e receberam Suas instruções a elas — o que as pessoas chamam de os Dez Mandamentos. Nessa altura, estavam oficialmente consagradas ao serviço de Deus como um povo sagrado.

A própria Bíblia reconhece que a jornada a Canaã poderia ter sido uma viagem de apenas onze dias, mas como as pessoas perderam a fé de que Deus as habilitaria a vencer as tribos dos cananeus, a jornada se estende para quarenta anos. Historicamente, esse número não é tão absurdo quanto parece. Os hebreus provavelmente escolheram uma rota que evitava a maioria das áreas fortificadas, incluindo as bases egípcias ao longo da costa do Mediterrâneo e os reinos de Edom e Moabe (que ficavam na área que agora conhecemos como Jordânia). Então viajaram bem ao leste, conquistando o reino amorita, aproximando-se então de Canaã (e da cidade de Jericó) vindos do leste do rio Jordão.

Nessa altura, Moisés morreu, e a liderança foi passada a Josué por meio do primeiro ato de *semichá*, a imposição das mãos, que até hoje é usada para transmitir a ordenação de rabinos e bênçãos especiais. A Bíblia afirma que ninguém sabe onde Moisés foi enterrado, talvez para inibir qualquer tipo de adoração que tal lugar possa atrair.

Essencialmente, todos da geração do êxodo, com exceção de Josué e Calebe, morreram no deserto antes de entrar na Terra Prometida.

Entrando na Terra Prometida

Os judeus tradicionais hoje em dia insistem que Deus deu um grande pedaço de terra aos israelitas logo antes da morte de Moisés, uma área que, na verdade, vai muito além dos limites atuais de Israel. Intérpretes mais liberais da Escritura destacam que os israelitas eram apenas mais uma nação conquistadora em uma terra que já havia sido conquistada diversas vezes na história.

A Bíblia tem duas versões sobre o que aconteceu quando as tribos entraram em Canaã. Uma diz que eles conquistaram Jericó e, depois, em três campanhas militares triunfantes, tomaram toda a terra, dividindo-a entre as doze tribos de Israel. Em outro lugar, a Bíblia indica que as batalhas não foram tão bem vencidas assim, e que houve um desarranjo considerável entre as tribos.

Seja como for, pelos dois séculos seguintes — do término do século XIII ao final do século XI AEC —, os israelitas viveram em Canaã como tribos separadas. Durante esse período, não tinham um governo central, e as tribos operavam de forma relativamente independente, a menos que fossem ameaçadas. Estavam ligados por um pacto com um Deus que compartilhavam, e todos respeitavam a Arca da Aliança, objeto sagrado que se encontrava em Siló, na montanha central da região. Com o tempo, os israelitas deixaram de ser um povo seminômade e passaram a ser um povo agrícola, construindo cidades e cultivando a terra.

Porém, as sementes dos conflitos futuros já estavam plantadas. Grupos de cananeus permaneceram na área. Os arqueólogos têm inúmeras evidências demonstrando que as áreas costeiras eram controladas por grupos como o dos filisteus (que eram conhecidos como o "Povo do Mar"). Por volta de 1050 AEC, os filisteus, a quem os romanos homenagearam muito tempo depois ao nomear aquela terra como "Palestina", tinham se tornado poderosos o bastante para derrotar os israelitas em Afeque, destruindo Siló e capturando a Arca da Aliança. A derrota levou os israelitas a criarem sua própria monarquia de modo a se defenderem mais eficientemente contra tais inimigos.

170   PARTE 3 **Um Panorama da História Judaica**

NESTE CAPÍTULO

» O surgimento dos reis na antiga Israel

» O grande escândalo do Rei Davi

» Salomão, o Sábio, constrói o Primeiro Templo

» Um reino dividido e conquistado

Capítulo 12

Os Reis de Israel: O Primeiro Templo

Há cerca de um zilhão de anos (com alguns anos a mais ou a menos), criaturas unicelulares descobriram que conseguiam se defender dos ataques de outras criaturas unicelulares maldosas ao se agruparem, e, desse modo, formas de vida multicelulares (como as pessoas) nasceram.

Cenários parecidos se repetiram inúmeras vezes ao longo da história: os estados norte-americanos são mais fortes como um país unido, os trabalhadores podem exigir mais direitos quando se juntam em um sindicato, e as organizações podem ter sucesso onde os indivíduos fracassam. A situação não era diferente por volta de 1100 AEC, quando as doze tribos de Israel viviam em Canaã, defendendo-se dos ataques dos filisteus e de outras tribos (veja o capítulo anterior). Nenhuma das tribos individuais era grande o suficiente para lutar contra os invasores. Era uma época de caos intenso. As tribos precisavam se juntar e seguir um único líder.

A história da união das tribos é contada nos livros bíblicos de Juízes e Samuel, uma história repleta de guerra, sexo, maquinações políticas, pecado e arrependimento que muitos acadêmicos argumentam que deveria ser lida como literatura, e não como história. Seja como for, ela conta sobre um período de guerras quase constantes entre as doze tribos individuais e seus vizinhos, assim como conflitos internos entre as próprias tribos.

Visto que não havia um governo central, cada tribo era governada por um juiz, profeta, profetiza ou líder. Era como se houvesse apenas governadores, sem um presidente. Esse período de caos durou aproximadamente de 1200 AEC até por volta de 1020 AEC, quando o povo de Israel ficou tão cansado daquela vaga confederação, que reclamou com Deus e exigiu um governo unido com um único rei.

Encontrando o Cara Certo para Ser o Rei

Consegue imaginar as doze tribos, que tinham tanta dificuldade para coordenar suas energias, chegando a um consenso quanto ao rei? Não, o Rei de Israel dificilmente poderia ter sido escolhido por voto, debate ou até batalha. Apenas um homem percebido como escolhido diretamente por Deus seria o suficiente.

O primeiro livro de Samuel (há dois na Bíblia) descreve como a escolha divina se manifestou: primeiro por revelação, e depois, por sorteio. O primeiro relato explica que enquanto um rapaz consideravelmente tímido e confuso chamado Saul estava vagando perto de casa, tentando sem sucesso encontrar os burros de seu pai, encontrou-se com o profeta Samuel. Deus disse a Samuel "Ele é o cara" (ou algo do tipo) e o instruiu a ungir Saul com óleo.

O PODER DOS PROFETAS

Desde os tempos em que os israelitas saíram do Egito (veja o Capítulo 11), os chamados profetas (*neviim*), com quem Deus se comunicava diretamente, incitavam os israelitas, e seus governantes, a ações mais éticas. O verdadeiro profeta antevia a destruição em tempos de muita facilidade e demasiado esquecimento, falando sobre a esperança futura em momentos de derrota e desespero, mantendo as pessoas nos trilhos em sua busca pelo divino.

Aqui, por exemplo, temos a visão de esperança que o profeta Isaías dá para um povo preso em grande angústia durante o exílio da Babilônia (veja o Capítulo 13). Ele aguardava um tempo em que:

Nunca mais se ouvirá de violência na tua terra, de desolação ou ruínas, nos teus limites; mas aos teus muros chamarás Salvação, e às tuas portas, Louvor.

Nunca mais se porá teu sol, nem a tua lua minguará, porque o Eterno será a tua luz perpétua, e os dias do teu luto findarão. (Isaías 60:18, 20)

Na sequência, como o povo de Israel ainda não sabia que Saul, claramente alguém sem experiência de liderança, seria o rei, decidiram selecionar um usando um tipo de loteria divina. A ideia era a de que, como Deus controla tudo, quem ganhasse a loteria seria obviamente o escolhido. Primeiro, cada tribo tirava na sorte (como escolher um número, lançar o dado ou tirar o palitinho) para decidir em qual tribo o rei seria encontrado. A tribo de Benjamim foi escolhida. Depois, tiraram na sorte novamente, e os benjamitas e a família dos Matrites foram escolhidos. Por fim, após mais uma rodada, Saul, filho de Quis, da tribo de Benjamim, foi revelado como o rei.

Tenha Saul sido ou não escolhido exatamente como descreve o texto bíblico, muitos acadêmicos suspeitam que essa história forneceu uma forma de reduzir a tensão entre as tribos e evitar a guerra. É muito mais provável que Saul, assim como o rei Davi e outros reis posteriores, fosse um grande guerreiro e líder carismático.

Continuando a Guerra e a Paz

Como primeiro rei dos israelitas, Saul tinha uma tarefa difícil. Ao longo de seu reinado de quinze anos (começando por volta de 1020 AEC), esteve quase que constantemente em guerra com os grupos vizinhos não israelitas, especialmente os filisteus.

No palco, entra Davi

Durante as constantes guerras sob Saul, um jovem chamado Davi se tornou um herói de guerra. A Bíblia diz que Davi ganhou proeminência quando derrotou em combate um verdadeiro gigante chamado Golias ao lançar uma pedra com sua funda. Talvez como recompensa, ou ainda apenas para ficar de olho no jovem guerreiro, Saul convidou Davi para sua casa e lhe deu uma de suas filhas como esposa. Não demorou até que Davi se tornasse uma peça importante da realeza, escrevendo músicas (salmos) e cantando-as enquanto tocava harpa para aliviar as terríveis depressões de Saul. Na verdade, a tradição atribuiu a Davi uma grande parte do livro de Salmos, ou todo ele, embora os estudiosos tenham evidências sugerindo o contrário.

Infelizmente para Saul, os israelitas começaram a pensar que Davi conseguia manter mais a paz do que ele. Saul, não sendo a pessoa mais estável do mundo, começa a odiar Davi, pois as pessoas gritavam "Saul mata centenas de filisteus, mas Davi mata milhares". Talvez a paranoia de Saul fosse justificável, talvez não. Também deve ter sido difícil para Saul perceber o relacionamento extremamente próximo de um de seus filhos e Davi. Não importam os motivos, Saul realmente tentou assassinar Davi em diversas ocasiões. Ele fugiu de Saul durante os quinze anos seguintes, enquanto ao mesmo tempo continuava a lutar contra os filisteus (às vezes após fingir ser aliado deles) como o líder de seu próprio exército mercenário.

CAPÍTULO 12 **Os Reis de Israel: O Primeiro Templo** 173

Mágica e desordem

Pobre Saul. As coisas foram de mal a pior, até que ele acabou quebrando as próprias leis e buscando respostas com os mortos. Com o desenrolar da história, Saul tinha um número muito menor de homens do que os inimigos filisteus. Ele buscou conselhos diretamente com Deus, que não lhe respondia. Então ele tentou falar com o juiz e profeta Samuel. Infelizmente, Samuel morrera há pouco. Mas ele era o rei! Uma coisinha pequena como a morte não deveria atrapalhá-lo, então Saul visitou a médium de En-Dor e implorou a ela que invocasse o espírito de Samuel a partir dos mortos. O próprio Saul, em linha com proibições antigas, havia proibido a feitiçaria e a necromancia, então a médium de En-Dor não estava disposta a violar a lei. Após Saul prometer que não a puniria por praticar seu ofício, ela concordou relutantemente.

O espírito de Samuel subiu dos mortos e falou com Saul, perguntando: "Por que me perturbou? Deus se afastou de você e apontou outro, Davi." Não eram as notícias que Saul esperava. Velho, cansado e renunciado por Deus, Saul e todos os demais, com exceção de um de seus filhos, morreram na batalha seguinte contra os filisteus.

Vivendo sob o Leão de Judá

Após a morte de Saul, seu único filho sobrevivente governou por um período muito curto. Davi rapidamente reivindicou seu lugar como o líder mais amado e rei indiscutível sobre a Terra (veja a Figura 12-1).

Embora Saul fosse benjamita, a tribo ancestral de Davi era Judá (cujo símbolo tribal era um leão). O novo reino foi chamado Reino de Judá, posteriormente vindo a ser conhecido como Judeia. Soa familiar? Se Davi nunca houvesse se tornado rei, talvez este livro fosse chamado de *Benjaminismo Para Leigos.*

Muitos pensam no rei Davi como um governante bonito, amado e bondoso, que tocava sua harpa e cantava o dia todo. Mas a regra de Davi, desde por volta de 998 até 967 AEC, estava distante disso. Ele lutou muitas guerras contra os filisteus e outras nações vizinhas, em especial os jebuseus, de quem conquistou a cidade de Jerusalém, localizada centralmente entre as metades do norte e do sul de seu reino. Essa cidade se tornou a joia da coroa em seu império, seu capital político e o novo lar da Arca da Aliança, sendo assim o centro religioso de seu império.

Davi não apenas defendeu a terra, mas buscou expandi-la. De fato, teve tanto sucesso nas conquistas, que os israelitas tinham controle sobre mais terra do que jamais tiveram — um vasto império que ia desde o Mar Mediterrâneo ao deserto no leste, e do deserto do Sinai até Tiro, ao norte, e o Eufrates, a noroeste.

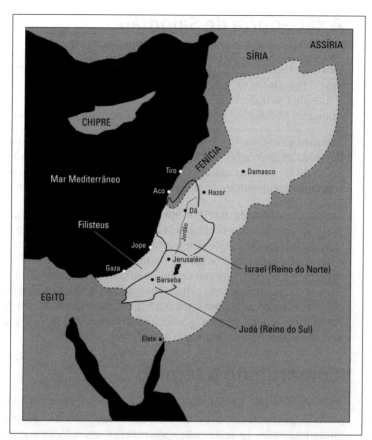

FIGURA 12-1: Limites de Israel (linha pontilhada) durante o período do rei Davi e, depois, os reinos do Norte e do Sul.

No entanto, após Davi conquistar a terra, ele passou o resto da vida lutando para manter sua conquista. Não apenas teve que lutar contra invasores "estrangeiros" tentando capturar e recapturar a terra, mas também ficou com péssima fama por causa de um escândalo sexual.

A fraqueza de Davi era Bate-Seba (em hebraico, "Bat-sheva"), uma mulher casada a quem ele desejava muitíssimo, e cujo marido Davi enviou para uma missão militar suicida. É desnecessário dizer que sua atitude não o deixou com a melhor das imagens perante Deus, e o profeta Natã foi confrontar Davi por causa de seu delito. Em seu favor, Davi ouviu a mensagem levada por Natã e aprofundou o próprio comprometimento com um governo mais apropriado. No entanto, tal governo tinha suas dores especiais. Até mesmo seu amado filho, Absalão, rebelou-se contra ele, e Davi foi forçado a uma guerra civil.

Quando Davi envelheceu e não pôde mais governar, a questão de qual dos filhos tomaria seu lugar era uma incógnita. Após muitas tramas e manipulações, foi o filho de Bate-Seba, Salomão, quem se tornou o herdeiro e futuro rei da Judeia.

A sabedoria de Salomão

Salomão governou aproximadamente de 967 até 928 AEC. A Bíblia diz que Deus apareceu a Salomão em um sonho, perguntando-lhe qual era seu desejo mais intenso, e Salomão pediu sabedoria. Acredita-se que Deus deu a ele uma sabedoria divina especial, com a promessa de que, caso sua linhagem obedecesse à lei, o reinado permaneceria com eles.

Salomão é descrito como um sábio governante, juiz e diplomata. Para acabar com as inúmeras intrigas palacianas, a primeira decisão "sábia" de Salomão foi mandar matar vários homens, incluindo o general de seu pai e o próprio meio-irmão, com quem teve que competir pelo trono.

Porém, seu reinado não era apenas derramamento de sangue. Salomão poderia ser o garoto-propaganda do pôster "Faça amor; não faça guerra". A Bíblia afirma que ele teve setecentas esposas reais e trezentas concubinas de praticamente todos os reinos vizinhos. Muitas histórias têm sido contadas sobre o relacionamento de Salomão com a rainha de Sabá, uma mulher linda e sábia que visitava Jerusalém e Salomão. Alguns acreditam que ela se converteu ao judaísmo e fez o mesmo com o povo em seu próprio reino na África. De fato, alguns acadêmicos argumentam que os judeus etíopes são descendentes de Salomão e Sabá.

Construindo o templo

Embora hoje em dia Salomão seja provavelmente mais lembrado por sua decisão de cortar um bebê ao meio para resolver uma disputa entre duas pretensas mães (a falsa mãe concordou, e a verdadeira gritou), para os judeus, ele é conhecido como o homem que construiu o Primeiro Templo em Jerusalém. Isso havia sido o sonho de seu pai, o rei Davi, que queria construir um templo gigante ao redor da Arca da Aliança, mas Deus não permitiu. Os rabinos antigos observam que, como Davi era muito sanguinário devido às batalhas, seu destino foi de não construir o Templo, tarefa passada a seu filho.

Cerca de dez anos após Salomão se tornar rei, e com a aprovação de Deus, ele decidiu que era hora de começar a construir. Enquanto Davi estabeleceu Jerusalém como o centro de Israel, Salomão, com a construção do Templo, definiu a cidade de uma vez por todas como o local central para a adoração de Deus.

A tradição credita a Salomão a provável autoria dos livros de Provérbios, Cântico dos Cânticos e Eclesiastes. Outros estudiosos argumentam que, embora ele possa ter escrito parte de Provérbios e algumas músicas, as versões na Bíblia foram provavelmente compiladas, se não compostas, em uma data posterior, por outra pessoa que não Salomão.

Contando um Conto de Dois Reinos

Expandir um império e embarcar em projetos enormes de construção demanda muito trabalho humano, preferencialmente trabalho barato. Para que o rei Salomão pudesse levar a cabo seus ambiciosos projetos de construção em toda a Judeia, ele aumentou os impostos e recrutou várias pessoas para o trabalho forçado. Nada popular, mas pareceu funcionar por um tempo.

Infelizmente, quando Salomão morreu (por volta de 928 AEC), seu filho Roboão se tornou o rei. A Bíblia recorda que, com a morte de Salomão, o povo foi a Roboão pedindo que aliviasse o trabalho pesado imposto por seu pai. O rei respondeu muito rudemente, comparando até a anatomia privada de seu pai com seu dedo mindinho. A resposta era clara: longas horas, sem pagamento.

Estranhamente, Roboão ficou surpreso quando quase todas as tribos se rebelaram contra ele — com exceção das tribos de benjamim e Judá, os sacerdotes do Templo e alguns dos Levitas. As tribos rebeldes convidaram um homem chamado Jeroboão para ser seu novo rei e declararam um reino israelita separado, também chamado de Reino do Norte (em oposição ao Reino do Sul da Judeia).

Cem anos de união foram destruídos, e dali em diante o reino de Israel e o reino de Judá estiveram quase que constantemente em guerra um contra o outro. Jeroboão construiu dois templos no reino de Israel de modo a evitar que seus súditos fossem a Jerusalém, que era na Judeia. Esses templos, porém, foram considerados idólatras pelo povo da Judeia.

Muitas famílias diferentes governaram o Reino do Norte durante os dois séculos seguintes, sem que qualquer família mantivesse o reinado por muito tempo. Os diversos relatos bíblicos retratam a maioria desses reis e suas esposas como seres humanos terríveis que levaram o povo à idolatria, ao pecado e ao destrato dos pobres e infelizes.

Por apenas cerca de duzentos anos, o reino israelita do Norte governou e derrotou os invasores. Eles sobreviveram em grande parte por pagar um tributo (alguns talvez o chame de "dinheiro de proteção") aos assírios, mais poderosos e em maior número, que viviam mais ao norte. Quando, em 722 AEC, o reino de Israel decidiu parar de pagar o tributo, os assírios se apressaram, derrotaram o exército israelita e deportaram as dez tribos de Israel (veja o box "Cadê as Tribos Perdidas?").

O reino da Judeia, do Sul, continuou a ser governado pelos descendentes da casa de Davi (que, a propósito, aprenderam com o erro dos outros: continuaram pagando o dinheiro de proteção aos assírios). Quase todos os reis eram, de acordo com o livro de Reis e dos trabalhos de diversos profetas, péssimos reis, que levavam o povo à idolatria e a uma ética questionável. Talvez tais tentações fossem ossos do ofício — aqueles com o maior poder geralmente fazem mal uso dele, buscando em seu próprio favor.

CAPÍTULO 12 **Os Reis de Israel: O Primeiro Templo** 177

CADÊ AS TRIBOS PERDIDAS?

As denominadas Tribos Perdidas de Israel — aquelas que foram dispersadas pelos assírios em 722 AEC — apresentam uma questão interessante à história: aonde foram e quando fugiram de seus lares por estarem sendo perseguidas? Alguns acadêmicos dizem que as Tribos Perdidas se tornaram os indígenas norte-americanos, os esquimós, os irlandeses, os judeus etíopes, os japoneses e outros povos em todo o planeta. No entanto, a maioria dos historiadores sugere que os israelitas assimilaram a cultura assíria e perderam sua identidade israelita. Também é possível que alguns israelitas tenham mantido suas crenças até que foram enviados juntos ao exílio pelo reinado de Judá em 586 AEC.

Uma exceção notável a essa linha de péssimos governantes foi o rei Josias, extremamente inovador e que começou a governar por volta de 640 AEC. Durante seu reinado, um livro faltante da Bíblia (provavelmente o livro de Deuteronômio) foi "milagrosamente" recuperado, levando a grandes mudanças religiosas. A maior delas foi a ênfase na centralidade de Jerusalém. Todos os sacrifícios foram proibidos, com exceção daqueles realizados no Templo em Jerusalém, uma decisão que foi provavelmente muito boa para a economia.

A Queda do Primeiro Templo

Quando o reino de Israel foi destruído, e o reino de Judá permaneceu, diversos profetas e reis argumentaram que Judá fora vingado. Infelizmente para eles, a Judeia ainda foi pega em batalhas pela terra de três impérios muito maiores: Egito, Babilônia e Assíria. O fim do jogo acontece ao estilo da máfia de Nova York: Josias tentou ajudar os babilônios ao impedir que os egípcios avançassem. A tática deu certo por um tempo, mas então ele foi morto, o Egito tomou conta do "território" da Judeia, e a Babilônia o invadiu, expulsando os egípcios.

De início, o rei babilônio Nabucodonosor instituiu impostos, mas deixou o poder dominante intacto. No entanto, ficou cada vez menos paciente após o rei de Judá, Jeoaquim, ter começado uma rebelião contra a Babilônia. Não demorou até Jeoaquim ser morto e Nabucodonosor entrar em cena rapidamente. Ainda meio impaciente, de início deixou o Templo em pé. Colocou Zedequias, um dos filhos de Josias, no trono como um rei de fachada, mas deixou todas as outras coisas praticamente sozinhas.

Por volta de 587 AEC, Zedequias, que deveria ser rei apenas de nome, se rebelou contra os babilônios. Após um longo cerco, as tropas de Nabucodonosor romperam os muros de Jerusalém. Mataram os filhos de Zedequias na frente dele, o cegaram, queimaram o palácio real e, o mais importante, queimaram o Primeiro Templo. A farsa acabou, o jogo terminou, e Nabucodonosor levou praticamente todas as pessoas mais importantes para o exílio na Babilônia.

NESTE CAPÍTULO

» **Os judeus exilados na Babilônia**

» **O grande retorno: Reconstruindo o Templo em Jerusalém**

» **Os gregos e os romanos vêm visitar... e ficam**

» **Quando judeus lutam contra judeus: A destruição do Segundo Templo**

Capítulo **13**

Unidos pelo Exílio: O Segundo Templo

Q uando ouvimos alguém mencionar o "século VI AEC", é quase como se estivessem nos contanto sobre algum outro planeta. Ao lermos todas essas histórias, é muito fácil nos esquecermos de que as pessoas há 2,5 mil anos não eram tão diferentes de hoje em dia. Tinham relacionamentos, pagavam impostos e reclamavam sobre o governo, exatamente como as pessoas fazem hoje em dia. Então, ao falarmos sobre o que estava acontecendo no século VI AEC, lembre-se de que não estamos falando sobre contos de fadas, mas sobre a história real de pessoas reais que foram apanhadas por forças maiores que elas mesmas.

Neste capítulo, falamos sobre o que aconteceu após o exílio na Babilônia (veja o capítulo anterior). O povo judeu e a terra de Israel (é claro, não era chamada de *Israel* naquela época) se viram presos em um jogo dominado por quatro enormes impérios: Babilônia, Pérsia, Grécia e Roma.

O século VI AEC foi uma época rica espiritualmente, quando os profetas Isaías, Jeremias e Ezequiel ajudaram a liderar uma renovação judaica. Ao mesmo tempo, duas outras grandes religiões estavam sendo fundadas: o zoroastrismo começou na Pérsia, e Buda se tornou iluminado na Índia.

CAPÍTULO 13 **Unidos pelo Exílio: O Segundo Templo** 179

Encontrando um Lar Longe de Casa

A destruição do Templo causada por Nabucodonosor (veja o capítulo anterior) sinalizou uma mudança radical para os Filhos de Israel: havia então mais judeus no exílio do que na Judeia — a maioria na Babilônia, embora alguns vivessem no Egito e em outras terras.

Os judeus que foram levados para morar na Babilônia, tirando o transtorno por terem sido arrancados de seus lares, na verdade viviam muito bem. Podiam possuir terras, cultivá-las e praticar o judaísmo — embora, pela primeira vez na história judaica, a prática não incluía mais o sacrifício animal (pois estavam separados do Templo).

O exílio longe da Judeia durou quase cinquenta anos, até 539 AEC, quando Ciro da Pérsia conquistou a Babilônia. Sob uma notável política de tolerância étnica, Ciro permitiu que os judeus exilados retornassem à Judeia e reconstruíssem o Templo em Jerusalém. De fato, por causa de seu respeito e de sua mente aberta, Ciro é atualmente considerado um dos não judeus mais importantes na Bíblia.

Nada como estar em casa

Embora cinquenta anos no exílio não pareçam tanto tempo assim, foi o bastante para que os judeus aprendessem um novo idioma (alguns até esquecendo o hebraico no processo) e se sentissem confortáveis na terra muito fértil da Babilônia. Assim, quando Ciro anunciou que poderia partir, apenas alguns aproveitaram a chance — a maioria sacerdotes, alguns profetas e diversas pessoas que alegavam ser descendentes do rei Davi (talvez com aspirações políticas).

De fato, diversos profetas, em especial Zacarias e Ageu, estavam muito animados para criar um novo reino de Judá. O governo persa era tolerante, mas não tanto assim, e naquela época qualquer um que falasse alto demais sobre ser descendente de Davi tendia a desaparecer.

Entrementes, os judeus em exílio na Babilônia agiam muito como os judeus fora de Israel o fazem atualmente: alguns emigraram, mas a maioria escolheu ficar onde estavam e enviar doações de caridade para ajudar o esforço do time da casa. A comunidade judaica na Babilônia prosperou, estabelecendo as bases intelectuais e religiosas que floresceriam como os principais centros de cultura e aprendizado judaico quinhentos anos depois (veja o Capítulo 14).

180   PARTE 3 **Um Panorama da História Judaica**

Construindo e reconstruindo

Os judeus que retornaram construíram o Segundo Templo em Jerusalém, mas o judaísmo parecia estar se debatendo por cerca de cinquenta anos, até que o governo persa enviou Neemias como o novo governador provincial. Alguns anos depois, o rei da Pérsia enviou Esdras, um escriba judeu de ascendência sacerdotal, para colocar em prática a lei do Deus de Israel (e provavelmente a lei persa também).

Tanto Esdras como Neemias rededicaram o Templo juntos em 428 AEC, reunindo a comunidade e lendo toda a Torá. A leitura foi traduzida para o aramaico, para aqueles que tinham esquecido o hebraico durante o exílio.

Embora o "reino" fosse um tipo de "Templo-Estado", governado pelos sumos sacerdotes e governadores do Império Persa, os cem anos seguintes foram relativamente bons para o povo judeu. A única dificuldade real durante o período era uma luta de poder entre aqueles que retornaram à Judeia, saindo do exílio, e aqueles que nunca o fizeram. É uma questão interessante que, de alguma forma, continua atualmente sob uma forma levemente diferente: "Quem é mais judeu? Os que nunca saíram da área ou aqueles da diáspora (fora de Israel)?"

Está Falando Grego?!

Nada dura para sempre, incluindo o Império Persa, que foi conquistado pelos gregos (liderados por Alexandre, o Grande) em 332 AEC. De início, isso não significou muito para os judeus além de terem que aprender grego. No entanto, após a morte de Alexandre, nove anos depois, o império foi dividido entre os quatro generais gregos, dois dos quais são importantes para a história judaica:

> » **Seleuco:** Formou o Império Selêucida e exerceu controle sobre o que fora o Império Persa.
>
> » **Ptolomeu:** Formou o Império Ptolemaico e exerceu controle sobre o Egito.

Os impérios Selêucida e Ptolomaico estiveram em guerra quase constante sobre suas fronteiras. Infelizmente, a Judeia estava bem no meio dos dois e foi passada de um para o outro diversas vezes.

CAPÍTULO 13 **Unidos pelo Exílio: O Segundo Templo** 181

Tempos de paz e guerra

Durante a maior parte do século seguinte, Jerusalém e o "reino" de Judá foram governados pelo Império Ptolemaico, e a vida era muito boa. Era tão boa, que muitos judeus falavam apenas grego (especialmente os que viviam na cidade egípcia de Alexandria), e se tornaram cada vez mais "helenizados" — quer dizer, assimilaram a cultura, a filosofia, a arte e os esportes gregos. Acima de tudo, a cultura se concentrava no prazer físico e na beleza, o que pode ter sido um alívio para muitos dos judeus que ansiavam fazer parte de novas oportunidades culturais.

Os textos bíblicos foram traduzidos pela primeira vez por volta de 250 AEC (reza a lenda que o imperador ptolemaico queria a tradução para sua vasta coleção na biblioteca de Alexandria). Obviamente, qualquer texto sofre perdas na tradução, e os sacerdotes ficaram preocupados que uma nova versão grega das Sagradas Escrituras não seria fidedigna ao original. Há uma história fantástica de que setenta estudiosos, cada um separado dos outros, traduziu milagrosamente os textos exatamente iguais, provando que essa tradução estava correta.

Tal tradução, com os textos acrescentados posteriormente, ficou conhecida como a *Septuaginta* (que literalmente significa "os setenta") e incluiu diversos livros que os judeus não mantinham na Bíblia hebraica, como Tobias, Judite, Macabeus e Sirácida (também chamado de Eclesiástico). Atualmente, as Bíblias católicas romanas e ortodoxas orientais ainda incluem essas adições — chamadas de *Apócrifos* —, mas as Bíblias protestantes e judaicas não.

O último imperador

Este período de relativa paz e calma chegou ao fim quando Judá caiu sob controle do imperador selêucida Antíoco IV, por volta de 176 AEC. Antíoco, aparentemente mais neurótico do que seus predecessores, insistiu que os povos de seu império se assimilassem ou morressem (não como o Borg em *Jornada nas Estrelas: A Nova Geração*). Conforme ele impunha grandes impostos e restrições aos judeus atuantes, o ressentimento contra seu governo aumentava.

A vida para os judeus piorou após Antíoco saquear o Templo para encher seus bolsos, remover o então atual sumo sacerdote e o substituir por seu maior concorrente, um cara manipulador que provavelmente nem era sacerdote oficial. A situação ficou feia, e o futuro não parecia bom para essa pequena tribo.

Cada um para Seu Lado

Quando as pessoas dizem que a terra de Israel tem sido uma terra de conflito e combate por milhares de anos, elas têm razão! Após quinze anos do duro governo sob Antíoco, a rebelião estourou. Começou em uma cidadezinha judaica com um sacerdote chamado Matatias, que, com seus filhos, usou táticas de guerrilha para atacar os exércitos selêucidas e os falsos sumos sacerdotes, mas seus filhos continuaram lutando, especialmente Judá, que logo ficou conhecido como Judas, o Macabeu ("Judas, o Martelo").

Um ano depois, Jerusalém foi recapturada pelos judeus religiosos, e o Templo foi rededicado, encerrando aproximadamente 175 anos de governo grego sobre a cidade, um feito que até hoje é celebrado em Chanucá (veja o Capítulo 22). Infelizmente, a luta não se encerrou nessa altura. Assim que os macabeus (toda a família adotou o nome) assumiram o poder, tornaram-se tão mesquinhos quanto os selêucidas que haviam conquistado.

Após um curto período, todos os irmãos Macabeus, com exceção de um, haviam morrido ou sido assassinados, e o último Macabeu, Simeão, decidiu apontar-se como rei. Pela primeira vez em quase quatrocentos anos, a Judeia foi governada por um rei judeu e não estava mais sujeita à aprovação de um poder não judeu. Sua dinastia (conhecida como a dinastia Asmoneana) durou um século, mas foi um século de tumultos, não apenas nos países vizinhos, mas especialmente entre os dois principais partidos que cresceram dentro do judaísmo: os fariseus e os saduceus.

Todos os Caminhos Levam a Roma

Os reis e os sacerdotes que seguiram Simeão apoiavam os saduceus, os judeus sacerdotes que acreditavam de forma fervorosa e integral nos serviços sacrificiais do Templo (também chamado de Culto do Templo). Alguns judeus, indignados pelo que consideravam a dessacração do Templo e a atração dos líderes a práticas gregas, separaram-se e se tornaram os essênios, um grupo semimonástico que, acredita-se em grande escala, escreveu os Manuscritos do Mar Morto.

O outro grupo, desgostoso com o governo asmoneano e saduceu, eram os fariseus, que acreditavam na Torá Oral (e nos ensinamentos adicionais que, acreditavam eles, foram recebidos por Moisés com os conteúdos da Torá escrita e que vieram a ser, posteriormente, a base do Talmud; veja o Capítulo 3).

CAPÍTULO 13 **Unidos pelo Exílio: O Segundo Templo** 183

João Hircano e seu filho Alexandre Janeu foram dois governantes que geralmente recorriam à violência para reprimir os fariseus e apoiar os saduceus, matando milhares de fariseus de modo a manter o poder. Ao mesmo tempo, esses dois homens também expandiram muito a terra da Judeia, resultando na conversão forçada de outras tribos ao judaísmo. Como analisaremos posteriormente neste capítulo, raramente é uma boa ideia converter as pessoas contra sua vontade.

A esposa de Alexandre, a rainha Salomé (esta é diferente da Salomé que, alguns anos depois, pediu a cabeça de João Batista) se tornou mais politizada após a morte dele, mantendo a paz ao oferecer muito mais poder aos fariseus enquanto ainda mantinha seu filho Hircano II como sumo sacerdote. Mas os problemas fermentavam sob a superfície, e após a morte da rainha Salomé em 67 AEC, seu filho mais novo, apoiado pelos saduceus, tomou o poder do irmão e assumiu não apenas o papel de rei, mas também o de sumo sacerdote.

Com a Judeia envolvida constantemente em uma guerra civil durante três anos, Hircano II, por fim, decidiu convidar o imperador romano Pompeu para resolver a disputa entre os dois irmãos. Pompeu fez o que qualquer general romano razoável faria: decidiu em favor de Roma, arrancando ambos os irmãos do poder e insistindo que a Judeia começasse a pagar tributos como um Estado vassalo (embora tenha deixado Hircano II como o sumo sacerdote). Roma era o poder dominante em toda a Europa, Egito e, agora, Judeia.

Um Edifício Complexo

Hircano II continuou a governar como sumo sacerdote sob o controle maior de Roma por mais de vinte anos. Após a morte de Pompeu, Júlio César se tornou o líder incontestável de todo o Império Romano, embora viesse a ser assassinado em breve, e foi então sucedido por Marco Antônio. Este queria um governador da Judeia cuja principal lealdade seria à Roma, assim, escolheu um homem que, embora judeu "no nome", tinha pouca conexão com os judeus: Herodes, cujo pai havia sido convertido à força ao judaísmo por João Hircano.

Herodes era um homem ambicioso, paranoico e manipulador — e essas eram suas características boas. Ele não favoreceu os fariseus nem os saduceus, mas incomodou praticamente todas as facções judaicas. Por exemplo, uma de suas primeiras ordens do dia foi se casar com a única mulher asmoneana viva e assassinar o sumo sacerdote, irmão dela.

184   PARTE 3 **Um Panorama da História Judaica**

Claramente, Herodes era um cara terrível, mas é lembrado em grande parte pelas incríveis estruturas que construiu ou reconstruiu, incluindo a fortaleza no deserto de Massada e o porto de Cesareia. Ainda é possível ver as ruínas de ambos hoje em dia. O mais importante, embora Herodes não tivesse nem um pingo de religiosidade, ele reconstruiu completamente o Segundo Templo, criando uma das maravilhas arquitetônicas mais surpreendentes do império. O Muro Ocidental em Jerusalém, que algumas pessoas chamam de "Muro das Lamentações", é o resquício do muro de retenção externo que Herodes construiu ao redor da reconstrução do Templo.

Não um, mas muitos messias

Parece que ninguém, com exceção talvez de Herodes, estava feliz sob seu governo. Cada seita — saduceus, fariseus e muitas outras — queria se rebelar. Falsos profetas e falsos descendentes do rei Davi saíram da toca, espalhando inquietação entre o povo. Para aumentar as complexidades, a natureza do messianismo mudou durante esse período.

Nos primeiros anos, o termo *mashiach* ("ungido" ou "messias") se referia simplesmente aos sumos sacerdotes e aos reis, que eram ungidos com óleo como um sinal de ofício. No entanto, durante o reinado de Herodes, no primeiro século AEC, a ideia de que um messias viria e que poderia realizar milagres começou a ganhar popularidade. Posteriormente, quando Herodes morreu, em 4 AEC, o caos e as esperanças descontroladas na região se intensificaram. As pessoas estavam ávidas por mudanças e por algo novo em que acreditar.

Morte e desmembramento

Após a morte de Herodes, seus filhos lutaram pelo controle da terra. Roma, embora não tenha eliminado a dinastia herodiana, decidiu limitar seu controle, então apontou cada um dos filhos de Herodes a uma pequena parte do reino maior. Logo os romanos trouxeram os "procuradores" para que agissem como governadores, mantendo a lei romana. Esses homens eram, em sua maioria, salafrários, mais preocupados em encher o bolso de dinheiro do que manter a paz cuidando das pessoas sob seu controle.

O filho mais famoso de Herodes é Herodes Antipas, que ordenou a decapitação de João Batista, possivelmente por falar publicamente contra o casamento de Antipas com a própria cunhada. Similarmente, o mais famoso dos procuradores romanos era Pôncio Pilatos, que ordenou a crucificação de um jovem pregador judeu da Galileia chamado Jesus, com centenas, e provavelmente até milhares, de outros judeus que ameaçavam o poder político dos romanos. (Veja no Capítulo 17 uma análise sobre se os judeus mataram Jesus; para informações sobre por que os judeus não acreditam que Jesus foi o messias, veja o Capítulo 29.) Alguns anos depois, Pilatos foi deposto como governador, pois se mostrou cruel demais ante seus súditos.

Seitas e Violência

É tentador falar sobre como eram "os judeus" e "o judaísmo" durante o século I EC como se houvesse apenas uma coisa acontecendo. Mas naquela época, como agora, havia muitos grupos dentro do judaísmo e muitas facções da comunidade.

A Judeia era uma bagunça política: os saduceus lutavam contra os fariseus quanto à filosofia, prática religiosa e ao controle do composto do Templo. As diferenças de classe também existiam; os sacerdotes saduceus eram aristocráticos, enquanto os fariseus eram, em sua maioria, agricultores, assim como os escribas e estudiosos que viriam a se tornar os rabinos. A maioria dos judeus era da classe mais baixa de agricultores de subsistência que trabalhavam para um senhorio absenteísta e eram taxados até o pescoço pelo Templo e por Roma.

Acima de tudo, porém, nenhum dos grupos judaicos gostava dos romanos. Gangues de judeus, chamados zelotes, começaram a aparecer, atacando violentamente os judeus, que sabidamente estavam em colaboração com os romanos ou que simplesmente não eram antirromanos o suficiente. Em última instância, em 66 EC, esse levante popular veio a se tornar uma guerra em escala total contra Roma.

O PRIMEIRO LIVRO DE HISTÓRIA JUDAICA "PARA LEIGOS"

O único recurso escrito contemporâneo sobre o período de revolta são as obras de um homem chamado Josefo, um general judeu que foi capturado em 67 EC e posteriormente trabalhou para os romanos. Alguns acadêmicos suspeitam que sua história não é confiável — não apenas ele escreveu seu relato após a guerra, quando Roma vencera, mas sua obra tinha, em grande parte, interesses próprios —, mas há boas chances de que muito do que ele disse esteja correto. Ele tentou claramente salvar a reputação dos judeus aos olhos romanos. Em essência, porém, ele é a primeira, a melhor e a única fonte histórica existente sobre a vida na Judeia no período até a revolta, assim como em termos de informações sobre a revolta em si. E, para o entendimento da história, uma fonte questionável é melhor do que nenhuma. O Talmud (veja o Capítulo 3) também contém um material histórico daquele período, que foi passado de geração em geração como tradição oral.

186 PARTE 3 **Um Panorama da História Judaica**

Diferentemente da maioria das guerras, essa foi incrivelmente desorganizada. Embora as diversas seções da sociedade da Judeia concordassem todas com a "liberdade de Sião" (um slogan visto em muitas moedas datadas daquela época), elas discordavam sobre quem deveria liderar a rebelião. De fato, quase no fim da guerra, quando os romanos estavam prestes a derrubar os muros de Jerusalém, havia lá três facções lutando pelo controle do Templo. Elas claramente preferiram lutar umas contra as outras, em vez de contra o inimigo realmente perigoso.

No fim das contas, Tito, filho de Vespasiano, o novo imperador romano, conquistou a Judeia e Jerusalém em 70 EC no dia de Tisha B'Av (veja o Capítulo 27). O Grande Templo foi destruído, e legiões de judeus, com seus artefatos religiosos, foram levados mais de 2,4 mil quilômetros de volta a Roma, como prisioneiros e escravos.

Porém, a guerra não estava totalmente encerrada. Ao longo dos anos seguintes, diversos postos avançados de judeus continuaram a lutar contra os romanos. O último grupo sobrevivente vivia em Massada (a fortaleza na montanha construída por Herodes que tinha vistas para o Mar Morto). Quando os romanos por fim invadiram a fortaleza, descobriram que os judeus haviam se matado, preferindo tal destino a serem capturados. Embora alguns estudiosos debatam a veracidade dessa história, ela tem um grande significado na ideologia israelense moderna; até recentemente, os soldados das Forças de Defesa israelenses faziam seu juramento no topo da montanha, que servia como um símbolo do heroísmo judaico.

188   PARTE 3 Um Panorama da História Judaica

NESTE CAPÍTULO

» A diáspora: A expulsão de Israel

» Escrevendo a lei oral:
A era talmúdica

» A queda do Império Romano e o
surgimento do islã

» Cruzadas e expulsões

Capítulo **14**

Os Exílios Continuam: O Primeiro Milênio

O que devemos fazer quando tudo ao nosso redor desmorona, quando tudo de valor para nós nos é tirado ou se transforma em pó? Na década de 1950, após o exército chinês invadir o Tibete, o Dalai Lama e muitos outros tibetanos fugiram para o exílio. Os chineses destruíram templos budistas, mataram muitos monges e monjas que permaneceram e tentaram impor sua vontade na região.

Anos depois, em 1990, o Dalai Lama se encontrou com um grupo de rabinos que haviam ido até a Índia para debater um assunto em particular: como um povo e uma religião podem sobreviver no exílio? Se alguém tinha uma resposta, conjecturou o Dalai Lama, eram os judeus. A ocupação dos chineses no Tibete espelhou outra ocupação, uma ocorrida 1,9 mil anos antes, quando os romanos marcharam rumo à Judeia, destruíram o Segundo Templo, mataram milhares de judeus e lançaram um povo inteiro ao exílio (veja o capítulo anterior). Os rabinos tinham respostas diferentes para o líder tibetano, mas poucos judeus, se é que algum, argumentariam um ponto: o judaísmo sobreviveu porque conseguiu evoluir e mudar.

Guardai-vos, o Fim Se Aproxima!

Após a destruição do Segundo Templo em 70 EC, Roma escravizou a maioria dos aristocratas e sacerdotes da Judeia e os levou — com os tesouros que restaram do Templo — para suas terras. Seguindo a revolta final fracassada dos judeus em 135 EC, os romanos mudaram o nome da Judeia para Palestina e proibiram os judeus de viverem na área de Jerusalém.

Embora tenha sido permitido aos judeus permanecer judeus e também viver na maioria das áreas da Palestina, era-lhes cobrado um imposto especial pelo privilégio. No entanto, em última instância, a destruição do Segundo Templo teve muito menos impacto nos judeus remanescentes (sendo que três em cada quatro, na verdade, viviam fora da Palestina na época) do que no próprio judaísmo. Os sacrifícios não podiam ser mais oferecidos no templo. Os sumos sacerdotes não estavam mais disponíveis para decidir as questões da observância judaica.

Foi um grande divisor de águas para o judaísmo. Os fariseus, que acreditavam no estudo da Torá escrita e oral, e que diminuíam a importância dos sacrifícios sacerdotais, estavam em uma posição de revitalizar o judaísmo, pois suas práticas não dependiam do local físico do Templo. Embora o Templo há tempos fosse o foco central da adoração, algumas sinagogas haviam sido estabelecidas ao redor da Palestina, onde grupos menores, mais baseados na oração e no estudo, se encontravam (a palavra sinagoga vem da palavra grega "assembleia"). Os sábios entre os fariseus, que tendiam a ser mercadores ou escribas da classe média, assumiram o título "rabino" (significando "honrado" ou "professor"), de modo a auxiliar outros judeus a estudar e praticar uma nova forma de judaísmo, sem depender do Templo.

Revoluções e messias

Muitos estudiosos sugerem que a intensa opressão romana levou muitos judeus a se recordarem dos ensinamentos apocalípticos dos primeiros profetas. Tornou-se popular pensar que o fim seria precedido por grandes desastres, como a destruição do Templo, assim como a vinda de um messias que levaria os judeus à redenção. De repente, movimentos messiânicos brotaram em todos os lugares.

Um movimento bem conhecido foi liderado pelos nazarenos, um grupo de judeus que não eram nada diferentes dos outros judeus da época — com a exceção de que acreditavam que Jesus de Nazaré era o ungido. Como a palavra em grego para "messias" era *christos*, esses adeptos ficaram conhecidos posteriormente como cristãos. É claro, não temos espaço aqui para discutir as voltas e reviravoltas do cristianismo primitivo, mas é suficiente dizer que muitos dos primeiros cristãos lutaram para se diferenciar do judaísmo da época, especialmente posteriormente, no primeiro século, quando os evangelhos e a Bíblia cristã foram escritos.

Um segundo movimento messiânico levou à guerra de 132 a 135 EC e foi, na verdade, muito maior do que o que levou à destruição do Segundo Templo em 70 EC (veja o Capítulo 13). Essa segunda guerra foi liderada por um homem conhecido como Simon bar Kochba ("filho de uma estrela") — ou Simon Barcoquebas —, que também foi considerado um messias por seus seguidores, incluindo o famoso erudito talmúdico Rabi Akiva. A rebelião de Bar Kochba, como é conhecida, pode ter refletido um exagero do zelo messiânico, assim como uma reação à crescente perseguição pelo imperador romano Adriano, que proibira a circuncisão.

Embora a rebelião de Bar Kochba tenha sido muito mais bem organizada do que a anterior, ela foi rapidamente esmagada pelo imenso poder do exército romano. Não apenas os líderes foram mortos, mas Adriano também deportou quase todos os judeus remanescentes, vendendo a maioria deles como escravos. Por volta da época da guerra, Adriano renomeou Jerusalém para *Élia Capitolina* e proibiu a entrada de qualquer judeu.

O surgimento do Talmud

Felizmente, muitos rabinos e seus alunos acabaram na Galileia, ao norte do que era a Judeia. Sem sua terra natal ou o Templo, eles se concentraram no estudo da Torá — tanto a Bíblia escrita como a tradição oral herdada, que acreditavam ter sido passada de geração a geração, desde Moisés até eles.

A MÁ REPUTAÇÃO DADA AOS FARISEUS

Como a Bíblia cristã foi escrita para um público não judeu por aqueles que estavam se distanciando do judaísmo, algumas das histórias entram em conflito com o que os estudiosos agora sabem da história judaica. Por exemplo, quando Jesus ficou bravo e expulsou os cambistas e mercadores do Templo, ele não estava se opondo aos fariseus, mas aos saduceus. Estes eram a classe sacerdotal comprometida com o serviço do Templo, acreditando que a única forma de servir a Deus era por meio do sistema sacrifical. Os fariseus, precursores dos estudiosos e rabinos judeus modernos, acreditavam que o judaísmo era uma tradição em evolução e interpretavam os textos antigos sob a luz de um mundo em mudanças, permitindo que a tradição se renovasse. Jesus estava, na verdade, mais alinhado com os fariseus na forma pela qual ensinava os textos tradicionais, especialmente os ensinamentos sobre o amor a Deus e à humanidade.

A primeira seção da Torá "oral" foi escrita por volta de 200 EC por Yehuda haNasi (Judá, o Príncipe). Essa obra, que veio a ser conhecida como a *Mishná* ("aquilo que é ensinado pela repetição"), tornou-se a pedra basilar do pensamento rabínico e veio a definir o novo judaísmo, não baseado no Templo.

No entanto, no século III, o poder das escolas dos rabinos na Palestina minguou, e a academia judaica se mudou para as cada vez mais prósperas escolas da Babilônia. Rav, um discípulo de Yehuda ha Nasi, levou a Mishná para Babilônia, onde os judeus a estudaram e comentaram por centenas de anos (veja a discussão sobre o Talmud no Capítulo 3).

A criação da Mishná e o foco no estudo certamente ajudaram a salvar o judaísmo durante aqueles anos obscuros. Tal ênfase crescente no estudo levou a uma grande predisposição para aprender em geral e criou uma cultura portátil. Em essência, muito da história judaica ao longo dos 1,5 mil anos seguintes teve a ver apenas com uma coisa: quão obcecado o líder governante corrente estava em impor suas crenças religiosas para seus súditos judeus.

Fugindo de Roma

Embora os romanos realizassem todos os tipos de grandes feitos, incluindo a construção de estradas, a criação de aquedutos para levar água doce para as cidades, e assim por diante, eles eram terríveis em termos de tolerar as minorias. Nos primeiros séculos da Era Comum, os romanos perseguiram tanto os cristãos como os judeus, mas então uma coisa realmente extraordinária aconteceu. O imperador do século IV, Constantino, se converteu ao cristianismo, levando muito do Império Romano com ele. Era uma grande guinada de 180°, tão improvável quando um sucessor de Hitler de repente converter todos os alemães ao judaísmo.

Infelizmente, embora o cristianismo e o judaísmo tenham sempre concordado em suas bases quanto à moralidade, ao monoteísmo e assim por diante, os cristãos são historicamente antagonistas aos judeus (veja o Capítulo 17). O cristianismo primevo era fortemente influenciado pelo judaísmo, e muitos cristãos romanos de fato pareciam gostar de ir às sinagogas mais do que às suas próprias igrejas. Talvez em uma tentativa de limitar a ambiguidade religiosa para os novos convertidos cristãos, os cristãos no poder sentiram que seria melhor se o judaísmo tivesse a menor influência possível.

Os judeus que haviam conseguido a cidadania romana agora se viram com seus direitos religiosos e civis ameaçados pelas novas leis antijudaicas — leis instituídas para tornar o cristianismo mais atraente, e o judaísmo, menos. Os judeus não podiam mais construir, reconstruir ou reparar sinagogas. O casamento interconfessional era punido com a morte.

No entanto, bem quando a vida judaica estava se tornando realmente difícil, o Império Romano entrou em um profundo declínio. Posteriormente, no século IV, o vasto império se dividiu em duas partes: o mundo ocidental (centralizado em Roma) e o mundo oriental, renomeado pelo Império Bizantino e centralizado em Constantinopla (que atualmente é chamada de Istambul). Conforme os dois impérios lutavam entre si e contra outros invasores, muitos judeus escolheram sair da Palestina em busca de um ambiente econômico melhor na Babilônia, Itália, Espanha e até mesmo na distante Alemanha.

Os judeus que ficaram na Palestina ao longo dos séculos IV e V compilaram um conjunto de comentários e discussões com base na Mishná, que se tornou o Talmud Palestino (também conhecido como o Talmud de Jerusalém). Ao mesmo tempo, as grandes escolas da Babilônia estavam compilando o Talmud Babilônico (também chamado de *Bavli*). Ambos conjuntos de textos existem até hoje, embora a iminente explosão islâmica (veja a próxima seção) tenha garantido que o Talmud Babilônico se tornasse o maior e mais oficial das duas versões.

Judeus sob o Islã

Quando estávamos na escola, aprendemos que o mundo todo saiu na Idade das Trevas após os visigodos e os vândalos saquearem Roma, e o Império Romano ocidental virou ruínas. Isso é como chamar o campeonato brasileiro de futebol de "Copa do Mundo", embora seja obviamente um evento brasileiro. Em outras palavras, sim, a Europa ocidental caiu, mas havia muitas coisas acontecendo em outros lugares.

Por exemplo, ao longo dos séculos V e VI, comerciantes e agricultores judeus, cristãos e pagãos viviam juntos em relativa paz na área que hoje chamamos de Oriente Médio. Em algum momento por volta de 600 EC, um mercador árabe chamado Maomé — que provavelmente aprendeu sobre o monoteísmo com os judeus e cristãos ao seu redor — teve uma série de visões. Essas revelações o ensinaram que, embora as antigas crenças judaicas e as novas crenças cristãs fossem verdadeiras, ele seria o novo e último profeta do Deus Único.

CAPÍTULO 14 **Os Exílios Continuam: O Primeiro Milênio** 193

Maomé e seu pequeno grupo de adeptos se mudaram de Meca para Medina, onde o islã (literalmente significa "um caminho de paz" ou "submissão a Deus") floresceu e espalhou a mensagem sobre o Deus Único. As palavras e os ensinamentos de Maomé foram escritos e compilados e se tornaram o Alcorão.

Por que isso é relevante em um livro sobre o judaísmo? Porque o islã era a grande história de sucesso na segunda parte do primeiro milênio, e chegando o século VIII, nove de cada dez judeus do mundo estavam vivendo sob o governo islâmico. O Império Islâmico, de fala árabe, se tornou rapidamente maior e mais poderoso do que os impérios Grego ou Romano jamais o foram, indo da Pérsia, no leste, até a Espanha e a África do Norte, no oeste. A Idade das Trevas na Europa foi indubitavelmente a era dourada do islã.

Segunda classe é melhor que classe nenhuma

Em geral, os judeus tendiam a estar melhor nas terras islâmicas do que nas cristãs durante a Idade Média. Os muçulmanos consideravam os judeus e os cristãos como "Povos do Livro" — adorando o mesmo Deus que os muçulmanos e usando as Sagradas Escrituras —, e estes, portanto, estavam protegidos sob a lei islâmica. O foco judaico na erudição lhes conferiu admiração, e aos judeus, que aprenderam rapidamente a falar árabe, foi permitido tomar parte da robusta vida intelectual do Império Islâmico. Os cristãos, que haviam sido o poder dominante há muito tempo, acharam as restrições islâmicas terríveis, mas para os judeus, o governo islâmico era, de fato, um alívio do tratamento humilhante que tinham recebido dos cristãos.

Porém, o relacionamento não era exatamente perfeito. Por exemplo, os judeus eram taxados enormemente. O imposto da terra dificultou muito que os judeus possuíssem terras, levando muitos deles a buscar profissões não agrícolas, como mercadores, curtidores, trabalhadores de seda e tecelões. Eles também tinham que usar roupas distintivas e não podiam carregar armas, andar de cavalo ou viver em casas maiores do que a de seus vizinhos muçulmanos. O islã reconheceu as "verdades" do judaísmo, mas estava convencido de que as revelações de Maomé se sobrepunham àquelas dos judeus.

Certamente, nem todos os líderes islâmicos eram iguais. Embora a maioria fosse tolerante e garantisse a segurança de vida e propriedade, de vez em quando os líderes decretavam conversões forçadas em grande número ao islã, confiscavam propriedades, e assim por diante. No entanto, como um todo, tais perseguições eram mais curtas e menos cruéis do que antes e do que as que viriam a ocorrer posteriormente nas terras cristãs.

A ascensão do Gaon

Chegando o século VIII, havia pouca atividade judaica acontecendo na Palestina. Por outro lado, os judeus vivendo ao norte, em Bagdá, estavam ótimos. As maiores escolas judaicas da Babilônia se mudaram para Bagdá e se tornaram os centros mais importantes de estudo e cultura judaicos. É claro, eles preferiam "seu próprio" Talmud Babilônico ao que fora escrito em Jerusalém (veja "O surgimento do Talmud", anteriormente neste capítulo), e o espalharam por todos os lugares do império.

Muito antes da conquista do Império Islâmico, o líder de cada academia rabínica era conhecido como *Gaon* ("gênio"). Os Gaonim — o mais famoso dos quais era Saadia Gaon, que viveu de 882 a 942 EC — tinham uma enorme autoridade religiosa em todo o Império Persa, e, depois, em todo o Império Islâmico.

Nem todos estavam felizes com isso, é claro. No final do século VIII, um judeu chamado Anan ben Davi tentou derrubar a autoridade do Gaon ao declarar que toda a tradição rabínica da Torá Oral era falsa. Suas alegações — de que o Talmud era uma fraude e que a Bíblia era a única autoridade religiosa — demonstraram-se populares entre alguns judeus, que abandonaram a corrente principal do judaísmo e se tornaram conhecidos como *caraítas* ("leitores", referindo-se aos leitores da Bíblia hebraica). O movimento nunca alcançou sucesso como o judaísmo rabínico, mas ainda hoje há algumas comunidades caraítas.

Tudo que brilha é ouro

O ponto alto das relações judaicas e islâmicas ocorreu na Espanha, começando quando os primeiros muçulmanos conquistaram a Espanha no século VIII. Esse período sob governo do Califado Omíada foi especialmente bom para os judeus e é referido como "A Era de Ouro Espanhola". Judeus de todas as áreas do mundo islâmico, assim como de muitas áreas do então mundo romano, rumaram para a Espanha e conseguiram trabalho em todas as áreas de comércio. Muitos conseguiram até possuir terras. Os estudiosos judeus interagiam com os vizinhos não judeus, estudavam os mesmos textos, aprendiam matemática, filosofia e ciências e criaram uma enorme quantidade de preciosos comentários e lindas poesias.

Enquanto a Pérsia há tempos era considerada o centro de tudo que era judaico, uma academia rabínica foi então aberta na Espanha por volta de 955 EC e se tornou rapidamente um centro principal da lei e cultura judaicas. Infelizmente, a era de ouro perdeu muito de seu brilho quando os cristãos reconquistaram a Espanha em 1150 EC, impondo novas restrições e, por fim, expulsando totalmente os judeus (mais sobre isso em instantes).

CAPÍTULO 14 **Os Exílios Continuam: O Primeiro Milênio** 195

Deixe Meu Povo Ficar: Prosperidade e Perseguição

Quando o Império Romano ocidental se desmantelou, no meio do primeiro milênio, foi substituído por muitos países menores governados por reis, imperadores, czares e kaisers. Enquanto os judeus eram cidadãos de segunda classe no mundo muçulmano, não eram nem isso no mundo cristão. Eram mais como inquilinos sem um contrato de aluguel. A qualidade da vida de um judeu (ou de qualquer pessoa, por falar nisso) dependia quase que totalmente dos caprichos do governante ou do país ou do nobre do local. Em geral, os judeus não podiam possuir ou trabalhar a terra, não lhes era permitido se juntar às guildas, e normalmente havia restrições quanto aos trabalhos que podiam realizar. Se alguma vez você já se perguntou por que os judeus foram estereotipados como emprestadores de dinheiro ou mascates, o fato é que simplesmente não havia outros trabalhos disponíveis para eles.

Por outro lado, os judeus ganharam uma reputação por serem bons no comércio, e alguns reis, como Carlos Magno da França, na verdade os convidaram para se estabelecerem em suas terras de modo a encorajar o crescimento econômico.

Os judeus estavam extremamente descentralizados na Europa Ocidental, com poucos, ou nenhum, centros de aprendizado ou rabinos renomados (como havia no mundo islâmico). Cada comunidade tinha os próprios rabinos, que interpretavam a lei judaica quando necessário. Não obstante, alguns rabinos renomados do Oeste Europeu tiveram uma autoridade abrangente, incluindo Rabenu Gershom, que viveu por volta de 960 a 1028 EC; ele é mais famoso por diversas emendas aos princípios talmúdicos (chamados de *takanot*) que proibiam funerais elaborados, poligamia e a leitura da correspondência de outras pessoas (não necessariamente nessa ordem). De igual modo, Rashi — famoso por seus comentários sobre o Tanach e o Talmud — foi outro famoso erudito judeu francês na época (veja o Capítulo 28).

Ofereça a outra face

A vida para os judeus da Europa Ocidental foi de mal a pior em 1095, quando o papa Urbano II prometeu a salvação para qualquer cristão que fosse à Palestina lutar com os muçulmanos (ou convertê-los) e recapturar a Terra Santa da Palestina para a cristandade. Essa foi a primeira Cruzada de muitas, e, durante cada uma delas, inúmeros cristãos ignorantes e violentos decidiram que a caridade começava em casa: em vez de ir até a distante Palestina, decidiram converter forçosamente ou massacrar os infiéis em seu meio — os judeus.

196   PARTE 3 **Um Panorama da História Judaica**

A Igreja às vezes tentava salvar os judeus e interromper as turbas que ela própria criara, mas sem grande sucesso. Os judeus também muitas vezes tentavam lutar, mas como raramente podiam ter armas, tinham apenas sucessos mínimos. Alguns judeus decidiram matar a própria família e a si mesmos, em vez de se converter ou de serem atacados. Como discutiremos no Capítulo 17, o zelo antissemítico alcançou o ápice nos primeiros anos do segundo milênio, e os massacres eram geralmente seguidos de acusações de que os judeus matavam crianças cristãs para obter seu sangue, ou que envenenavam a água potável para causar pragas.

Pegue o dinheiro e fuja

Obviamente, o sentimento antijudaico aumentava e diminuía de país a país. Em geral, bem quando uma área estava perseguindo os judeus, outra estava protegendo-os (veja a Figura 14-1). Às vezes, o humor só dependia do estado econômico da região. Os judeus eram frequentemente convidados para estimular a economia de um país com o comércio e o empréstimo de dinheiro. (Eles geralmente tinham conexões familiares em outras terras, fornecendo uma rede internacional já desenvolvida.) Infelizmente, assim que ficavam muito influentes e quando a comunidade não judia ficava muito endividada, as propriedades dos judeus eram tomadas pelos poderes vigentes. Se tivessem sorte, eram apenas expulsos da cidade; na falta de sorte, eram mortos.

FIGURA 14-1: Os judeus rumaram a oeste, para a África do Norte e por toda a Europa.

CAPÍTULO 14 **Os Exílios Continuam: O Primeiro Milênio** 197

Por exemplo, o rei da Inglaterra, Henrique IV, tentou instituir várias reformas pró judeus por volta de 1103, mas em 1275 o rei Eduardo I ordenou que todos os débitos que deveriam ser pagos aos judeus fossem perdoados. Quatorze anos depois, ele ordenou a expulsão de todos os judeus na Gasconha e o confisco de todas suas propriedades. Isso deve ter sido muito lucrativo, pois, no ano seguinte, em 1290, ele baniu totalmente os judeus da Inglaterra.

O padrão de "bater e soprar" foi repetido vez após vez na França, Espanha, Alemanha, Itália, em Portugal e em outros lugares. E frequentemente, após alguns anos ou após a morte de um governante em particular, os judeus eram convidados de volta novamente. No entanto, após serem expulsos da Inglaterra em 1290, não lhes foi permitido entrar legalmente no país até 1730.

O Reinado na Espanha

Conforme os reis conquistavam a Espanha nos séculos XII e XIII, eles se voltavam às suas comunidades judaicas em busca de ajuda para governar o país. Jaime I de Aragão garantiu aos judeus muitos dos mesmos direitos e privilégios que eles tinham desfrutado sob o governo islâmico, e embora não pudessem assumir postos do governo, muitas vezes atuavam como conselheiros da corte real. Os judeus também traduziam centenas de obras científicas, matemáticas e filosóficas do árabe e grego para os idiomas da Europa Ocidental.

Naqueles primeiros anos — enquanto muitos judeus estavam sendo massacrados em outros lugares da Europa —, o judaísmo espanhol permaneceu próspero e seguro, embora nunca tenha alcançado a glória que teve sob o governo islâmico. Tudo isso mudou em 1391, quando turbas cristãs espanholas, talvez impulsionadas pelo ressentimento quanto à afluência de alguns judeus, se revoltaram, tomando propriedades e atacando as comunidades judaicas.

Os judeus não eram uma pequena minoria na Espanha; de acordo com algumas estimativas, um em cada dez espanhóis era judeu ou tinha alguma ascendência judaica. O que você faria se seus vizinhos de repente começassem a atacá-lo porque você não acredita na mesma religião deles? Alguns judeus buscaram abrigo em comunidades mais seguras da África do Norte. No entanto, para muitos, parecia uma escolha sensata se converter ao cristianismo e tentar assimilar a cultura dominante. Tais novos cristãos eram conhecidos educadamente como os *convertidos* ou, menos lisonjeiro, como *marranos* ("porcos").

Alguns judeus de tornaram claramente cristãos fiéis, mas, para outros, a conversão era apenas superficial. Eles continuaram praticando o judaísmo secretamente (historiadores modernos os chamam de "criptojudeus"). Por volta de 1480, a suspeição quanto aos convertidos era tão grande, que a rainha Isabel — católica devota — decidiu que as alegações de práticas judaicas escondidas precisavam ser examinadas. Felizmente para ela, a Igreja Católica havia instituído há tempos uma organização militar especial treinada para erradicar os hereges, chamada *Inquisição*.

Ninguém esperava a Inquisição espanhola

A Inquisição agia como uma polícia secreta e investigava todos os aspectos da vida de um convertido para garantir que este havia aceitado completamente o cristianismo. Caso alguém suspeitasse que um convertido (ou descendente dele) estava praticando secretamente o judaísmo, a família do suspeito era separada, os filhos eram dados aos monastérios e conventos para serem criados, e os adultos eram torturados até confessarem — fossem culpados ou não. A Igreja poderia então automaticamente confiscar a propriedade e o dinheiro de qualquer um que confessasse.

Os convertidos logo perceberam que foram pegos em um beco sem saída. Eram atacados como judeus, mas também não eram aceitos na sociedade espanhola como cristãos. Muitas famílias tentaram escapar para a Holanda ou para o Novo Mundo, terras que vieram a ser controladas pela Espanha, mas que não estavam ao alcance imediato da Inquisição. A Inquisição — que apenas visava judeus que haviam se convertido — lentamente se espalhou pela Europa e, em séculos posteriores, até mesmo perseguiu cristãos não praticantes que haviam escapado para as Américas.

Cristianismo ou prisão

Por fim, após um século de atitudes e políticas antijudaicas, a rainha Isabel e seu marido, o rei Fernando, impelidos pelo padre Tomás de Torquemada, emitiram um decreto fatídico em 1492. Eles ordenaram que, dentro de quatro meses, todos os judeus tinham que se converter ao cristianismo ou deixar o país. Alguns acadêmicos argumentam que o governo realmente acreditava que a maioria dos judeus se converteria se as punições fossem fortes o bastante. Afinal, muitos dos principais conselheiros do governo, acadêmicos jurídicos e financiadores eram judeus, e o decreto deixava claro que eles não poderiam sair com qualquer propriedade ou dinheiro.

Mas os judeus saíram. E assim, no mesmo mês em que Cristóvão Colombo começou sua decisiva expedição que acabou nas Américas, mais de 200 mil judeus embarcaram em um caminho de lágrimas em busca de países que os receberiam. Muitos foram a Portugal, que os recebeu de braços abertos, apenas para convertê-los forçosamente ao cristianismo alguns anos depois. Alguns fugiram para a Europa Ocidental, especialmente para a Holanda, e alguns anos depois seus descendentes se juntariam aos esforços de colonização do Novo Mundo.

Os judeus mais sortudos acabaram na Turquia, onde foram recebidos pelo sultão Bayezid, do Império Otomano, que claramente entendeu o bem de longo prazo que viria da recepção de um povo tão habilidoso. Os judeus "sefaraditas" (veja o Capítulo 1) reconstruíram rapidamente as comunidades em todo o vasto Império Otomano, espalhando-se para a Grécia, a Turquia, a Palestina, a África do Norte, o Iraque e o Egito.

Mais ou menos nessa época, muitos brilhantes eruditos judeus fugiram para Safed, ao norte da Palestina, criando uma intensa comunidade mística que gerou erudição, poesia e orações que ainda são usadas hoje (veja o Capítulo 5). Muitas outras comunidades sefaraditas floresceram em paz e segurança por mais de quinhentos anos, até que, no meio do século XX, foram destruídas no Holocausto.

NESTE CAPÍTULO

» Violência antijudaica em toda a Europa Ocidental

» O Iluminismo traz uma mensagem de esperança

» O surgimento do nacionalismo e do racismo

» Sobrevivendo ao Holocausto

Capítulo **15**

O Maior Horror, o Maior Triunfo

A maioria dos livros de história (e dos artigos de jornal) está repleta de dois tipos de histórias: "Demos um chute na bunda deles" (conquistas e derrotas militares) e "Não importa o quanto sua vida esteja ruim agora, nada se compara com o que essa turma passou". Mas cada uma dessas histórias é apenas uma parte de uma história maior sobre o progresso humano. Isso é especialmente verdadeiro em termos da história judaica, que geralmente se concentra nos terríveis momentos passados pelos judeus, em vez de nos períodos quando a vida era realmente maravilhosa.

Tendo dito isso, as partes da história judaica que visitaremos neste capítulo não são exatamente repletas de risadas. A história judaica nos últimos quinhentos anos tem sido uma montanha-russa de eventos, com altos emocionantes e baixos catastróficos. Embora muitos dos detalhes deste capítulo sejam tristes, a força essencial do judaísmo e do povo judeu continua brilhando.

Quando a Polônia Era o Centro

Os reis poloneses e lituanos, como a maioria dos outros governantes cristãos, convidaram os judeus a se estabelecer em suas terras durante os séculos XIII e XIV. Os judeus levaram consigo experiência com comércio e empréstimo de dinheiro e ajudaram a turbinar as economias altamente agrícolas daqueles países do Leste Europeu.

Talvez, como a Polônia e a Lituânia eram distantes dos principais centros da Europa Ocidental e da Igreja Católica, os judeus estavam relativamente protegidos, e lhes era permitido participar em uma vasta gama de opções profissionais, não disponíveis em outros lugares. É claro, eles sofreram períodos de perseguição e tumultos ocasionais, mas durante o período de expulsões de outras terras, a Polônia e a Lituânia ofereciam uma paz relativa.

Com o passar do tempo, os judeus puderam alugar terras e trabalhar nelas, e conforme suas famílias cresciam, eles se espalharam por toda a Europa Oriental. No entanto, era comum ainda viverem separados de seus vizinhos cristãos, em pequenas vilas chamadas *shtetls*. Uma amostra de quão isoladas eram suas comunidades é o fato de que aqueles judeus falavam uma combinação de hebraico, alemão, polonês e russo (idioma que viria a ser chamado *iídiche*, veja o Apêndice A), mais frequentemente do que polonês ou lituano.

Quatro terras, um povo

Durante os séculos de relativa liberdade, os milhares de shtetls, separados ao redor da Rússia Ocidental, da Lituânia e da Polônia, formaram uma federação chamada de Conselho das Quatro Terras. O Conselho, que agia como um parlamento judaico independente nos bastidores, transcendendo as fronteiras nacionais, deliberava sobre questões legais concernentes ao povo judeu. Curiosamente, o Conselho era altamente secular, embora, é claro, incluísse alguns rabinos. A área das Quatro Terras era um tipo de paraíso para muitos judeus ashkenazim, muito parecido a como o Império Otomano foi para os sefaradim (veja o Capítulo 14), e a vida judaica continuou razoavelmente boa até a metade do século XVII.

O massacre de Chmielnicki

Com o passar do tempo, a Polônia gradualmente anexou cada vez mais partes da Ucrânia. No entanto, muitos dos cristãos ortodoxos gregos na Ucrânia não ficaram exatamente satisfeitos por serem engolidos por um país católico. Em 1648, os cossacos ucranianos se rebelaram, liderados por um homem chamado Bogdan Chmielnicki (chmel–*nyit*-ski). De forma muito parecida com a da limpeza étnica que ocorreu posteriormente no final da década de 1990 na Sérvia e na Croácia, os cossacos torturavam e massacravam todos que não eram de sua fé religiosa, assassinando nobres poloneses, clérigos católicos e judeus.

A Polônia se aliou à Suécia para lutarem contra a rebelião; os cossacos se aliaram à Rússia. A guerra foi intensa, e ambos os lados assassinaram os judeus. De acordo com alguns relatos, morreram cerca de 100 mil judeus, e a luta levou à fuga de incontáveis deles para a Alemanha e a Lituânia. Essas áreas se tornaram grandes centros de educação e cultura judaicas durante os trezentos anos seguintes, desenvolvendo luminares como o Baal Shem Tov (veja o Capítulo 28) e Elijah ben Solomon Zalman, conhecido como o Vilna Gaon.

O Despontar de uma Nova Era

Fora da Polônia e das áreas circundantes, os séculos XVI e XVII foram menos violentos, mas em muitos aspectos, mais restritivos. Por exemplo, em 1555, o papa Paulo IV ordenou que todos os judeus tinham que viver separadamente dos não judeus, em bairros murados. A primeira dessas comunidades foi alocada próxima de uma fundição de canhões, chamada de *gueto* em italiano, dando o nome que ainda é usado para descrever uma seção separada para uma população em particular. Os guetos se tornaram rapidamente superpopulosos e cheios de doenças.

Algumas terras, com a Alemanha e a Prússia, tornaram desconfortável ser judeu, utilizando-se de outras formas. Algumas cidades impuseram um imposto por cabeça sobre todo o gado e todos os judeus que entravam na cidade. Em toda a Europa, os judeus também estavam em desvantagem, pois não lhes era permitido participar de escolas ou universidades seculares. Os judeus ricos geralmente recebiam mais direitos, como o de viver dentro dos limites da cidade e o de se casar — sujeito a um difícil processo de permissão.

O Iluminismo

Talvez você se lembre de ter assistido à cena de abertura do filme *2001: Uma Odisseia no Espaço*. Sabe, aquela em que os macacos estão sentados e, de repente, um deles percebe que pode usar um osso como ferramenta para quebrar outro osso. De tempos em tempos, ocorre uma mudança de consciência no planeta, após a qual o mundo nunca é mais o mesmo. Parece que foi isso que aconteceu no início dos anos 1700, embora nenhum evento ou pessoa (nem mesmo um macaco) tenha causado a mudança.

Filósofos como Rousseau começaram repentinamente a fazer perguntas como "Por que não tratar os não cristãos da mesma forma que os cristãos? Os judeus podem ter diferentes rituais, costumes e crenças, mas são seres humanos, também". Para a maioria das pessoas atualmente, tal ideia é tão óbvia quanto usar uma ferramenta, mas ideias assim eram ultrajantes na época e refletiam uma revolução do pensamento que veio a ser denominada de *Iluminismo*.

Chegando o fim do século XVIII, um grande número de pessoas nas colônias norte-americanas — pessoas que haviam construído um país com suas próprias mãos — sentiu que não deveria mais estar obrigado a qualquer outro governo. A revolução norte-americana foi liderada em grande parte por intelectuais eruditos como Thomas Jefferson que, ao escrever a Declaração de Independência dos EUA, lançou a espinha dorsal do primeiro governo na história que ofereceu aos judeus direitos integrais como cidadãos. É claro, havia apenas cerca de 2 mil judeus vivendo nos Estados Unidos à época, mas essa liberdade traria posteriormente mais de 1 milhão deles às terras norte-americanas.

A questão da cidadania

A Revolução Francesa, de 1789, mudou a face da Europa, e a Declaração Francesa dos Direitos do Homem, que observa especificamente que ninguém deve ser perseguido por sua religião, levou o Iluminismo (ou pelo menos muitas facetas dele) à arena política. No entanto, quando um grupo de judeus pediu logo em seguida que fossem aceitos como cidadãos, a Assembleia Nacional Francesa debateu a questão por dois anos antes de finalmente concordar.

Embora houvesse muitas pessoas na Assembleia que não queriam ver os judeus ganharem quaisquer direitos, a questão da cidadania ecoou dentro da comunidade judaica também: os judeus eram uma nação ou povo separado, ou era o povo francês (ou alemão, italiano etc.) os adeptos de uma religião judaica? Napoleão Bonaparte levantou tal questão novamente em 1807 ao congregar diversos rabinos e eruditos judeus como o novo Sanhedrim (ou Sinédrio, a Suprema Corte do povo judeu) que decidiria quanto a importantes questões judaicas.

Como se constatou, esse Sanhedrin era apenas um gesto político superficial. Napoleão o convocou para assembleia apenas uma vez pelo motivo expresso de levantar uma série de perguntas sobre a lealdade dos judeus à França. Incrivelmente, essa foi a única vez na história que uma corte de autoridade judaica concordou oficialmente que o judaísmo era uma religião, e não um povo separado. Os judeus da França tinham lealdade primeiramente à França, disseram, e não ao povo judeu.

Napoleão ficou satisfeito com o resultado e espalhou essa mensagem específica do Iluminismo por todos os países que conquistou. Outros governantes também começaram a ser mais tolerantes perante as diferenças religiosas durante esse período. Com frequência, os judeus podiam sair dos guetos e frequentar escolas, embora a maioria tendesse a ser cautelosa em relação a se misturar muito com a população não judia.

204   PARTE 3 **Um Panorama da História Judaica**

Passando dos Limites

A maioria das pessoas acredita que há dois tipos básicos de judeus: os asquenazitas e os sefaraditas (veja o Capítulo 1). No entanto, ao longo dos séculos XVIII e XIX, a população asquenazita europeia se tornou cada vez mais dividida entre aqueles judeus que participavam do Iluminismo (em países como Alemanha e França) e aqueles que não participavam (em países como Rússia, Polônia e Lituânia).

Na década de 1770, após anos de lutas, a Polônia foi particionada e absorvida pela Lituânia, Áustria e Rússia. A Rússia tinha pouco interesse no Iluminismo ou na emancipação dos judeus, ou praticamente de qualquer outra pessoa, aliás. Tentando entender o que fazer com as centenas de milhares (talvez milhões) de judeus que havia recentemente ganhado, a Rússia separou uma área, chamada Pale — zona de assentamento —, dentro da qual os judeus podiam viver. A região era enorme, mas sua segregação do resto da Rússia manteve o comércio com as comunidades cristãs em um mínimo.

O resultado foi uma panela de pressão na qual os movimentos Hassidim e Mitnagdim nasceram (veja o Capítulo 1), criando a cultura judaica do "chapéu preto", que se tornou um acessório da vida judaica em grandes comunidades ao redor do mundo.

O czar da Rússia, Nicolau I, não contente em apenas segregar os judeus, tentou diversas maneiras de convertê-los ao cristianismo. Ele usou todas as antigas táticas, como tonar a vida o mais miserável possível (expulsando-os das cidades, e assim por diante). Então ele criou escolas judaicas especiais para ensinar o "Iluminismo", o que para ele significava eliminar o Talmud. Por fim, em 1827, o czar instituiu uma quota de meninos judeus para serem recrutados para o Exército Russo e diminuiu a idade mínima de 18 para 12, chegando até aos 8. O tempo de serviço era de 25 anos; muitos se converteram ou morreram devido ao péssimo tratamento. Tais táticas eram tentativas claras e sistemáticas de humilhar e punir os judeus para que se assimilassem.

Respostas ao Iluminismo

Lá na Europa Ocidental do iluminado século XIX, os judeus começaram a considerar as mesmas questões que muitos judeus debatem até hoje: até onde é possível ser judeu e ainda ser parte do mundo moderno? E o que significa ser judeu, de qualquer forma? Afinal, se o judaísmo era uma religião — em vez de uma nação ou de um povo —, então os judeus poderiam *escolher* ser ou não judeus. De repente, muitos judeus da Alemanha e da França não sentiam mais que tinham de se conformar com uma cultura judaica, resultando na perda de uma forte comunidade judaica.

CAPÍTULO 15 **O Maior Horror, o Maior Triunfo** 205

Tais judeus da Europa Ocidental reagiram ao Iluminismo de diversas maneiras. Alguns, considerando a cultura e a sociedade ocidentais mais empolgantes do que o judaísmo com o qual haviam crescido, decidiram se converter ao cristianismo. É claro, a maioria deles não acreditava na teologia cristão mais do que na judaica. Por exemplo, o poeta Heinrich Heine, um judeu que não conseguiu uma permissão para viver na capital da Alemanha, se converteu, observando que "o certificado batismal é o bilhete de entrada para a cultura europeia. Por Berlim, vale a pena ouvir um sermão".

Reforma

Em vez de se converterem, alguns judeus reagiram ao demonstrar que o judaísmo poderia se conformar com o que entendiam ser os avanços da vida moderna secular. Acreditando que ser judeu não seria tão "ruim" se não fosse tão obviamente diferente, aqueles judeus recuaram radicalmente do judaísmo tradicional, criando o movimento reformista. Vejamos alguns pontos principais do movimento:

» O judaísmo reformista inicial insistia que não havia essa coisa de povo judeu; o judaísmo era apenas uma religião. Posteriormente, mudaram de posição nesse assunto.

» Quando a academia religiosa começou a reconhecer que o judaísmo sempre evoluíra com o passar do tempo, os reformistas sentiram que todos os tipos de mudanças eram possíveis. Por exemplo, substituíram referências a Jerusalém e ao Messias por orações pela justiça e irmandade de toda a humanidade.

» Eles tentaram deixar sua observância parecida com a de seus vizinhos cristãos protestantes. Tocavam órgãos no Shabat (contra a tradição judaica, que reservava a música para o antigo Templo), falavam a língua dominante (quase sempre alemão), em vez de iídiche, e algumas congregações até tentaram celebrar o Shabat no domingo!

» Instituíram escolas judaicas que enfatizavam estudos seculares no lugar dos estudos talmúdicos e geralmente ensinavam que a lei judaica (Torá e Talmud) era menos importante do que os ensinamentos éticos dos profetas.

O movimento reformista em grande parte reagiu ao que considerava rituais e dogmas vazios. Certamente, podemos entender a necessidade de um maior preenchimento espiritual, mas no início, o movimento reformista tendia a deixar de lado as observâncias judaicas, em vez de realmente reformá-las. O resultado foi a satisfação para alguns, e a mesma desilusão e vazio do tradicionalismo estrito para outros. Como analisamos no Capítulo 1, o movimento reformista aos poucos vem voltando à observação aumentada e dando uma atenção maior à espiritualidade.

206   PARTE 3 **Um Panorama da História Judaica**

Mudar ou não mudar

Muitos judeus da Europa Ocidental rejeitaram as políticas do movimento reformista; alguns até tentaram que o governo os interrompesse. No entanto, o mundo ortodoxo tradicional também se dividiu em dois campos. Alguns judeus queriam continuar vivendo como o faziam no gueto, falando iídiche e tendo pouco a ver com o mundo moderno. Para eles, manter a tradição significava nunca mudar com o tempo. É essa turma que atualmente tendemos a chamar de "ultraortodoxos".

Outros rabinos sentiram a necessidade de mudar com os tempos, mas se recusaram a lançar mão dos milênios de tradição judaica. O rabino Samson Raphael Hirsch, que lançou o fundamento para muito do judaísmo ortodoxo moderno, ou neo-ortodoxo, disse: "O judaísmo não é uma religião; a sinagoga não é uma igreja; e o rabino não é um padre. O judaísmo não é um mero adjunto à vida. Ser judeu é a soma total de nossa tarefa na vida."

No entanto, o movimento neo-ortodoxo concordou que os judeus deveriam aprender o idioma local e ter uma educação tanto religiosa quanto secular. Hirsch liderava seus serviços de oração em hebraico, mas seu sermão era em alemão (não em iídiche). Ele argumentava que, embora fosse importante ser parte do mundo, a halachá (a lei judaica) deveria ser seguida mesmo se significasse ser menos aceito pelo mundo não judeu, incluindo até a perda de um trabalho.

Entre a reforma e a ortodoxia, diversos outros movimentos brotaram nos anos 1800. Por exemplo as raízes do judaísmo conservador, que teriam um grande impacto na América do Norte durante o século XX, foram lançadas por Zachariah Frankel (1801–1875), que aceitava que os judeus eram um povo, mas rejeitava a verdade literal da Torá (veja o Capítulo 3).

O Surgimento do Nacionalismo e do Racismo

O século XIX testemunhou o zelo crescente do nacionalismo na Europa, e os grandes grupos nacionalistas na Alemanha e na França ficaram cada vez mais poderosos. Todas as ideologias nacionalistas se baseiam na mentalidade "nós versus eles", seja por meio de ideias como "nosso país é melhor que o deles" ou "nossa raça branca pura torna este país grande, e a ancestralidade racial impura nos enfraquece". Havendo tal mentalidade — não importa o quão ridícula ou simplista seja —, os judeus foram escalados para estar no lado perdedor, os "eles". Os judeus, especialmente aqueles que acreditavam que, conforme se assimilavam seriam mais aceitos, tiveram um rude despertar.

CAPÍTULO 15 **O Maior Horror, o Maior Triunfo** 207

O retorno das políticas antijudaicas

Rapidamente ficou claro que muitas pessoas não se importavam se os judeus se consideravam ou não uma nação separada, nem mesmo se eram cidadãos franceses ou alemães intensamente nacionalistas. Em alguns países, como na Áustria, os políticos começaram a buscar bases eleitorais — e a conquistá-las — cada vez mais antijudaicas.

Na Inglaterra, nenhum judeu poderia ser empossado no parlamento porque teria que fazer um juramento "na verdadeira fé de um cristão". Ao longo de um período de onze anos em meados de 1800, o rico e influente Lionel de Rothschild foi eleito ao parlamento seis vezes por sua comunidade londrina. No entanto, foi forçado a abdicar todas as vezes, até que o governo por fim achasse uma maneira de permitir que fizesse seu juramento como judeu, usando a Bíblia hebraica.

A França, anteriormente o baluarte do Iluminismo, mostrou sua profunda e cada vez maior desconfiança dos judeus em 1894, quando um oficial do alto escalão do exército francês, Alfred Dreyfus, foi incriminado por traição porque era judeu. Curiosamente, Dreyfus era extremamente assimilado e nem mesmo demonstrava interesse pelo judaísmo. Mesmo assim, durante seu julgamento público, multidões gritavam repetidamente "Morte aos judeus".

Naquela época, muitos nacionalistas começaram a abraçar os conceitos de "raça" e "racismo" que faziam parte da antropologia emergente e das teorias de evolução. De repente, até mesmo se converter ao cristianismo não era mais uma alternativa razoável para os judeus, pois não eram percebidos como uma nação ou uma religião, mas como uma raça — e uma inferior aos brancos dominantes. (Como dissemos no Capítulo 1, a ideia de que o judaísmo é uma raça é claramente absurda — há judeus africanos, asiáticos, indianos, e assim por diante. Até mesmos as características raciais de judeus asquenazitas e sefaradim são diferentes.)

Os pogroms

Na década de 1880, o governo russo começou a tolerar e até mesmo a patrocinar os *pogroms* (massacres, ou, literalmente, "motins") direcionados contra os judeus. Na época, mais da metade dos judeus do mundo vivia sob o governo russo. Durante algumas décadas seguintes, centenas de milhares de judeus foram mortos ou mutilados nesses massacres.

Em grande parte, os sádicos pogroms eram uma ferramenta política do governo, ajudando a eliminar a raiva contra a nobreza e redirecioná-la contra os "outros" em seu meio.

LEMBRE-SE

Embora a palavra "pogroms" evoque visões do "mundo antigo", os pogroms continuaram durante o século XX.

Ficando Pior e Pulando Fora

Após o assassinato do czar Alexandre II em 1881, os pogroms russos se tornaram significativamente piores, e as dezenas de milhares de judeus russos decidiram que as coisas não melhorariam tão logo. Por certo, não era apenas a violência; a pobreza e as condições econômicas gerais também pioraram drasticamente. Entre 1880 e 1920, cerca de 2 milhões de judeus (mais ou menos um terço dos judeus na Europa) decidiram que aquilo já era demais e emigraram.

Alguns individualistas "casca grossa" — como aqueles cowboys que estabeleceram o "Velho Oeste" dos EUA — se mudaram para a Palestina (que foi governada pelo Império Otomano até 1917). Outros apenas se mudaram para outras nações do Oeste Europeu. A vasta maioria, no entanto, se mudou para os Estados Unidos da América, onde a Constituição defendia os direitos das pessoas e, diziam, "as ruas eram pavimentadas com ouro".

Passagem para a Palestina

Entre os muitos jornalistas que participaram do julgamento de Alfred Dreyfus (veja "O retorno das políticas antijudaicas", anteriormente neste capítulo), havia um homem chamado Theodore Herzl. Ele, como muitos outros judeus da época, além de não ser religioso, era muito assimilado. Então, quando viu a multidão francesa se revoltar e, com sede de sangue, gritar "Morte aos judeus", ficou profundamente alarmado. Chocado e horrorizado por tal farsa da justiça ocorrer naquele país moderno e civilizado, Herzl se convenceu de que o judaísmo estava condenado na Europa. A única solução, decidiu ele, era que os judeus tivessem sua própria terra, um país que sempre os receberia.

Embora não fosse religioso, Herzl se tornou obcecado pelo sionismo (o movimento que promovia um Estado judeu) e atualmente é conhecido como o pai do sionismo moderno. Após o primeiro congresso sionista, em 1897, Herzl tentou convencer o sultão do Império Otomano a abrir mão da Palestina, mas em vão. Ele discutiu o problema com o papa Pio X, que lhe disse: "Os judeus não reconheceram nosso Senhor, portanto, não podemos reconhecer o povo judeu."

Conforme os pogroms ficavam cada vez piores no Leste Europeu, Herzl se aproximou da Inglaterra em busca de ajuda. A oferta daquele país: os judeus poderiam usar Uganda como um refúgio temporário, até que desse certo na Palestina. No entanto, por pior que tivesse se tornado a violência contra os judeus, a vasta maioria do congresso sionista insistiu que a única opção era a Palestina.

CAPÍTULO 15 **O Maior Horror, o Maior Triunfo** 209

Muitos judeus conseguiram se infiltrar na Palestina, onde puderam comprar terras e construir assentamentos. Em 1909, os judeus haviam comprado tanta terra vazia na costa do Mediterrâneo, que fundaram uma nova cidade, a primeira cidade judaica na Palestina, chamada Tel Aviv.

Quase lá

Quando a Primeira Guerra Mundial eclodiu em 1914, os judeus se alistaram em todos os países onde lhes era permitido servir. Muitas pessoas não se lembram de que havia judeus militares na França, nos EUA e — notadamente — na Alemanha, onde lutaram e morreram usando a insígnia alemã. Após o Império Otomano entrar na guerra, a Bretanha e a França conquistaram muito do Oriente Médio, e em 1917, a Inglaterra ganhou controle sobre a Palestina.

A Inglaterra emitiu quase que imediatamente a Declaração Balfour, que defendia um Estado judeu. Infelizmente para os sionistas, por causa das realidades políticas da época, levariam mais 31 anos até que a Inglaterra de fato entregasse o poder da província aos judeus.

Em 1919, a Alemanha, a maior agressora da guerra, foi derrotada e forçada a assinar o Tratado de Versalhes. A perda de território e as incríveis reparações que tiveram que pagar levaram o país a uma terrível depressão econômica e emocional no início da década de 1920. Aparentemente, a Alemanha deixou de ser uma superpotência passando a ser uma supervergonha, do dia para a noite.

A subida de Hitler ao poder

Na cabeça de alguns alemães, a perda da guerra foi uma falha de emancipação. Em vez de culpar a nação alemã e o povo alemão, culparam os judeus — vistos como uma raça insidiosa de estrangeiros — por minar o espírito alemão. No início da década de 1930, uma grande parte do mundo caíra em depressão econômica. Na Alemanha, um homem que afirmava ter a resposta para os problemas do país subiu ao poder: Adolf Hitler.

O Partido Nacional Socialista de Hitler (conhecido pela contração "Nazi") oferecia glória, prosperidade, propósito e uma solução à "questão judaica" da Alemanha. Hitler foi eleito democraticamente como chanceler da Alemanha em 1932. (Ele obteve a maioria dos votos, mas não era a maioria da população.) Um ano depois, ele desmantelou a democracia alemã e se tornou um ditador.

Os judeus, acreditava Hitler, eram responsáveis pela derrota da Alemanha na guerra, pela depressão econômica, pela revolução comunista na Rússia e por todos os outros problemas imagináveis. Ele deixou a racionalidade de pernas para o alto, argumentando que a pureza racial era o segredo para o sucesso. Os arianos nórdicos eram os mais puros, os povos eslávicos eram menos puros, os negros estavam perto do último lugar, e os piores eram os judeus, uma raça por ele considerada geneticamente criminosa e, por sua própria natureza, prejudicial ao tecido social.

O plano original de Hitler era simples: tornar a vida tão ruim para os judeus, que eles sairiam do país. Mas em 1940, mudou seu tom: a única forma de ter sucesso, sentia ele, era assassinar cada um dos judeus em seu império em expansão.

O Holocausto

Não podemos fazer justiça à enormidade do que atualmente é denominado de "Holocausto" e, por muitos judeus, de *Shoá* (devastação). A Shoá é simplesmente grande demais. Aqui, tentaremos dizer brevemente o que aconteceu e explicar como tal pesadelo se tornou realidade.

Em meados da década de 1930, o Partido Nazista instituiu leis que tinham como objetivo tornar os judeus tão miseráveis, que emigrariam. As leis proibiam os judeus de trabalhar para o governo, impunha boicotes a seus negócios, expulsava seus filhos das escolas, e assim por diante. O governo criou campos de concentração onde manter qualquer um, judeu ou não, considerado perigoso: ativistas políticos, comunistas, membros dos sindicatos, ciganos, homossexuais, testemunhas de Jeová, além de muitos jornalistas, advogados e líderes comunitários judeus. Esses campos de concentração eram basicamente prisões e diferentes dos "campos de morte", que apareceram posteriormente e foram planejados especificamente para assassinar pessoas. Alguns campos de concentração também se tornaram campos de morte, mas alguns eram apenas fontes de trabalho escravo para os alemães.

Pouco demais, tarde demais

Por fim, em 1935, os nazistas instituíram as Leis de Nuremberg, que tiraram a cidadania dos judeus e proibiam os casamentos mistos. Os judeus não tiveram nem a chance de se converter; os nazistas consideravam qualquer um com sangue judeu (com pelo menos um dos avós judeu) como impuro racialmente.

Muitos judeus saíram da Alemanha naquele período. Outros, abastados e assimilados, estavam otimistas o bastante para acreditar que seus vizinhos iluminados nunca aceitariam tal tipo de comportamento por muito tempo. No entanto, milhares de judeus não conseguiram sair simplesmente porque nenhum outro país do mundo os receberia. Como disse em 1936 Chaim Weizmann, que viria a ser o primeiro presidente de Israel, "O mundo está dividido entre lugares onde [os judeus] não podem viver e lugares nos quais não podem entrar".

Por exemplo, a Inglaterra reverteu sua posição sobre a Palestina na década de 1930, emitindo o infame "Livro Branco", que impedia a imigração judaica para a área. De igual modo, quando perguntaram a um oficial canadense quantos refugiados judeus seu país receberia, ele respondeu "Nenhum já é demais". Quando o navio *S.S. St. Louis* foi rejeitado por Cuba (embora 837 passageiros judeus alemães tivessem visto cubano válido), os EUA não apenas recusaram sua entrada, mas até deram um tiro de advertência para mantê-los longe das costas da Flórida. O navio por fim retornou à Europa, onde posteriormente mais de 25% dos passageiros foram assassinados nos campos de morte.

A última gota para a maioria dos judeus alemães aconteceu no dia 9 de novembro de 1938, data que será eternamente lembrada como *Kristallnacht* ("noite dos cristais quebrados"). Naquela noite, um pogrom nacional foi desencadeado contra a comunidade judaica, quebrando janelas, queimando casas, matando 91 judeus e prendendo 30 mil outros, que foram levados aos campos de concentração. Para acrescentar insulto à injúria, o governo alemão então impôs uma multa de 1 bilhão de marcos aos judeus, argumentando que o pogrom era culpa deles.

Imediatamente, a maioria dos judeus tentou escapar desesperadamente, vendendo suas casas e empresas a preço de banana. Mas, para a maioria, era tarde demais.

PALAVRAS DE SABEDORIA

A guerra contra os judeus

"Quando alguém queima livros, no fim, ele queimará pessoas."

— HEINRICH HEINE, POETA JUDEU ALEMÃO DO SÉCULO XIX

No final de 1939, a emigração da Alemanha era praticamente impossível para os judeus, e o governo alemão decidiu que chegara a hora de mudar sua política — de terror para assassinato. Muitos judeus eram rotineiramente torturados e mortos a tiros na Alemanha e na Polônia (que a Alemanha tinha anexado), e os nazistas assassinaram mais de 250 mil judeus em suas comunidades dentro de alguns meses. Outros judeus foram forçados a se mudar para os guetos (eram mortos a tiros se saíssem de seus bairros murados), onde foram mantidos em um perpétuo estado de fome. Os alemães, como os romanos 2 mil anos antes, recrutaram milhares de judeus para o trabalho escravo em prol da guerra, onde trabalhavam tanto e recebiam tão pouca alimentação, que quase morreram dentro de um ano.

Com a eclosão da Segunda Guerra Mundial, os nazistas instituíram as mesmas políticas onde quer que conquistassem — Hungria, Holanda, Tchecoslováquia, Grécia, Itália e outros lugares. Os governos e os povos de alguns países (geralmente chamados de os "Gentios Justos") eram claramente contra a perseguição antijudaica e se recusaram a cooperar. Por exemplo, o povo da Dinamarca ajudou a transportar praticamente todos os judeus dinamarqueses para a Suécia, onde estariam seguros. Anos depois, quando os judeus retornaram, descobriram que os dinamarqueses haviam até guardado a propriedade dos judeus contra os vândalos e prontamente a devolveram aos donos de direito.

Por outro lado, os nazistas descobriram que muitas pessoas em outros países, estavam bastante dispostas a ajudar. Muitos cidadãos franceses prenderam entusiasticamente os judeus para oferecê-los aos alemães. Alguns cidadãos franceses eram claramente mais compassivos, mas tente perguntar a qualquer israelense com mais de setenta anos o que acham dos franceses (esteja pronto para sair rápido da frente caso cuspam).

Após a Alemanha invadir a União Soviética em 1941, os nazistas realizaram assassinatos em ainda maior escala. Esquadrões de assassinos treinados, normalmente com a ajuda da comunidade local não judaica (sejam os ucranianos, russos, letões, lituanos, romenos etc.) prendiam os judeus, os ciganos e os oficiais comunistas e os matavam, geralmente com metralhadora, por afogamento ou por asfixia, com o escapamento dos caminhões. Em um único fim de semana de setembro de 1941, em Rosh Hashaná (veja o Capítulo 19), os alemães e os ucranianos assassinaram mais de 33 mil judeus na cidade de Babi Yar.

Os campos de morte

Para a maioria das pessoas atualmente, um pouco mais de setenta anos depois, a máquina nazista não faz qualquer sentido. Como poderia a Alemanha, o centro do pensamento racional, desencadear de repente tal antissemitismo irracional de séculos antes? Porém os maiores vilões nunca se consideram maldosos. Os alemães pareciam sentir que estavam sendo sensatos; parecem ter realmente acreditado que os judeus eram parasitas sub-humanos que destruiriam o mundo se não fossem extirpados.

Em 1942, Hitler se reuniu com um grupo de oficiais do alto escalão para preparar o que consideravam "a solução final à questão judaica". Eles passariam a assassiná-los sistematicamente, da forma mais eficiente possível. O objetivo: o "extermínio" de cada judeu na Europa (e, em última instância, do mundo).

Os nazistas já haviam transformado alguns campos de concentração em campos de morte. Por exemplo, em Ravensbrük, um campo apenas para mulheres, começaram a usar gás letal para matar as grávidas ou cronicamente doentes. Também acrescentaram crematórios a diversos campos de modo a se desfazer mais facilmente do grande número de pessoas que estavam morrendo. Agora elaboravam métodos para assassinar não apenas milhares, mas milhões de judeus. Normalmente, um grupo com setecentos ou oitocentos judeus era levado a uma unidade para ser "despiolhado" e, acreditando que receberiam banhos, eram devidamente despidos e entravam em um grande cômodo. A porta era fechada, e o local era preenchido com gás Zyklon-B, um inseticida extremamente tóxico que matava todo mundo após quatro ou cinco minutos excruciantes. Os corpos eram então enterrados em fossos gigantes ou cremados.

De forma inacreditável, os alemães forçavam outros prisioneiros judeus a realizar a maior parte desse trabalho. Aqueles que se recusavam eram mortos imediatamente. E os que realizavam o trabalho normalmente também eram mortos após um ou dois meses, de qualquer forma.

Os judeus que escapavam da Alemanha para outros países europeus eram capturados e mortos. Comunidades inteiras que haviam prosperado por centenas de anos — como a incrível comunidade sefaradita de Salônica, Grécia, com mais de 65 mil judeus — foram exterminadas. Milhares de homens e mulheres bem instruídos — advogados, contadores, donas de casa, banqueiros, arquitetos — da Rússia, Alemanha, França, Polônia e de outros países não apenas permaneceram omissos perante os campos de morte, mas prendiam ativamente comunidades inteiras de judeus, os forçavam a cavar enormes fossos sob a mira de armas e os matavam com metralhadoras naquelas mesmas covas.

Os sobreviventes geralmente se tornavam vítimas de torturas insanas. Os médicos nazistas injetavam veneno que agia lentamente em homens e mulheres judeus, ou os colocavam em freezers para ver quanto tempo levaria até que morressem. Alguns cirurgiões tentavam criar gêmeos congênitos costurando uma pessoa à outra.

Os judeus sofreram tantos outros horrores — cada um tão triste e assustador quanto o anterior —, que não podemos descrevê-los neste espaço curto. Se tiver a chance de visitar Yad Vashem, em Jerusalém; o Museu Nacional do Holocausto, em Washington, D.C.; ou o Centro Simon Wiesenthal Center, em Los Angeles [no Brasil, o Museu da Imigração Judaica e do Holocausto, em São Paulo; e o Museu do Holocausto, em Curitiba], você terá uma ideia melhor do escopo de tal horror. Entre os artefatos nesses locais há cartas de pessoas que sabiam de seu destino, mas que nada podiam fazer para interrompê-lo, e muitas delas escreveram sobre seu maior medo: que sua vida e morte seriam simplesmente esquecidas pelas gerações futuras.

A queda do Terceiro Reich

A ideia de matar os judeus não era um objetivo secundário durante a Segunda Guerra Mundial; os alemães estavam tão obcecados com os judeus, que lançaram recursos a esse objetivo mesmo quando era algo taticamente idiota de se fazer. Por exemplo, os trens que deveriam ser usados para ajudar os soldados alemães a se retirar nos meses finais da guerra foram direcionados a transportar mais judeus para a morte. Oficiais do exército que sugeriram colocar os objetivos militares acima das ações antijudaicas foram rebaixados. Enquanto o mundo estava em guerra com a Alemanha, a Alemanha estava em guerra contra os judeus.

Muitos judeus lutaram contra a máquina nazista por meio de guerrilhas ou ao trabalhar com o movimento de resistência. Uma das batalhas mais importantes que os judeus lutaram teve início em 19 de abril de 1943, no gueto de Varsóvia. Lá, jovens judeus que haviam contrabandeado um pequeno estoque de armas lutaram contra o exército alemão. Os alemães queimaram o gueto e, após diversas semanas, mataram todos os judeus. Porém, as notícias da batalha se espalharam e foram uma inspiração para judeus de outras comunidades, até mesmo nos campos de concentração.

O exército alemão, enfraquecido pela longa guerra e em luta na Rússia, por fim caiu em 1945. Adolf Hitler, em seus últimos dias, ainda enfurecido com os judeus, cometeu suicídio quando as forças aliadas marcharam em Berlim. Os soldados norte-americanos, ingleses e russos, que libertaram os campos de concentração e de morte, ficaram chocados e repugnados com o que encontraram. Embora rumores houvessem se espalhado por anos sobre o que os alemães estavam fazendo com os judeus, a "solução final", em grande parte, havia sido mantida em segredo perante a maior parte do mundo.

No ano após a guerra, muitos judeus, talvez eternamente otimistas, retornaram aos seus lares nas vilas da Polônia e da Ucrânia. Infelizmente, matar a cabeça da besta não matou o espírito do povo, e muitos desses judeus foram assassinados por seus antigos vizinhos.

No fim, cerca de 6 milhões de judeus — sendo mais de 1,5 milhão de crianças — trouxeram três novas palavras à linguagem moderna comum. A primeira palavra é *genocídio*, o extermínio de um povo inteiro, algo que nunca havia sido tentado em tal escala antes. A segunda é *Holocausto*, que, dois milênios antes, havia sido usada para descrever o antigo sistema sacrificial que queimava completamente as oferendas feitas no Templo. Posteriormente, ainda, a tragédia passou a ser conhecida pela palavra hebraica *Shoá*, que significa literalmente "devastação". Hoje em dia, o *Yom Ha-Shoá*, o Dia da Lembrança do Holocausto, é marcado anualmente no outono do Hemisfério Sul.

Fundando um Novo Estado Judeu

Theodore Herzl (veja "Passagem para a Palestina", anteriormente neste capítulo) sabia aonde a Europa estava indo 35 anos antes do surgimento da Alemanha nazista quando escreveu, em 1896: "Os judeus têm apenas uma forma de se salvar — retornar a seu próprio povo e emigrar para sua própria terra." Os sionistas passariam os próximos cinquenta anos tentando criar tal país, um Estado judeu, um refúgio para todos os judeus ao redor do mundo e uma fundação sobre a qual se reconstruir após o Holocausto.

Embora os judeus estivessem se mudando há muitos anos para a Palestina controlada pelos britânicos, os números ameaçaram explodir na década de 1930, conforme as perseguições antijudaicas se intensificaram na Alemanha. Milhares de judeus chegaram à Palestina, geralmente com a ajuda da *Haganá*, uma organização militar judaica que lutou durante a Segunda Guerra Mundial como uma brigada britânica contra os poderes do Eixo. A Haganá — precursora do Exército Israelense — contrabandeou secretamente judeus da Europa para a Palestina e posteriormente lutou na batalha da independência israelense.

Após a guerra, os britânicos voltaram sua atenção novamente a decidir o que fazer com a Palestina. Um segundo grupo militar, chamado *Irgun*, era fanaticamente antibritânico; o Irgun realizou diversos atos violentos contra os britânicos, matando, certa vez, 91 soldados quando explodiram uma ala do Hotel King David em Jerusalém.

Nem os árabes ou os judeus queriam os britânicos na Palestina, e em 1946, o governo britânico jogou no colo da ONU a decisão sobre o que fazer. Em 29 de novembro de 1947, a Organização das Nações Unidas votou por um plano de divisão da Palestina em dois Estados: um pequeno Estado judeu independente e um Estado árabe maior (veja a Figura 15-1). (Nós dizemos "Estado árabe" aqui, em vez de "Estado palestino", porque naquela época os judeus também eram chamados de palestinos. Afinal, eram cidadãos da Palestina.) Por causa de sua importância global, o plano exigiu que Jerusalém fosse monitorada pelas Nações Unidas como uma "cidade internacional".

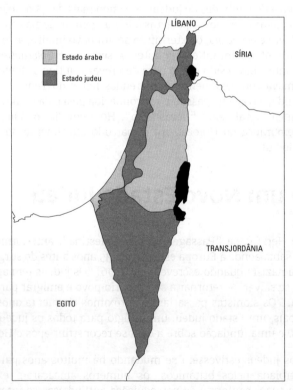

FIGURA 15-1:
Plano de partição feito pela ONU em 1947.

No dia 14 de maio de 1948, o mandato britânico na Palestina se encerrou, e David Ben-Gurion leu a Proclamação de Independência no rádio — um anúncio muito interessante, pois, embora declare um Estado judeu independente, não menciona nem uma vez a palavra "Deus". O Estado de Israel se tornara uma realidade em grande parte a partir do trabalho de judeus seculares que insistiram em uma pátria para seu povo.

Embora os EUA imediatamente tenham reconhecido o novo país, os vizinhos árabes de Israel foram menos hospitaleiros. No dia seguinte, seis países — Líbano, Síria, Jordânia, Egito, Arábia Saudita e Iraque — atacaram Israel. Pouquíssimas pessoas esperavam que Israel sobrevivesse a tal ofensiva, mas em semanas, os judeus tinham de fato conquistado uma quantidade significativa de terra, e em alguns meses, os árabes — embora não derrotados — concordaram com um cessar-fogo.

Após 1.877 anos, os judeus novamente governavam o próprio país. A Figura 15-2 mostra as fronteiras do Estado em 2012.

FIGURA 15-2: Fronteiras de Israel em 2012 EC.

218   PARTE 3 **Um Panorama da História Judaica**

NESTE CAPÍTULO

» América e a ameaça da assimilação

» Por que tantos judeus são meditadores budistas

» A nova espiritualidade judaica

» Conflitos entre judeus

Capítulo 16

Judeus Budistas e Outros Desafios da Nova Era

Os últimos sessenta anos trouxeram uma incrível e geralmente confusa gama de oportunidades para os judeus e para o judaísmo. O que algumas pessoas consideram uma libertação abençoada, outros consideram uma avalanche de opções. As formas pelas quais os judeus reagiram a tais escolhas mudaram para sempre a face do judaísmo, resultando em profundos desafios para o futuro.

À Sombra do Holocausto

O Holocausto (ou *Shoá*, como muitos judeus preferem chamá-lo; veja o Capítulo 15) destruiu pelo menos um terço dos judeus do mundo. Tal golpe não apenas afetou o futuro do judaísmo, mas também teve um impacto profundo em cada um dos judeus sobreviventes, tenham ou não sido diretamente afetados pela destruição. Por pelo menos uma geração inteira após a Segunda Guerra Mundial, o Holocausto formou uma das bases mais fortes da identidade judaica.

O nascimento de Israel, em 1948, também exerceu um efeito profundo nos judeus de todos os lugares. De repente, após tantos séculos de portas fechadas, havia um porto seguro, um refúgio no qual os judeus seriam bem-vindos. Até hoje, os judeus em primeira visita a Israel destacam com estupefação poderem ver soldados, motoristas de ônibus, guias turísticos etc., todos judeus. Apenas saber que Israel existe deu aos judeus um senso de força e segurança, e os judeus de todo o mundo (especialmente dos EUA) fazem questão, orgulhosamente, de enviar dinheiro para o plantio de árvores, o dreno de pântanos e o apoio geral para a nação em desenvolvimento.

Os Lados Bom e Ruim da América

Os judeus se estabeleceram nas Américas antes mesmo de existirem os Estados Unidos, e lutaram na Guerra da Independência e em ambos os lados da Guerra Civil daquele país. Os EUA — que tendem a valorizar as habilidades dos indivíduos, em vez de crenças ou raças — ofereceram uma quantidade espantosa de liberdade para os judeus em tempos quando sofriam restrições na maioria dos lugares do planeta. Não obstante, algumas atitudes antijudaicas existiram lá. Durante muitos anos, algumas universidades limitavam o número de judeus que poderiam se matricular, e até hoje em dia alguns clubes sociais particulares não aceitam judeus. Mas, como um todo, a América do Norte tem sido um lugar maravilhoso para viver, caso você seja judeu.

Ao mesmo tempo, o local também tem sido um solo fértil para aqueles que querem se assimilar, converter ou ignorar sua herança judaica. O resultado é um país que oferece oportunidades sem igual para celebrar e honrar o ser judeu, enquanto também oferece possibilidades para perder a identidade judaica.

Você será assimilado

Obviamente, os EUA há muito tempo têm sido lar para um pequeno grupo de judeus religiosos, mas, no todo, o judaísmo norte-americano nunca foi especialmente tradicional ou observante. O maior ramo do judaísmo nos EUA, o movimento reformista, concentrou-se durante muitos anos na justiça social e em ações sociais, em vez de na observância ritual. Por exemplo, quando Ted estava na escola rabínica reformista, ele aprendeu como aplicar textos tradicionais a condições sociais correntes, mas usar uma kipá não era algo bem-visto.

Da década de 1930 até o início da de 1960, a cultura norte-americana como um todo encorajou a assimilação, em vez da diversidade étnica, e muitos judeus cujos nomes não haviam sido mudados quando eles (ou seus ancestrais) imigraram fizeram a alteração.

220   PARTE 3 **Um Panorama da História Judaica**

CASOS E CAUSOS

A família do pai de Ted ficou furiosa quando ele mudou "Falcovich" para "Falcon", embora dentro dos dez anos seguintes todos os primos tenham feito a alteração para "Falk", "Falkner" ou "Falcon". No ramo de entretenimento — o zênite da cultura estadunidense —, Bernie Schwartz, Issur Danielovich Demsky e Robert Zimmerman se tornaram Tony Curtis, Kirk Douglas e Bob Dylan (respectivamente).

Os judeus se tornaram principal e primeiramente norte-americanos, em geral descartando seu legado judaico, ou pelo menos o deixaram para outro momento enquanto subiam a escada do sucesso. Afinal, o compositor judeu Irving Berlin não apenas escreveu "White Christmas", mas também "God Bless America".

Na década de 1950, a irracionalidade do Holocausto levou muitas pessoas a declararem que "Deus está morto", removendo-as ainda mais de qualquer convicção religiosa. E a tendência secular do novo Estado de Israel enviou uma mensagem clara aos judeus dos EUA: somos um povo, não necessariamente uma religião.

Ao longo das décadas de 1950 e de 1960, a conexão de muitos judeus norte-americanos com o judaísmo se revelou basicamente com a filiação a uma sinagoga (pagando as mensalidades mesmo que não a frequentassem durante a maior parte do ano) e com o apoio a Israel (novamente, na maioria das vezes, com seus talões de cheque). Mas os turbulentos anos 1960 anunciaram uma mudança que alcançou os EUA por inteiro, mudança essa que ressoou profundamente para muitos judeus.

O povo que escolhe

Nos EUA, o judaísmo se tornou cada vez mais uma questão de escolha, em vez de necessidade; os judeus se tornaram o povo "que escolhe", em vez de apenas um povo escolhido, e muitos especialistas sentiram que o judaísmo norte-americano simplesmente morreria. Certamente, a natureza rebelde dos anos 1960 e início dos anos 1970 foi a causa para muitos judeus mais jovens rejeitarem as atitudes dos pais.

Porém, algo interessante aconteceu: as pessoas começaram a ansiar por uma conexão espiritual mais profunda. O Human Potential Movement [Movimento do Potencial Humano] — mesclado com as recém-importadas filosofias orientais (budismo, hinduísmo, e assim por diante) e o influxo das drogas de expansão de consciência — começou a levar às pessoas a ideia de que havia mais neste mundo do que apenas o que poderia ser visto. Tal despertar surgiu de (pelo menos) três formas na comunidade judaica norte-americana: alguns judeus descobriram pelo que ansiavam em outras tradições espirituais, alguns ficaram mais empolgados com seu legado cultural e muitos descobriram os aspectos espirituais profundos em suas próprias raízes.

Os Judeus como Professores Espirituais de Outras Tradições

O rabino Rami Shapiro certa vez nos falou de uma conferência mundial de religiões da qual participou. Em certo momento durante uma reunião, um fato curioso surgiu: todos os apresentadores — hindus, budistas, sufistas e até cristãos — eram judeus por nascimento. Surpreendentemente, se passarmos em qualquer livraria e dermos uma olhada nos livros, teremos a confirmação de que muitos (se não a maioria) dos professores não asiáticos de meditação nasceram judeus, incluindo Jack Kornfield, Ram Dass, Sylvia Boorstein, Surya Das, Stephen Levine, Sharon Salzberg, Joan Borysenko e Thubten Chodren.

Muitos judeus sentem uma atração pelo esotérico — as verdades mais profundas e escondidas. Algumas pessoas acreditam que há algo inato na consciência judaica que insta os judeus a buscarem aquilo que é mais profundo e que tem um maior significado, mesmo que tenham que procurar fora do judaísmo para encontrá-lo.

Não sabia que os judeus faziam isso!

Espantosamente, quando Ted estava no seminário, o tema espiritualidade nunca surgiu. Claro, os professores mencionavam algumas palavras a respeito de vez em quando, mas a ideia de um caminho interno rumo ao Único (ou como preferir definir a espiritualidade) simplesmente não parecia importante. Os professores conservadores, reconstrucionistas e ortodoxos também tendiam a comprar a ideia de que o judaísmo se baseia no que você faz — seja seguindo as mitzvot (veja o Capítulo 4), seja se engajando em ações sociais — e que o panorama espiritual mais amplo não é tão importante assim.

Muitos anos depois, em uma profunda crise de fé, Ted descobriu (com certo alívio) que o judaísmo tinha diversos segredos — das práticas meditativas aos ensinamentos extáticos e, acima de tudo, uma espiritualidade maravilhosa. Mas, se até mesmo os rabinos estavam em grande parte inconscientes do componente espiritual judaico, o que dizer sobre o resto da comunidade judaica?

Desde a década de 1950 até a de 1980, o judaísmo tornara-se com frequência uma religião centrada na criança, diluindo seus ensinamentos para que aqueles sem muita compreensão de hebraico ou das tradições judaicas pudessem entender tudo isso. Como a maioria dos judeus norte-americanos interrompia sua educação judaica após o Bar ou Bat Mitzvá (veja o Capítulo 8) — ou, no melhor dos casos, após terminar o ensino médio —, eles nunca chegavam a uma apreciação adulta de algumas das grandes profundidades possíveis do ensinamento judaico.

E, assim, gerações de judeus cresceram com apenas compreensões superficiais das próprias tradições. Em uma era na qual a espiritualidade estava florescendo, a maioria dos judeus não via nada dentro das próprias tradições que respondia aos anseios espirituais que estavam experimentando. O resultado? Pararam com as práticas judaicas (se é que as vinham observando) e abraçaram tradições diferentes. Atualmente, de acordo com alguns relatórios, mais de 25% dos budistas não asiáticos norte-americanos nasceram judeus. Os judeus budistas tornaram-se tão comuns, que têm até o próprio apelido: JuBu.

Encontrando paralelos

Muitas práticas e crenças atribuídas ao budismo ou ao hinduísmo — como a meditação, o trabalho com gurus, a contemplação da natureza e até a reencarnação — eram, na verdade, ensinadas no judaísmo há centenas ou milhares de anos e apenas caíram em desfavor posteriormente (veja o Capítulo 5). Nos últimos quarenta anos, os judeus redescobriram tais ideias, e muitos deles, que não tinham interesse prévio na observação de seu judaísmo, estão agora retornando, buscando congregações que compartilham de seus interesses (veja "A Nova Espiritualidade Judaica", posteriormente neste capítulo).

É claro, muitos judeus ainda ficam desinteressados por algo que parece um senso obscuro de culpa e sofrimento associado com o judaísmo. A ideia de que "temos que manter o judaísmo vivo a todo custo", com a visão austera de um Deus benevolente, mas vingativo, tem levado milhares de judeus a se refugiarem em filosofias que não carregam um fardo tão pesado. Por outro lado, achamos irônico que tantos judeus se interessem por rituais pagãos, hinduístas ou budistas, com um senso de que as ideias são muito mais recentes do que os caminhos "antigos e repressores" do judaísmo. (Certo, então o budismo tem apenas 2,5 mil anos, em vez de 4 mil. Continua não sendo um brotinho!)

Sim, há um motivo claro de preocupação para a comunidade judaica de que os judeus vêm buscando sua nutrição espiritual em outras práticas e crenças. No entanto, muitas dessas pessoas não veem as práticas como necessariamente incompatíveis com as próprias identidades como judeus. Suspeitamos que o interesse aumentado pela espiritualidade, mesmo quando descoberta primeiramente dentro de outras tradições, tem a possibilidade de revigorar o judaísmo moderno.

A Nova Espiritualidade Judaica

Uma das mudanças mais inesperadas na história moderna do judaísmo (especialmente nos EUA) tem sido o interesse aumentado nas práticas judaicas tradicionais. Talvez isso não devesse ser tão surpreendente, afinal, como notaram alguns historiadores: "O que o filho quer esquecer, o neto anseia em relembrar." (Neste caso, é geralmente o bisneto!)

LEMBRE-SE

Um judeu que se torna mais observante é chamado de *baal teshuvá* ("mestre do retorno"). O termo se refere a alguém que se torna ortodoxo (ou até ultraortodoxo), de modo similar à ideia cristã de "nascer de novo". Obviamente, levar a Torá ao coração e passar a ser observante é muito diferente de aceitar uma crença em Jesus como o Messias; veja o Capítulo 3.

Embora alguns judeus se tornem muito tradicionais, juntando-se às comunidades ortodoxas ou ultraortodoxas, outros abraçam interpretações mais liberais da observância judaica. Nos anos 1960 e 1970, o Movimento Chavurá — primeiramente fora e, depois, dentro de sinagogas organizadas — encorajava encontros de grupos menores (chamados de *chavurot*, "grupos de amizade") que apoiavam as expressões espirituais criativas do judaísmo, sendo em grande parte igualitárias, baseadas na família, liberais e orientadas à ação social. Muitas sinagogas do movimento reformista se tornaram mais observantes e, ao mesmo tempo, começaram a dar mais atenção aos aspectos espirituais do judaísmo. O movimento reconstrucionista (veja o Capítulo 1) também cresceu rapidamente nessa época, trazendo as próprias interpretações e práticas.

Similarmente, nos últimos trinta anos, o Movimento Judaico de Renovação — sob a liderança do rabino Zalman Schachter-Shalomi, com porta-vozes como Arthur Waskow associando firmemente a espiritualidade judaica com preocupações com relação ao ambiente e à justiça social — emergiu como uma das forças crescentes do judaísmo moderno. O judaísmo renovado é, de muitas formas, transdenominacional e vem tentando fortemente reenergizar e reenriquecer outros movimentos judaicos, sem se tornar um movimento separado em si; não obstante, muitas congregações renovadas surgiram ao longo dos anos.

Um dos movimentos mais empolgantes do judaísmo atual é o recente aumento repentino de *minyanim* (singular *minyan*) independentes — grupos leigos não afiliados a qualquer sinagoga ou denominação, em geral focados em papéis igualitários para homens e mulheres. Tais grupos podem oferecer serviços tradicionais, mas são liberais socialmente e atraem muitos judeus mais jovens.

Judeu contra Judeu contra Judeu

Talvez você conheça a piada sobre os dois judeus que acabaram perdidos em uma ilha deserta. Quando finalmente foram resgatados, convidaram seus salvadores a fazer um pequeno tour pela vila que haviam construído. Os salvadores ficaram impressionados com o que os dois haviam feito, mas também confusos pela existência de três sinagogas diferentes. "Ah", explicou um dos sobreviventes, "Eu vou a uma sinagoga, ele vai à outra, e a terceira é a sinagoga em que nenhum de nós entraria nem mortos".

É verdade, o povo judeu tem uma longa história de lutas internas — as tribos lutavam umas contra outras 3 mil anos atrás, os fariseus brigavam com os saduceus, os caraítas argumentavam com os talmudistas, e assim por diante. Mas nós acreditamos que há mais brigas abertas entre os grupos judaicos atualmente do que já houve em mais de 2 mil anos.

Quem é judeu

CONTROVÉRSIA

A grande questão no judaísmo hoje em dia — maior do que o antissemitismo, do conflito na Palestina ou até do casamento interconfessional — é a fricção emergindo entre as partes ultraobservantes e as menos observantes da comunidade judaica. As discordâncias não são novas; sempre houve histórias do filho que se tornou ultraortodoxo contra os desejos de sua família, ou da filha que se rebelou contra seus pais ortodoxos e se tornou cada vez mais secular. Mas, atualmente, as questões estão tomando cada vez mais lugar nas ruas e na política, nos EUA, na Europa e, mais obviamente, em Israel.

Infelizmente, alguns judeus reformistas e seculares consideram os ultraortodoxos como simplesmente loucos, e muitos desses judeus altamente observantes consideram seus acusadores como profundamente desencaminhados e perigosos ao judaísmo como um todo.

CASOS E CAUSOS

Durante uma viagem recente a Israel, David e a esposa contrataram um guia turístico para levá-los por Jerusalém. O homem, um judeu secular que nascera e crescera em Jerusalém, lutou no Exército Israelense durante a Guerra da Independência, a Guerra dos Seis Dias e a Guerra do Yom Kipur. Como se pode ver, ele era um judeu comprometido, mas, quando estavam perto da comunidade ultraortodoxa de Mea Shearim, ele declarou que os judeus do chapéu preto eram "parasitas", vivendo à custa da assistência social, sem trazer nenhum valor como retorno. Esse guia deixou claro que, embora os ultraortodoxos possam ser judeus, ele não considerava o modo como viviam como "judaico".

Por sua vez, os jornais israelenses estão repletos de histórias sobre os ultraortodoxos (também chamados de *haredi*) ficando cada vez mais intolerantes para com os judeus seculares ou menos religiosos. Mais frequentemente, seu foco são as mulheres e seu lugar na sociedade: as estações de rádio haredi censuram as vozes das mulheres políticas; um jornal, na verdade, usou o Photoshop para remover Hilary Clinton de uma foto em uma notícia importante antes da impressão; e o ministro da Saúde de Israel, sendo ultraortodoxo, recusou-se a permitir que uma professora de pediatria fosse ao palco receber um prêmio. O pior de tudo: sabe-se que alunos ultraortodoxos cospem ou atiram pedras em garotas judias até mesmo modestamente vestidas que caminham próximo de seus bairros.

LEMBRE-SE

Embora muitos considerem o judaísmo como um espectro — os judeus reformistas de um lado e os ultraortodoxos do outro —, para um judeu ortodoxo observante ("*frum*"), o judaísmo é mais como um interruptor de luz: ou você está fazendo certo, ou não está. Por exemplo, uma pessoa em uma congregação conservadora ou reconstrucionista pode ser judia por nascimento, mas muitos ortodoxos não considerariam que ela esteja praticando um judaísmo autêntico. De fato, rabinos ultraortodoxos chegaram até a declarar que "rabinos" não ortodoxos são hereges, e proíbem que os judeus digam "amém" após um rabino liberal recitar uma bênção.

Até mesmo se tornar um *baal teshuvá* não significa que você será totalmente aceito pelos ultraortodoxos, que geralmente levam em consideração o histórico familiar e a criação, amizades e casamentos, e fazem uma distinção discreta entre um *baal teshuvá* e um *frum* de nascimento.

Tal atitude não é universal, é claro. A maioria dos judeus ortodoxos modernos é significativamente mais tolerante quanto às diferenças de crenças, e muitos judeus seculares e liberais tendem a respeitar o estilo de vida ortodoxo mais observante — desde que não interfira em seu caminho.

Não conseguimos resolver isso?

CONTROVÉRSIA

Os ultraobservantes buscam criar os próprios enclaves, as próprias comunidades, nas quais podem se sentir apoiados em sua escolha de estilo de vida. Contudo, sua falta de interesse por aqueles fora do clã, suas vestimentas e suas observâncias dificultam muitíssimo a vida para outros judeus que não compartilham de seu nível de observância e não querem que seus próprios bairros sejam mudados tão radicalmente. Cada grupo vê o outro como um inimigo da continuidade judaica.

As diferenças não aparecem apenas entre os dois extremos, é claro. Assuntos como casamento interconfessional ou apoio a Israel causam rixas também entre judeus reformistas, seculares, conservadores, renovados e reconstrucionistas. Mas há uma diferença: embora as rivalidades entre os grupos não ortodoxos possam ainda apoiar a comunicação intergrupal, a habilidade dos ultraobservantes em compartilhar com outros é muito mais limitada. Em muitas comunidades, rabinos ortodoxos nem mesmo se reúnem com grupos que incluem rabinos não ortodoxos.

É claro, a maioria dos judeus tende a minimizar esses conflitos porque é muito mais fácil se preocupar com questões externas, como o antissemitismo ou com o Estado de Israel. Como sempre, é mais difícil se concentrar no "nós" do que no "nós e eles".

PALAVRAS DE SABEDORIA

O rabino David Zeller mencionou certa vez a tradição judaica que ensina que o Messias virá quando todos os Filhos de Israel ao redor do planeta observarem um Shabat, unzinho só. Ele ensinou que o Messias — que você pode considerar como o despertar de uma Consciência Universal compartilhada — virá quando os judeus que observam os Shabat amarem aqueles que não o fazem, e aqueles que não guardam o Shabat amarem aqueles que o fazem.

Considerando o Futuro do Judaísmo

Sempre que ouvimos alguém insistir em que o povo judeu desaparecerá a qualquer momento, pensamos no dito espirituoso de Mark Twain após ver seu próprio obituário: "Parece-me que as notícias sobre a minha morte são manifestamente exageradas." Há uma possibilidade distinta de que o povo judeu esteja, neste momento, em um processo de mudança, talvez tão grande quando o período talmúdico (veja o Capítulo 14). E não importa o quão alto alguns judeus exclamem que tudo está indo de mal a pior, novas ideias e observâncias que estão aparecendo podem, de fato, garantir a sobrevivência do judaísmo nos milênios futuros.

A tendência dos últimos trinta anos é clara: as duas populações religiosas com crescimento mais rápido (nos EUA e possivelmente no mundo) são os fundamentalistas e os universalistas, ou os ortodoxos e os buscadores espirituais. Mas como os judeus ortodoxos se esforçam para ter famílias grandes (com cinco ou até dez filhos), enquanto as famílias não ortodoxas geralmente têm apenas um ou dois, não é necessário ser um gênio para ver como estará o equilíbrio entre os dois grupos em algumas gerações.

LEMBRE-SE

Em última instância, a tendência geral em direção a uma espiritualidade maior está refletida tanto nas instituições judaicas tradicionais como nas menos tradicionais (e, talvez ainda mais importante, fora das instituições, nas próprias pessoas). Podemos encontrar judeus profundamente espirituais na maioria das comunidades ortodoxas, e também nas mais seculares. Pode parecer clichê, mas é apenas por meio da abertura a uma compreensão mais ampla de todas as pessoas que a humanidade poderá realmente caminhar para a frente no novo milênio.

> **NESTE CAPÍTULO**
>
> » Analisando 2 mil anos de perseguição
>
> » Expondo alguns mitos e equívocos comuns sobre o judaísmo
>
> » Encontrando caminhos de cura

Capítulo 17
O Problema do Antissemitismo

CASOS E CAUSOS

Q uando Ted tinha quatorze anos, sua família se mudou de um bairro judeu para uma área na qual viviam muito menos judeus, e ele era uma das três crianças judias na escola. Foi a primeira vez que apanhou simplesmente por ser judeu. Mas o que machucou mais, lembra ele, foi quando seu melhor amigo lhe disse, alguns meses após o início do ano escolar, "Meus pais disseram que não posso mais ir para sua casa porque você é judeu". Até hoje Ted não consegue entender o motivo da preocupação dos pais de seu amigo, mas esses eventos o sensibilizaram aos sentimentos antijudaicos comuns que ainda existem logo abaixo da superfície.

Muitos judeus mais jovens, que talvez nunca tenham sido atingidos pessoalmente pelo antissemitismo, ainda percebem que lidar com o sentimento antijudaico é, de alguma forma, parte de ser judeu. Muitos ficam surpresos ao descobrir que crimes de ódio contra os judeus e as instituições judaicas nos Estados Unidos ainda são mais prevalentes do que ataques a muçulmanos ou a qualquer outro grupo religioso. De fato, a realidade e a ameaça de ódio contra os judeus, especialmente após os horrores inomináveis do Holocausto (veja o Capítulo 15), levaram gerações inteiras a basear sua identidade judaica no fato de serem vítimas. Ao mesmo tempo, os judeus querem cada vez mais evitar tal papel de vítima.

CAPÍTULO 17 **O Problema do Antissemitismo** 229

O antissemitismo foi e é um fato da vida de muitos judeus. No entanto, neste capítulo, nosso objetivo é analisar a verdade histórica do antissemitismo sem exagerar sua importância no desenvolvimento da identidade judaica.

Recontando o Incompreensível

Nenhum outro grupo de pessoas sofreu tanto ao longo da história (e ainda sobrevive) como o povo judeu. Os séculos de opressão e exílio parecem absurdos, baseados em ignorância, suspeição e medo incríveis. Como escreveu certa vez Harry Golden, um grande humorista norte-americano, "Convenhamos — é impossível explicar o antissemitismo; ele mal pode ser recontado". A tabela 17-1 lista algumas das muitas consequências do antissemitismo ao longo dos últimos dois milênios.

TABELA 17-1 **Atos Selecionados de Antissemitismo na Era Comum**

Data (Todas as datas pertencem à Era Comum.)	Evento
135	Os romanos proíbem (sob pena de morte) a circuncisão, a leitura da Torá, comer pão não fermentado em Pessach e outros rituais judaicos necessários.
200	O imperador romano Severo proíbe a conversão ao judaísmo, sob pena de morte.
306	A lei romana proíbe que judeus e cristãos comam juntos, casem entre si ou tenham relações sexuais.
489	Os cidadãos de Antioquia massacram judeus, queimam a sinagoga e lançam os corpos dos judeus ao fogo.
681	O Sínodo de Toledo ordena que o Talmud e outros textos judaicos sejam queimados.
855	Luís II expulsa os judeus da Itália.
1021	Um grupo de judeus em Roma é preso, acusado de causar um terremoto e um furacão ao atormentar uma "hóstia" (o pão usado na missa), e é então queimado após confessar sob tortura.
1099	Os primeiros cruzados chegam à Palestina e massacram 30 mil muçulmanos e judeus. Os judeus de Jerusalém são reunidos na sinagoga e queimados vivos.
1180	O rei da França, Felipe Augusto, confisca todas as propriedades dos judeus e os expulsa do país.

230   PARTE 3 **Um Panorama da História Judaica**

Data (Todas as datas pertencem à Era Comum.)	Evento
1290	A Inglaterra expulsa os judeus do país.
1306	A França expulsa os judeus do país.
1349	Judeus são massacrados em toda a Europa: a comunidade judaica inteira da Basileia é queimada até a morte; 6 mil judeus são queimados até a morte em Mainz; 500 judeus são mortos em Bruxelas; judeus em Frankfurt e Viena cometem suicídio para evitar a tortura.
1391	Dezenas de milhares de judeus são mortos em manifestações antijudaicas na Espanha, outras dezenas de milhares são salvos pela conversão forçada; a Inquisição começa, durante a qual 50 mil judeus são mortos.
1492	Expulsão dos judeus da Espanha.
1517	O papa declara que todos os judeus devem usar distintivos de vergonha e morar em guetos.
1543	Martinho Lutero, fundador da Reforma Protestante, declara que "as sinagogas dos judeus devem ser queimadas... suas casas também devem ser derrubadas e destruídas... seus rabinos devem ser proibidos de ensinar, sob pena de morte..."
1648	Os pogroms Chmielnicki ocorrem: entre 100 mil e 200 mil judeus são mortos na Ucrânia.
1862	O general Ulysses Grant ordena que todos os judeus sejam expulsos do Tennessee (ordem essa quase imediatamente rescindida pelo presidente Abraham Lincoln).
1894	Alfred Dreyfus, um judeu assimilado, é acusado falsamente de espionagem na França.
1900–1920	Milhares de judeus são mortos em pogroms no Leste Europeu.
1915	A Rússia leva forçadamente 600 mil judeus da fronteira ocidental para o interior; mais de 100 mil morrem de frio ou de fome.
1925	Adolf Hitler publica Mein Kampf, no qual escreve: "Hoje, acredito que estou agindo de acordo com a vontade do Poderoso Criador: ao me defender contra o judeu, estou lutando pelo serviço do Senhor."
1941–1945	O Holocausto. Quase 6 milhões de judeus (incluindo 1,5 milhão de crianças) são assassinados nos campos de morte.

Temendo uma Proporção Desconhecida: As Origens do Ódio

Historicamente, a lei judaica tem levado os judeus a serem mal compreendidos. Tradicionalmente, os judeus não podiam comer em casas não judias (não kosher) ou se casar com não judeus, então havia pouca interação social entre as comunidades. De igual modo, eles tinham que poder conseguir caminhar até a sinagoga no Shabat (veja o Capítulo 18), então tendiam a morar em pequenos agrupamentos, separados dos não judeus. E como os judeus insistiam em praticar sua religião da própria maneira, foram rotulados de "contra os deuses" pelos primeiros pagãos — o que posteriormente ecoou como "contra Cristo" pelos primeiros cristãos. Embora o judaísmo oferecesse pouca ou nenhuma ameaça aos não judeus, os judeus eram diferentes, e apenas ser diferente é geralmente visto como uma ameaça em si.

Visto que os não judeus conhecem pouco sobre os judeus, foi fácil para que pintassem estes com a forma daquilo que mais temiam. Os judeus já foram descritos alternadamente como liberais radicais ou capitalistas mesquinhos, mandões e intrometidos onde não são quistos, ou territoriais e reclusivos, avarentos ou excessivos e ostensivos. Curiosamente, no entanto, diferentemente de muitos grupos perseguidos, os judeus quase nunca são vistos como burros, pobres ou incultos (embora muitos judeus certamente entrem nessas categorias).

Por séculos, os judeus foram proibidos de possuir terras, barrados em negócios e geralmente forçados a viver em guetos, forçando-os de forma eficaz a desempenhar papéis como emprestadores de dinheiro ou agenciadores de empréstimos (o que pode ter sido considerando como não cristão porque tais profissões envolvem lidar com dinheiro). É claro, todo mundo adora alguém que lhes empresta dinheiro... até que ele peça que seja pago de volta.

O QUE É O ANTISSEMITISMO?

A palavra "antissemitismo" foi cunhada em meados do século XIX, muito provavelmente por um renomado antissemita como um substituto menos ofensivo para a palavra alemã *Judenhass* ("ódio ao judeu"). O problema é que essas pessoas não odeiam os semitas, mas os judeus. A palavra "semita" inclui todos os descendentes de Shem — o filho mais velho de Noé na Bíblia —, incluindo tanto judeus como árabes (e todas as outras tribos originárias do Oriente Médio). Obviamente, agora há muitos árabes que odeiam os judeus, então a palavra "antissemita" realmente não faz qualquer sentido. Algumas pessoas agora dizem "odiador de judeu" para serem mais claras.

Explodindo Crenças Falsas e Perigosas

Os antissemitas há tempos justificam suas terríveis crenças e atos ao acusar os objetos de seu ódio de crenças e atos ainda piores. Veja a seguir alguns dos mitos que os odiadores de judeus geraram para defender ações antissemitas.

Crença 1: Os judeus mataram Jesus

Provavelmente, o grito de guerra mais comum entre os antissemitas nos últimos 2 mil anos é o de que "os judeus mataram Jesus". Vejamos os fatos: os judeus não mataram Jesus. Foram os romanos que o mataram. Os seguidores e os apoiadores de Jesus eram todos judeus (incluindo Jesus, é claro). Os sacerdotes saduceus, que gerenciavam em grande parte o protetorado romano, estavam claramente alinhados com as autoridades romanas, e muitos outros da comunidade judaica temiam punições se dessem a impressão de apoiar Jesus — ou qualquer outro considerado uma ameaça ao *status quo*. No entanto, o pior que pode ser dito é que uma minúscula fração dos judeus atualmente pode ser descendente daqueles sacerdotes ou de outros envolvidos.

Por outro lado, os romanos tinham uma política clara: crucificar qualquer autoridade judaica que se rebelasse contra o governo romano. Alguns historiadores dizem que cerca de 100 mil revolucionários antirromanos foram crucificados, a maioria dos quais era provavelmente judia. Jesus era claramente judeu, claramente rabínico (ele orava e ensinava nas sinagogas judaicas) e claramente contra a autoridade dos romanos pagãos. Dizer que os judeus mataram Jesus é o mesmo que dizer que os judeus comandavam os campos de concentração nazistas.

Não obstante, isso não interrompeu os líderes cristãos de declarar os judeus culpados durante quase 2 mil anos. São João Crisóstomo (344 a 407) anunciou que os judeus eram "... lascivos, ávidos, gananciosos, bandidos pérfidos... assassinos inveterados, destruidores, homens possuídos pelo mal... eles superaram a ferocidade das bestas selvagens, pois assassinam sua prole e a imolam para o diabo".

O reformista Martinho Lutero (1483 a 1546), fundador do movimento protestante, era surpreendentemente solidário em suas atitudes em relação aos judeus — até que descobriu que eles não queriam seguir sua forma de cristianismo assim como não queriam seguir o catolicismo contra o qual ele se revoltara. A partir de então, ele defendeu a queima das sinagogas e a morte dos judeus.

De alguma forma, a ideia de que os judeus não aceitavam Jesus como o Cristo, o Messias, era tão perturbadora para os cristãos que eles sentiam que cada rejeição em si equivalia a uma "morte" de Jesus.

Felizmente, parece que a maré está mudando. Incidentes com judeus sendo espancados ou urinados por delinquentes gritando "matador de Cristo" — eventos que não eram tão incomuns até mesmo quarenta ou cinquenta anos atrás — são relativamente raros hoje em dia. Isso se dá, em parte, devido às visões iluminadas do papa João XIII, que, à sombra do Holocausto, ordenou que a referência aos "pérfidos judeus" fosse removida da liturgia da Sexta-feira Santa no final da década de 1950 e, posteriormente, fez avançar reformas na Igreja que pavimentaram o caminho para melhores relações entre católicos e judeus.

Em 1997, o papa João Paulo II declarou: "No mundo cristão... as interpretações erradas e injustas do Novo Testamento com relação ao povo judeu e sua suposta culpa já haviam circulado por tempo demais, contribuindo para os sentimentos de hostilidade para com esse povo." E, por fim, no ano de 2000, em uma visita a Jerusalém, ele ofereceu um pedido de desculpas profundo e sério aos judeus pela longa história de perseguições.

Crença 2: Há uma conspiração judaica internacional

Quando estávamos crescendo, achávamos que toda a conversa sobre uma "conspiração judaica internacional" era apenas uma piada, e ríamos sobre ela com nossos amigos. Afinal, os judeus não conseguiram interromper o Holocausto — não conseguiram nem mesmo que os Aliados bombardeassem os trilhos de trem que levavam aos campos de morte durante a Segunda Guerra Mundial —, muito menos controlar o destino de todas as pessoas. Claro, alguns judeus gerenciam grandes empresas, mas há muito mais não judeus em tais posições. Portanto, por que fazer tanta gente realmente crer que os judeus controlam o mundo?

Um tratado produzido na Rússia no século XIX chamado *Os Protocolos dos Sábios de Sião* desempenhou um grande papel na perpetuação do mito de uma conspiração judaica internacional. Esse pequeno livro pretende expor as minutas da reunião de um comitê no qual poderosos judeus conspiradores discutem como derrubar o cristianismo e os poderes mundiais. Não seria um eufemismo dizer que milhares (talvez milhões) de judeus sofreram e morreram porque houve quem acreditasse que tal documento fosse verdadeiro.

Porém, *Os Protocolos* é claramente uma obra de ficção. De fato, é uma obra de ficção baseada em outra ficção! Em 1979, um jesuíta francês escreveu uma sátira política na qual a Revolução Francesa foi colocada na conta da Ordem dos Maçons. Se compararmos *Os Protocolos* com tal sátira, fica claro

234   PARTE 3 **Um Panorama da História Judaica**

o que aconteceu: a polícia secreta russa, no fim do século XIX, alterou nomes, personagens e alguns detalhes e "vazou" o texto para o público como sendo um documento recém-descoberto — e uma clara razão para perseguir os judeus.

Os Protocolos foi espalhado rapidamente e traduzido para diversos idiomas. Nos EUA, Henry Ford (o fundador da Ford Motor Company) foi profundamente influenciado pela obra Os Protocolos e publicou uma coluna chamada The International Jew [O Judeu Internacional] — analisando as contínuas "conspirações judaicas" — em um jornal do qual era dono. Ford foi um antissemita tão proeminente que, segundo se afirma, Adolf Hitler mantinha uma foto dele em sua mesa e, na década de 1920, disse: "Vemos Heinrich Ford como o líder do crescente movimento fascista na América... Traduzimos seus artigos antijudaicos e os publicamos. O livro está circulando aos milhões em toda a Alemanha."

Infelizmente, esse mito continua a existir conforme o livro Os Protocolos continua a ser distribuído em muitos países muçulmanos.

Crença 3: Os judeus praticam assassinatos rituais

Antes de as acusações de conspirações judaicas internacionais estarem na moda, os antissemitas rotineiramente acusavam os judeus de três outros crimes:

» **Assassinato em massa:** Algo entre 25% e 50% de toda a população da Europa — talvez cerca de 25 milhões de pessoas — morreu durante a epidemia da Peste Bubônica (1348 a 1350). A causa foi claramente uma bactéria disseminada por ratos, mas ninguém sabia desse tipo de coisa no século XIV. Em vez disso, espalharam rumores de que os judeus haviam envenenado os poços das áreas afligidas, levando turbas furiosas a massacrar mais de 20 mil judeus.

» **Libelo de sangue:** É possível deixar quase todo mundo com nojo ao falar sobre a ideia de beber sangue humano — é uma daquelas coisas que as pessoas veem imediatamente como doentio e errado. Assim, quando algumas autoridades cristãs começaram a acusar os judeus de matar cristãos ritualmente (geralmente crianças) para beber seu sangue ou usá-lo na preparação da matzá (pão não fermentado) de Pessach no século XII (tais acusações são referidas como "libelo de sangue"), o fato causou pânico e retribuições terríveis contra comunidades judaicas.

No entanto, o judaísmo foi a primeira religião a proibir especificamente o sacrifício humano e especialmente consumir qualquer sangue (mesmo o de animais). Seria fácil levar o libelo de sangue na brincadeira como sendo uma fábula medieval, mas mesmo recentemente, em 1970, foram

CAPÍTULO 17 **O Problema do Antissemitismo** 235

impressos, nos EUA, livros que incluíam canções populares sobre os judeus consumindo sangue; e naquele mesmo ano, o rei Faisal, da Arábia Saudita, declarou que os judeus celebram Pessach anualmente bebendo o sangue de não judeus. Ele também gostava de distribuir cópias do *Os Protocolos dos Sábios de Sião* a visitantes.

» **Profanação da hóstia:** Os católicos acreditam na transubstanciação, o que significa que o vinho e o pão (chamado de "hóstia") usados na missa católica de fato se transformam no sangue e no corpo de Jesus Cristo, que são então consumidos pelos fiéis. Em algum momento da Idade Média, os cristãos começaram a acusar os judeus de "profanar a hóstia" — quer dizer, arrombavam igrejas, roubavam as hóstias e as torturavam, pisando sobre elas ou enfiando alfinetes nelas. Os acusadores disseram até mesmo que os judeus pregavam pregos na hóstia e que o sangue de Jesus vazava. Felizmente, tal acusação insana despareceu, em sua maioria.

Antissemitismo na literatura e na arte

Para quem cresceu em comunidades com muitos judeus, é difícil entender que a maioria das pessoas no mundo pode nunca ter conhecido um judeu. Lembre-se de que os judeus abarcam apenas 2,2% da população dos EUA [cerca de 0,1% da população brasileira] e menos de 0,25% da população mundial (é como se todos os judeus do mundo vivessem no estado do Rio de Janeiro).

De fato, Ted foi o "primeiro judeu" para várias pessoas. Não surpreende, talvez, que muitas pessoas não façam ideia do que os judeus realmente são e baseiem suas opiniões quase que inteiramente em fofocas e no que leem, ouvem ou veem na mídia. Talvez as coisas fossem diferentes se alguém muito tempo atrás tivesse escrito *Judaísmo Para Leigos*!

Se nos baseássemos no que grandes escritores como Shakespeare ou Chaucer escreveram, pensaríamos que eram os Shylocks gananciosos e sadistas (veja *O Mercador de Veneza*) que bebiam sangue de cristãos (veja *Contos da Cantuária*). O judeu mais famoso de Charles Dickens era Fagin, do livro *Oliver Twist*, a quem Dickens denomina de "amável ancião", um coloquialismo popular para o diabo.

É claro, pode ser que Shakespeare nunca tenha chegado a conhecer um judeu quando escreveu o papel de Shylock (os judeus haviam sido expulsos da Inglaterra séculos antes), e Dickens se tornou surpreendentemente solidário com os judeus apenas perto do fim de sua via, após de fato conhecer alguns.

O artista Michelangelo não ajudou em nada a causa dos judeus quando esculpiu Moisés com dois cornos na cabeça. Até hoje, alguns ainda acreditam que os judeus têm cornos. Não ria! Alguns anos atrás, um amigo de David levou uma apalpada na cabeça, de alguém que simplesmente havia crescido acreditando nisso. Por que um luminar como Michelangelo pintou tal imagem? Uma simples tradução errada da Bíblia para o grego, onde "raios de luz" foi traduzido como "cornos", é a resposta.

Samuel Clemens (mais conhecido como Mark Twain) é há tempos confiado como uma "voz sensata da América", mas qualquer leitor não instruído de seu ensaio satírico *Sobre os Judeus* seria influenciado a acreditar em diversos estereótipos antissemitas encontrados lá. Ele argumenta que o motivo principal do ódio pelos judeus é que eles são inteligentes e astutos demais nos negócios e os cristãos não têm esperanças de concorrer contra eles.

Visto que ele também observou diversos traços judaicos positivos — como honestidade e confiabilidade —, foi considerando um amante dos judeus e um inimigo dos antissemitas.

Da Religião à Raça: Antissemitismo nos Tempos Modernos

Antes do século XIX, a maioria dos sentimentos antijudaicos eram baseados em crenças religiosas — se um judeu verdadeiramente se convertesse ao cristianismo, a perseguição provavelmente terminaria. No entanto, com o surgimento do nacionalismo no século XIX (veja o Capítulo 15), atitudes antissemíticas mudaram o foco das crenças e práticas religiosas para a teoria de que os judeus formam uma raça inferior. Tal foco no judaísmo étnico levou antissemitas a usar insultos como *kike*, *yid*, *hebe* e *sheeny* [palavras altamente injuriosas e sem tradução em português]. Ou, em um tom mais humorístico, a descrição satírica de um judeu no filme do Monty Python, *A Vida de Brian*: "um pedestre do Mar Vermelho."

Em seu livro *To Life!* ["À Vida!", em tradução livre], o rabino Harold Kushner recorda a fala de Mordecai Kaplan: "Esperar que o antissemita goste mais de você porque você é um judeu não observante é o mesmo que esperar que o touro não o ataque só porque você é vegetariano." E a classe social não importava — por causa da distribuição dos judeus em todos os níveis da sociedade, os alemães ricos podiam odiar os judeus pobres, e os alemães pobres podiam odiar os judeus ricos. O epítome desse ódio, é claro, foi a ordem nazista de não apenas remover os judeus de suas terras, mas de realmente matar cada um deles.

Israel e o antissemitismo

O estabelecimento do Estado de Israel, em 1948, levou ao surgimento do antissemitismo em comunidades árabes, onde esta era menos proeminente. As pessoas em geral se esquecem de que os judeus e os muçulmanos — membros de religiões irmãs, cada uma remontando sua ancestralidade a Abraão — viveram em paz durante séculos. De fato, os judeus tendiam a viver muito melhor nos países muçulmanos do que nas terras cristãs. No entanto, com base em realidades políticas, os sentimentos antissemitas começaram a surgir nos países árabes. Após o estabelecimento do Estado de Israel, o número de judeus expulsos de países muçulmanos foi aproximadamente o mesmo daquele de palestinos marginalizados pela população judaica.

LEMBRE-SE

Muitos ataques contemporâneos aos judeus (sejam verbais, escritos ou físicos) têm bases antissionistas — quer dizer, quem ataca está furioso com o país de Israel (seus políticos, suas ações ou até mesmo sua existência). No entanto, a raiva é expressa injustamente contra os judeus como um todo. Por exemplo, em 2011, logo após as forças de defesa israelenses impedirem um navio de levar suprimentos à área bloqueada de Gaza e a morte de nove ativistas pró-Palestina, a propaganda antissemita aumentou em todo o mundo, incluindo suásticas pintadas em túmulos de judeus e comentários de ódio escritos em fóruns online pró-Islã.

Por outro lado, alguns ataques são claramente antijudaicos, mas são direcionados a Israel como um país. Em essência, geralmente é impossível separar um do outro.

A cor do antissemitismo

Embora os afrodescendentes tendam a ver os judeus apenas como parte de uma maioria branca, sob o ponto de vista do racista branco, os judeus estão mais ou menos na mesma categoria que aqueles com a pele mais escura — uma "raça" não branca inferior. Embora compartilhem de um status de minoria, muitos norte-americanos afrodescendentes têm sustentado crenças antissemíticas ao longo dos últimos quarenta ou cinquenta anos.

Por exemplo, algumas pessoas alegam que a maioria dos traficantes de escravos era judia, ou que os judeus criaram o comércio de judeus, embora poucos judeus tenham estado envolvidos com a indústria escravagista.

Outras afirmam que os judeus há tempos oprimem os afrodescendentes norte-americanos em suas comunidades, embora os judeus fossem as únicas "pessoas brancas" que contratavam seus vizinhos negros para trabalhos descentes com salários descentes. Sem dúvidas, a suspeição e o racismo existiram entre muitos judeus (daí o epíteto iídiche *shvartze*, que significa literalmente "preto", mas geralmente carrega conotações negativas), e é fácil apontar práticas comerciais entre alguns da comunidade judaica que eram racialmente injustas. Mas, no todo, a comunidade judaica é, há muito tempo, muito mais tolerante do que a maioria das outras pessoas.

Atualmente, muitos não se lembram de que os judeus (identificados como liberais) estavam na linha de frente daqueles que ajudaram os afrodescendentes dos EUA a conquistar direitos civis básicos, marchando ao lado de Martin Luther King Jr. e arriscando a vida (e perdendo-a, em alguns casos) de modo a ajudar com o registro dos eleitores nos estados do Sul. De fato, a NAACP — principal organização dos direitos dos negros nos EUA — não apenas teve judeus prominentes entre seus fundadores, mas, de 1966 a 1975, um judeu — Kivie Kaplan — foi o último presidente não negro do grupo.

Na década de 1960, conforme mais e mais afrodescendentes norte-americanos se interessaram pelo islã, eles começaram a se identificar mais fortemente com as nações árabes e, portanto, tornaram-se mais anti-Israel e antijudeus. Nos últimos 25 anos, grupos como o Nação do Islã vêm espalhando cada vez mais propagandas antissemitas, como os comentários do reverendo Louis Farrakhan de que os judeus "são o povo mais organizado, rico e poderoso, não apenas nos EUA, mas no mundo... Eles estão tramando contra nós, neste exato momento". Outros líderes negros anunciaram que os médicos judeus causaram a AIDS ao injetá-la nas pessoas negras e que os judeus "debilitaram o tecido social" na Alemanha. De algum modo, até mesmo alguns afrodescendentes cristãos dos EUA parecem acreditar em tais alegações ultrajantes.

Talvez as organizações de negros sintam que precisam desenvolver coesividade ao se mobilizar contra um inimigo comum, e pode ser que sintam que o judeu é um alvo mais fácil do que a "estrutura do poder dos brancos" maior. Não importa qual seja o caso, fica claro que existe uma divisão cada vez maior entre esses dois grupos que outrora foram ligados por experiências similares de opressão.

Antissemitismo do século XXI

O antissemitismo diminuiu significantemente ao redor do mundo nos últimos 30 anos, mas está longe de ter acabado. De acordo com a Liga Antidifamação (ADL — Anti-Defamation League), mais de 1.200 casos de antissemitismo (incluindo vandalismo, assédio e agressão) foram relatados nos EUA em 2010. A atividade antijudaica ainda está difundida em todo o mundo; veja aqui apenas alguns exemplos:

> » **França:** Em 2012, delinquentes atacaram três judeus que estavam indo para a sinagoga, espancando-os com martelos e barras de ferro enquanto gritavam "Judeus sujos! Se os virmos de novo, estarão mortos!".

> » **Polônia:** Em 2010, fãs de um time polonês de futebol exibiram uma faixa enorme com a caricatura de um judeu usando uma kipá, com os dizeres "Morte aos Narizes Tortos".

> » **Espanha:** Em 2005, uma pesquisa nacional da Organização Gallup mostrou que 69% acreditavam que os judeus são poderosos demais, 55% atribuíram "intenções sombrias" a eles, e 72% eram a favor de deportar os judeus para Israel.

> » **Estados Unidos:** O Movimento Nacional Socialista Estadunidense (um dos maiores grupos neonazistas) vende um álbum chamado *Jew Slaughter* [Massacre Judeu] em seu site, enquanto observam em seus materiais para os membros que o Holocausto nunca ocorreu e que a economia mundial é um "sistema infectado pelos judeus".

CUIDADO

A explosão de materiais antijudaicos na internet, onde diversos grupos repetem os antigos mitos de ódio, é certamente um motivo de preocupação e de vigilância contínua.

Rumo à Cura

Acreditamos que há uma cura a ser realizada em todos os lados. Claramente, os judeus precisam se concentrar menos nas vitimizações passadas e estar mais dispostos a perdoar. Não judeus precisam se instruir mais a respeito das realidades dos judeus e do judaísmo, de modo a dissipar antigos estereótipos e mitos. Em última instância, todos devemos lembrar-nos de que criar um inimigo chamado "eles" desumaniza todo o mundo.

4

Celebrações e Dias Sagrados

NESTA PARTE...

Você encontrará as respostas para praticamente tudo o que quer saber sobre os feriados judaicos, sejam as Grandes Festas de Rosh Hashaná e Yom Kipur, seja o festivo *sêder* de Pessach. Você descobrirá como construir uma *sucá*, acender as velas de Chanucá e honrar o Shabat (o único feriado que aparece nos Dez Mandamentos). Os feriados judaicos são divertidos e, talvez, a melhor maneira de realmente chegar à essência do que o judaísmo realmente é.

NESTE CAPÍTULO

» Descobrindo o feriado mais importante do judaísmo

» Encontrando liberdade nas restrições do Shabat

» Realizando os rituais e recitando as orações

» Despedindo-se do Shabat com a *Havdalá*

Capítulo **18**

Um Gostinho do Paraíso: Shabat

Se você é como nós, sua vida ficou tão cheia de projetos do trabalho, engajamentos sociais e de outras obrigações, que dificilmente tem tempo para ler este livro, muito menos para se sentar e descobrir para onde o tempo está indo todos os dias. Alguns gostam de pensar em tal aptidão para preencher o tempo com coisas a fazer como uma aflição da modernidade, mas isso já existia 4 mil anos atrás. Naquela época, era necessário ter um descanso, assim como hoje.

O feriado semanal de *Shabat* (sha-*bat*), o feriado judaico mais importante, permite que as pessoas descansem das pressões da semana de trabalho. Em geral, escreve-se "Shabat", e os de descendência ashkenazi geralmente dizem *Shabos* ou *Shabes* com a sílaba tônica no "sha". O antigo feriado de Shabat é o dia a cada semana no qual os judeus observantes param de trabalhar, viajar, construir e de se preocupar, e em vez disso se perguntam: "Sou um *fazer* humano ou um *ser* humano?"

CAPÍTULO 18 **Um Gostinho do Paraíso: Shabat** 243

Entendendo o Shabat

O Shabat, um oásis pacífico com início no pôr do sol de sexta-feira até a chegada da escuridão de sábado à noite, é uma ideia radical hoje em dia, assim como era nos tempos antigos: você tira um dia para estudar, refletir, cantar, ficar quieto, estar com a família e com a comunidade, e renovar seu corpo e sua alma. Os sábios o descrevem como um gostinho do paraíso — uma espiada na Era Messiânica de verdadeira paz e ternura. Não importa sua situação na vida, um dia de descanso — um dia para se concentrar no significado mais profundo e nos valores da vida — é um imperativo religioso. De fato, observar o Shabat é o um dos Dez Mandamentos (veja o Capítulo 3).

É possível encontrar centenas de interpretações diferentes sobre o que realmente é o Shabat, incluindo as seguintes:

» **O Shabat enfatiza a liberdade em relação a mestres humanos.** Como o escritor e sobrevivente do Holocausto Viktor Frankl observou, até mesmo alguns prisioneiros nos campos de concentração nazistas honravam o Shabat como um lembrete de que, embora o corpo humano possa ser quebrado, cada pessoa é essencialmente livre para escolher como reagir ao mundo.

» **No Shabat, os humanos não devem fazer nada com o mundo ou bagunçá-lo de qualquer forma.** Pelo contrário, as pessoas podem simplesmente *estar* no mundo, apreciando sua beleza e retidão.

» **No Shabat, cada pessoa pode se conectar com sua alma superior (*neshamá yeterá*).** É possível experienciar o mundo sob uma perspectiva espiritual e mais inclusiva (veja "Os Cinco Níveis da Alma", no Capítulo 5).

» **No Shabat, os judeus devem descansar como se todos os empreendimentos começados estivessem completados.** A Bíblia diz "Seis dias trabalharás e farás toda sua obra" antes de o Shabat começar. O tipo de descanso que os judeus devem experimentar é aquele que acontece ao término de um projeto, quando podemos parar e apreciar o que foi criado.

Shabat: Restrição ou Alívio?

A observância tradicional do Shabat deriva da injunção bíblica de que nenhum trabalho será feito nesse dia por qualquer pessoa em uma casa judaica — incluindo empregados e animais.

244 PARTE 4 **Celebrações e Dias Sagrados**

CONTROVÉRSIA

É claro, a Bíblia, na verdade, não definiu exatamente o que constituía a palavra "trabalho", e a discussão sobre essa questão ainda continua. Algumas vezes, as definições criam regras que levam muitas pessoas a se sentirem mais restritas do que aliviadas, mais frustradas do que renovadas. Não obstante, uma coisa é clara: a intenção do Shabat era oferecer alívio das demandas do cotidiano e apoiar um ambiente gentil de estudo, oração, conversa e descanso.

Sabendo que trabalho evitar

No Shabat, a Torá proíbe *melachá*, que é geralmente traduzido como "trabalho", mas que na realidade tem um significado muito mais sutil. Se os judeus não pudessem trabalhar nada no Shabat, então os rabinos não poderiam conduzir os serviços! Em vez disso, a palavra *melachá* parece se referir ao trabalho que reflete o controle ou o domínio sobre o mundo.

Os antigos rabinos do Talmud chegaram a 39 categorias de atividades que são consideradas "trabalho" em termos de observância do Shabat, incluindo cozinhar, moer, lavar roupas, tricotar, costurar, construir ou reparar, escrever, cortar, acender ou apagar um fogo, pescar e cuidar do jardim. (Elas se baseiam nos tipos de trabalho necessários para construir o tabernáculo portátil enquanto os hebreus estavam no deserto.) Outra coisa, você não pode carregar nem mesmo mover um objeto mais de dois metros para fora da casa ou de um domínio particular para um domínio público, e vice-versa.

A lei rabínica estende essas categorias para incluir atividades que os judeus podem confundir com uma tarefa proibida, que pode levar a uma atividade restrita. Assim, para evitar quebrar o ramo de uma árvore, os judeus tradicionais não sobem em árvores, e não carregam itens — como dinheiro — que não podem ser usados no Shabat.

Com o passar do tempo, com o surgimento de novas invenções, os rabinos têm sido consultados para decidir sobre seu uso. Por exemplo, nos tempos modernos, os rabinos decidiram que ligar ou desligar um aparelho elétrico deve ser proibido porque a ação completa um circuito, o que não é permitido. Dirigir carro é proibido porque envolve tanto mover um objeto como causar a ignição do combustível no motor. Obviamente, se você observa o Shabat de acordo com as definições tradicionais, é necessário viver a uma distância da sinagoga que possa percorrer caminhando. Isso explica por que os judeus tradicionais tendem a se agrupar nos bairros que os permitem visitar as casas uns dos outros e ainda cumprir com os requisitos do Shabat.

Descobrindo o que é o suficiente

No filme dos irmãos Coen *O Grande Lebowski*, um recém-convertido ao judaísmo se recusa repetidamente a fazer certas coisas, pois ele é um "*shomer shabos*", o que significa alguém que segue as regras tradicionais de

Shabat cuidadosamente. Embora seus comentários sejam engraçados no filme, para muitos judeus ortodoxos, evitar *melachot* (plural de *melachá*) não é um motivo de piada. O senso entre essa turma é o de que mesmo a violação de um único regulamento corrompe o dia inteiro.

Guardar o Shabat com esse nível de observância não é fácil, e ninguém acerta tudo sempre. Questões do estilo de vida e da crença levaram a maioria dos judeus a fazer escolhas sobre o nível de observância tradicional que realizam, e muitos acreditam que honrar alguns aspectos do Shabat é melhor do que nada. A maioria dos judeus conservadores se sente confortável dirigindo um carro para ir à sinagoga, então abrem mão de algumas restrições de modo a melhor observar outras. Muitos judeus reformistas ignoram completamente as restrições gerais, mas tentam participar dos serviços de sexta-feira à noite (veja "Recepcionando o Shabat", posteriormente neste capítulo) e se concentram em atividades familiares divertidas durante o sábado.

Redefinindo as regras

Cada lei é um limite, cada limite precisa de uma definição, e cada definição está sujeita a redefinições com o passar do tempo.

Os judeus tradicionais, em uma tentativa honesta de seguir a lei judaica, definiram limites que às vezes parecem incrivelmente peculiares para aqueles menos observantes. Por exemplo, os judeus ortodoxos desrosqueiam as lâmpadas de seus fornos e refrigeradores antes do início do Shabat, então abrir a porta não acenderá uma luz. Como é costumeiro comer alimentos quentes no Shabat, muitos deixam o forno ou o fogão em nível baixo durante o dia todo, colocando uma chapa de alumínio ou de lata sobre os queimadores, que deixam ligados.

Alguns judeus instalam temporizadores em suas luzes para que liguem e desliguem seguindo um padrão preestabelecido sem qualquer envolvimento pessoal. Outra coisa, nos dias de outrora, era comum encontrar um "Shabos Goy" em muitas sinagogas — um não judeu que realizava tarefas que os judeus não podiam. Os judeus ortodoxos não consideram tais práticas uma quebra do espírito da lei. Pelo contrário, fazer isso atende a uma crença judaica subjacente, *vechai ba-hem* ("e viverás com elas"), o que significa que devemos encontrar uma forma de fazer com que seja possível viver com essas leis.

Por exemplo, muitas comunidades expandiram seus domínios privados ao circundar a área (às vezes uma cidade inteira) com uma divisão, chamada *eruv*, feita de cercas, fios amarrados em postes altos e marcos. Para elas, não tem problema carregar coisas (como seus filhos) no Shabat dentro do eruv. Os judeus instalaram eruvim em muitas cidades dos EUA, incluindo Boston, San Antonio, Seattle e Washington, D.C. [no Brasil, há eruvin (plural de eruv) ao redor de alguns bairros de São Paulo e do Rio de Janeiro, por exemplo].

246   PARTE 4 **Celebrações e Dias Sagrados**

> ## QUANDO QUEBRAR AS REGRAS DO SHABAT
>
> Todas as regras do Shabat ficam suspensas nos casos em que a vida de alguém está em perigo. Nas palavras do Talmud, "Profane um Shabat, para que seja possível viver para cumprir muitos Shabatot" (o plural de Shabat). Na verdade, a tradição judaica é clara: você deve fazer de tudo para salvar uma vida (exceto assassinar ou adorar ídolos). Portanto, hipoteticamente, caso tenha uma doença terrível e com risco de vida, e a única cura seja cozinhar (o que é proibido no Shabat) e comer porco (o que é proibido o tempo todo), então você tem que fazer essas coisas.

Fazendo o que pode no Shabat

Chega de restrição, já! O que os judeus de fato fazem no Shabat? Atividades tradicionais incluem ir à sinagoga, ler, estudar, fazer caminhadas de lazer e socializar com vizinhos, amigos e familiares. As pessoas jogam (jogos de tabuleiro, por exemplo), participam de palestras e vão a grupos de estudo. A maioria usa o dia para colocar o sono em dia (dormir até tarde e tirar um cochilo são considerados usos excelentes do tempo).

Muitos bairros e sinagogas judaicos organizam atividades para crianças e adultos a cada Shabat. Além disso, maridos e esposas tradicionalmente fazem amor no Shabat.

LEMBRE-SE

É claro, ter filhos faz com que o Shabat seja exponencialmente mais difícil (é só tentar dizer a uma criança de três anos que fique quieta e refletir). Mas ter os pais disponíveis durante esse dia pode realmente torná-lo especial, até mesmo para as crianças. O Shabat é um dia no qual ninguém precisa dizer "Estou ocupado demais para passar tempo com você".

Recepcionando o Shabat

O Shabat é como um convidado especial que vem nos visitar todas as sextas-feiras à noite e fica até o escurecer do sábado. Esse convidado é tão cheio de graça e luz, tão amado e encantador, que sua chegada é um prazer e sua partida traz tristeza. No Talmud (veja o Capítulo 3), os rabinos personificaram o Shabat como uma linda noiva, uma parceira para o povo judeu, a quem eles recebiam com alegria a cada semana.

Tudo que você faria em preparação para receber um convidado especial é apropriado para o Shabat (embora não precise preparar uma cama para ele). Por exemplo, antes do pôr do sol, é comum limpar a casa, arrumar a mesa com os melhores pratos, preparar a melhor refeição da semana, banhar-se e vestir uma roupa bonita. De alguma forma, personalizar esse dia ajuda as pessoas a perceber a presença da *Shekhiná* ("Presença Divina", veja o Capítulo 2) durante o Shabat.

O Shabat é recepcionado no lar com três bênçãos — recitadas sobre a luz (velas), vinho (ou suco de uva) e chalá, o pão especial de ovos e trançado (veja a Figura 18-1). Como o Shabat é percebido como um momento de maior amor, a luz simboliza o amor nutriente que desperta a mente, o vinho representa o amor que desperta o coração, e o pão, o amor que desperta todo o corpo.

FIGURA 18-1: Recebendo o Shabat em casa com velas, vinho e chalá, o pão trançado.

Acendendo as velas

A tradição judaica encoraja a mulher da casa a acender duas ou mais velas até no máximo dezoito minutos antes do pôr do sol. (A maioria dos judeus usa duas velas, mas outros usam uma menorá de sete braços, lâmpadas a óleo ou uma vela para cada pessoa da família.) Os calendários hebraicos e os jornais diários geralmente informam o horário do pôr do sol a cada sexta-feira. Os homens também podem realizar o ritual de acendimento das velas.

Embora as pessoas geralmente digam uma bênção antes de realizar uma ação, acender as velas do Shabat é levemente diferente. Acender as velas após dizer a bênção violaria o Shabat, então você deve primeiro acender as velas, depois cobre seus olhos com as mãos (para que não veja a luz enquanto recita a bênção) e, por fim, descobre os olhos. A seguinte bênção é recitada sobre as velas pelos judeus:

Baruch atá Adonai, Elohênu mélech haolam, asher kideshánu bemitsvotáv, vetsivánu lehadlic nêr shel Shabat.

Bendito sejas Tu, Eterno, nosso Deus, Rei do Universo, que nos santificaste com Teus mandamentos [atos que nos conectam com nossa Fonte], e nos ordenaste acender a vela de Shabat.

Curiosamente, esse costume evoluiu com o tempo, de modo que algumas mulheres movimentam ritualisticamente as mãos sobre as velas, como se estivessem fazendo a fumaça de um incenso subir até acima da cabeça antes de cobrir os olhos. Não há base real para isso na lei judaica, o que não impede as pessoas de fazê-lo assim mesmo, caso lhes seja significativo.

Recitando as bênçãos sobre a família, o vinho e o pão

Nas famílias judaicas tradicionais, os homens estão tipicamente na sinagoga quando as mulheres acendem as velas. Quando eles retornam, a família se junta para quatro outras bênçãos antes da refeição do Shabat: a bênção sobre os filhos (se houver), o vinho, sobre a lavagem das mãos e sobre o pão. Em lares mais liberais (provavelmente a maioria dos judeus atualmente), o acendimento das velas e as bênçãos são geralmente realizados juntos, em família.

Primeiro, muitas famílias judaicas gostam de cantar antes da refeição. Uma música costumeira é *Shalom Aleichem* ("A Paz Seja Convosco"), o que ajuda a criar o clima para a adorável união do feriado. Os judeus gostam de tirar um momento para recepcionar o Shabat, a *Shekhinah* (veja o Capítulo 2), uns aos outros e a si mesmos para esse momento.

Em seguida, os pais costumeiramente abençoam os filhos (embora consideremos ser muito bom quando as mães também realizam essa bênção). Normalmente, o pai coloca as mãos sobre a cabeça da criança (em caso de vários filhos, ele os envolve com os braços) e diz esta bênção:

> » **Para um filho:** *Yesimecha Elohim lê Efraim vechi-Menashê.* ("Que Deus te faça como Efraim e Manassés." São os dois filhos de José na Bíblia.)

> » **Para uma filha:** *Yesimecha Elohim ke-Sara, Rivka, Rachel vê Lea.* ("Que Deus te faça como Sara, Rebeca, Raquel e Lia." São as quatro matriarcas da Bíblia.)

Então, ele passa a recitar esta antiga bênção bíblica:

Que o Eterno te abençoe e te guarde. Que o Eterno faça resplandecer Seu semblante sobre ti e seja gracioso contigo. Que o Eterno volte Seu semblante para ti e te conceda a paz.

CAPÍTULO 18 **Um Gostinho do Paraíso: Shabat** 249

Tradicionalmente, o marido também honra a esposa nesse momento ao ler Provérbios 31:10–31, que inclui um grande louvor no início: "Uma esposa exemplar; feliz quem a encontrar! É muito mais valiosa que os rubis. Seu marido tem plena confiança nela e nunca lhe falta coisa alguma." Alguns aspectos da passagem certamente dão uma beliscada nas sensibilidades modernas, então alguns talvez façam uma edição seletiva do trecho.

Atualmente, conforme nos tornamos mais sensíveis aos casais do mesmo sexo assim como às pessoas que moram sozinhas, esse poema pode ajudar a transformar a energia da noite com relação à convidada especial, a Shekhinah, que muitas pessoas entendem como o aspecto feminino de Deus.

Recitando a bênção sobre o vinho: Kidush de Shabat

Em seguida, o homem responsável pela casa (as mulheres também podem fazer isto, é claro) recita o *Kidush de Shabat* (a Santificação do Shabat), normalmente segurando uma taça cheia de vinho ou de suco de uva:

E foi a tarde e a manhã.

Dia sexto. E acabaram de criar-se os céus e a terra, e todo seu exército. E terminou Deus, no dia sétimo, a obra que fez, e cessou no dia sétimo toda a obra que fez. E abençoou Deus ao dia sétimo, e santificou-o, porque nele cessou toda sua obra, que criou Deus para fazer.

Baruch atá Adonai Elohênu mélech haolam, borê peri hagáfen.

Baruch atá Adonai Elohênu mélech haolam, asher kideshánu bemiotsvotáv verátsa vánu, veshabat codshó beahavá uveratson hinchilánu, zicarón lemaasê vereshit, techilá lemicraê códesh, zécher litsiat Mitsrayim, ki vánu vachárta veotánu kidáshta micol haamim, veshabat codshechá beahavá uveratson hinchaltánu. Baruch atá Adonai, mecadesh hashabat.

Bendito sejas Tu, Eterno, nosso Deus, Rei do Universo, que criaste o fruto da videira.

Bendito sejas Tu, Eterno, nosso Deus, Rei do Universo, que nos santificaste com Teus mandamentos e nos quiseste, concedendo-nos com amor e agrado o Teu santo dia de Shabat, em recordação à obra da Criação, pois que é a primeira das datas santas, em memória da partida do Egito. Porque Tu nos escolheste e nos santificaste dentre todos os povos, e o Teu sagrado Shabat, com amor e agrado, nos deste de herança. Bendito sejas Tu, Eterno, que santificas o Shabat.

Todos respondem com "Amém" após o Kidush.

DANDO UM PRIMEIRO PASSO RUMO AO SHABAT

Se você nunca celebrou o Shabat antes, começar a fazê-lo e tentar observar todos os preceitos pode ser muita coisa. Em vez disso, primeiramente procure apenas acender as velas a cada semana. Na tarde de sexta-feira, se possível, antes do pôr do sol, faça alguns momentos de silêncio antes de acender suas velas. Lembre-se de que o Shabat está prestes a começar e coloque sua intenção para que o dia aprofunde gentilmente sua experiência de vida. Então acenda as velas (pelo menos duas) e cubra seus olhos. Recite as palavras da bênção, ou apenas diga uma bênção silenciosa com as palavras que escolher. E depois descubra lentamente seus olhos. Imagine que está vendo a luz daquelas velas pela primeira vez. Tire alguns momentos para apreciar a luz como um símbolo da Luz muito especial que o acompanha durante todo o Shabat.

Caso tenha filhos, mesmo se forem bebês, abrace-os enquanto traz essa luz especial para seu lar. Não é preciso explicar o que está fazendo; apenas permita que a silente elegância do momento fale ao seu coração e ao deles. Talvez encontre outras formas de intensificar esse dia para si mesmo. Por exemplo, você pode experimentar diferentes serviços nas sinagogas e se reunir com seus amigos.

LEMBRE-SE

Essa bênção não santifica o vinho em si, mas o dia todo de Shabat. Alguns ficam desconfortáveis com as palavras "Tu nos escolheste..." e as mudam ou as omitem (veja o significado de "escolhido" no Capítulo 29).

Lavando as mãos

Logo após o Kidush, os judeus tradicionais fazem um ritual de lavagem das mãos, refletindo os rituais de pureza associados ao antigo Templo. Todos já lavaram as mãos com sabão antes de comer; essa segunda lavagem não se trata de limpeza, mas de purificação.

Cada um despeja um pouco de água sobre cada mão (geralmente sobre a direita primeiro) usando um recipiente tal qual um copo ou uma jarra. (Você pode usar a torneira no Shabat, desde que a água seja fria.) Antes de secar as mãos com a toalha, cada pessoa recita a seguinte bênção:

Baruch atá Adonai Elohênu mélech haolam, asher kideshánu bemitsvotáv, vetsivánu al netilat iadáyim.

Bendito sejas Tu, Eterno, nosso Deus, Rei do Universo, que nos santificaste com Teus mandamentos [caminhos de santidade] e nos ordenaste sobre o lavar das mãos.

DICA

Exceto para recitar a bênção anterior, é costumeiro evitar falar entre o lavar das mãos e o recitar da próxima bênção, a *HaMotzi*.

Recitando a bênção sobre o pão: HaMotzi

Embora muitos judeus menos tradicionais pulem a lavagem das mãos, quase todos que observam o Shabat se sentam ou ficam em pé ao redor da mesa para a *HaMotzi*, a bênção sobre o pão.

No Shabat, é tradição ter duas chalot (plural de chalá) (pão rico em ovo, geralmente trançado, representando o melhor dos pães) ou — na tradição sefaradita — um pão pita de boa qualidade, que é coberto com um guardanapo ou com uma cobertura especial. Alguns dizem que os dois pães representam a porção dupla do maná que os hebreus recebiam antes do Shabat, quando estavam no deserto. Outros dizem que são como as duas tábuas que Moisés trouxe do monte, ou representações do masculino e do feminino. Caso não tenha as duas chalot, você pode dizer a *HaMotzi* sobre qualquer pão que tiver.

A pessoa que recita esta bênção descobre e pega os pães antes de recitá-la (desde que todos digam "amém" ao término, não precisam recitar a bênção também):

> *Baruch atá Adonai Elohênu mélech haolam, hamotsí lechem min haárets.*
>
> Bendito sejas Tu, Eterno, nosso Deus, Rei do Universo, que fazes sair o pão da terra.

Algumas famílias cortam a chalá em fatias; em outras, cada pessoa retira um pedaço. De qualquer forma, é costume salpicar a fatia ou o pedaço com sal (ou mergulhar no sal) — como ocorria com os antigos sacrifícios — e então dar uma ou duas mordidas.

Por fim, eles dizem (ou gritam!) votos de *Shabat Shalom!* ("A Paz do Shabat!") ou *Gut Shabes!* uns aos outros. As pessoas costumam fazer isso logo no início do dia e continuam repetindo até a tarde de sábado.

Comendo a refeição

O jantar de sexta-feira à noite é geralmente o mais festivo e saboroso da semana, e o humor da refeição deve ser de celebração, mesmo se a semana foi de más notícias. A refeição geralmente inclui uma sopa de bolinhas de matzá, um clássico do feriado judaico. As *bolinhas de matzá* são geralmente servidas em um caldo de galinha ou vegetariano (veja nossa receita básica favorita neste capítulo). Após a refeição, muitas famílias judaicas cantam mais canções (*zemirot*) e entoam a bênção tradicional (*bircat hamazon*; veja o Apêndice B) com plenitude e energia — chegando, às vezes, a um alvoroço — maiores do que nas outras noites da semana.

Bolinhas de Matzá

Tempo de preparo: 10 min.	Tempo de descanso: 30 min.	Tempo de cozimento: 40 min.	Rendimento: Aproximadamente 16 bolinhas.

INGREDIENTES

2 ovos

¾ de colher de chá de sal

Uma pitada de pimenta-branca

¼ de xícara de óleo vegetal

¼ de xícara de água

¾ de xícara de farinha de matzá

1 a 2 colheres de chá de salsinha (opcional)

Uma pitada de gengibre (opcional)

MODO DE PREPARO

1. Em uma vasilha grande, misture os ovos, o sal, a pimenta, o óleo e a água e bata bem com um mixer. Adicione a farinha de matzá (e a salsinha e o gengibre, caso os use) e misture bem. Cubra a mistura com papel-manteiga ou plástico filme e reserve por cerca de 30 minutos.

2. Enquanto isso, ferva água com sal (pelo menos 2 ou 3 litros). Alternativamente, você pode cozinhar as bolinhas de matzá no caldo da sopa (achamos que isso dá um gosto melhor ao *kneidlach*).

3. Umedeça as mãos e forme bolinhas, não maiores que as de pingue-pongue, com a massa fria. Coloque-as imediatamente na água fervendo ou no caldo da sopa. Ao colocá-las na água, elas afundarão; conforme cozinham, dobrarão de tamanho e boiarão. Cubra a panela e cozinhe-as por 30 minutos, ou até que estejam macias e totalmente cozidas. Para ver se estão prontas, remova uma e corte-a no meio. Quando estiverem prontas, seque-as em um escorredor ou em uma escumadeira e coloque-as em sua sopa.

Por porção: Calorias: 55 (da gordura 38); Gordura: 4g (Saturada: 0g); Colesterol: 23mg; Sódio: 117mg; Carboidrato: 3g (Fibra dietética: 0g); Proteína: 1g.

Variação: Você pode colocar as bolinhas diretamente na sopa, em vez de na água fervente.

Observação: Todo mundo tem uma receita secreta para as bolinhas de matzá perfeitas. Alguns as cozinham por um longo tempo, outros, bem rapidamente; alguns adicionam água com gás, outros praguejam ao lado da receita que está em todas as caixas de farinha de matzá. Apenas lembre-se de que, não importa como prepare este prato, sua tia Márcia lhe dirá que está fazendo errado.

CAPÍTULO 18 **Um Gostinho do Paraíso: Shabat** 253

GUIA DE INICIANTES PARA A REFEIÇÃO DE SHABAT

Muitos judeus consideram ser uma *mitzvá* (uma ação sagrada; veja o Capítulo 4) convidar amigos para compartilhar a refeição de Shabat na sexta-feira à noite. Quando for convidado, saiba que o clima será alegre, e a refeição, especial. Aqui há algumas outras coisinhas para considerar, caso seja convidado:

- Pergunte se pode levar alguma coisa; mas flores geralmente são bem-vindas (a menos que tenha havido uma morte na família; veja o Capítulo 10). Caso leve algo para a casa de um observante, assegure-se de não estar segurando nada após o pôr do sol.

- Se quiser levar comida ou vinho, pergunte se a família observa as leis de *cashrut* (manter-se kosher; veja o Capítulo 4). Em caso positivo, a refeição terá ou carne ou laticínios, mas não os dois juntos, então verifique qual deve levar (até mesmo para a sobremesa). Pratos veganos (sem laticínios ou carne, chamados de *parve*) são sempre uma boa aposta.

- Você impressionará seus anfitriões se levar uma *kipá* (ou sua própria cobertura ritual; veja o Capítulo 4). Isso honra as tradições que podem ser celebradas.

- Muitas famílias gostam de se vestir bem para o jantar e os serviços de Shabat; os homens tradicionalmente vestem camisas brancas ou azuis-claras.

- Não fale entre a lavagem das mãos e a recitação da bênção sobre o pão. E não fique estressado quanto a recitar as bênçãos; é sempre possível apenas dizer "Amém" após ouvir uma, o que vale tanto quanto se tivesse recitado uma.

- Normalmente, você será bem-vindo também para participar dos serviços de Shabat (veja o box "Guia de iniciantes para a sinagoga", no Capítulo 4). Contribuições monetárias não são feitas durante os serviços de Shabat porque os judeus tradicionalmente não carregam dinheiro nesse dia. No entanto, algumas congregações têm uma caixinha na recepção para doações de caridade, que é especialmente usada para os serviços durante a semana.

- Lembre-se da saudação simples do dia: *Shabat Shalom!* Você pode dizer isso em qualquer momento entre sexta-feira à tarde e sábado à tarde.

- Tenha em mente que, devido ao vasto espectro da prática judaica, a casa que visitar pode não manter as tradições específicas sobre as quais falamos neste capítulo. Essencialmente, lembre-se de que fazer perguntas é não apenas aceitável, mas quase sempre encorajado.

254   PARTE 4 **Celebrações e Dias Sagrados**

Participando dos serviços da noite de Shabat

Todas as sinagogas oferecem serviços na sexta-feira à noite, mas, ironicamente, aqueles das sinagogas reformistas, conservadoras e reconstrucionistas são geralmente mais longos do que os das congregações ortodoxas e incluem um sermão. Para os judeus ortodoxos, o serviço de sábado pela manhã é o serviço principal de Shabat, e o de sexta-feira à noite ocorre mais cedo e é relativamente curto (para eles, 45 minutos é curto).

O serviço de sexta-feira à noite é semelhante ao serviço em outras noites da semana, com a adição de diversas orações e bênçãos, chamadas de *Cabalat Shabat*, para recepcionar o Shabat. Tradicionalmente, os judeus na sinagoga cantam *Lechá Dodi* ("Vem, meu bem-amado", um poema escrito no século XVI na comunidade mística de Safed; veja o Capítulo 5) e então leem o Salmo 92, *Mizmor shir leiom ha-Shabbat*. Embora instrumentos musicais nunca sejam permitidos nas sinagogas ortodoxas durante o Shabat, congregações mais liberais geralmente têm pianos, violões ou até órgãos para acompanhar os cantos em diversos momentos durante o serviço.

Após o serviço de sexta-feira à noite, muitas congregações fazem um *Oneg Shabat* ("O Deleite do Shabat"), que é geralmente uma hora social ou um momento para palestras educacionais e coisas assim. Quando David era criança, o *Oneg* era a única parte divertida do serviço.

A manhã irrompeu

Nas comunidades judaicas tradicionais, o serviço matutino de Shabat é o mais longo da semana. Um motivo para isso é a leitura da Torá (os judeus leem seções da *parashá*, ou a porção semanal, na segunda-feira e na quinta-feira, e a parashá inteira no Shabat), com a seção correspondente da literatura profética chamada de *Haftará*. Antes da leitura, porém, os judeus honram a Torá ao removê-la da Arca com orações e cânticos, e marcham com ela ao redor do santuário em um *hakafá* ("circuito"). Os presentes geralmente esticam a mão para tocar a cobertura da Torá com um livro de orações ou com um *talit* (xale de orações) e, então, levam o livro ou o talit aos lábios.

Os serviços matutinos de Shabat também incluem cantos congregacionais, orações adicionais e seleções litúrgicas sobre o Shabat. Em geral, os rabinos dão sermões (nas sinagogas mais liberais, isso normalmente ocorre na sexta-feira à noite). Às vezes o serviço inclui uma celebração de Bar Mitzvá ou Bat Mitzvá, o que pode alongar significativamente o serviço (veja mais informações no Capítulo 8).

TRÊS REFEIÇÕES DE SHABAT

Lá nos tempos antigos, as pessoas tinham sorte se tivessem até duas refeições diárias. No entanto, séculos atrás, tornou-se uma tradição ter três refeições no Shabat. A primeira é o jantar festivo de sexta-feira à noite. A segunda geralmente é feita após o louvor matutino, e a terceira é quase sempre uma refeição mais leve no final da tarde, antes do pôr do sol.

Embora tradicionalmente não seja permitido cozinhar nada no Shabat, é possível começar a cozinhar antes de seu início. Muitas pessoas fazem um guisado chamado *Tcholent* (aqui o ch somado ao t tem som de "tch", como um chiado), com feijões, batatas, cevada, temperos e, em geral, carne, que pode ser cozido em fogo baixo por um período de doze a quinze horas. Em algumas comunidades muito tradicionais, as panelas elétricas de cocção lenta não são permitidas (por motivos técnicos), e em outras, são.

Cada leitura da Torá demanda uma bênção prévia e uma posterior, geralmente realizadas na *bimá* (uma plataforma elevada na frente da sinagoga) por alguém que a congregação quer homenagear. A leitura dessas bênçãos é chamada de *aliá* ("subir"), porque ler a Torá é como subir para um plano superior.

Dizendo Tchau ao Shabat

O Shabat termina oficialmente com o cair da noite de sábado — cerca de 45 minutos após o sol se pôr, quando pelo menos três estrelas estejam visíveis no céu — mas muitas comunidades convidam o Shabat para ficar mais um pouquinho, mesmo após o pôr do sol oficial na região.

Assim como os judeus têm cerimônias dedicadas à recepção do Shabat, eles também têm cerimônias associadas com a conclusão desse dia especial. A *Havdalá*, que significa "separação", é celebrada após o pôr do sol, seja na sinagoga após um breve serviço de *maariv* (à noite) ou em casa.

O serviço de Havdalá consiste em bênçãos sobre o vinho, sobre especiarias aromáticas, sobre a luz de uma vela de Havdalá e, então, a bênção final da Havdalá em si — a bênção para a transição do período sagrado para o período comum.

Vinhos e velas

Para começar a Havdalá, os judeus enchem com vinho uma pequena taça até a borda. Alguns até a transbordam — derramando um pouco de vinho em um pequeno prato sob a taça —, como um símbolo das bênçãos transbordantes para a semana. Em seguida, acedem uma vela de Havdalá (não há uma bênção para o acendimento dessa vela), que é uma vela especial com pelo menos dois pavios, mas normalmente com quatro ou mais, trançados (veja a Figura 18-2).

FIGURA 18-2: Celebrando a luz da vela de Havdalá.

DICA

Caso não tenha uma vela de Havdalá, pode apenas segurar duas velas com seus pavios unidos.

Em muitas famílias judaicas, uma criança segura a vela sob cuidadosa supervisão adulta (a chama grande pode ser perigosa, e as velas trançadas são conhecidas por pingar em cima de tudo). Depois, o/a líder da cerimônia levanta a taça de vinho em sua mão direita e recita a bênção sobre o vinho:

Baruch atá Adonai Elohênu mélech haolam, borê peri hagáfen.

Bendito sejas Tu, Eterno, nosso Deus, Rei do Universo, que criaste o fruto da videira.

Mas eles não bebem o vinho ainda! Essa é a única vez em que a bênção não é seguida imediatamente pelo beber. Em vez disso, o/a líder abaixa a taça até a bênção Havdalá posterior.

Açúcar, especiarias e tudo de bom

Especiarias aromáticas emprestam seu aroma ao serviço de Havdalá, criando uma experiência sensorial. Tradicionalmente, os judeus usam especiarias doces, como cravos, e geralmente as colocam em caixas ornamentadas, embora isso não seja necessário. As especiarias são como os "sais aromáticos judaicos" — levam as pessoas de volta a seus sentidos do "mundo real", compensam o fato de que o Shabat está indo embora e acordam a alma "comum".

Nessa altura da cerimônia, a pessoa que está dizendo a bênção levanta a caixa de especiarias e recita a seguinte bênção sobre estas antes de passar a caixa para que todos os presentes possam cheirá-las:

Baruch atá Adonai Elohênu mélech haolam, borê minê bessamim.

Bendito sejas Tu, Eterno, nosso Deus, Rei do Universo, que criaste árvores odoríferas.

Em seguida, os judeus voltam sua atenção à vela de Havdalá (veja a Figura 18-2). Costumeiramente, enquanto um dos celebrantes diz a bênção a seguir, todos curvam os dedos um pouco para verem a luz da vela refletida em suas unhas, observando as sombras lançadas nas palmas de suas mãos. (Alguns dizem que o propósito de observar as sombras é para que a luz da vela seja de fato usado para alguma coisa, assim a bênção não será dita em vão, mas gostamos de pensar que ela simboliza que tanto a luz quanto a sombra resultam da Luz Única. Por outro lado, algumas pessoas insistem que essa ação serve para mostrar como suas unhas estão limpas — uma indicação clara de que você não fez nenhum trabalho durante o dia!) Veja a bênção:

Baruch atá Adonai Elohênu mélech haoam, borê meorê haesh.

Bendito sejas Tu, Eterno, nosso Deus, Rei do Universo, que criaste luminares de luz.

258 PARTE 4 **Celebrações e Dias Sagrados**

Por fim, uma pessoa ergue a taça de vinho e recita a bênção de Havdalá:

Baruch atá Adonai Elohênu mélech haolam, hamavdil ben codesh lechol, ben lechoshech, ben Yisrael laamin, ben iom hasvií lesheshet iemê hamaassê. Baruch atá Adonai, hamavdil ben codesh lechol.

Bendito sejas Tu, Eterno, nosso Deus, Rei do Universo, que fazes separar o santo do profano, a luz da escuridão, Israel dos demais povos, e o sétimo dia dos seis dias de trabalho. Bendito sejas Tu, Eterno, que separas o santo do profano.

Todos os presentes podem tomar o vinho, e então apagam a vela com o restante do vinho (na taça) ou com aquele que foi derramado no prato.

Com a separação do Shabat oficialmente completa, os judeus se cumprimentam com *Shavua tov* ("uma boa semana!") ou *Gute voch* (iídiche para "boa semana"). Para muitos judeus, porém, a celebração não termina aqui, visto que as pessoas usam isso como outra oportunidade para uma festa, chamada *melavê malká* ("escoltar a rainha").

Os Aspectos Universais do Shabat

A palavra *sábado* é uma transliteração aproximada da palavra hebraica *Shabat*. Essa instituição singularmente judaica foi adaptada nas tradições cristã e islâmica. Nos primeiros séculos do cristianismo, a observância do sábado judaico era proibida e foi substituída pela celebração do Dia do Senhor, no domingo. Porém, com o passar do tempo, muitos dos aspectos repousantes do sábado foram transferidos para esse dia. Os muçulmanos celebram o "sábado" islâmico na sexta-feira. Caso chegue o dia (ousaremos ter essa esperança?) em que essas grandes tradições abraâmicas possam honrar umas às outras como caminhos autênticos a uma Verdade Universal compartilhada, todos serão enriquecidos com energias de um *shabat* que dure três dias.

CAPÍTULO 18 **Um Gostinho do Paraíso: Shabat**

> **NESTE CAPÍTULO**
>
> » Tirando um tempo para refletir sobre o ano que passou
>
> » Voltando aos trilhos: O papel da *teshuvá*
>
> » Recitando orações especiais para as Grandes Festas
>
> » Celebrando os Dez Dias Temíveis: Um momento de limpeza espiritual

Capítulo **19**

Que Venha o Novo: Rosh Hashaná

Se dissecarmos as brigas das famílias em geral ou os desentendimentos entre amigos, descobriremos algo curioso: o conflito quase sempre se baseia no fato de que as pessoas se esquecem de suas prioridades e compromissos. No calor do momento, é difícil se lembrar do que realmente importa na vida. O judaísmo tem um sistema "embutido" para nos ajudar a voltar aos trilhos com nossas prioridades, e tudo começa com o Rosh Hashaná — o festival do outono [no Hemisfério Norte, primavera no Sul] chamado de Ano-novo Judaico. O Rosh Hashaná é um feriado de recordações.

LEMBRE-SE

O Rosh Hashaná e o Yom Kipur (que acontece dez dias depois; veja o Capítulo 20) são, juntos, chamados de "Grandes Festas" ou "As Grandes Festas Sagradas". Estão entre os dias mais importantes e sagrados do ano judaico. Por mais de 2 mil anos, as Grandes Festas são celebradas como um período de julgamento, lembrança e *teshuvá* (retorno ou arrependimento). Embora todos os outros feriados comemorem uma transição na natureza ou um evento histórico, as Grandes Festas não — seu foco está nas pessoas e no relacionamento com Deus.

Um Dia para Fazer Julgamentos

No Capítulo 25, exploraremos o feriado da primavera [no Hemisfério Norte, outono no Sul] do Pessach e como ele encoraja as pessoas a identificar os caminhos pelos quais estão escravizadas por hábitos, vícios, medos etc. A tradição judaica afirma que cada judeu deve experimentar anualmente a libertação da escravidão, assim como os primeiros hebreus foram libertos da escravidão no Egito. Quando chega a época do Rosh Hashaná, seis meses após o Pessach, é hora de começarmos a perguntar "O que tenho feito com minha liberdade? Ainda estou seguindo o mesmo caminho que comecei?".

As celebrações do ano novo na maioria das culturas são eventos agitados, mas o Rosh Hashaná é um momento solene — solene, mas não triste. De fato, há bastante felicidade nesse dia, que é, porém, normalmente honrada de formas silenciosas por causa do foco no julgamento. Para refletir tal solenidade, o Rosh Hashaná também é chamado de *Yom Ha-Zikaron* (O Dia de Lembrança) e *Yom Ha-Din* (O Dia do Julgamento).

A principal metáfora do Talmud para esse julgamento é que Deus abre três livros no Rosh Hashaná. Um é para os nomes das pessoas totalmente más, que são imediatamente inscritas no Livro da Morte. Outro é para aqueles completamente justos, que são imediatamente inscritos no Livro da Vida. O terceiro é para as pessoas que estão no meio — que são às vezes justas e às vezes más. O julgamento final fica suspenso para esses "em cima do muro" até o Yom Kipur. Atos de caridade, um verdadeiro arrependimento e oração fazem com que um resultado positivo seja mais possível.

Quando estávamos crescendo, essa ideia de sermos julgados realmente nos incomodava. Mas agora entendemos que a metáfora serve para inspirar algumas autorreflexões sérias sobre nossa vida e alma. O Rosh Hashaná é o momento para tirar o calendário velho, revermos o ano e considerar:

» Poderia ter sido mais legal com alguém?

» Machuquei alguém, intencionalmente ou não?

» Estou realizando os sonhos e objetivos estabelecidos?

» Tenho sido honesto comigo mesmo e com todos ao meu redor?

» Quando considero meu ano, do que me orgulho e quais coisas lamento ter feito?

» O que queria ter feito e que não fiz? E quais coisas fiz, mas que não queria ter feito?

262   PARTE 4 **Celebrações e Dias Sagrados**

FELIZ ANO NOVO... DE NOVO

O calendário judaico é uma fonte inesgotável de mistério. Por exemplo, se o Rosh Hashaná é o Ano-novo Judaico, por que é celebrado no primeiro dia de Tishrei — o sétimo mês do ano? O fato é que a tradição judaica sustenta que há quatro anos novos:

- A Bíblia afirma (em Êxodo 12:2) que o calendário judaico deve começar no mês de Nissan. Portanto, esse é considerado o início do ano religioso, tornando o Pessach (15 de Nissan) o primeiro festival do ano (veja o Capítulo 25).
- Os meses podem começar em Nissan, mas o número do ano muda no Rosh Hashaná (1º de Tishrei). Muitos judeus dizem que Adão foi criado no Rosh Hashaná, então, de certa forma, é o aniversário de toda a humanidade. O Rosh Hashaná também foi o dia escolhido pelo profeta Esdras para reapresentar a Torá aos judeus que retornaram do exílio babilônico (veja o Capítulo 13).
- Tu Bishvat (15 de Shvat) é o Ano-novo das Árvores (veja o Capítulo 23).
- O ano "fiscal" para o antigo imposto sobre o gado começava no primeiro dia do mês de Elul.

Em última instância, porém, quando dizemos "Ano-novo Judaico", quase todos pensam no Rosh Hashaná.

LEMBRE-SE

Observar "corretamente" o Rosh Hashaná não é uma tarefa fácil. Ser honesto consigo mesmo — agir como um detetive, arrancando os pensamentos, as palavras e os atos menos honráveis — geralmente é doloroso. No Rosh Hashaná, todos os judeus passam por essa autoexploração juntos, para que ninguém sinta que está sozinho.

O Livro da Vida: Recomeçando tudo

LEMBRE-SE

Lembre-se de que a imagem dos livros é apenas uma metáfora. A inscrição no Livro da Vida não garante que viveremos durante o ano todo, tampouco a inscrição no Livro da Morte significa que literalmente morreremos. No judaísmo, as pessoas não morrem porque pecaram, mas porque são humanos, e morrer faz parte da vida.

Talvez a história dos livros seja mais útil como uma oportunidade para analisarmos como viveremos no ano seguinte. Ao nos libertarmos das culpas e dores passadas, de rancores contra outros, nos abrimos para verdadeiramente vivermos e experimentarmos as incríveis alegrias da vida — daí, passamos a estar "inscritos no Livro da Vida". Se não fizermos esse trabalho, permaneceremos encerrados em antigos rancores e padrões e não estaremos presentes para as maravilhas do momento. Estaremos, portanto, "inscritos no Livro da Morte".

DICA

Achamos útil a recordação de que Deus já sabe tudo que poderíamos confessar e — incrivelmente — já é perdoador e misericordioso. Mas não podemos apreciar essa misericórdia até nos abrirmos, examinarmos nossa vida e trabalharmos para fazer as mudanças.

Teshuvá: Voltando aos trilhos

Talvez o aspecto mais importante de Rosh Hashaná não seja o julgamento, mas a teshuvá — o retorno, a renovação ou o arrependimento ao qual cada judeu é chamado. Não é apenas outro tipo de resposta como "Prometo melhorar no futuro". Pelo contrário, teshuvá é a tentativa séria de começar o processo de perdão e de perdoar os outros. O processo continua até o Yom Kipur (veja o Capítulo 20).

LEMBRE-SE

A tradição ensina que há três formas básicas de arrependimento: oração profunda, mudança de conduta e presentes de caridade. No entanto, como observou o rabino Soleveitchik, o fundador do judaísmo ortodoxo moderno, o principal caminho para o arrependimento é a confissão — dizer a verdade, seja a si mesmo, a Deus ou a outra pessoa. É claro, o judaísmo não tem um mecanismo para que qualquer um lhe conceda uma absolvição; os pecados contra outra pessoa devem ser perdoados por essa pessoa, e os pecados contra Deus... bem, isso fica estritamente entre você e Deus (veja o box "Pecando ao estilo judaico", no Capítulo 20).

Essencialmente, o objetivo da teshuvá é abrir mão do passado — por meio do autojulgamento, da realização de melhorias, e assim por diante —, de modo a abrir espaço para o que está chegando no ano novo. O Rosh Hashaná chega como um chamado para despertarmos logo antes do inverno [verão no Hemisfério Sul], oferecendo uma chance de renovar e recarregar as intenções, as prioridades e o senso de conexão espiritual.

O Plano de 40 Dias

O judaísmo reconhece que não se pode esperar que alguém realize esse tipo de grande revisão da vida em apenas um dia, então a tradição prevê um plano de 40 dias. Assim como o dia judaico sempre começa com o pôr do sol, o ano [no Hemisfério Norte] começa com o fim do verão, quando o inverno está se aproximando. O ciclo começa no último mês do ano, Elul (que tem 29 dias) e termina 10 dias após o Rosh Hashaná, no Yom Kipur. Diz a tradição que após Moisés ter quebrado as primeiras duas tábuas (quando encontrou os judeus dançando ao redor do bezerro de ouro), ele subiu ao monte pela segunda vez no primeiro dia de Elul. Isso significa que ele desceu com as segundas tábuas (40 dias depois) no que viria a se tornar o Yom Kipur.

(Alguém aí que adora matemática deve ter percebido que a soma dá apenas 39. No entanto, os judeus celebram o dia de *Rosh Chodesh* de Elul — o começo do mês de Elul — um dia antes do mês, totalizando 40.)

Os dias de Elul

O mês de Elul é dedicado ao estudo e à autoanálise. Honestamente, porém, é difícil manter o foco tanto tempo assim, então relativamente poucos judeus passam o mês inteiro em reflexão. Felizmente, a questão não é ser dogmático quanto ao assunto, mas começar o processo gradualmente. Alguns judeus só começam a pensar seriamente sobre essas coisas perto da última semana do mês.

É costume para os judeus tocar brevemente o *shofar* (chifre de carneiro; veja "Tocando o chifre", posteriormente neste capítulo) na sinagoga a cada manhã durante Elul (exceto no Shabat e no último dia do mês). Tocar o shofar é um tipo de despertador para a alma.

Durante Elul, os judeus leem o Salmo 27 diariamente. Começa assim: "O Eterno é minha luz e minha salvação; de quem terei temor? O Eterno é o meu forte refúgio; de quem terei medo?" Os rabinos ensinam há muito tempo que o inimigo mencionado no Salmo pode ser o inimigo interno — as partes de nós mesmos que funcionam a partir de um lugar de esquecimento, ignorância, medo ou raiva. A leitura nos garante que podemos confiar que a força da Grande Presença despertará dentro de nós.

Preparativos: Selichot

Durante todo o mês de Elul, as congregações tradicionais acrescentam uma série de orações aos seus serviços chamadas de *selichot* (pronuncia-se se-li-chót, com ch gutural e t mudo no final). A palavra significa "perdão". (Caso esbarre em alguém na rua em Israel, você deve dizer *selichá*, que significa "desculpe" ou "perdão".) As orações de *selichot* (plural de selichá) clamam a Deus pedindo pelo perdão.

Porém, na noite de sábado antes do Rosh Hashaná, as congregações fazem um serviço especial — em geral realizado à meia-noite, quando é dito que os céus estão especialmente abertos às orações — chamado serviço de *Selichot*. (Se o Rosh Hashaná cair na segunda-feira ou na terça-feira, o *Selichot* acontece uma semana antes.) Até mesmo os judeus não tradicionais estão cada vez mais observando esse serviço, porque ele parece tocar uma necessidade importante: abrir mão das resoluções do ano anterior e começar realmente o processo de preparação para o perdão e o arrependimento.

Em muitas comunidades, o *Selichot* passou a ser um momento para que as pessoas busquem seus próximos para pedir ou oferecer perdão, como uma limpeza de ares e uma libertação de si mesmos e dos outros das pesadas traições e fracassos que se acumularam ao longo do ano.

Celebrando o Rosh Hashaná

O Rosh Hashaná é um feriado de diversos "únicos". É o único feriado judaico que cai na Lua nova, em que os judeus tocam o shofar mais de uma vez (tradicionalmente fazendo cem toques) e que dura dois dias dentro e fora de Israel. Atualmente, na verdade, embora as sinagogas conservadoras e ortodoxas normalmente celebrem por dois dias, a maioria dos judeus reformistas observam o Rosh Hashaná por um único dia.

As Grandes Festas estão entre as celebrações mais importantes do ano, e para muitos judeus menos observantes, pode ser a única vez que colocam o pé na sinagoga durante o ano todo. Curiosamente, há pouco ritual exclusivo envolvido tanto no Rosh Hashaná como no Yom Kipur. A Bíblia afirma que devemos tocar o chifre de um carneiro no Rosh Hashaná. Isso não toma muito tempo, então, e depois? Oramos. E, oy, há muitas orações!

A celebração começa com o acendimento das velas no pôr do sol (geralmente em casa) e com a recitação de duas bênçãos: a bênção de *yom tov* ("feriado") e a bênção *Shehecheianu* (veja o Apêndice B). Depois, todos vão para o serviço da noite na sinagoga. Lembre-se de que muitos judeus tradicionais participam dos serviços na sinagoga todas as noites (veja o Capítulo 3), e esse serviço é apenas uma extensão do serviço "regular", com orações e leituras adicionais (sobre as quais falaremos em um momento).

Na sinagoga, as coberturas da Torá, a cortina da arca e a mesa de leitura (onde a Torá será colocada) geralmente são brancas, como um sinal de pureza, e muitos judeus também se vestem de branco para os serviços. Embora a maioria se vista bem para os serviços o ano todo, para alguns, esse é um dos principais eventos sociais do ano, e, assim, vestem seu melhor para a noite.

Por fim, após o serviço da noite (em ambas as noites), costuma-se comer alimentos doces — especialmente maçãs mergulhadas no mel — e brindar a "um ano bom e doce". De igual modo, as pessoas comem chalá (geralmente com uvas-passas ou mergulhadas no mel para torná-la mais doce) que foi assada em formato circular. (Os alimentos circulares simbolizam a natureza cíclica da vida.)

Alguns judeus colocam outras comidas na mesa com base em trocadilhos. Por exemplo, se convidar um amigo solteiro para o jantar, pode oferecer docinhos como bem-casado e beijinho, dizendo "Que você tenha muitos e bons beijinhos neste ano". As pessoas também comem *tzimmes* (um cozido doce geralmente feito com cenouras, batatas doces e frutas secas, como ameixas) ou *kugel* (um pudim doce de macarrão que cai melhor como sobremesa; veja a receita logo mais neste capítulo, caso queira tentar fazer). Só de pensar nessas coisas, nos dá água na boca.

266   PARTE 4 **Celebrações e Dias Sagrados**

Alguns judeus normalmente vão aos serviços do Rosh Hashaná tanto durante à noite como no dia seguinte (especialmente o serviço matutino e o de *Mussaf*, que vem em seguida). Daí, repetem tudo no segundo dia (com algumas pequenas mudanças nas leituras.

Kugel

Tempo de preparo: 15 min.	Tempo de cozimento: 60 min.	Rendimento: De 6 a 8 porções.

INGREDIENTES
250 gramas de macarrão de ovos (de tamanho médio é melhor)

3 ovos batidos

½ xícara de açúcar

½ xícara de uvas-passas

1 maçã vermelha, descascada e picada

½ xícara de castanhas cortadas grosseiramente (geralmente amêndoas ou nozes)

1 xícara de queijo cottage (opcional)*

60 gramas de manteiga* ou margarina derretida

¼ de colher de chá de sal

¼ de colher de chá de canela

MODO DE PREPARO

1. Preaqueça o forno a 180°.
2. Cozinhe o macarrão de acordo com as instruções da embalagem (geralmente, 8 minutos), mas não deixe passar do ponto! Quando estiver pronto, escorra-o bem.
3. Em uma vasilha grande, junte o macarrão, os ovos, o açúcar, as passas, a maçã, as castanhas, o sal e o queijo cottage (caso o use) e misture bem.
4. Unte uma forma (uma com cerca de 25cm deve ser o suficiente) com manteiga ou margarina, espalhe a mistura de macarrão igualmente na forma e polvilhe com canela. Asse por 50 ou 60 minutos ou até que o kugel esteja dourado, mas não queimado, em cima.

Por porção: *Calorias: 411 (Da gordura: 164); Gordura: 18g (Saturada: 7g); Colesterol: 144mg; Sódio: 43mg; Carboidrato: 55g (Fibra dietética: 3g); Proteína: 10g.*

Variação: Como muitas outras receitas judaicas, o kugel é uma grande oportunidade para tentar coisas novas. Você pode substituir as passas por tâmaras, colocar figos ou ameixa
seca cortados, acrescentar cravo ou cardamomo — as opções são infinitas.

***Observação:** As leis dietéticas kosher dizem que não podemos misturar carne e laticínios (veja o Capítulo 4). Assim, tradicionalmente, se servir kugel com um prato que contém carne, use margarina que não contém leite (parve) e deixe o queijo de fora.

CAPÍTULO 19 **Que Venha o Novo: Rosh Hashaná** 267

DOCE OU SALGADO?

O maravilhoso e flexível kugel fica entre um pudim e um cozido, dependendo de quantos ingredientes escolher usar. Às vezes, o kugel é doce, e outras, salgado. Geralmente, quando pensamos em "kugel", o que vem à mente é um pudim doce de macarrão que cai melhor como sobremesa. No entanto, o macarrão é geralmente substituído por matzá, batata ralada, farfel (meio que salgadinhos de matzá) ou até milho. Já vimos receitas de kugel com brócolis e abobrinha, e outras com tâmaras e passas.

O machzor: O livro de orações das Grandes Festas

Durante as Grandes Festas, o livro normal de orações usado na sinagoga, o *sidur*, é substituído por um livro especial de orações, chamado *machzor* (ciclo). O machzor varia entre as congregações ou denominações da mesma forma que o sidur (muito!), mas há algumas semelhanças em geral.

Embora o serviço inclua a maioria das orações padronizadas, orações adicionais e as leituras se concentram em três temas (que também são os nomes das seções no serviço *Mussaf* do Rosh Hashaná, o serviço adicional após o serviço matutino no Shabat e nos feriados):

» **Malchiot** ("Realeza"). Mais do que em qualquer outra instância do ano, as Grandes Festas são um momento para visualizar e orar a Deus como um Rei. As orações repetem a palavra *HaMelech!* ("O Rei!") e *Avinu Malkenu* ("Nosso Pai, nosso Rei") diversas vezes. A ênfase é na Majestade da Presença Maior no Universo, a "soberania" de Deus.

» **Zichronot** ("Recordações"). Muitas das orações adicionais de concentram na recordação, especialmente em súplicas a Deus para que se recorde da humanidade durante esse momento e para que os humanos se recordem do que Deus já realizou. Novamente, muitas pessoas interpretam essas orações como chamados para que despertem de um sono profundo, lembrando-se de que as pessoas são muito mais do que seus próprios egos inferiores.

» **Shofarot** ("Toques do *Shofar*"). Estas orações se concentram na Torá e em Sião (a Terra Prometida), ambas sendo interpretações dos toques simbólicos do *shofar*.

Além dessas orações, o serviço de Mussaf do Rosh Hashaná inclui outros versos da Bíblia. Um machzor tradicional pode incluir três versos da Torá (os primeiros cinco livros da Bíblia), três dos Profetas (como o livro de

268   PARTE 4 **Celebrações e Dias Sagrados**

Samuel ou de Jeremias), três dos Escritos (como o livro de Salmos ou de Provérbios) e mais um da Torá novamente. Esse padrão pode se repetir para cada uma das três seções: Machiot, Zichronot e Shofarot.

Além disso tudo, o rolo da Torá é aberto e lido durante cada serviço matutino de Rosh Hashaná. Normalmente, na primeira manhã, a congregação lê a história de Abraão mandando embora Hagar e seu filho Ismael (Gênesis 21). Na segunda manhã, eles leem a extraordinária história de Abraão quase sacrificando seu outro filho, Isaque (Gênesis 22). As congregações liberais que celebram o Rosh Hashaná em um dia geralmente apenas leem a segunda história.

Por que essas histórias particularmente? Por que enrolar de volta o rolo da Torá até chegar aos primeiros capítulos, bem quando o ano de leitura da Torá está quase acabando? As leituras estimulam as pessoas a pensarem sobre o significado da fé no começo do ano novo. Outra coisa, elas fazem as pessoas considerarem como foi maravilhoso o compromisso de Abraão, colocando a vida de seus dois únicos filhos nas mãos de Deus.

Tocando o chifre

Nada passa mais a ideia de "Acorde!" do que ouvir o toque de chifre de carneiro durante o serviço no dia de Rosh Haaná. E ele não é tocado apenas uma vez — tradicionalmente, são cem vezes, de modos e em momentos variados ao longo do serviço. Em geral, uma pessoa ganha a honra de tocar o *shofar*, mas, às vezes, mais de uma toca ao mesmo tempo ou vão se revezando.

Nos tempos antigos, o shofar era tocado com bastante frequência (para sinalizar um jejum, o início do mês, e assim por diante), mas hoje ele é tocado geralmente apenas durante o Elul (uma vez por dia), no Rosh Hashaná (bastante) e no Yom Kipur (uma vez, no final do feriado). No entanto, dizer que ele é apenas "tocado" não faz jus ao ato. As diversas formas de tocar o shofar têm significados específicos:

> » **Tekiá:** Uma nota longa, como um alarme.

> » **Shevarim:** Três toques médios.

> » **Teruá:** Várias notas rápidas em staccato seguidas por uma levemente mais longa.

Cada uma dessas "notas" evoca um sentido diferente do choro: lamento de arrependimento, pranto de luto ou soluços agudos. Porém, os sons ressoam não apenas nos dias tristes; para muitos judeus, os toques do shofar são indescritivelmente bonitos e tocantes.

CAPÍTULO 19 **Que Venha o Novo: Rosh Hashaná** 269

Durante o serviço de Mussaf, uma pessoa informa silenciosamente a ordem do padrão, que está impressa no machzor (como "tekiá, teruá-shevarim, tekiá", e assim vai). A última nota do padrão é sempre uma *tekiá guedolá*, que é um toque especialmente longo, geralmente terminando com um sopro mais forte.

Veja a seguir algumas coisas sobre as quais pensar quando ouvir o shofar:

» De acordo com a Bíblia, o som que os antigos hebreus ouviram no Monte Sinai era o toque de um shofar.

» Curiosamente, a tradição exige que os judeus *ouçam* os sons do shofar, não que eles mesmos o toquem.

» Abraão sacrificou um carneiro após Deus poupar Isaque (veja o Capítulo 11). A tradição sustenta que Deus tocou um dos chifres do carneiro no Sinai e tocará o outro para anunciar a chegada do Messias. Para aqueles que não gostam da ideia de um messias externo e redentor, o toque do shofar é como um gostinho de como é estar realmente superdesperto e consciente em uma "consciência messiânica", um gostinho do amor e da compaixão expandidos, o que marca a era messiânica.

» Alguns gostam de pensar que o shofar é um alarme, alertando as pessoas para que acordem e girem a vida em 180°. Outros o veem como perfurando a crosta que se endureceu em torno do coração no ano anterior.

» Concentre-se no som, lembrando-se de que, embora as palavras e as melodias tenham mudado com o passar dos séculos, o som do shofar permanece uma constante.

Observe que as congregações não tocam o shofar quando o Rosh Hashaná cai no Shabat.

Tashlich

Um de nossos costumes favoritos do Rosh Hashaná, chamado *Tashlich*, pede que os judeus visitem um corpo d'água com fluxo livre (como um rio, lago ou oceano) e esvaziem de seus bolsos as migalhas e os fiapos, em um gesto simbólico de jogar fora a culpa e deixar o ano anterior ir embora. Alguns judeus apenas jogam migalhas de pão na água, alimentando os patos e peixes, já que estão por lá. Normalmente, as pessoas fazem isso após o serviço da tarde no primeiro dia do Rosh Hashaná, embora, caso caia em um Shabat, o Tashlich é transferido para o domingo.

Tashlich (que literalmente significa "E lançarás") deriva de uma passagem bíblica no livro de Miqueias (7:18-19): "E tu lançarás todos os seus pecados nas profundezas do mar."

270   PARTE 4 **Celebrações e Dias Sagrados**

Muitos rabinos ao longo dos séculos ficavam desconfortáveis com esse costume — pensando que ele promovia um pensamento mágico —, mas os judeus continuam a abraçar o costume, talvez em parte porque é muito bom sair ao ar livre depois de tantas horas orando e socializando na sinagoga. E também, a água é universalmente considerada purificadora e transformadora espiritual.

É claro, como brincou o rabino Richard Israel, "Pegar algumas migalhas de um pão velho da casa para o Tashlich é uma falta de sutileza, nuance e sensibilidade espiritual". Ele então passa a observa que você deve pegar o tipo certo de pão para cada tipo de culpa. Por exemplo:

- » Para pecados comuns, use pão branco.
- » Para pecados obscuros, use pão de centeio.
- » Para desrespeito com os idosos, use pão de aveia.
- » Para os pecados xenofóbicos, use pão francês, italiano, australiano ou sírio.
- » Para pecados de falta de franqueza, use pão, pão, queijo, queijo.

Os Dez Dias de Temor

O período de *teshuvá* ("retorno" ou "arrependimento") dura quarenta dias, do dia antes do Elul até o Yom Kipur. A maioria dos judeus tende a se concentrar no Rosh Hashaná e no Yom Kipur, mas os dias entre eles são bastante importantes de algumas formas. Com as Grandes Festas, esses dias são chamados de *Yamim Noraim* ("Dias de Temor/Reverência") ou *Asseret Yemei Teshuvá* ("Dez Dias de Arrependimento").

Limpando sua casa espiritual

No Pessach, os judeus se limpam do ego inflado (na forma de *chametz*; veja o Capítulo 25). Semelhantemente, os Dias de Temor são um momento para a limpeza espiritual, acordando ao fato de que as pessoas tendem a se tornar esquecidas, e abrir mão do ano anterior de modo que haja espaço para o ano novo.

CONTROVÉRSIA

Tradicionalmente, esta é sua última chance de se arrepender e consertar quaisquer erros cometidos antes de o Livro da Vida ser selado no Yom Kipur. Muitos professores judeus observam que tal conceito é injusto; eles destacam que a teshuvá está disponível a qualquer momento durante o ano, sempre que a buscamos.

Mesmo assim, no Rosh Hashaná, os judeus são claramente direcionados a uma apreciação renovada da transcendência divina. Eles percebem Deus como o Grande Ser, cuja Presença faz as pessoas estarem mais conscientes de suas fragilidades e falhas humanas.

LEMBRE-SE

No Rosh Hashaná, o processo de autoavaliação começa, praticamente como se estivesse abrindo os livros, os registros de sua vida ao longo do último ano. Durante os dez dias, você se familiariza mais com o que encontra nos livros, e esperançosamente encontra novas formas de superar fracassos antigos, de modo que verdadeiramente possa haver um senso de realização em Yom Kipur.

GUIA DE INICIANTES PARA OS SERVIÇOS DO ROSH HASHANÁ

Os serviços do Rosh Hashaná estão entre os mais fáceis de participar no ano. Uma grande porcentagem das pessoas que participam são "judeus dois dias por ano" (apenas frequentam os serviços no Rosh Hashaná e no Yom Kipur), então o rabino geralmente é mais cuidadoso do que o normal para explicar o que está acontecendo. No entanto, é importante estar ciente do estado de mente necessário: é um momento para realmente fazer uma autorreflexão e ser humilde — uma tarefa muito mais difícil do que parece.

Independentemente de como aborde o Rosh Hashaná, veja a seguir algumas coisas que é bom ter em mente:

- Antes, durante e após os serviços, as pessoas geralmente se desejam *Shaná Tová* ("Feliz Ano-novo") ou *Shaná Tová Umetuká* ("Um Ano-novo Doce") ou, ainda, *Leshaná Tová ticatevu vetechatemu* ("Que sejas inscrito e selado para um ano bom"). Outras apenas usam as expressões em iídiche *Gut Yuntoff* ("Bom Feriado") ou *Gut Yor!* ("Um Bom Ano"). É também comum enviar cartões de *Shaná Tová* para amigos e familiares.

- Alimentos circulares e doces são os mais apropriados, caso lhe peçam que leve alguma coisa ao jantar ou à festa. Por exemplo, nesta época do ano, a chalá é tradicionalmente assada em formato circular, em vez de no formato comprido e trançado.

- O Rosh Hashaná e o Yom Kipur são os momentos mais movimentados do ano em uma sinagoga, e em geral é preciso comprar seu ingresso com antecedência. Tornou-se um passatempo judaico internacional reclamar sobre como esses ingressos estão caros, mas, acredite, eles não cobrariam tanto se não fosse necessário para a sobrevivência da sinagoga. Se realmente não puder pagar o ingresso, ligue antes e pergunte se pode pagar menos. A maioria das congregações não gosta de fechar as portas para ninguém.

Kaparot

Todas as culturas e religiões têm alguns costumes que parecem muito estranhos — coisas que nos fazem perguntar: "Sério?!" O judaísmo certamente tem sua justa porção disso. O *Kaparot*, que alguns judeus bem tradicionais ainda realizam no último dia antes do Yom Kipur, é uma dessas esquisitices. Nesse ritual, os judeus balançam frangos vivos sobre a cabeça por três vezes (os homens balançam um galo, e as mulheres, uma galinha), anunciando que o animal serve como substituto para eles, abatem o animal e o doam para os pobres. No lugar do frango, alguns balançam dinheiro e então o doam para os necessitados. Afinal, é mais fácil balançar uma bolsa de dinheiro, e, atualmente, a maioria dos necessitados prefere mais o dinheiro do que um frango morto.

Os rabinos insistem há tempos que o judaísmo realmente não fornece qualquer base para esse tipo de sacrifício vicário. Não obstante, muitos judeus continuam a realizá-lo, explicando que é uma tradição antiga baseada na outorga de *tzedacá* (caridade).

Começos Reais Significam Mudanças Reais

LEMBRE-SE

O Rosh Hashaná é o começo de um processo crucial no ciclo judaico anual, chamando os judeus a perceberem e assumirem responsabilidade por seus pensamentos e ações, tanto bons como ruins, e instando-os a ter uma consciência elevada para o ano que se inicia.

274   PARTE 4 **Celebrações e Dias Sagrados**

NESTE CAPÍTULO

» Alcançando o perdão

» Entendendo a ideia judaica de pecado

» Ouvindo a melodia da noite mais sagrada: Kol Nidrê

» Jejuando no Yom Kipur

Capítulo **20**

Ficando Sério: Yom Kipur

Ser humano (sim, isso significa você) certamente tem ramificações. A morte e os impostos estão no meio delas, é claro. Mas da mesma forma estão os erros e ficar cheio de justiça própria. Talvez a principal ramificação seja a de que nós, seres humanos, sofremos com nossas limitações: às vezes, é difícil de ver um panorama.

Por exemplo, já viu uma criança que fica dramatizando ao gritar, chutar e ser desagradável? Não sabemos quanto a você, mas é fácil para nós ficar bravos com crianças que se comportam assim. Às vezes, essa raiva surge por não vermos o geral, por termos um ponto de vista limitado. E se você descobrisse que a mãe daquela criança está em casa, de cama, morrendo de câncer? Talvez não perdoe a criança totalmente, mas provavelmente suavizaria seus sentimentos se descobrisse que outros fatores estivessem envolvidos no comportamento dela.

Todos ficamos tão presos em nossas próprias perspectivas, que é difícil nos lembrar de que estamos nessa juntos. Tal esquecimento nos faz sofrer e causa dor aos outros. Felizmente, os judeus — e os não judeus também, se quiserem — têm uma oportunidade de ver uma perspectiva mais ampla. Os Dez Dias de Terror/Reverência, que incluem as Grandes Festas (ou Os Grandes Dias Sagrados) do Rosh Hashaná (veja o Capítulo 19) e do Yom Kipur, são um momento para refletirmos sobre o ano anterior, abrir mão dos ressentimentos, pedir perdão para as pessoas e expandir nossas perspectivas. Por fim, no Yom Kipur, é possível olhar ao redor com a confiança de que enfrentamos tudo e sobrevivemos, que abrimos mão do que precisava ir e de que fizemos reparações sempre que necessário.

O Yom Kipur, que acontece no dia 10 do mês de Tishrei (ou *Tishri*), é talvez o dia mais catártico, sagrado e emocional do ano judaico. O dia de orações e meditações ininterruptas pode sacudir e inspirar a alma judaica de tal forma que nenhum outro feriado parece conseguir.

O Yom Kipur Significa Sempre Ter que Dizer Me Desculpe

Muitos não judeus (assim como os judeus que tiveram pouca conexão com seu legado enquanto cresciam) acham o Yom Kipur, que literalmente significa "O Dia do Perdão", desnorteante. O feriado não tem um equivalente no cristianismo. Mas, embora a maioria dos judeus não consiga explicar por que o Yom Kipur os toca tão profundamente, são atraídos aos serviços do dia, mesmo que seja a única vez que entrem em uma sinagoga durante todo o ano.

Para muitos judeus, os serviços de Yom Kipur (especialmente o de Kol Nidre, na primeira noite, que analisaremos mais à frente neste capítulo) oferecem uma chance de dizerem "Ainda sou judeu, mesmo que não saiba o que isso significa". Para outros judeus, o Yom Kipur é o destaque do ano, um dia que parece triste, mas que, na verdade, é edificante, um dia que se resume à reconciliação. Eles passam por uma sensação de alívio e unidade espiritual que vem junto com o perdão.

Buscando o perdão divino

Além de ser um feriado no qual as pessoas tentam abrir mão dos ressentimentos, buscar perdão e se unir umas às outras, o Yom Kipur também serve como um momento importante para buscar o perdão de Deus. Esse Grande Dia Sagrado é chamado de o Shabat dos Shabatot e é tradicionalmente visto como o dia quando Deus finaliza o julgamento de todos os judeus anualmente, selando o nome das pessoas nos Livros da Vida e da Morte (veja o Capítulo 19). O Yom Kipur é a última chance de mudar, de se arrepender e de se redimir antes do julgamento.

LEMBRE-SE

Quando o Yom Kipur chega, espera-se que os judeus já tenham pedido perdão pelos pecados contra outras pessoas. O Yom Kipur mesmo é reservado para se redimir dos pecados contra Deus. É claro, se você acredita que Deus é Um (e inclui tudo), então todos nossos pecados impactam todos os demais de algum modo.

PECANDO AO ESTILO JUDAICO

A palavra para "pecado" em hebraico é *chet* [aqui, o "ch" tem som gutural], um termo dos arqueiros que significa "errar o alvo". O significado hebraico expõe uma diferença importante entre os conceitos cristão e judaico de pecado. Os judeus não acreditam no pecado original, mas que cada pessoa nasce inocente. O judaísmo também acredita que cada um é responsável apenas pelos próprios pecados e erros.

Para um judeu, pecar significa extraviar-se, não acompanhar ou perder o foco. Certamente, a falta de honestidade ou integridade é pecaminosa, assim como ignorar ou contradizer as leis judaicas. Mas uma omissão inconsciente, acidental ou mínima também pode ser considerada pecaminosa. O pecado judaico não é apenas o que você faz; pode até ser o que não faz. Por exemplo, não dar atenção para alguém em necessidade pode ser considerado um pecado por causa da oportunidade perdida de fazer uma boa ação. O Rebe Nachman de Breslov disse que o pior pecado é o desespero, talvez porque ele enfraquece profundamente a fé.

Os judeus acreditam que há três formas de pecar: contra Deus (fazer um voto de que não guardará ou de que violará a lei ritual), contra outra pessoa (agir de forma ilegal, prejudicial ou enganosa) e contra si mesmo (esconder-se atrás de um comportamento vicioso ou causar danos a si mesmo). Embora o Yom Kipur enfatize os pecados contra Deus, as Grandes Festas como um todo encorajam as pessoas a se concentrarem em todos os três tipos de pecado, oferecendo uma oportunidade de buscar e estender ativamente o perdão e libertando as pessoas para agirem com maior integridade e veracidade no novo ano.

Arrependendo-se

Quando muitos ouvem a palavra *arrependimento*, o que lhes vem à mente é um sistema no qual alguma figura autoritária absolve as pessoas de seus pecados. No judaísmo, porém, não existe tal figura. A tradição judaica afirma claramente que o Yom Kipur oferece um perdão geral de Deus se (e apenas se) você se arrependeu e corrigiu quaisquer erros. A palavra hebraica para arrependimento é *teshuvá*, que significa uma "mudança" psicológica ou emocional, resultando em um redirecionamento de sua vida.

O perdão tem mais a ver com realmente fazer correções, consertando algo que quebrou. Apenas pedir desculpas não é o suficiente; é preciso encontrar uma forma de fazer o reparo. Um rabino pode ajudá-lo a descobrir uma ação adequada, mas, essencialmente, ele ou ela não pode prescrever nada — isso é entre você e a outra pessoa, ou entre você e Deus.

COMO PERDOAR OS OUTROS

A tradição judaica identifica três estágios no processo de perdão, esteja você sendo perdoado ou perdoando os outros. Os passos são identificados pelas palavras *selichot* ("perdão"), *mechilá* ("deixar ir") e *kapará* ("expiação"). O perdão começa com a intenção consciente de perdoar. Mas se o processo terminar aqui, os sentimentos de culpa ou ressentimento reaparecerão quando menos os esperar. Deixar ir significa "Aceito o passado exatamente como ele é". Nessa fase, talvez se lembre da dor, mas não é mais consumido pela culpa ou pelo ressentimento. Com a expiação, você pode realizar algo positivo que, de outro modo, não seria possível. Você ainda se lembra da dor, e talvez ainda a sinta, mas o ato de expiação a transforma em bênção.

LEMBRE-SE

O Talmud afirma que não podemos simplesmente sair por aí e pecar com o entendimento de que seremos perdoados por Deus no Yom Kipur. Não podemos driblar o importante trabalho de reconciliação com nós mesmos, com nossa família, nossos vizinhos, e assim por diante. Em essência, o ponto de tudo isso é mudar, crescer e desenvolver. De fato, os antigos rabinos judeus ensinavam que uma pessoa não se arrependeu totalmente até que seja confrontada duas vezes com a oportunidade de se engajar com o mesmo pecado, e se recusar a fazê-lo.

Embora o Yom Kipur seja tradicionalmente o último dia de perdão, em última instância, o judaísmo diz que as portas do arrependimento ficam abertas o tempo todo — nunca é tarde demais. Mas se não houvesse pelo menos um prazo simbólico, será que alguém realmente faria isso?

Celebrando o Yom Kipur

A maioria dos feriados judaicos se distingue pelo que devemos fazer; o Yom Kipur, no entanto, é famoso por aquilo que não podemos fazer. A tradição afirma que, nesse dia, os judeus devem se abster de se banharem suntuosamente (embora a lavagem necessária com água fria para remover a sujeira seja permitida), de passar perfume ou cremes, de fazer sexo, de vestir couro (a sola dos sapatos, especificamente, embora alguns judeus não vistam nada de couro) e — provavelmente a restrição mais comumente observada — comer e beber. É claro, como os judeus consideram o Yom Kipur como se fosse o Shabat, todas as restrições regulares do Shabat também se aplicam (veja o Capítulo 18).

278   PARTE 4 **Celebrações e Dias Sagrados**

Jejuando, mas devorando a negatividade

Os rabinos interpretam o jejum — que dura 25 horas, do pôr do sol até logo após o próximo pôr do sol — de diversas maneiras:

» Alguns dizem que o jejum aflige o corpo (pois comer é prazeroso) e, dessa forma, expia cada pecado cometido que não tenha sido expiado de outra forma.

» Em vez de ver o jejum como punição, muitos rabinos o veem como uma libertação para os judeus não pensarem nas coisas comuns, permitindo-os se concentrar nas orações e nas energias espirituais do dia.

» O fato de que os humanos podem escolher jejuar simboliza a liberdade de escolha que dá aos humanos uma responsabilidade maior no mundo do que a outros animais.

» O Yom Kipur é como a oração antes de uma refeição, e a refeição é o ano inteiro prestes a começar. Portanto, assim como você não comeria durante uma bênção, também não come durante o Yom Kipur.

LEMBRE-SE

O Talmud afirma que o jejum não deve ser feito se a pessoa está realmente doente, grávida (ou em recuperação após o parto) ou se tem menos de treze anos de idade. Algumas crianças se abstêm de comer uma ou duas refeições durante o dia como uma forma de "aquecimento" ao jejum que realizarão quando ficarem mais velhas. E embora a tradição claramente determine um jejum tanto de comida como de líquidos, alguns judeus bebem um pouco de água durante o dia. Não, você não pode comer "jeijoada".

DICA

Veja algumas sugestões a considerar se escolher jejuar:

» A maioria dos adultos saudáveis pode aguentar um mês ou mais sem comer. No entanto, precisamos de água. Se for passar o Yom Kipur sem ingerir líquidos, esteja certo de que bebeu muita água anteriormente. No entanto, evite álcool e cafeína, que causam desidratação.

» Se está evitando líquidos, não coma comidas salgadas (em conserva ou defumadas, molho de tomate industrializado etc.) no dia anterior. David comeu sushi com molho de soja antes do Yom Kipur alguns anos atrás — foi um grande equívoco!

» Os médicos relatam que a náusea e as dores de cabeça que alguns experimentam durante o jejum não têm nada a ver com não estar comendo ou bebendo. São sintomas geralmente causados pela abstinência de cafeína. Não consumir essa substância um ou dois dias antes pode ajudar bastante.

> Alguns judeus tradicionais levam ervas fragrantes ou óleos essenciais consigo na sinagoga para nutrir a alma pelo olfato. Outros acham que cheirar essas fragrâncias os deixa com mais fome.

> Após o jejum, não coma como um porco (trocadilho intencional). É melhor iniciar sua refeição de "desjejum" com alguns copos de suco, para injetar um pouco de açúcar em sua corrente sanguínea.

Seguindo a jornada de um longo dia

A celebração do Yom Kipur inclui cinco serviços diferentes:

> O Kol Nidre (descrito posteriormente neste capítulo) começa o serviço--padrão da noite, *Maariv* (embora haja leituras e orações adicionais). A tradição sustenta que o serviço noturno do Yom Kipur nunca termina e que de fato se junta aos serviços matutinos.

> O serviço matutino de *Shacharit* (veja o Capítulo 4), com leituras e orações adicionais.

> O serviço *Mussaf* ("adicional"), que é geralmente acrescentado no Shabat e nos feriados.

> O serviço padrão da tarde, *Minchá*, mais uma vez com orações adicionais.

> O serviço *Neilá* ("fechamento" ou "travamento"), que significa o fechamento dos portões celestiais. O Yom Kipur é o único momento durante o ano em que esse serviço é realizado.

Em cada serviço, os judeus leem a *Amidá* (a tradicional oração que se faz em pé), e, durante todo o Neilá, as portas da Arca da Torá permanecem abertas, de modo que a congregação pode ficar de pé por aproximadamente uma hora. Em geral, o tempo entre os serviços é curto — as pessoas podem ficar orando quase o dia todo.

Preparando-se para o Yom Kipur

DICA

Tradicionalmente, o primeiro serviço da noite (Kol Nidre, descrito na próxima seção) começa cedo no Yom Kipur, enquanto ainda há certa luz no céu, então um jantar mais cedo, antes do serviço, ajuda. Muitos judeus fazem um jantar normal antes do início do Yom Kipur, mas outros realizam uma refeição festiva, como no Shabat (veja o Capítulo 18). Há uma bênção especial para o acendimento das velas antes do jantar na véspera de Yom Kipur:

Baruch atá Adonai Elohênu mélech haolam, asher kideshánu bemitsvotáv, vetsivánu lehadlic ner shel yom hakipurim.

> Bendito sejas Tu, Eterno, nosso Deus, Rei do Universo, que nos santificaste com Teus mandamentos [caminhos de santidade] e nos ordenaste acender a vela de Yom Kipur.

Além das velas do feriado, muitos judeus também acendem velas de 24 horas para o *yartzheit* (veja o Capítulo 10), para lembrar os familiares que já morreram.

Muitos judeus tradicionais vestem branco em sinal de pureza, e alguns homens podem talvez usar o *kitel*, as vestes brancas simples com as quais se casaram e com que serão enterrados algum dia. O Yom Kipur também é o único dia do ano em que os judeus tradicionais usam um *talit* (xale de orações) à noite e à tarde, e não apenas de manhã.

Considerando o Kol Nidre: O serviço da noite

O nome do serviço de abertura de Yom Kipur — Kol Nidre (pronuncia--se côl ni-*drei*), considerado um dos pontos altos do ano para um judeu observante — recebe o nome devido a uma parte da liturgia que é cantada durante o serviço. Estranhamente, a letra parece mais um contrato do que uma oração. De fato, Kol Nidre é um documento legal. (A lei judaica afirma que os procedimentos legais devem ser feitos durante as horas com luz solar, e é por isso que o serviço de Kol Nidre começa tradicionalmente enquanto ainda há luz no céu.) Embora as palavras do Kol Nidre sejam certamente importantes, a melodia persistente causa uma impressão mais forte em muitos. Diversos judeus que sabem pouco ou nada de hebraico (Kol Nidre é, na realidade, em aramaico) consideram a melodia misteriosa e profundamente tocante, como uma memória da primeira infância, que está há centenas de anos no passado.

De certa forma, achamos que o Kol Nidre é mais poderoso se você não souber a letra, pois as palavras são meio que confusas. De qualquer modo, veja uma tradução:

> Todas as promessas, proibições, juramentos, consagrações, restrições, interdições, ou [quaisquer outras] expressões equivalentes de promessa, que possamos prometer, jurar, dedicar [para uso sagrado], ou proibirmo-nos, desde esse Yom Kipur até o próximo Yom Kipur, que venham a nós para bem, [desde já] nos arrependemos de todos eles; assim sendo, estão todos absolvidos, perdoados, cancelados, declarados nulos e sem valor, sem força nem efeito. Que nossas promessas não sejam consideradas promessas; que nossas proibições não sejam consideradas proibições; e que nossos juramentos não sejam considerados juramentos.

VIDA LONGA E PRÓSPERA: AS BÊNÇÃOS DE YOM KIPUR

Qualquer um que tenha assistido à série original de *Jornada nas Estrelas* na TV viu o Sr. Spock levantar sua mão — bem aberta, com os dedos indicador e médio juntos, e os dedos anular e mindinho também juntos — na famosa "saudação vulcana". Poucas pessoas se dão conta de que o ator que faz o papel de Spock, Leonard Nimoy, era judeu e que esse gesto é uma parte do antigo gesto judaico para abençoar, praticado pelos primeiros sacerdotes durante o período do Templo (veja o Capítulo 12).

Atualmente esse gesto ainda é usado durante a seção de Amidá do serviço especial de Mussaf durante os feriados. Em congregações mais tradicionais, todos os homens descendentes de famílias de Cohanim (associados com os antigos sacerdotes, normalmente com sobrenomes Cohn, Cohen, Kahn, Katz, e assim por diante) são convidados para a bimá (a frente da sinagoga) para realizar a bênção sacerdotal sobre a comunidade (chamada *Bircat Cohanim*). Esses homens, envoltos no xale de orações, fazem com as mãos o que se tornou conhecida como a "sudação vulcana", geralmente com os polegares esticados e se tocando, enquanto recitam uma bendição sobre toda a comunidade (chamada por alguns de *ducan-ização*).

Em comunidades mais liberais, as bênçãos são realizadas de várias formas diferentes. Geralmente, o rabino pronuncia a bênção. Para encorajar uma maior participação de todos, na congregação do Ted, primeiro os homens abençoam todas as mulheres, e depois todas as mulheres abençoam os homens (ou vice-versa).

Sob um primeiro olhar, as palavras do Kol Nidre parecem absolver os judeus de todas as promessas que fizerem para o próximo ano. Os antissemitas deitam e rolam com isso, alegando que há provas aqui de como não se pode confiar nos judeus. No entanto, os rabinos sempre ensinaram que o Kol Nidre fala apenas de votos feitos para com Deus.

Originalmente, essas palavras podem estar fazendo referência aos votos feitos sob coação, como durante as conversões forçadas ao cristianismo. Agora o Kol Nidre reconhece que não podemos sempre manter as promessas que fazemos a nós mesmos ou a Deus. Por exemplo, talvez digamos: "Deus, prometo ser bom se você curar minha mãe desta doença." Se a mãe sarar, será que você será então um "santo" pelo resto da vida? Não, o judaísmo reconhece as realidades da natureza humana.

CASOS E CAUSOS

Algumas pessoas argumentam que o texto de Kol Nidre tem pouco significado atualmente e que deveria ser removido ou alterado. No entanto, para a vasta maioria dos judeus, o Yom Kipur simplesmente não seria o mesmo sem ele. Quando Ted era aluno para ser rabino, foi enviado para realizar os serviços das Grandes Festas em Casper, Wyoming, EUA, uma cidade do "Velho Oeste" — um daqueles lugares sobre os quais você se pergunta "Será que realmente tem algum judeu morando aqui?". Como aluno, Ted não estava tão confiante assim em sua voz para entoar o Kol Nidre, então instruiu o zelador, um velhinho judeu, para que tocasse a música no aparelho lá no fundo da sinagoga. Naquela noite, mesmo naquele remoto canto do planeta, Kol Nidre ressoou nos corações do pequeno grupo. Infelizmente, o homem se esqueceu de desligar o aparelho, e a gravação incluía uma música bem agitada que não tinha nada a ver com o Yom Kipur. Bem, não há serviços perfeitos de dias sagrados.

Todos os serviços do Yom Kipur incluem um conjunto de orações *vidui* ("confessionais"), basicamente compostas do *Ashamnu* ("Pecamos") e do *Al Chet* ("pelo pecado de"). Ambas as orações são poemas alfabéticos (chamados *acrósticos*) que listam todos os pecados que a humanidade comete. Por exemplo, "Nós Abusamos, Burlamos, Fomos Cruéis", e assim por diante.

É claro, poucos judeus, se é que há algum, erraram de todas essas maneiras; a leitura confessional na primeira pessoa do plural acontece para que ninguém tenha que se constranger. Outra coisa: como o Rabi Isaac Luria certa vez explicou, todos os filhos de Israel são considerados um único corpo, e cada pessoa é um órgão desse corpo. Cada judeu confessa os pecados do corpo todo. E, como outra pessoa certa vez disse, não dá para fazer tudo sozinho.

Tradicionalmente, os judeus batem repetidamente no peito com os punhos enquanto leem *Ashamnu* e *Al Chet*. Embora isso apresente uma cena um tanto dramática, alguns rabinos ensinam que já houve pancadarias suficientes ao longo dos séculos, que as confissões já machucaram muito e que, talvez, as pessoas devessem apenas tocar gentil e amorosamente a área do coração.

Lendo e se ajoelhando

As Grandes Festas incluem diversos costumes especiais. Por exemplo, quando a maioria das congregações lê o *Aleinu* (a oração que inclui "nos inclinamos, prostramos e louvamos") durante os serviços regulares, cada pessoa dobra levemente os joelhos e se inclina, significando o serviço ao Espírito Superior. No entanto, no Yom Kipur, muitos judeus de fato se ajoelham no chão com a palavra *cor'im* ("dobrar o joelho"), e então levam a cabeça ao chão em prostração com a palavra *u-misha-chavim* ("prostrar--se"). Alguns judeus, quando há espaço suficiente na sinagoga, deitam-se completamente no chão, com braços e pernas esticados para a frente, em uma forma completa de respeito e súplica.

CAPÍTULO 20 **Ficando Sério: Yom Kipur** 283

GUIA DE INICIANTES PARA OS SERVIÇOS DO YOM KIPUR

Os serviços do Yom Kipur variam radicalmente dependendo da observância da sinagoga. Um serviço ortodoxo tradicional pode ser maravilhosamente intenso, mas profundamente indecifrável para o iniciante. As congregações mais liberais podem ter um *machzor* (livro de orações do Dia Sagrado) muito mais simples, deixando de fora algumas das leituras e orações para favorecer mais explicações ou um intervalo entre os serviços. Veja a seguir algumas coisas para ter em mente quando participar desses serviços:

- **Como em Rosh Hashaná (veja o Capítulo 19), os serviços do Yom Kipur exigem a compra prévia de ingressos na maioria das sinagogas. Se a grana estiver curta, tente ligar antes para ver se consegue um preço diferente.**

- **Lembre-se de que muitos judeus não usam sapatos de couro durante o Yom Kipur, e alguns não usam qualquer tipo de couro. Então, embora a maioria dos judeus use suas melhores roupas, talvez você veja gente com ternos ou vestidos usando tênis de cano alto e baixo, ou outros calçados que não são de couro.**

- **A maioria dos judeus que participa dos serviços também jejua no Yom Kipur, então, caso leve qualquer alimento ou bebida com você, mantenha-os fora de vista (e do olfato).**

- **Não espere a melhor das higienes de seus próximos neste dia. Os judeus tradicionais não escovam os dentes ou tomam banho no Yom Kipur.**

- **O Yom Kipur é um momento ideal para recordar que todos os seres humanos cometem erros; o importante é rever continuamente sua vida, aprender e crescer. Com isso em mente, não se preocupe caso não saiba pronunciar todas as palavras das orações ou se bagunçar alguma parte. Ao comparecer e tentar, estará cumprindo com o espírito do dia.**

Há milhares de anos os judeus fazem questão de nunca se curvarem ou ajoelharem perante qualquer um, exceto Deus. Alguns rabinos ensinam que Deus tirou os judeus da escravidão sob o Faraó no Egito (veja o Capítulo 11) de modo a se tornarem servos de um Governante Maior, ou seja, Deus, mas entendemos isso de forma levemente diferente: o Aleinu é uma oportunidade de cada judeu demonstrar sua dedicação em servir — a Deus, à humanidade, ao planeta, a um bem maior. Como Bob Dylan cantou certa vez: "Você tem que servir a alguém!"

Outras orações exclusivas durante as Grandes Festas são o *Avinu Malkênu* ("Nosso Pai, Nosso Rei"), a *Avodá* (um relato detalhado dos ritos realizados pelo sumo sacerdote do Segundo Templo no Yom Kipur) e, geralmente, a martirologia, na qual os nomes de dez rabinos antigos, que foram mortos por ensinar a Torá, são listados, muitas vezes junto com o nome de outros mártires judeus e uma parte especial a respeito dos seis milhões de judeus mortos no Holocausto. E no Yom Kipur, a maioria das congregações lê o livro bíblico de Jonas em voz alta à tarde.

Tradicionalmente, entre a leitura da Torá e a Neilá, o rabino lidera o serviço memorial Yizkor, em lembrança a amigos e familiares que morreram, especialmente aos pais dos que estão presentes. (Na maioria das congregações reformistas, o serviço Yizkor acontece posteriormente, durante a tarde.) Muitos judeus consideram ser de má sorte participar de um serviço de Yizkor enquanto seus pais ainda estão vivos, então, tipicamente, todos os jovens se retiram. Para os menos supersticiosos, o Yizkor pode ser um memorial profundamente tocante e importante, estejam os pais ainda vivos ou não.

Bem no final dos serviços do Yom Kipur, com a conclusão da Neilá, um membro da congregação toca uma longa nota no *shofar*. O Yom Kipur agora terminou. Acredite ou não, muitos judeus ainda ficam para o serviço da noite, que acontece logo em seguida. Outros se apressam em sair em busca de suas refeições para quebrar o jejum. De qualquer modo, tornou-se uma tradição que, após a refeição, os judeus saiam e preguem duas peças de madeira, ou coloquem uma estaca no chão, para significar que começaram a construir a *sucá* (uma estrutura temporária) em preparação ao feriado de Sucot (veja o Capítulo 21). Alguns professores destacam que isso muda a atenção de nossa reconstrução emocional e espiritual durante as Grandes Festas para um foco renovado na reconstrução e na reparação do mundo ao nosso redor.

Honrando a Luz do Yom Kipur

No Yom Kipur, a tradição judaica diz que o dia em si faz a expiação. Algo do dia carrega a energia de cura e perdão, tocando a profunda necessidade humana de se aliviar da culpa e do ressentimento.

PALAVRAS DE SABEDORIA

No século XVIII, um erudito cabalista italiano chamado Rabi Moshe Chaim Luzzatto escreveu que "Qualquer grande luz que tenha irradiado em determinado momento, quando esse momento acontece novamente, a irradiação daquela luz brilha novamente... e está disponível para qualquer um que esteja lá para recebê-la".

O Yom Kipur, o Dia do Perdão e da Expiação, é tal momento de luz radiante — a luz radiante do perdão. Se o dia em si carrega tal energia, então a tarefa do participante é se permitir estar totalmente presente, totalmente disponível para as influências curadoras do momento.

> **NESTE CAPÍTULO**
>
> » Construindo uma *sucá*
>
> » Regozijando-se com a Torá

Capítulo 21

O Grande Céu Aberto: Sucot

A maioria das pessoas associa o judaísmo a "ambientes fechados". Os judeus normalmente oram dentro de sinagogas ou em casa, e os judeus religiosos dos EUA têm a reputação de serem do tipo que prefere estar em um local fechado perante um livro do que fora tomando Sol. Não queremos desapontá-lo, mas o judaísmo não apenas adere ao grande céu aberto, mas, de muitas formas, está intrinsecamente ligado a ele.

Por mais de 3 mil anos (tornando-o um dos feriados judaicos mais antigos, provavelmente anterior ao Rosh Hashaná e ao Yom Kipur) o Sucot vem refletindo um festival antigo que celebra a colheita do outono [no Hemisfério Norte]. Como muitos feriados judaicos, o Sucot tem diversos nomes, incluindo *Hag haAssif* ("Festival da Colheita") e *Zeman Simchatenu* ("Tempo de nossa Alegria"). Ao longo dos milênios, o Sucot ganhou significados históricos e espirituais adicionais, mas nunca perdeu sua conexão com a agricultura e com a terra.

Um Dia de "Ação de Graças" Judaico

Cinco dias após o Yom Kipur (veja o Capítulo 20), exatamente meio ano antes do Pessach (veja o Capítulo 25), o Sucot é um festival que dura uma semana e que começa com a Lua cheia do mês de Tishrei. O festival, na verdade, dura oito ou nove dias, pois os judeus o ligam com Shemini Atzeret e Simchat Torá (falaremos sobre eles posteriormente neste capítulo).

A Bíblia observa que o rei Salomão dedicou o Primeiro Templo (veja o Capítulo 12) em Sucot. Então, durante o período do Templo, o Sucot era um dos três festivais de peregrinação — com o Pessach e o Shavuot — durante os quais os judeus viajavam de todos os lugares para visitar Jerusalém. O Sucot era tradicionalmente o feriado mais festivo e jubilante, um momento de festejar, beber, cantar e dançar em êxtase nas ruas e no Templo. Até hoje o Sucot permanece sendo um dos feriados judaicos mais importantes.

Agradecendo

Todas as culturas e principais religiões têm um dia ou um período do ano para darem graças. Alguns dizem que o Sucot é o "Dia de Ação de Graças Judaico", durante o qual os judeus oferecem louvores e gratidão pela colheita abundante. O Sucot cai perto do equinócio de outono, e o feriado simboliza o início da passagem para o inverno [no Hemisfério Norte]. No dia após o Sucot, chamado Shemini Atzeret (que analisaremos mais adiante neste capítulo), os judeus recitam as orações para que as chuvas férteis caiam em toda a terra desértica de Israel.

LEMBRE-SE

A maioria dos judeus não é mais composta de agricultores, mas isso não significa que a metáfora da colheita não funcione mais. Durante o Sucot, podemos pensar sobre o trabalho emocional e espiritual terminado no Rosh Hashaná e no Yom Kipur, como se estivéssemos colhendo os benefícios do arrependimento e do perdão.

Embora o Sucot (que algumas pessoas às vezes chamam de *Ha-Chag*, ou "O Festival") tenha vários rituais associados a ele, a liturgia em si é bem familiar à do serviço regular do Shabat. É claro, os congregantes dizem algumas orações adicionais, e o cantor lê em voz alta o livro completo do Eclesiastes (*Kohelet*, em hebraico) no Shabat durante o Sucot. No entanto, diferentemente das Grandes Festas, não há eventos especiais que exijam uma participação adicional na sinagoga, e embora algumas pessoas realizem alguns dos rituais do Sucot em uma sinagoga (como balançar o *lulav*, sobre o qual falaremos em um momento), muitas outras honram o feriado todo em casa.

Espírito aventureiro: Construindo a sucá

A tradição mais visível no Sucot é a construção da *sucá* — traduzida como "cabana", "tenda" ou "tabernáculo" — em algum lugar ao ar livre, geralmente no quintal, em um parque ou do lado de fora da sinagoga. (O plural de *sucá* é — surpresa! — *sucot.*) A Bíblia afirma que as pessoas devem morar na *sucá* durante toda a semana de Sucot, mas a definição de "morar" é complicada, e quase ninguém dorme nelas.

Essas cabanas podem ter representado os abrigos temporários nos quais as pessoas moravam durante a colheita. No entanto, a Bíblia explica que os judeus constroem uma sucá para se lembrar das cabanas nas quais os hebreus moraram durante os quarenta anos no deserto após o êxodo do Egito (veja o Capítulo 11). A morada temporária faz as pessoas se recordarem a não se prenderem muito aos confortos físicos e também renova a conexão com os ciclos do planeta. Em um nível metafórico, a sucá reflete outra morada temporária: o corpo, que abriga a alma.

Guia para o Sucot

Diferentemente das Grandes Festas do Rosh Hashaná e do Yom Kipur, que não são os dias mais amigáveis às crianças no ano judaico, o Sucot é um evento familiar repleto de diversão. Seja na construção da sucá ou no enfeitar da sucá, no balançar do *lulav* no piquenique na sucá, com a esperança de que as abelhas não o encontrem, crianças de todas as idades gostam de aproveitar tudo que o Sucot tem a oferecer.

Uma sucá nasce a cada minuto

A sucá (veja a Figura 21-1) é uma cabana temporária que as pessoas normalmente constroem no quintal — embora quem more em apartamento possa fazê-la na cobertura ou na sacada (veja "Espírito aventureiro: Construindo a sucá" para mais informações). A estrutura é tradicionalmente montada antes do início do Sucot. Veja a seguir todas as regras para construir uma sucá "kosher":

>> A estrutura precisa de quatro lados, embora um ou mais possam ser a parede da casa (e um lado pode até mesmo estar totalmente aberto, como uma porta gigante). Todas as paredes devem ser fortes o suficiente para aguentar ventos fortes. A sucá precisa de alguma entrada, é claro, e alguns até mesmo elaboram portas e janelas.

CAPÍTULO 21 **O Grande Céu Aberto: Sucot** 289

» O teto deve ser feito de plantas, como galhos, bambu ou folhas grandes, desde que o material não esteja mais anexado a uma planta. Ele não pode ser consistente — que dizer, você precisa conseguir ver as estrelas através dele —, mas deve fornecer mais sombra do que permitir a entrada de luz solar.

» Muitos judeus decoram a sucá, então deixe seus filhos fazerem a festa pendurando frutas (frescas ou secas), ornamentos, papel cortado em formatos divertidos, desenhos que fizeram e qualquer outra coisa que aumente a diversão. Observe que alguns têm o costume exatamente oposto, deixando tudo completamente sem adornos.

» A sucá não pode ser coberta totalmente por outra coisa, então não vale construí-la sob uma árvore ou na garagem. Bem, para sermos precisos, você pode construí-la sob algo, desde que uma parte considerável permaneça descoberta.

FIGURA 21-1: Construir a sucá é um projeto divertido para toda a família.

Embora os anúncios em classificados de qualquer revista ou jornal judaicos ofereçam sucot com modelos "comerciais" que podem ser compradas e montadas facilmente logo antes do feriado, consideramos ser mais divertido projetar e construir sua própria. Alguns constroem a estrutura básica com algumas tábuas, cordas e alguns blocos de tijolo e cimento. Anualmente, a congregação de Ted constrói uma sucá comunitária usando dezesseis treliças de jardim baratinhas presas com lacres de plástico (encontrados facilmente em lojas de construção) sobre uma fundação básica de tábuas.

A sucá deve ser grande o suficiente para que você possa se sentar, comer e dormir nela durante toda a semana do Sucot. Os judeus geralmente recebem convidados na sucá, estudam Torá nela, tocam música e basicamente passam o tempo lá. É claro, embora isso possa ser sensato em um bairro bastante seguro ou em Israel (onde é ainda relativamente quente durante o Sucot), aqueles que moram em lugares mais frios podem se ver sob uma chuva gelada, considerando até queimar a sucá para se aquecer!

A maioria dos judeus limita suas atividades na sucá, apenas recitando as bênçãos sobre as velas, o vinho e o pão (veja o Apêndice B), assim como a bênção sobre a sucá, que recitam toda vez que entram nela:

> *Baruch atá Adonai, Elohênu mélech haolam, asher kideshánu bemitsvotav, vetsivánu leshev bassucá.*
>
> Bendito sejas Tu, Eterno, nosso Deus, Rei do Universo, que nos santificaste com seus mandamentos (caminhos de santidade) e nos ordenaste morar na sucá.

Balançando o lulav e o etrog

Celebrar o Sucot envolve o uso de alguns adereços especiais durante os serviços matutinos de cada dia do feriado (veja a Figura 21-2):

> » **Lulav:** Uma coleção de galhos recém-cortados — um ramo de palmeira, dois galhos de salgueiro e três de mirto — amarrados juntos.
>
> » **Etrog:** Uma fruta cítrica típica, também conhecida como *cidra*, que se parece com um limão siciliano grande, mas com cheiro e gosto diferentes, com uma casca muito mais grossa.

FIGURA 21-2:
O lulav
e o etrog.

GUIA DE INICIANTES PARA O SUCOT

O Sucot é uma semana doce e animada no calendário judaico, e uma oportunidade maravilhosa para relaxar e curtir momentos com a família e os vizinhos. Se vir seus vizinhos construindo uma cabana esquisita logo após o Yom Kipur, provavelmente não é uma reforma! Você ganhará pontinhos extras se for até lá e disser "Olha, que sucá linda!".

Caso esteja podando as árvores e os arbustos nessa época do ano, pode usar os galhos em sua própria sucá ou oferecê-los a um vizinho que está construindo uma. De igual modo, os departamentos dos parques de muitas cidades podam as árvores (especialmente as palmeiras, nas cidades que as têm) e deixam as pessoas pegar os galhos para o teto de suas sucot.

Lembre-se de que as pessoas que constroem a sucá adoram receber convidados, e é considerada uma boa ação visitar e se sentar juntos sob o telhado verde e folhoso. (Bem, talvez seja uma boa ideia avisar com antecedência.) Melhor ainda, leve um violão para cantar algumas músicas, ou vinho kosher, frutas, castanhas ou algo doce para comerem barulhentamente juntos.

DICA

Ao selecionar um etrog, esteja certo de que o ponto em que existiu a flor (*pitom*) na ponta do fruto não tenha sido quebrado. Caso more em um bairro judaico grande, é relativamente fácil comprar o etrog e o lulav; de outro modo, é possível comprar o conjunto pela internet.

Os rabinos oferecem diversas interpretações diferentes ao motivo pelo qual essas quatro espécies são usadas em particular, incluindo as seguintes:

> » A palmeira é alta e reta, como a espinha humana, o etrog tem o formato do coração, as folhas do salgueiro são como os lábios, e as do mirto são como os olhos. Portanto, usar as quatro espécies é como envolver seu corpo inteiro no ritual.

> » O etrog tem gosto e aroma agradáveis, simbolizando uma pessoa que é instruída e que realiza boas ações. A palmeira tem frutos (tâmaras) que são gostosos, mas que não têm aroma, simbolizando uma pessoa instruída, mas que não pratica boas ações. O mirto tem um aroma agradável, mas não tem gosto, então é como alguém que faz boas ações, mas que não é instruído. Por fim, o salgueiro não tem gosto nem cheiro, um símbolo de alguém que não é instruído nem realiza boas ações. Alguns dizem que todos esses quatro tipos de pessoas são importantes em uma comunidade.

Esses acessórios são usados em uma dança ritual que envolve balançar o lulav e o etrog em várias direções. Veja como realizar a dança:

1. **De frente para o leste, segure o lulav na mão direita e o etrog na esquerda, com as mãos fechadas.**

2. **Estenda o lulav para a frente e puxe-o de volta, enquanto balança tanto ele quanto o etrog.**

3. **Ainda de frente para o leste, aponte o lulav e o etrog para o norte (à direita) e repita a extensão, o puxar de volta e o balanço, quase como se estivesse puxando um peixe no anzol.**

4. **Repita toda a dança para o oeste (atrás), para o sul (à esquerda) para os céus (acima) e, por fim, para baixo, em direção à terra.**

Alguns professores observam que esse ritual é um lembrete de que Deus está em todos os lugares e de que ele também honra as "energias" singulares que cada direção simboliza:

» O leste é a terra do Sol nascente e simboliza novas possibilidades, começos e despertares.

» O norte é a direção da clareza, da racionalidade e da frieza do intelecto.

» O oeste é a terra onde o Sol se põe e das jornadas são concluídas.

» O sul é a direção do calor, da emoção de crescimento verdejante e da energia sensual.

» Para cima é a terra dos sonhos e das visões, a terra da espiritualidade.

» Para baixo é a conexão com a terra e o reconhecimento das responsabilidades ambientais das pessoas.

Com o término de Sucot, considere guardar essas plantas para outros propósitos. Por exemplo, alguns judeus usam a palmeira como uma "pena" gigante com a qual caçar chametz logo antes de Pessach (veja o Capítulo 25). Ou pode guardar o lulav e queimá-lo com o chametz. Outro costume é fazer grandes sulcos no etrog e usá-lo como um "caixa de especiarias" durante a cerimônia de Havdalá após o Shabat (veja o Capítulo 18).

CAPÍTULO 21 **O Grande Céu Aberto: Sucot** 293

Shemini Atzeret

O dia após o Sucot, chamado *Shemini Atzeret* ("o oitavo dia de assembleia solene"), tende a ser subestimado por muitos judeus. Shemini Atzeret também significa "estabelecer um limite" ou "refrear-se de", e não há dúvidas de que o dia age como uma forma de sair da folia e do alvoroço da semana anterior e colocar a atenção no prospecto sério do inverno que se aproxima [no Hemisfério Norte].

Embora Shemini Atzeret e Simchat Torá (veja a próxima seção) sejam oficialmente feriados separados, ainda são considerados os dias finais da temporada festiva e têm o status de *chag*, um festival no qual não são realizados trabalhos.

LEMBRE-SE

Em Israel e nas comunidades reformistas, o Shemini Atzeret e o Simchá Torá são celebrados no mesmo dia; nas comunidades conservadoras e ortodoxas fora de Israel, Simchat Torá tem seu próprio dia.

Após uma semana passada na sucá com a esperança de que não chova, no Shemini Atzeret os judeus recitam uma oração chamada *gueshem* ("chuva"), desejando um aguaceiro generoso para começar o inverno adequadamente e garantir que a terra será fértil, que a colheita crescerá e que as pessoas terão o que comer.

Em muitas comunidades tradicionais, as cerimônias realmente começam um dia antes, no sétimo dia do Sucot, chamado *Hoshaná Rabá*. (*Hoshaná* é a mesma palavra que "Hosana" em português, que significa, "salva-nos". *Rabá* significa "grande".) No Hoshaná Rabá, os judeus circundam a *bimá* (a plataforma de leitura na frente da sinagoga) sete vezes conforme batem no chão com ramos de salgueiro. Muitos veem esse ato como um talismã para tornar a terra mais fértil ou para lançar fora antigos pecados.

Simchat Torá

O Sucot, o Chanucá e o Purim são todos eventos alegres, mas Simchat Torá — que tradicionalmente cai no dia após o Shemini Atzeret (veja a seção anterior) — é profunda e expansivamente jubiloso. Com efeito, *Simchat Torá* significa "Regozijar-se na Torá". No Shavuot, os judeus honram a outorga da Torá, e em Simchat Torá, celebram a própria Torá conforme completam o ciclo anual de leitura e começam imediatamente o ciclo novamente (veja o Capítulo 3).

Simchat Torá, que não existia nos tempos bíblicos, não tem uma liturgia ou um ritual formal, mas os costumes para esse dia certamente evoluíram ao longo dos anos:

» Quase todas as congregações leem a última seção do livro de Deuteronômio (o final dos cinco livros de Moisés) e a primeira seção do livro de Gênesis. (O serviço da noite em Simchat Torá é a única vez, nas comunidades tradicionais, em que a Torá pode ser lida à noite.) A pessoa chamada para ler as últimas linhas de Deuteronômio é chamada de *chatan Torá* ("noivo da Torá", pronuncia-se cha-*tán* To-*rá,* o "ch" com som gutural), e o leitor do início de Gênesis é chamado de *chatan Bereshit* ("o noivo da Criação"). Nas comunidades onde tanto homens quanto mulheres são chamados à Torá, pode haver a *kalá Torá* ("noiva da Torá") ou uma *kalá Bereshit*. Tradicionalmente, a congregação inteira é chamada à bimá para as *aliyot* (para recitar as bênçãos antes e após as leituras da Torá) em Simchat Torá.

» Algumas sinagogas celebram o ciclo anual de leitura ao desenrolar todo o rolo da Torá e formar com ele um círculo gigante para que o final e o início da Torá estejam próximos um do outro para as leituras. As crianças ficam no centro do círculo da Torá, conforme seus pais e outros adultos seguram o rolo carinhosamente, permitindo que todos experimentem um senso de sacralidade compartilhada.

» Todos estão tão concentrados nos cantos e nas danças jubilosos, que até mesmo em muitas congregações ortodoxas os homens, as mulheres e as crianças se sentam e cantam juntos. As pessoas seguram o rolo da Torá enquanto desfilam ao redor do santuário sete vezes (chamado *hakafot*), permitindo que os participantes celebrem e talvez até dancem com a Torá enquanto todos cantam. Essa parte da celebração pode ficar tão frenética que, após os sete circuitos, todos podem sair às ruas como se fosse uma grande festa.

» Pergunte às crianças o que acontece em Simchat Torá e receberá uma resposta definitiva: "Ganhamos doces!" O judaísmo tem uma longa tradição de associar doces com ocasiões doces. Nas congregações reformistas, esse feriado também é um momento para a Consagração, durante a qual as crianças pequenas são recebidas na comunidade conforme iniciam sua educação religiosa.

LEMBRE-SE

Talvez você se lembre de que a última coisa que acontece na Torá é a morte de Moisés e seu enterro em um túmulo não identificado. De certa forma, Simchat Torá honra a morte de Moisés, mas também liga claramente a morte com o primeiro capítulo de Gênesis: a Criação do Universo. Dessa forma, Simchat Torá recorda às pessoas que a vida transcende a morte e que o mundo está em um ciclo infinito de renascimento. Simchat Torá planta uma semente que germinará durante todo o inverno, por fim florescendo na primavera.

SEMPRE HÁ ALGO MAIS NA TORÁ

Os judeus não ficam entediados por estudarem as mesmas palavras, as mesmas histórias, ano após ano? Claro, se a leitura da Torá fosse como ficar andando em círculos, seria muito chato mesmo. No entanto, a Torá não é um círculo; é uma espiral. Os judeus retornam às mesmas histórias no mesmo período a cada ano, mas muitos rabinos ensinam que, se entender a história da mesma forma, se apenas descobrir o que descobriu no ano anterior, então você não cresceu. A Torá não muda, é obvio — as pessoas mudam. O judaísmo é um caminho de crescimento e desenvolvimento, e a Torá (como outros textos espirituais) funciona ao atrair uma parte continuamente mais profunda para fora no processo da leitura e do estudo. Como disse Ben Bag-Bag, o sábio do século I, "Vira e revira [a Torá], pois tudo nela se encontra".

NESTE CAPÍTULO

» Explorando a história dos Macabeus

» Descobrindo por que os judeus comem tanta fritura no Chanucá

» Revelando as lições escondidas na história do Chanucá

Capítulo **22**

Buscando a Luz em Tempos Escuros: Chanucá

Conforme o solstício de inverno se aproxima, os dias ficam mais curtos, as noites ficam mais compridas, e as pessoas começam a se perguntar se a luz perdida algum dia retornará. O efeito do solstício de inverno nas pessoas é universal: nas principais tradições mundiais, os festivais da luz surgem nessa época mais escura do ano. Os pagãos antigos celebravam o solstício com festas de arromba. Os antigos persas faziam enormes fogueiras no chão enquanto seus governantes soltavam pássaros no ar, arrastando tochas de mato queimando. Os judeus têm o Chanucá, talvez um dos feriados judaicos mais conhecidos por não judeus (pelo menos na América do Norte).

Acendendo uma Luz na Noite Mais Escura

No calendário judaico, a celebração que dura oito dias de Chanucá começa na noite de 25 de Kislev (que cai em algum momento de dezembro). Os meses do calendário judaico são baseados nos ciclos da Lua, então o dia 25 é sempre quatro dias antes da Lua nova, o momento mais escuro do mês.

CAPÍTULO 22 **Buscando a Luz em Tempos Escuros: Chanucá** 297

O mais importante é que, como Kislev é sempre perto do solstício de inverno [no Hemisfério Norte], O Chanucá nos leva para dentro, pelo meio e para fora da noite mais escura do ano. (O solstício é, tecnicamente, a noite mais comprida do ano, mas pode cair na Lua cheia, o que o deixaria longe de ser escuro.) Na noite mais escura do ano, você não gostaria de acender algumas velas?

LEMBRE-SE

Não chame o Chanucá de "Natal judaico". Os judeus não têm nada contra o Natal, mas o Chanucá é completamente diferente. Fazer essa comparação é como dizer que o Dia do Trabalho, 1º de maio, é a mesma coisa que o Dia das Mães no Brasil, apenas porque os dois feriados acontecem no mesmo mês.

A Boa Luta: O que o Chanucá Celebra

O Chanucá celebra duas coisas: um milagre no qual uma quantidade de óleo para um dia queimou durante oito dias, e a vitória dos combatentes judeus pela liberdade sobre as forças sírio-gregas que tentaram apagar o judaísmo no século II AEC. Dessa forma, o Chanucá marca a primeira batalha travada não por território, não pela conquista de outro povo, mas de modo a conquistar a liberdade religiosa.

A consequência daquela antiga vitória militar foi o direito dos judeus de adorarem como uma comunidade. Devido às inúmeras vezes que esse direito foi ameaçado ao longo dos séculos, a vitória e a rededicação da adoração judaica que seguiram se tornaram paradigmas para a renovação ao longo do tempo. De fato, a palavra Chanucá significa "dedicação".

Então, em um senso mais amplo, o Chanucá celebra uma reafirmação da liberdade e um recomprometimento à busca espiritual.

Os dois livros dos Macabeus

A história do Chanucá é contada nos dois livros dos Macabeus, escritos em algum momento antes do século I AEC, cerca de cem anos após todo o drama ter ocorrido. Basicamente, em 325 AEC, o império grego de Alexandre, o Grande, estendeu-se até onde é o Oriente Médio, e era a conduta de Alexandre permitir que as pessoas celebrassem de acordo com suas próprias crenças. No entanto, após sua morte, o império se dividiu em partes menores governadas por uma sucessão de homens que não compartilhavam da generosidade de Alexandre.

Antíoco era tal governante. Após conferir a si mesmo o sobrenome *Epifânio* ("deus manifesto"), decidiu livrar, à força, seu império das religiões locais, incluindo o judaísmo. Ele proibiu — sob pena de morte — a comida kosher, a circuncisão e os serviços do Shabat (veja o Capítulo 18). É preciso entender que muitos judeus na época eram atraídos à grande arte, às filosofias e à cultura dos gregos. Tanto que concordaram com a regra de Antíoco (geralmente eram chamados de "helenistas").

Por outro lado, alguns judeus estavam, bem, menos felizes com a situação. Um opositor, Matatias (descendente sacerdotal de Aarão, irmão de Moisés) estava tão "menos feliz" que, quando um judeu local assimilado tentou seguir o mandamento do rei ao fazer um sacrifício para os deuses gregos, Matatias o matou.

Judá desce o martelo

Ao fugir para as montanhas com seus cinco filhos, Matatias juntou um exército de outros fiéis devotos e começou uma revolução sangrenta que durou três anos (de 169 a 166 AEC). Após a morte de Matatias, seu filho Judá liderou a guerra contra as forças de Antíoco e os judeus assimilados. De fato, Judá era tão feroz, que sua família recebeu o nome de *Macabeu* (que significa "martelo" em hebraico).

Por fim, após uma série de terríveis batalhas, os Macabeus retomaram Jerusalém, expulsaram o exército sírio-grego e começaram a reparar o solo profanado do Segundo Templo (veja o Capítulo 13). A questão é que Antíoco escolhera um momento propício para tomar o Templo: o dia 25 de Kislev, que cai perto do dia mais escuro do ano. Talvez em um gesto simbólico de renovação, Judá decidiu rededicar o Templo exatamente no mesmo dia, em 164 AEC, e declarou que a nação deveria, dali para a frente, recordar a rededicação com uma celebração de oito dias.

A história do milagre do óleo

A história é uma coisa engraçada. Quando as seções posteriores do Talmud estavam sendo escritas (por volta de 500 EC; veja o Capítulo 3), a situação política havia mudado radicalmente, e os rabinos estavam menos enamorados pelos Macabeus. Para começar, como muitas vezes é o caso com revolucionários armados, as famílias dos Macabeus vitoriosos se estabeleceram posteriormente como reis sobre a terra e se tornaram opressivos como o regime anterior (veja o Capítulo 13). O pior, com o passar do tempo, seus descendentes se aliaram com o Império Romano, levando à posterior conquista romana.

Embora os rabinos não quisessem rejeitar a celebração do Chanucá, eles decidiram enfatizar em seus comentários um aspecto diferente do feriado. Reza a lenda que, quando o Templo foi rededicado (veja o Capítulo 13), os Macabeus só conseguiram achar uma única botija (um pequeno recipiente) de óleo puro, o suficiente para queimar a Chama Eterna por uma noite. Infelizmente, levaria mais oito dias até conseguirem mais óleo. Deus, diz o Talmud, realizou um milagre e fez com que o óleo durasse por oito noites.

A mensagem sutil do Talmud é: as pessoas devem celebrar o milagre do óleo mais do que a vitória militar. A tradição, portanto, inclui estas palavras do profeta Zacarias como parte das leituras na sinagoga no Chanucá: "Não por força, nem por violência, mas por Meu Espírito, diz o Eterno..."

Os Macabeus são recompensados

Por quase 2 mil anos, o Chanucá era conhecido como um dos feriados menos importantes do calendário judaico. Então, gradualmente, iniciando no final do século XIX, os judeus começaram a prestar mais atenção à história dos Macabeus. E atualmente pode-se dizer que o Chanucá é o feriado judaico mais celebrado (ou, pelo menos, fica empatado com o Pessach). O que aconteceu?

Diversas coisas mudaram no século XIX. Primeiro, os presentes de Natal ficaram mais populares, especialmente na América do Norte. Muitos judeus, ao ver como o Natal era atrativo para as crianças, descobriram novos significados e utilidades na celebração do Chanucá. Além disso, o milagre do óleo e a história da vitória dos Macabeus poderiam ser facilmente interpretados como antiassimilacionistas, e, portanto, os judeus os adotaram como uma ferramenta para fortalecer a identidade judaica em um momento em que sentiram ser cada vez mais importante.

Por fim, o movimento sionista (veja o Capítulo 15) começou a ver com olhos mais favoráveis as táticas dos Macabeus. Mais uma vez, o debate foi renovado entre aqueles judeus que acreditavam na luta armada e aqueles que apoiavam ações pacíficas.

Abraçando os Costumes do Chanucá

CASOS E CAUSOS

Quando David era criança, sua família vivia em uma área da Inglaterra bem distante de outras crianças judias, e seus pais se sentiam mal por celebrar o Chanucá quando todos os vizinhos celebravam o Natal. Fizeram um meio-termo: celebrar ambos. Mas para a família de David, o Natal era claramente apenas uma época para dar presentes, então é do Chanucá que ele ainda se lembra, sobre as histórias, as cantorias, o acendimento das velas e os momentos de qualidade em família.

O único ritual básico a ser realizado em Chanucá é o acendimento das velas, que são colocadas em uma *chanukiá*, que é um candelabro com nove velas, ou pavios (veja a Figura 22-1). Mas as famílias desenvolveram muitas outras tradições que ainda são significativas. Nesta seção, daremos uma olhada em algumas delas; quem sabe talvez você encontre algumas das quais seus filhos se lembrarão um dia.

QUE A MENORÁ REAL DÊ UM PASSO À FRENTE!

Quando a maioria das pessoas fala sobre uma *menorá*, elas estão, na realidade, referindo-se a uma *chanukiá* (pronuncia-se "cha-nu-ki-*á*", com o "ch" gutural; o plural é *chanukiot*). A *menorá* é simplesmente um candelabro e tradicionalmente tem sete velas (ou sete pavios a óleo). A versão com sete braços é um emblema oficial do Estado de Israel. A chanukiá é um candelabro com nove velas, ou pavios: uma para cada noite de Chanucá, mais o *shamash*, que é a vela usada para acender as outras. A diferença é sutil, mas da próxima vez que for pedir uma "menorá" em alguma loja online, você saberá o suficiente para ver a diferença.

FIGURA 22-1: A chanukiá tradicional na segunda noite de Chanucá.

Acendendo as velas

CONTROVÉRSIA

O Talmud (veja o Capítulo 3) diz que dois grandes rabinos do século I ensinam métodos diferentes de acender as velas. De acordo com Hilel, devemos acender uma vela na primeira noite, duas na segunda, e assim por diante, até que todas as oito estejam acesas na oitava noite. É a prática atual, embora outro sábio chamado Shamai encorajasse as pessoas a acender todas as oito velas na primeira noite e remover uma a cada noite, para refletir a diminuição do óleo original.

CAPÍTULO 22 **Buscando a Luz em Tempos Escuros: Chanucá** 301

O acendimento das velas é tradicionalmente acompanhado ou seguido por uma série de orações (veja mais informações na seção seguinte). Após as velas terem sido acendidas e abençoadas, muitas famílias abrem presentes, comem comidas especiais do feriado e jogam jogos de Chanucá (continue lendo para obter mais informações sobre essas tradições).

LEMBRE-SE

Diversas regras orientam o acendimento das velas:

» **Direção:** Insira a primeira vela no primeiro braço da direita, acrescentando velas à esquerda da primeira a cada noite. No entanto, ao acender as velas, comece com a que está mais à esquerda (a que representa a noite *corrente*), e continue à direita até que todas as velas estejam acesas (oito velas mais o shamash estarão acesas no último dia). Caso tenha lâmpadas a óleo, então encha-as com óleo também nessa ordem.

» **Uso:** Não use a luz dessas velas para ler. Nem mesmo devemos acender as velas de Chanucá para acender as outras; assim, de modo a podermos acendê-las, usamos uma extra, chamada de *shamash*.

» **Posição:** Coloque a chanukiá em uma janela para proclamar publicamente o milagre do óleo ardente. É claro, durante momentos em que o anúncio do judaísmo de alguém é perigoso, a regra fica mais relaxada.

» **Duração:** Permita que as velas queimem por pelo menos meia hora — então não as apague assim que terminou de abrir os presentes!

» **Momento:** Quando o Chanucá acontece em um Shabat, acenda as velas de Chanucá antes daquelas de Shabat. Tradicionalmente, não se acende nenhuma outra vela após acender as de Shabat.

DICA

Algumas famílias têm uma chanukiá para cada membro, outras fazem rodízio para acender as velas, e, em alguns lares, todos seguram o shamash juntos e acendem cada vela juntos. Independentemente de como o faça, tente envolver a todos.

Bênçãos para o momento

Estas são as três bênçãos recitadas sobre o acendimento da chanukiá:

Baruch atá Adonai Elohênu mélech haolam, asher kideshánu bemitsvotav vetsivánu lehadlic nêr Chanucá.

Bendito sejas Tu, Eterno, nosso Deus, Rei do Universo, que nos santificaste com teus mandamentos [caminhos de santidade] e nos ordenaste acender a vela de Chanucá.

Baruch atá Adonai Elohênu mélech haolam, sheassá nissim laavotênu baiamim hahem bazeman hazé.

Bendito sejas Tu, Eterno, nosso Deus, Rei do Universo, que realizaste milagres aos nossos antepassados naqueles dias, nesta época.

Na primeira noite de Chanucá, os judeus acrescentam a bênção a seguir:

Baruch atá Adonai Elohênu mélech haolam, shehecheiánu vekiiemánu vehiguiánu lazeman hazé.

Bendito sejas Tu, Eterno, nosso Deus, Rei do Universo, que nos conservaste em vida, nos amparaste e nos fizeste chegar a esta época festiva.

Lembrando-se do óleo: Deliciosas frituras

Para a maioria dos judeus, os latkes evocam imagens de uma iguaria judaica do Leste Europeu: panquecas de batata saídas quentinhas da frigideira, úmidas com óleo e prontas para serem consumidas com compota de maçã ou sour cream (veja a receita logo mais neste capítulo).

De fato, o Chanucá é um dos feriados favoritos para alguns judeus por causa das comidas fritas associadas a ele. Os judeus devem comer frituras como um lembrete do milagre do óleo ardente por oito dias! Em Israel, as costumeiras iguarias fritas especiais para o Chanucá são sonhos com geleia, chamados *sufganiot*.

Latkes

Tempo de preparo: 10 min. | **Tempo de cozimento: 40 min.** | **Rendimento: 18 porções.**

INGREDIENTES

6 a 8 batatas raladas

1 cebola média ralada

1 colher de chá de sal

2 ovos grandes batidos

⅓ de xícara de farinha de matzá

1 pitada de pimenta (a branca é melhor)

Óleo vegetal para fritar

MODO DE PREPARO

1. Em uma vasilha grande, misture as batatas e a cebola raladas e o sal. Deixe a mistura descansar em um escorredor fino por 5 ou 10 minutos. (Você também pode espremer a mistura em um pano de prato limpo.)

2. Em outra vasilha grande, misture os ovos, a farinha de matzá e a pimenta.

3. Acrescente a mistura das batatas à mistura da matzá e misture bem.

4. Em uma frigideira ou chapa, acrescente o óleo e aqueça-o a uma temperatura média-alta, até que esteja bem quente, mas sem soltar fumaça; esta não é uma ocasião para ter medo de usar muito óleo (lembre-se de que é quase um mandamento cozinhar com óleo durante o Chanucá).

5. Coloque uma colher cheia da mistura na frigideira quente e a espalhe, para que fique com cerca de 0,5 centímetro de espessura e entre 5 a 7 centímetros de diâmetro. Frite até dourar por baixo, por cerca de 4 a 5 minutos, vire e frite o outro lado até dourar também.

6. Quando o latke estiver pronto, coloque sobre papel--toalha para tirar o excesso de óleo. Mantenha-os quentinhos no forno até servir.

Por porção: *Calorias: 278 (Da gordura 143); Gordura: 16g (Saturada: 2g); Colesterol: 62mg; Sódio: 415mg; Carboidrato: X30g (Fibra dietária: 3g); Proteína: 5g.*

Dica: Rale as batatas e a cebola alternadamente, misturando o resultado no processo (isso ajuda a impedir que o amido fique com aquela cor marrom desagradável).

Variação: Algumas pessoas acrescentam cebolinha, salsinha ou outros temperos aos latkes antes de fritá-los.

Sugestão para servir: Sirva os latkes com sour cream, compota de maçã, geleia, açúcar de confeiteiro, açúcar comum, açúcar com canela, iogurte ou com qualquer outra coisa de sua preferência.

304 PARTE 4 **Celebrações e Dias Sagrados**

MILAGRES ONTEM E HOJE

Tradicionalmente, a segunda oração de Chanucá termina com *bazeman hazê* ("naquela época"). No entanto, um livro de orações do judaísmo conservador muda uma palavra: a bênção deles diz que abençoamos o Eterno que realizou milagres para nossos ancestrais naqueles dias *uvazeman hazê* ("e em nossa época") — significando a continuação do milagre da luz ao longo das eras. Para aqueles que tendem a ver Deus trabalhando no tempo presente, essa versão pode ser mais apropriada.

Girando o sevivon

O jogo oficial do Chanucá é chamado de girar o sevivon (também chamado de dreidel). É um tipo de pião com quatro lados que contém as letras hebraicas *nun*, *guimel*, *heh* e *shin* impressas em cada lado (veja a Figura 22-2). As letras são as iniciais da frase *Nes Gadol Hayá Sham*, que significa "Um grande milagre aconteceu lá".

FIGURA 22-2: Girar o sevivon é o jogo oficial de Chanucá.

Os sevivons em Israel são levemente diferentes. A letra *shin* é substituída pela letra *pei*, a primeira letra da palavra *pó*. Isso muda a frase para "Um grande milagre aconteceu *aqui*".

Cada pessoa começa com uma pilha de castanhas, moedas, doces ou outros pequenos tesouros. Antes de cada um girar o sevivon, todos colocam uma castanha, moeda etc. no centro da mesa. Em seguida, cada um tem sua vez para girar o sevivon:

» Caso seu sevivon caia com a letra *nun* para cima, não acontece nada, e o próximo jogador (à esquerda) joga.

» Caso seu sevivon caia com a letra *gimel* para cima, você ganha todos os tesouros da mesa, e cada jogador coloca mais uma unidade (de castanha, moeda, doce etc.) novamente antes da próxima rodada.

CAPÍTULO 22 **Buscando a Luz em Tempos Escuros: Chanucá** 305

» Caso seu sevivon caia com a letra *hei* para cima, você leva metade dos tesouros da mesa (ou metade menos um, caso haja um número ímpar de unidades).

» Caso seu sevivon caia com a letra *shin* para cima, você precisa colocar mais uma unidade de seu tesouro na mesa.

Jogue até que a próxima rodada de latkes esteja pronta!

A origem do sevivon é um mistério. Alguns acreditam que ele era um subterfúgio adotado pelos judeus quando as autoridades proibiram o estudo da Torá. Para evitar serem pegos estudando, eles tiravam os sevivons e fingiam estar apostando.

Presentear ou não presentear

O Chanucá, como um festival da luz, acontece próximo ao Natal, outra festividade de luz, e — caso não tenha prestado atenção — é praticamente impossível evitar a inexorável fisgada em sua carteira durante essa época do ano. Os judeus não veem nada de errado em dar presentes para as crianças no Chanucá. De fato, a menos que esteja preparado para lidar com anos de contas de psicoterapia para seus filhos, é provavelmente melhor oferecer a eles algum tipo de presente.

Para muitas crianças judias, a pergunta não é: "Vou ganhar presente?", mas: "Vou ganhar presente todas as noites?" Algumas famílias dão presentes menores em cada noite, e às vezes trocam menos presentes, porém maiores. No entanto, o Chanucá é muito mais do que apenas uma época para presentes.

GUIA DE INICIANTES PARA O CHANUCÁ

As festas de Chanucá estão ficando cada vez mais populares e incluem cantos e muita comida. Mas não espere ver uma árvore de Natal! (Alguns amigos nossos decoram o que chamam de "arbusto de Chanucá", mas não é a mesma coisa, e a maioria dos judeus acha isso inadequado.) Caso seja convidado para uma festa assim, verifique se é para levar ou não presentes. Caso haja troca de presentes, lembre-se de que os embrulhos típicos dos presentes de Chanucá são azuis e brancos, não vermelhos e verdes. Caso, por outro lado, a celebração de Chanucá for mais um evento familiar discreto, considere levar presentes pequenos e baratos, apenas para as crianças. Muitas lojas vendem chocolates no formato de moedas ("*gelt* de Chanucá"), que pode ser um presente divertido e simples.

PARTE 4 **Celebrações e Dias Sagrados**

LEMBRE-SE

Não é necessário dar presentes que custem dinheiro. Presentes de serviço — como ajudar com as tarefas domésticas, servir o café da manhã na cama, e assim por diante — parecem triviais, mas podem ser profundamente satisfatórios para todos envolvidos. E algumas famílias encorajam a troca de presentes que elas mesmas fizeram.

Ganhando o Real Presente de Chanucá: A Renovação Pessoal

As luzes de Chanucá devem ser apreciadas com as comidas, os presentes e o calor da família e das amizades. Contudo, podemos encontrar um significado mais profundo nas velas que acendemos.

Antes de acender cada uma, podemos nos perguntar: "O que desejo iluminar em meu mundo com esta luz?" Sua resposta pode refletir alguma necessidade pessoal ou algo que sabe de que outra pessoa precisa. Você pode dedicar uma vela para trazer uma luz maior ao mundo, para aliviar o sofrimento e para aumentar a alegria.

Procure reservar um tempo para apenas estar com suas velas após acendê-las. Sente-se em silêncio e siga as instruções dos professores místicos da tradição judaica: contemple calmamente as chamas à sua frente. Deixe que seu corpo e sua mente relaxem e se permita entrar em um espaço mais profundo e sagrado de percepção.

> **NESTE CAPÍTULO**
>
> » Explorando as origens de um feriado
>
> » Transformando uma árvore comum em um símbolo místico
>
> » Abraçando o ambiente

Capítulo **23**

Celebrando a Renovação: Tu Bishvat

PALAVRAS DE SABEDORIA

O mundo é uma árvore e os seres humanos são seus frutos.

RABINO SOLOMON IBN GABIROL,
SÉCULO XI, ESPANHA

C omo uma árvore, o judaísmo começou com a semente de uma ideia: a Unicidade de Deus. Milhares de anos atrás, essa semente cresceu, floresceu e desabrochou em uma linda fé. Mas os tempos mudaram desde então, e — veja só — o judaísmo também. A árvore do judaísmo cresceu, lançou raízes em um novo solo, adaptou-se a novos ambientes e desabrochou de novo e de novo. A árvore em si tornou-se uma imagem central no misticismo judaico e trouxe um novo crescimento ao feriado chamado de *Tu Bishvat* (tu-bish-*vát*).

Dando Dízimos de Frutos da Terra e do Espírito

A Bíblia institui um *dízimo* (um décimo da produção anual) para apoiar o Santuário. Quando os hebreus eram basicamente uma sociedade baseada na agricultura, o dízimo se aplicava ao "fruto da terra". Assim, se colhesse dez maçãs no meio de junho, você dava uma ao Templo.

Da mesma forma que ocorre com qualquer imposto, as pessoas precisavam saber quando um ano de dízimos acabava e o próximo começava. A data foi marcada: Tu Bishvat (também chamado *Chamishá Asar Beshvat*), literalmente o 15º dia do mês hebraico de Shvat. O feriado geralmente cai em janeiro ou fevereiro, no final da temporada de chuvas em Israel, quando as árvores começam a dar novos brotos, iniciando o fruto do ano seguinte — o que ajuda a explicar por que esse feriado também é chamado *Rosh Hashaná Lilanot* (o Ano-novo das Árvores).

No século XVI, um grupo de místicos judeus da cidade de Safed, no distrito Norte da Galileia, agregou um significado muito mais profundo e místico ao feriado. Chegando o século XVII, os místicos haviam criado um *sêder* ("ordem" de ritual) de Tu Bishvat usando vinhos e frutas como símbolos dos quatro níveis principais da realidade (veja o Capítulo 5).

Um Sêder da Fruta e do Vinho

O sêder se baseia na crença mística judaica de que uma centelha Divina habita dentro de cada ser, geralmente escondida sob uma casca exterior. Nossa missão, dizem os rabinos mais místicos, é nos tornarmos conscientes dessa santidade dentro de tudo e então liberar essas centelhas por meio de nossa consciência, ações e palavras. Todas nossas interações com o mundo retêm possibilidades preciosas para tal liberação, incluindo abençoar e consumir a comida. Para celebrar tanto as árvores no mundo natural quanto o símbolo místico da Árvore da Vida, os místicos do século XVI em Safed incutiram um significado mais profundo nas ações simples de comer o fruto e beber o vinho em Tu Bishvat.

O sêder de Tu Bishvat está ficando cada vez mais popular, especialmente nas comunidades reformistas, renovadoras e conservadoras. (Você pode encontrar uma *hagadá* de Tu Bishvat — o livro que mostra a ordem do serviço — em qualquer loja judaica. Para mais informações, verifique nosso site: `www.joyofjewish.com` [conteúdo em inglês — uma versão gratuita em português está disponível em `https://koshermap.com.br/pt/view-10260/o-seder-de-tu-bishvat-12-frutas-como-celebrar-o-rosh-hashana-das-arvores-em-2015.html`].) Esse sêder exige vinhos tinto e branco (ou suco de uva tinto e branco) e três tipos diferentes de frutas e castanhas. As bênçãos sobre o vinho e as frutas são divididas nas seguintes quatro seções:

» **A primeira bênção:** Feita sobre o vinho branco e as frutas com exteriores não comestíveis, como laranjas, romãs e castanhas, esta bênção relembra o nível da realidade no qual vivemos agora — onde é inverno e onde a bondade Divina está geralmente escondida sob cascas.

» **A segunda bênção:** Esta bênção acompanha o vinho branco misturado com um pouco do tinto, seguido de frutas que são macias por fora com uma semente dentro, como tâmaras, azeitonas e damascos. O vinho simboliza a primavera (quando a cor começa a retornar à terra), e o fruto, um mundo superior no qual o Divino é mais facilmente acessado, mas ainda há algo escondido dentro.

» **A terceira bênção:** Recite esta bênção sobre um vinho que consista mais em tinto misturado com um pouquinho do branco e frutas que são totalmente comestíveis (como figos, passas, alfarrobas e maçãs). A fruta macia se relaciona com o mundo espiritual, onde as pessoas não precisam de proteção e não têm que se esconder. O vinho quase totalmente tinto simboliza a completude do crescimento no verão, quando o fruto começa a amadurecer e o amor está no ar.

» **A quarta bênção:** Feita com vinho totalmente tinto, esta bênção simboliza a conclusão da criação. Os místicos judeus ensinaram que a quarta fruta está além do gosto, então, em vez de comê-la (geralmente um *etrog* [cidra] ou limão), nós apenas a cheiramos. A quarta taça celebra um mundo do Espírito totalmente percebido e relembra os ricos gostos e cores da colheita no final do verão e do outono.

Tente Isto em Casa

DICA

Quer você realize ou não o sêder, o Tu Bishvat é um ótimo momento para toda a família participar de atividades que chamam a atenção ao mundo natural.

Veja a seguir algumas ideias de celebração que você pode tentar em casa:

» Leia o livro do Dr. Seuss, *O Lorax*, em voz alta e fale sobre como as pessoas podem se posicionar em questões ecológicas.

» Faça uma caminhada em seu bairro ou em um parque próximo. Preste uma atenção especial à paisagem, aos sons e cheiros da natureza ao redor. Talvez possa até pegar alguns ramos e folhas e usá-los como decoração da mesa.

» Plante sementes de salsinha em copos de papel e transforme o peitoril de sua janela em um experimento de jardim de oito dias. A salsinha deverá estar grande o suficiente no Pessach para que possa cortá-la e mergulhá-la na água salgada durante o sêder de Pessach (veja o Capítulo 25).

» Dê uma planta viva de presente para alguém — um professor, amigo, colega de trabalho, cônjuge ou pai — que possa estar negligenciado.

» Plante uma árvore! Como Ben Ediden escreveu em *Jewish Holidays and Festivals* [Dias Sagrados e Festivais Judaicos, em tradução livre], "A criança que planta uma árvore com suas próprias mãos se une duradouramente com o solo sobre o qual ela cresce".

Os judeus tradicionalmente comem pelo menos um tipo de fruta ou de castanha que não haviam comido antes, ou que não tinham comido há muito tempo. Se você vive em um clima mais frio, há algo realmente delicioso em ter muitas frutas nessa época do ano. Elas servem como um grande lembrete da riqueza e da doçura da primavera, que chegará em breve.

OUVINDO A MÚSICA DA NATUREZA

Conta-se a história do grande Rav Abraham Kook, que estava em profundo pensamento conforme caminhava ao ar livre com um aluno. Quando o aluno casualmente arrancou uma folha de um galho enquanto passavam, Rav Kook parou, visivelmente abalado. Voltando-se, disse gentilmente: "Acredite em mim quando digo que nunca arranco uma folha sequer, uma grama ou qualquer coisa viva, a menos que tenha que fazer isso." A título de explicação, continuou: "Cada parte do mundo vegetal está cantando uma música e trazendo adiante o fôlego do mistério divino da Criação."

Jardineiros Iluminados

Durante centena de anos, os rabinos destacaram que Gênesis afirma especificamente que os seres humanos devem cuidar e guardar toda a criação de Deus. Deuteronômio 20:19 chega até a dizer que, se você fizer guerra contra uma cidade, deverá proteger as árvores que fornecem alimento (como as frutíferas). A partir de afirmações como essa surgiu a *mitzvá* ("mandamento") de *bal tashchit*, que instrui as pessoas a não destruírem qualquer coisa viva desnecessariamente (veja o Capítulo 6).

Quando os colonizadores sionistas do final do século XIX na Palestina descobriram um deserto desflorestado, o plantio de árvores foi um passo crucial na restauração do país, e as comunidades judaicas ao redor do mundo começaram a se concentrar em um único objetivo: arrecadar dinheiro para o reflorestamento. O Tu Bishvat se tornou o Dia da Árvore Judaico, e uma organização chamada Fundo Nacional Judaico coletou dinheiro para plantar milhões de árvores em Israel.

Desde então, o Tu Bishvat se tornou uma época para se concentrar não apenas em Israel, mas em toda a ecosfera do planeta. O feriado das árvores convida as pessoas a honrar a conexão da humanidade com este planeta e a trabalharem juntas para a cura do ambiente.

Uma Árvore Imortal

O Tu Bishvat oferece uma oportunidade singular para honrar sua relação com o mundo natural. Embora a celebração ocorra muito antes de as árvores expressarem sua próxima floração, podemos nos regozijar na completude que elas trarão.

LEMBRE-SE

Assim como podemos imaginar a seiva começando a surgir dentro das árvores, é possível perceber aquela energia renovadora crescendo dentro de cada um de nós e dentro de toda a vida. Com o fim do inverno chega o milagre da nova vida, prestes a se revelar.

CAPÍTULO 23 **Celebrando a Renovação: Tu Bishvat** 313

> **NESTE CAPÍTULO**
>
> » Descobrindo como Ester, rainha da Pérsia, salvou os judeus da destruição
>
> » Bebendo (muito) no Purim
>
> » Revelando o drama interno do Purim

Capítulo **24**

O "Carnaval" Judaico: Purim

magine um feriado que encoraja as pessoas a se reconectarem não apenas com seu lado bom, mas também com seu lado obscuro. Imagine um feriado no qual as pessoas vestem fantasias, tiram sarro de seus líderes e, em geral, se divertem muito. E imagine um feriado que desafia as pessoas a descobrirem verdades mais profundas sobre serem humanas. Esse é o feriado chamado de Purim — o mais divertido e voltado às crianças do calendário judaico, mas, ironicamente, é o feriado que relembra uma das histórias bíblicas mais sombrias, sexuais e violentas.

Purim: Baseado em uma História Real (Mais ou Menos)

O Purim celebra a história contada no livro bíblico de Ester, no qual o malvado Haman [ou Hamã] trama exterminar o povo judeu da antiga Pérsia (agora Irã), mas é frustrado pela rainha Ester e seu primo Mordechai, que eram judeus. A história é envolvente — de todos os feriados judaicos, nenhum daria um filme de Hollywood tão bom como o Purim. (Já imaginamos um: *Purim: O Conflito Final*, estrelando Johnny Deppstein e Keira Knightberg.)

CAPÍTULO 24 **O "Carnaval" Judaico: Purim** 315

Embora a visão tradicional diga que tudo na Bíblia é literalmente verdade, a maioria dos judeus tende a concordar que a história no livro de Ester é pura ficção. Na verdade, pense nela mais como uma ficção histórica a que podemos assistir no canal A&E, onde alguns nomes são similares, mas é aí que os fatos terminam e que a imaginação assume.

Tudo começa com uma rainha banida

Era uma vez, conta a história, um rei persa chamado Achashverosh (geralmente escrito Assuero, ou traduzido Xerxes) que adorava festejar. Certa feita, ele realizou uma festa de 180 dias com um banquete que durou 7 dias. Por fim, quando estava realmente bêbado, o rei decidiu que queria exibir sua rainha, Vasti, para todos seus camaradas. Algumas interpretações posteriores sugerem que ele pediu que ela dançasse nua, mas, seja como for, ela se recusou. O rei, seguindo conselhos de que deveria punir a rainha, com medo de que todas as esposas do reinado fossem encorajadas a recusar as demandas de seus maridos, baniu-a.

É óbvio, isso o deixou sem uma rainha, então a corte realizou um concurso. Os pais judeus geralmente ensinam os filhos que era um concurso de beleza, mas a história é muito clara: as virgens foram levadas para o harém, paparicadas por meses em preparação ao rei, e então oferecidas a ele em uma noite para ver qual delas ele escolheria como rainha. Depois disso, todas as não escolhidas seriam "impróprias" para se casar, então acabariam ficando no harém.

No palco, Ester

Enquanto isso, um judeu chamado de Mordechai [ou Mardoqueu] havia adotado sua prima Ester após a morte dos pais dela. Ester foi levada ao palácio de modo a se preparar para o encontro com o rei, e Mordechai a proibiu de revelar que era judia. (Por quê? Ninguém sabe, mas isso certamente apimenta a história.) É claro, quando chegou a vez dela perante o rei, ele ficou tão encantado, que a coroou como a nova rainha.

Mordechai ficava o mais próximo possível do palácio, geralmente se comunicando com Ester (curiosamente, ninguém descobriu que eram parentes). Ele descobriu que dois eunucos planejavam assassinar o rei, então passou essa informação para Ester, que contou a Achashverosh; a conspiração foi frustrada, e os eunucos foram enforcados. Esse pequeno evento foi escrito nas crônicas oficiais da corte, e depois, todos se esqueceram disso.

316 PARTE 4 **Celebrações e Dias Sagrados**

Haman entra em cena

Pois bem, todos os bons melodramas precisam ter um personagem muito malvado, e o vilão desta história é Haman, o novo primeiro-ministro. Ele era tão cheio de si, que ficou furioso quando descobriu que Mordechai não se curvava perante ele. (Os judeus não devem se curvar perante ninguém, exceto Deus.) Não contente em encontrar uma punição apenas para Mordechai, Haman decidiu exterminar todos os judeus do reinado. Meio que uma "solução final" encontrada por ele.

O motivo de Achashverosh entrar na onda de Haman não é claro, mas o rei despachou um decreto real dizendo que no dia 13 de Adar (que geralmente cai em março), qualquer um poderia matar os judeus e tomar suas propriedades. A história conta que tal data fatídica foi decidida na sorte (como escolher números para a loteria). Daí o nome do feriado: *purim* significa "sorteio".

Mordechai e Ester ficaram compreensivelmente nervosos, e ele a instou a se aproximar do rei. Ester ficou relutante — o rei ainda não sabia que ela era judia, e, ainda mais, o estatuto daquela terra dizia que qualquer um que aparecesse perante o rei sem um convite seria morto imediatamente (até mesmo a rainha). Felizmente, Mordechai a pressionou com as frases mais interessantes da história: "Se você persistir em continuar em silêncio, socorro e livramento virão aos judeus de outro lugar, mas tanto você como a casa de seu pai perecerão. Quem sabe? Talvez você tenha chegado ao trono exatamente para um momento como este."

O grande erro de Haman

Ester e os judeus da cidade jejuaram por três dias e três noites em preparação para a aproximação dela ao rei. Felizmente, seus medos foram dissipados, pois quando o rei a viu, ele estendeu seu cetro de ouro, e a rainha colocou sua mão sobre ele. (Ou o que Freud diria?) O rei a convidou para que lhe fizesse um pedido, e Ester convidou o rei e Haman para um banquete particular especial, convite aceito por ambos alegremente. Durante o jantar, o único pedido dela foi que ambos participassem de um segundo banquete, na noite seguinte.

Nessa altura, o ego de Haman estava quase explodindo, mas quando encontrou Mordechai no dia seguinte fora do palácio, ficou novamente enraivecido porque este não se curvava perante ele, e ordenou que fossem erguidas forcas imediatamente para que o judeu fosse enforcado pela manhã.

ONDE ESTÁ DEUS?

Provavelmente, o aspecto mais estranho do livro de Ester é que Deus nunca é mencionado, mesmo quando os judeus estão em sérios apertos. O único outro livro da Bíblia que não menciona Deus é o Cântico dos Cânticos, mas muitos presumem que Deus está presente lá como um dos personagens principais nos poemas de amor. No livro de Ester, Deus aparece estar totalmente ausente. Alguns rabinos ensinam que a mensagem subjacente é a de que, mesmo quando a vida está no fundo do poço e pensamos que estamos totalmente sós, Deus está, na verdade, trabalhando nos bastidores. Talvez não consigamos percebê-Lo nem mesmo sentir essa força misteriosa, mas, mesmo assim, ela está lá.

Infelizmente para Haman, os ventos do destino mudaram naquela noite. O rei, sem conseguir dormir, ordenou que as crônicas da corte lhes fossem lidas (insone, note bem). Porém, em vez de isso lhe dar sono, ele acabou mais curioso quanto a uma história, aquela de um cara chamado Mordechai que ajudou a frustrar uma conspiração de assassinato. Quando descobriu que nada jamais fora feito para honrar Mordechai, chamou Haman e lhe perguntou o que deveria ser feito para um homem a quem o rei deseja honrar.

Haman presumiu que o rei estava se referindo indiretamente a ele, então sugeriu que tal homem fosse transportado em um dos cavalos reais pela cidade, vestindo as mais finas roupas da corte, com um auxiliar gritando: "É assim que o rei trata aqueles que deseja honrar."

Tamanho equívoco, pois o rei então disse a Haman para conceder tal honra a Mordechai. O pior de tudo é que o próprio Haman teve que auxiliar Mordechai, levando seu cavalo pela cidade.

É claro, bem quando parecia que as coisas não podiam piorar, Haman e o rei apareceram no segundo banquete. Ester revelou que era judia, e que, por causa de Haman, ela e seu povo estavam prestes a ser mortos. O rei, em um ataque de fúria contra Haman, retirou-se para tomar um ar. No entanto, quando retornou, descobriu Haman caído sobre o divã de Ester. O rei não percebeu que o homem estava implorando por sua vida, achando, pelo contrário, que estava tentando seduzir sua rainha. O rei imediatamente ordenou que Haman fosse enforcado na forca construída para Mordechai.

A batalha final

Se isso fosse um filme da Disney, o rei simplesmente reverteria seu decreto permitindo a morte dos judeus, e todos viveriam felizes para sempre. Mas o rei insistiu que não poderia reverter seu decreto real, então havia apenas um caminho à frente: Mordechai (que agora tinha se tornado o primeiro-ministro) emitiu um decreto real dizendo que o povo judeu poderia lutar em autodefesa no dia 13 de Adar.

Chegou o dia, a batalha se seguiu, e quando a poeira baixou, os judeus haviam vencido, matando no total mais de 75 mil oponentes. E, apenas para destacar, os dez filhos de Haman foram mortos... duas vezes — uma vez na batalha e outra por enforcamento público. E o povo regozijou-se.

Por que o Purim Sobreviveu

Se a história não tivesse tomado um curso tão desagradável para o povo judeu, é improvável que o Purim fosse celebrado atualmente mais do que o Jejum de Guedaliá. (Se nunca ouviu a respeito desse feriado, pode entender o que queremos dizer.) Infelizmente, a história da perseguição e da renovação judaica se repetiu diversas vezes desde que Haman tentou aniquilar os judeus persas.

A persistência da perseguição

LEMBRE-SE

Os próprios judeus geralmente se esquecem de que os Estados Unidos da América foram o primeiro país a oferecer um status completo e igualitário aos judeus. Historicamente, os judeus foram deixados de lado como um "outro povo", e raramente tinham proteção garantida pela lei. Assim, "Hamans" conseguiram subir ao poder e atacar o povo judeu vez após outra.

Haman se tornou um símbolo de qualquer inimigo sério do povo judeu, seja Hitler ou qualquer outro terrorista da atualidade. Celebrar o Purim nos oferece uma oportunidade de relembrar a perseguição que Haman simboliza.

Dentro e fora de você

Um dos motivos pelos quais a Bíblia é uma literatura tão extraordinária é que está repleta de histórias que não apenas aconteceram um tempão atrás, mas que também acontecem agora, a cada momento, dentro das pessoas. Isso pode soar como psicobobagens populares, mas continue conosco mais um pouquinho e procure ver cada personagem nesta história como um arquétipo, um espelho de um aspecto de sua própria personalidade.

Todo mundo tem um agressor monstruoso escondido sob a superfície, assim como uma criatura astuta e sedutora, e também uma parte que apenas se deixa levar cegamente, curtindo a festa. Purim é uma oportunidade de observar cada um desses papéis dentro de nós mesmos e dentro dos outros em nossas comunidades. O feriado é um momento especialmente bom para ver as forças mais obscuras, o lado sombrio, lascivo, talvez horrível de sua personalidade — muito parecido com como as máscaras malucas e os carros alegóricos do desfile de Carnaval brasileiro refletem as personalidades selvagens e quase aterrorizantes.

CAPÍTULO 24 **O "Carnaval" Judaico: Purim** 319

Tais são os papéis que todos mantêm escondidos durante todo o ano, mas se uma centena de psicologia e 4 mil anos de drama ensinaram alguma coisa é que não podemos negar isso tudo sem evitar que o bicho volte e nos morda. Assim, os judeus deixam que os monstros saiam no Purim, não de forma desenfreada, mas para reconhecê-los e honrá-los como parte de cada pessoa.

Solte os Fogos: Celebrando o Purim

Pegue a festa do Natal cristão, acrescente um Halloween caseiro e algumas garrafas de vinho, e começará a ter uma boa ideia sobre o festival de Purim.

O Purim é celebrado no dia após a grande batalha no livro de Ester, no dia 14 de Adar, que geralmente cai em meados de março. No entanto, em Jerusalém, o feriado é celebrado no dia 15 de Adar também, pois é uma cidade murada, e como conta a história, os judeus tiveram que se defender por dois dias na capital Shushan, que também era murada.

Os judeus tradicionalmente seguem quatro *mitzvot* (exigências tradicionais) no Purim:

>> Ler o livro de Ester em voz alta.

>> Ter espírito festivo e de regozijo.

>> Dar presentes de frutas e castanhas.

>> Oferecer presentes aos pobres.

Nesta seção, exploraremos essas mitzvot básicas, assim como diversas outras tradições de Purim que se desenvolveram mais recentemente.

Lendo o livro de Ester — A meguilá completa

Tradicionalmente, o livro de Ester é lido em voz alta na sinagoga duas vezes no Purim: uma à noite e outra de dia. Essa história faz parte de um dos cinco livros da Bíblia que foram escritos cada um em um único rolo (enrolado em uma única base de madeira, em vez de duas, como a Torá, que é muito maior). Esse tipo de rolo é chamado de *meguilá*, e se há uma coisa que você pode esperar é que todo ano alguém pergunte: "Temos que ler a história inteira?" A resposta, obviamente, é: "Ahã, a meguilá inteira."

320   PARTE 4 **Celebrações e Dias Sagrados**

GUIA DE INICIANTES PARA O PURIM

As festas de Purim são geralmente os eventos mais festivos do ano, fazendo jus à expressão "festa de arromba". A pergunta mais importante a ser feita aos anfitriões antes de chegar é se deve ou não usar fantasia. As pessoas adoram usá-las no Purim (embora às vezes os crescidinhos fiquem se sentindo meio sufocados, então deixam as fantasias para as crianças). As fantasias mais populares refletem os personagens do livro de Ester: a rainha, o rei e Haman (tem gente que gosta de bancar o vilão), mas em geral todos se vestem com todos os tipos de máscaras extravagantes e místicas e, também, com capas.

Embora nunca possamos saber exatamente o que esperar em uma celebração de Purim, quanto mais tradicional o ambiente, mais possivelmente as pessoas se embebedarão até que não saibam a diferença entre "Bendito seja Mordechai" e "Maldito seja Haman". Alguns judeus entendem isso como a única vez do ano na qual podem realmente baixar a guarda e beber livremente. Sugerimos a ingestão de alimentos antes de chegar à festa, pois geralmente só há sobremesas disponíveis.

Se for à leitura da meguilá (o livro de Ester, nesse caso) em uma sinagoga ou um centro comunitário, talvez seja legal levar algum tipo de objeto que faça barulho — pode ser um *reco-reco* (que faz bastante barulho ao girá-lo) ou até mesmo panelas e frigideiras para bater umas nas outras. Apenas fique de olho ao seu redor; você rapidamente pegará o jeito desse jogo barulhento.

Embora a história inteira seja lida, talvez você não escute muita coisa. Isso se dá porque, todas as vezes que o nome de Haman é mencionado, os congregantes vaiam, assobiam, batem o pé no chão ou fazem barulho com objetos (como o reco-reco). A ideia é extinguir Haman tão completamente, que não seja possível nem ouvir seu nome. Algumas pessoas escrevem o nome dele na sola de seus sapatos, em madeira ou em blocos de pedra e pisam sobre eles e os moem para ajudar a obliterá-lo ainda mais.

Festejando e se fantasiando

O fato de que o Purim chega no início da primavera (pelo menos no Hemisfério Norte) não é acidente. O ar está perfumado com uma certa magia que deixa as pessoas em vertigem e um pouco doidas. Essa época do ano simplesmente suplica por uma festa. De fato, alguns estudiosos acreditam que o Purim se baseia nas antigas festividades e mitos pagãos da Lua cheia — os nomes Ester e Mordechai são misteriosamente similares aos antigos Ishtar (deusa do amor e da fertilidade) e Marduk (um dos diversos "deuses criadores") babilônicos.

CAPÍTULO 24 **O "Carnaval" Judaico: Purim** 321

CAMINHANDO SOBRE A LINHA TÊNUE DA RESPONSABILIDADE

A bebedeira pesada que acontece no Purim apresenta uma ótima oportunidade de ensinar as crianças mais velhas sobre a necessidade de limites com relação à bebida. As pessoas estão muito mais conscientes atualmente sobre os perigos de beber álcool. Muitos estão se recuperando e não podem mais beber nada. Até mesmo os antigos sábios diziam que não devemos ficar tão bêbados a ponto de nos esquecer de realizar outras mitzvot, como orações e afins. É uma linha tênue, mas que reforça a necessidade de sermos responsáveis e autoconscientes. Como a questão mais profunda envolve ficar "alto" com respeito à expansão da consciência, sinta-se livre para celebrar este feriado com o Espírito, mas sem bebidas.

Como os festivais gregos e romanos que celebravam Dionísio — deus da fertilidade, do vinho e do teatro —, o Purim é um tipo de *bacanal* judaico, um dia no qual muitas normas culturais rígidas são rasgadas, e as pessoas podem extravasar de forma selvagem e às vezes frenética. O Purim tem sido chamado de Halloween judaico, quando as crianças — e muitas vezes os adultos — vestem fantasias e aproveitam as gostosuras doces.

Caminhe por qualquer área predominantemente judaica de uma grande cidade durante o Purim e verá dezenas — se não centenas — de crianças (e geralmente adultos) vestidas com fantasias e máscaras coloridas. Desde a Idade Média, o Purim tem sido uma temporada teátrica para a comunidade judaica, quando apresentam peças (*purimspiels*) vagamente baseadas no livro de Ester. Outro costume encoraja a comunidade a tirar sarro de seu rabino, oferecendo paródias satíricas de ensinamentos e sermões.

E tem mais: os judeus bebem muito vinho e brandy na noite de Purim, seguindo o mandamento rabínico de *Ad shelô iada*: beba até não saber a diferença entre *Arur Haman* ("Maldito seja Haman") e *Baruch Mordechai* ("Bendito seja Mordechai").

Dando o presente dos doces

Shalach Manot (pronuncia-se "sha-léch ma-*nôt*") é a prática de enviar presentes — tradicionalmente, comida que pode ser consumida sem qualquer cozimento ou preparação adicional — para amigos, familiares e vizinhos. Em um tipo de delivery de comida judaica, essas comidas geralmente são abarrotadas de castanhas e frutas. Tente enviar pelo menos uma para alguém durante o Purim.

Talvez o símbolo mais reconhecido (e doce) do Purim seja o *hamantaschen*, um tipo de pastel com três pontas cuja tradução é "bolso de Haman", que é a comida mais popular consumida no feriado de Purim (veja a receita

322 PARTE 4 **Celebrações e Dias Sagrados**

logo mais neste capítulo). O nome original desse doce era *mundtaschen* ("semente de papoula em bolso"). Em Israel, eles chamam esse petisco de *oznei Haman* ("orelhas de Haman"). Os judeus transformam seu inimigo em um pastel e celebram a doçura, em vez do amargor da memória.

Hamantaschen

Tempo de preparo: 30 min.	Tempo de cozimento: 20 min.	Rendimento: Aproximadamente 24 pastéis.

INGREDIENTES

120 gramas de sementes de papoula (cerca de ½ xícara mais 2 colheres de sopa) moídas

½ xícara de água

½ xícara de açúcar

Suco de meio limão

¼ a ½ colher de chá de raspas de limão

½ xícara de migalhas de pão

3 xícaras de farinha

1½ colher de chá de fermento químico

¼ de colher de chá de sal

⅓ de xícara de óleo

¼ de xícara de água

½ xícara de açúcar

2 ovos batidos

1 colher de chá de baunilha

MODO DE PREPARO

1. Em uma panela média, coloque a água e ferva. Após a fervura, adicione o açúcar e deixe dissolver. Adicione as sementes moídas de papoula à água com açúcar e mexa constantemente até que quase todo o líquido reduza (cerca de 10 minutos). Junte o suco e as raspas de limão e as migalhas de pão. Remova a mistura do fogo, espere esfriar e resfrie na geladeira, cobrindo o recipiente, no mínimo por uma hora, até três dias, antes de usar como recheio.

2. Para a massa: em uma tigela média, peneire a farinha, o fermento e o sal. Em uma tigela grande, misture o óleo, a água e o açúcar, e depois incorpore os ovos e a baunilha. Acrescente a farinha à mistura, mexa bem e resfrie a mistura por pelo menos uma hora, até três dias.

3. Abra a massa resfriada, usando bastante farinha, para não grudar, com cerca de 3 milímetros de espessura. Use um copo com abertura de 7 centímetros (ou qualquer lata limpa e vazia) para cortar círculos. No meio de cada círculo, coloque uma colher de sopa do recheio, e dobre em três lados para fechar, puxando as pontas para fazer o formato triangular característico (você deve conseguir ver pelo menos um pouquinho do recheio em cima). Asse a 180°C por cerca de 20 a 25 minutos ou até dourar.

Por porção: *Calorias: 75 (Da gordura: 26); Gordura: 3g (Saturada: 0g); Colesterol: 8mg; Sódio: 30mg; Carboidrato: 11g (Fibra dietética: 1g); Proteína: 2g.*

Variação: Em vez do tradicional recheio de semente de papoula, você pode usar outros recheios, incluindo ameixas secas, cerejas, damascos, passas e tâmaras.

Lembrando-se dos pobres

Matanot l'evyonim (pronuncia-se "ma-ta-*nôt* le-vio-*nim*") significa doar para os pobres. Embora algumas pessoas considerem este um momento propício para doar a uma instituição de caridade, tradicionalmente a doação é feita especificamente a indivíduos ou famílias. A semana na qual cai o Purim é um momento em que não desviamos o olhar dos pedintes, mesmo se não consideremos que estão sendo honestos. Podemos até mesmo sair de casa com uns trocados a mais no bolso e garantir que não estejam lá quando voltarmos.

Está apenas com uma merreca na conta? Os judeus consideram matanot l'evyonim tão importante, que mesmo os pobres devem doar àqueles menos afortunados que eles próprios.

Outras tradições: O Jejum de Ester

O dia antes do Purim é quando ocorre um jejum menor chamado de Jejum de Ester. ("Menor" significando que o jejum é apenas do nascer até o pôr do sol, e caso caia em um Shabat, o jejum deve ser feito um dia antes.) Observe que o Jejum de Ester nem mesmo é mencionado na Bíblia ou no Talmud; é apenas outro exemplo de um feriado que foi meio que desenvolvido com o passar do tempo.

Trazendo a Escuridão à Luz

LEMBRE-SE

O Purim celebra muito mais do que uma vitória específica sobre aqueles que buscaram a destruição dos judeus. E, embora a data nos recorde de outros momentos terríveis quando energias maléficas atacaram o povo judeu, o ensinamento mais profundo transcende tais batalhas e encontra resolução além do fato de um lado ser vitorioso, e o outro, perdedor.

324 PARTE 4 **Celebrações e Dias Sagrados**

NESTE CAPÍTULO

» Entendendo por que o Pessach é o feriado judaico mais celebrado

» Criando e personalizando seu sêder de Pessach

» Vivenciando a história do Êxodo

» Saboreando matzá e gefilte fish

Capítulo 25

Do Lamento ao Júbilo: Pessach

Sempre achamos ser irônico o fato de que o Pessach é ao mesmo tempo o feriado judaico mais celebrado do ano e o feriado votado como o mais provável de suscitar lamentos. As pessoas lamentam quando pensam nas exigências dietéticas. Elas lamentam ao considerar todas as preparações. Lamentam até quando se lembram de como comeram demais no Pessach do ano anterior.

Mas a real ironia subjacente ao lamento, às queixas e às reclamações é que, de algumas formas, é exatamente assim que temos que nos sentir nessa época do ano. Não nos entenda mal: o Pessach não é o feriado da reclamação, mesmo que seja assim que alguns judeus tendam a celebrá--lo. O Pessach é uma celebração da primavera [no Hemisfério Norte], do nascimento e renascimento, de uma jornada saindo da escravidão rumo à liberdade, e de assumir responsabilidade por si mesmo, pela comunidade e pelo mundo. No entanto, de forma bastante estranha, nenhuma parte desse assumir responsabilidades é feita sem lamentos. Foi com lamento que os hebreus expressaram a dor de sua antiga escravidão no Egito há mais de 3.300 anos. Foi com lamento que chamaram a atenção ao seu flagelo. Então vamos lamentar, já!

Analisando os Motivos Subjacentes ao Pessach

Na superfície, as pessoas celebram o Pessach porque os hebreus foram redimidos da escravidão no Egito (veja o Capítulo 11). Mas, assim como a superfície do oceano esconde os profundos mistérios sob as ondas, a história básica apenas alude à profundidade da temporada de Pessach.

A Torá afirma que os judeus devem observar o Pessach por sete dias, iniciando no dia 15 do mês judaico de Nissan (geralmente em abril). Podemos pensar no Pessach como uma homenagem à renovação do Sol (a primeira noite é sempre na primeira Lua cheia após o equinócio de primavera [ou de outono, no Hemisfério Sul]), ou como um momento para dar passos firmes na época primaveril [no Hemisfério Norte]. Também podemos pensar no Pessach como uma celebração da "certidão de nascimento" do povo judeu, bem como uma "Declaração de Independência". Ou, ainda, podemos pensar na data como a comemoração de algo que Deus fez para os judeus 3.300 anos atrás.

No entanto, para fazer com que qualquer celebração ou ritual seja realmente significativo, devemos encontrar uma maneira de torná-lo pessoal. Até mesmo Moisés — e posteriormente os rabinos do Talmud — reconheceu isso quando instruiu o povo judeu sobre como celebrar o Pessach. O segredo não é apenas contar a história do Êxodo, nem mesmo comparar sua vida com essa história, mas, na verdade, personalizá-la: sentir os sentimentos e experienciar as sensações dessa jornada. Desta forma, o povo judeu como indivíduos e como povo vai em frente. Tudo que uma pessoa faz no Pessach ajuda tal processo.

O QUE HÁ EM UM NOME?

O povo judeu adora ter diversos nomes para a mesma coisa. O que chamamos de Pessach neste livro tem, na verdade, outros três nomes em hebraico, cada um apontando para um aspecto particular do feriado. O nome em hebraico mais comum é *Pessach*, que é geralmente traduzido como "passar por cima" ou "passar por alto", assim como o Anjo da Morte passou por alto os lares dos judeus no Egito. (A morte dos primogênitos egípcios foi a décima praga, e foi a que convenceu o Faraó a libertar os hebreus da escravidão.) *Pessach* também é a fonte da palavra *Pascal*, que se refere à imagem do cordeiro tanto no Pessach quanto na Páscoa cristã.

Se realmente quiser passar um ar de erudito em seu próximo sêder, lembre-se de outros três nomes hebraicos para Pessach: *Chag Ha-matzot* ("Festival dos Pães não Fermentados"), *Zeman Cherutenu* ("O Tempo da Libertação") e *Chag Ha-aviv* ("Festival da Primavera").

Este Alimento Pode, Aquele Não

Os judeus pensam muito sobre comida. E talvez muito mais do que em qualquer outro momento, eles pensam sobre comida durante o Pessach. A primeira noite do feriado sempre inclui um *sêder* (jantar ritual; veja "O Sêder: Fácil como Contar de 1 a 10", posteriormente neste capítulo). Fora de Israel, os judeus celebram um segundo sêder na segunda noite de Pessach. Além do fato de que o sêder de Pessach tem uma ênfase ritualística na comida, dois mandamentos durante esse feriado têm a ver com comer:

» Devemos comer *matzá* (pão não fermentado) como parte do sêder de Pessach.

» Não devemos comer alimentos fermentados durante toda a semana de Pessach.

O que é exatamente o pão não fermentado? O Talmud (veja o Capítulo 3) diz para não comermos trigo, cevada, centeio, espelta ou aveia se tiverem fermentação — e a tradição afirma que esses grãos fermentam caso não sejam cozinhados dentro dezoito minutos após exposição à água. Caso esses grãos estejam fermentados, são chamados de *chametz*. Para evitar a fermentação, os judeus tradicionais usam outros conjuntos de pratos durante o Pessach e limpam ritualmente a cozinha.

Como se essa ordem do Talmud não fosse estrita o suficiente, os rabinos ashkenazim ordenaram que *kitniot* — arroz, painço, milho e leguminosas como lentilhas e feijões — também não devem ser consumidos, por causa do princípio de *ma'arat ayin* (evitar até mesmo a aparência da violação de um mandamento). O argumento é que arroz ou milho moídos podem ser confundidos com farinha, ou que, se misturarmos kitniot com água e assarmos, pode crescer como pão fermentado.

Observe que evitar kitniot é um costume, não um mandamento. Os judeus sefardim, por exemplo, comem milho, arroz e leguminosas durante o Pessach sem nem mesmo uma pontada de culpa. Embora sejamos os dois descendentes de ashkenazim (veja o Capítulo 1), seguimos a tradição sefardita nesse aspecto. (Os vegetarianos talvez achem essa tradição sefardita especialmente útil.)

Kosher para Pessach

Manter-se *kosher* (comer de acordo com a lei dietética judaica; veja o Capítulo 4) ganha um nível totalmente novo de cuidado durante o Pessach, especialmente se você seguir a tradição asquenazita. Por exemplo, talvez encontre uma versão da Pepsi "Kosher para Pessach". Qual é a diferença? O açúcar real é caro, então quase todos os refrigerantes são feitos com xarope de milho — em outras palavras, kitniot! A Pepsi Kosher para Pessach usa açúcar real, assim como os refrigerantes feitos nos bons e velhos tempos.

Se procurar com bastante esmero, talvez encontre muitos tipos de produtos "Kosher para Pessach", tais como:

» Café (que pode normalmente conter aditivos de grãos ou ter tido contato com acetato de etila derivado de chametz, como parte do processo de descafeinização).

» Suco de laranja (que de outro modo pode ter sido filtrado com farelo).

» Manteiga (que pode conter culturas ou agentes de cor derivados de chametz).

» Pasta de dente (que geralmente contém amido de milho).

Similarmente, a maioria das bebidas alcoólicas (exceto vinho e brandy) é feita com grãos que são chametz. O vinagre (exceto o puro de cidra de maçã) é geralmente feito de chametz. Durante essa semana, os judeus ortodoxos simplesmente não consomem quaisquer alimentos embalados, a menos que estejam rotulados com Kosher para Pessach.

LEMBRE-SE

A farinha de grãos que compramos no supermercado é considerada chametz, embora não tenha sido misturada com água, porque é tipicamente produzida a partir de grãos que foram lavados ou ensopados antes da moagem. A matzá Kosher para Pessach (chamada *matzá shmurá*, em contraste com a matzá comum) é feita com farinha especialmente supervisionada desde o corte do trigo até que seja misturada com água pura e cozida rapidamente por menos de dezoito minutos. Até mesmo os buraquinhos na matzá estão lá por um motivo: garantir que as bolhas de ar não levem a matzá a crescer acidentalmente.

DICA

Após a matzá ter sido assada adequadamente, é possível moê-la para fazer farinha ou farofa de matzá e usá-la no preparo de outros pratos, levando a um de nossos pratos favoritos dos feriados: sopa de bolas de matzá (veja a receita no Capítulo 18).

O simbolismo das restrições do Pessach

Na Bíblia, Deus não diz apenas: "Ei, vamos experimentar matzá nesta semana." Não, Deus faz uma grande questão de não comermos pão fermentado. Por quê? O que é tão danado de importante nisso?

A Bíblia diz: "Nesse dia, cada um dirá a seu filho: Assim faço pelo que o Eterno fez por mim quando saí do Egito." Em nossa opinião, essa é uma explicação perfeitamente sensata para contar às crianças. Mas, se você é como nós, essa resposta talvez não satisfaça suas próprias questões com relação a tal prática esquisita.

Em termos de comida, tanto a matzá como o chametz não têm nada de especial. No entanto, como símbolos, ambos assumem um significado maior. E, como você pode ver em todas as partes deste capítulo, o Pessach tem tudo a ver com o uso de símbolos como catalizadores da mudança.

O chametz é um símbolo do ego. Diferentemente de algumas formas do budismo, o judaísmo não cria caso quanto a termos um ego — ele até encoraja um forte senso de identidade espiritual. No entanto, a tradição afirma claramente que o ego, caso lhe seja permitido crescer e inchar por muito tempo, nos torna arrogantes, pecaminosos e simplesmente repugnantes para aqueles ao nosso redor. Assim, o judaísmo desenvolveu um remédio: matzá (pão que não foi levedado ou inchado).

Uma vez por ano, os judeus tiram uma semana para se desinflar, para livrar o corpo e a alma do ego exagerado e para recordar que ninguém é melhor que o menor dos escravos. Outra coisa: comer apenas pães ázimos realmente nos faz entrar em contato com o que é importante. Lembre-se, o judaísmo pode ser uma prática como a meditação ou como malhar na academia. Se a cada vez que passar por uma lanchonete ou hamburgueria durante o Pessach você pensar consigo mesmo "Tenho uma escolha entre me render ao meu desejo ou comer algo mais simples nesta semana", não demorará até que se perceba mais consciente de quem é, de quem não é e de quem realmente quer ser. De fato, o *Zohar* (um dos principais livros do misticismo judaico; veja o Capítulo 5) na realidade denomina a matzá de remédio, quando consumida durante o Pessach.

Caso se pegue devorando aquele sanduíche ou com uma colher cheia de cereais em sua boca, não se martirize — chama-se de "prática" porque quase ninguém consegue acertar da primeira vez!

Começando do Início: Preparando-se para o Pessach

O Pessach exige mais preparação do que qualquer outra celebração judaica — não apenas por causa das comidas rituais, mas porque os judeus precisam limpar cuidadosamente a casa.

LEMBRE-SE

Infelizmente, vezes demais a extensiva preparação cai nas costas da "mama", que acaba planejando, limpando e cozinhando até que, mais do que qualquer outro, sente na pele a experiência da escravidão. *Não* é assim que deve acontecer. O Pessach é muito melhor quando todos na família estão envolvidos.

LIDANDO COM SEU CHAMETZ

A maioria dos judeus na verdade não remove todo o chametz de suas casas para o Pessach, mesmo evitando comê-lo ou manipulá-lo. (Onde pretende colocar aquela caixa com farinha de mingau, de qualquer maneira?) Não devemos desperdiçar comida jogando-a fora se podemos evitar fazer isso. Então podemos colocá-la em um armário, fechar a porta e não abri-la até depois do Pessach. Ou, se quiser se livrar dela totalmente, considere doar alimentos com embalagens não abertas para uma refeição comunitária ou para uma organização de caridade. Isso realizaria duas mitzvot, ou obrigações religiosas judaicas: livrar-se do chametz e dar tzedacá (caridade).

O judaísmo se esforça para ser prático, e considerando que é realmente pouco prático remover cada migalha de farinha e chametz da casa, uma tradição judaica permite vendermos ritualmente qualquer chametz remanescente de nossa casa para alguém que não seja judeu (porque, tradicionalmente, não é necessário destruir chametz que não possuímos). Congregações diferentes têm seus próprios rituais de venda de chametz, mas normalmente você assina um formulário transferindo a propriedade de seu chametz para o rabino, que então "vende" o chametz de toda a congregação. Ao término do Pessach, o chametz é igualmente transferido de volta aos donos originais.

Eliminando o chametz

O judaísmo fez diversas contribuições à sociedade ocidental: monoteísmo, lei escrita, um sistema de moralidade social... e a limpeza de Pessach. Não podemos dizer se fazer uma limpeza daquelas em sua casa é realmente uma coisa judaica ou não, mas é exatamente o que tradicionalmente acontece durante as duas semanas antes do início do Pessach.

Os judeus estão proibidos não apenas de comer qualquer tipo de chametz durante o Pessach, como tampouco devem ter contato com qualquer chametz, ter algum ou se beneficiar de sua venda durante o feriado. Assim, no primeiro dia de Nissan (*Rosh Chodesh*, ou a Lua nova daquele mês), os judeus tradicionais começam a juntar e se livrar de qualquer coisa em suas casas que podem ser consideradas chametz.

A tradição ashquenazi de evitar kitniot diz que não devemos comer esses alimentos (milho, arroz, legumes etc.), mas diferentemente do chametz, os judeus ainda podem ter e se beneficiar dos kitniot durante o Pessach.

Chametz é encontrado em produtos não alimentícios também, então alguns judeus tradicionais geralmente levam a ordem ainda mais a sério e removem todos os cosméticos, tintas, colas e remédios que possam conter chametz ou químicos derivados dele.

330 PARTE 4 **Celebrações e Dias Sagrados**

Durante a semana antes do Pessach, nos lares judaicos ao redor do mundo, integrantes da família esfregam o chão e as pias, purificam panelas e bandejas colocando-as em água fervente e tentam passar aspirador em toda e qualquer migalhinha, no caso de que seja chametz. Os judeus tradicionais deixam os pratos regulares de lado, substituindo-os por pratos especiais, que são usados apenas no Pessach.

CASOS E CAUSOS

David tem um amigo ortodoxo que, quando estava reformando a cozinha, encomendou duas bancadas — uma que foi instalada normalmente, e uma extra, a qual enche de fita adesiva a cada Pessach, de modo que a comida não entre em contato com a superfície impura que abriga chametz.

CUIDADO

Se você escolher embarcar em uma superlimpeza da casa, tenha cuidado. O professor Yona Amitai, toxicologista sênior no hospital da Universidade Hadassah, em Jerusalém, observa que há estudos mostrando que "envenenamentos acidentais de criança a partir de fluidos de limpeza triplicam durante as duas ou três semanas antes do Pessach [nos lares judaicos], e os envenenamentos devidos a todas as outras causas duplicam, comparados com o restante de ano".

Muitos judeus organizam uma caça ao chametz, elaborada e de último minuto, realizada na noite anterior ao início do Pessach. A atividade fica mais legal se for um evento familiar, e a caçada geralmente acontece com uma vela (ou lanterna), uma pena (ou um galinho de palmeira) e um saco de papel. Use a pena para varrer para dentro do saco de papel cada migalhinha potencial de chametz que encontrar. (Diversos pais colocam estrategicamente montinhos de cereal ao redor da casa para que os filhos possam encontrá-los e varrê-los.) Na manhã seguinte, a família toda queima ritualisticamente o saco de papel e todas as partículas ofensoras.

Assim como muitos símbolos de Pessach, esse processo todo tem o propósito de incitar as pessoas (especialmente os filhos) a fazer perguntas como "Por que estamos limpando?"; "Por que estamos usando uma vela e uma pena?".

Doando para a caridade no Pessach

Talvez tenha notado que todos os feriados judaicos são momentos para tzedacá, doação para caridade, que é um aspecto essencial do judaísmo. Nas semanas que antecedem o Pessach, os judeus costumeiramente doam *maot chitim* (dinheiro de trigo) aos membros menos afortunados da comunidade, para que possam comprar matzá, que é geralmente muito mais cara que chametz. No sêder congregacional de Ted, as pessoas levam os alimentos que não comerão na semana de Pessach para fornecer sustento aos não judeus necessitados.

O Sêder: Fácil como Contar de 1 a 10

O sêder de Pessach é a alma do feriado. *Sêder* é hebraico para "ordem" e se refere ao ritual de quinze passos conhecido como jantar de Pessach.

Embora alguns judeus tenham apenas um único sêder por ano (na primeira noite de Pessach), muitos outros têm dois *sedarim* (plural de *sêder*) — geralmente a primeira noite é com a família, e a segunda, com a congregação ou outro grupo. Já ouvimos também de judeus que celebram a primeira noite em um ambiente coberto, e a segunda, ao ar livre, talvez após uma caminhada com os amigos.

Claramente, muitos judeus agora celebram o sêder de Pessach de forma tão simples como se fosse um grande jantar festivo com algumas orações e músicas engraçadas (ou chatas) a mais. Mas podemos transformar o sêder em uma experiência muito mais plena espiritualmente, dependendo que quanta sensibilidade é levada à mesa. O sêder todo é projetado para usar a comida de modo a simbolizar ideias.

A hagadá: O pequeno manual de instruções do Pessach

O sêder se baseia na *hagadá*, um livreto de instruções, orações, bênçãos e histórias que estabelecem a ordem adequada para o ritual. *Hagadá* significa "narração", referindo-se a um dos aspectos mais importantes do sêder: a recitação da história do Êxodo. O texto básico da hagadá tradicional (a que é usada pela maioria das famílias ortodoxas) é quase idêntico ao que era usado no século XI (embora algumas canções e comentários tenham sido acrescentados). No entanto, nas décadas de 1960 e 1970, muitas versões diferentes começaram a aparecer, e hoje em dia há literalmente centenas de *hagadot* (plural de *hagadá*) disponíveis, cada uma estabelecendo o mesmo ritual básico, mas dando toques especiais diferentes.

Algumas hagadot oferecem materiais especiais voltados às crianças, às questões femininas, ao Holocausto, às necessidades dos vegetarianos e aos que estão em clínicas de reabilitação. Escolher uma hagadá que seja significativa a você e às pessoas em seu sêder é um segredo para um Pessach de sucesso.

DICA

Idealmente, cada pessoa no sêder deve ter a própria cópia da hagadá para usar. Alguns até preferem que cada pessoa tenha uma hagadá diferente, de modo que, com o progresso do sêder, todos contribuam à discussão com algo diferente, conforme compartilham o que está em sua hagadá específica.

Olha só quem vem para o jantar!

Talvez ainda mais importante que escolher qual hagadá usar é decidir quem convidar para o sêder. Todos que participam de um devem estar dispostos a participar nas orações, músicas e leituras. Caso realize um sêder familiar, obviamente não poderá escolher os convidados, mas pode ajudar a preparar cada integrante da família para aquilo que espera que façam. Se for convidar amigos, esteja certo de que gostem de participar (e não lhes faria mal mostrar este capítulo também). Alguns dos sedarim mais tristes são aqueles nos quais poucas pessoas acabam "fazendo a parte" dos demais.

DICA

Muitos não judeus são convidados a casas judaicas para o sêder de Pessach, e descobrimos que muitas vezes são eles que mais curtem o momento. Embora os judeus estejam ocupados regressando a memórias traumáticas de seus sedarim chatos de infância, os não judeus chegam como uma folha em branco e podem realmente experienciar o ritual. Às vezes podemos ser estimulados a uma maior apreciação de nossos próprios rituais quando estamos ao lado de pessoas que estão participando pela primeira vez. Membros de outros grupos étnicos ou religiosos, como afrodescendentes ou budistas tibetanos, podem se identificar com as questões de escravidão e em geral consideram os rituais do sêder significativos para sua própria experiência.

GUIA DE INICIANTES PARA O SÊDER DE PESSACH

Lembre-se destes dois segredos para aproveitar um sêder de Pessach: primeiro, estude o máximo que puder sobre o assunto (este capítulo lhe confere quase tudo de que precisa). Segundo, coma um lanche uma ou duas horas antes. Não é brincadeira! Em alguns sedarim, a refeição é servida tão tarde, que você pode "pascoar" mal.

Caso tenha sido convidado para um sêder, pergunte aos anfitriões qual hagadá usarão. Se puder pegar uma cópia emprestada antecipadamente, ou mesmo comprar uma, leia-a cuidadosamente antes do evento. Muitas famílias compartilham a leitura da hagadá e talvez o convidem para ler uma pequena parte.

Ofereça-se para levar alguma comida ou vinho para o sêder, mas verifique o nível "kosher" que a celebração terá. Embora obviamente não deva levar pão a um sêder (veja "Este Alimento Pode, Aquele Não", anteriormente neste capítulo), a família pode ou não se importar se o prato for "Kosher para Pessach". E embora não possa levar alimentos que contenham farinha, sempre poderá levar uma florzinha.

Em essência, todos os convidados para um sêder são participantes, mesmo que não lhe peçam para fazer nada. Ninguém se importa se você canta bem, desde que cante. O que vale é o entusiasmo. Outra coisa: lembre-se de que fazer perguntas é algo encorajado; talvez até seja bom pensar em uma ou duas perguntas antes de chegar.

CAPÍTULO 25 **Do Lamento ao Júbilo: Pessach** 333

A mesa preparada

Antes de chegarmos aos passos do sêder em si, queremos explicar as diversas comidas rituais e outros itens encontrados em todas as mesas de sêder. Nada que está na mesa é selecionado aleatoriamente; cada item tem um propósito, assim como, em geral, seu lugar específico na mesa ou no prato desse jantar.

LEMBRE-SE

Assim como em todos os símbolos, cada item tem um significado tradicional, mas isso não deve impedi-lo de trazer novas ideias que sejam significativas para você e para aqueles em seu sêder.

Em um sêder de Pessach, você encontrará os seguintes itens tradicionais na mesa:

» **Prato do sêder:** Este prato (geralmente um por mesa) é chamado de Keará e contém pelo menos seis dos itens rituais mencionados durante o jantar: zeroá, carpás, chazêret, charôsset, maror e ovo (veja a Figura 25-1). Embora o crescente setor de vendas de pratos de sêder gostaria que você comprasse um lindo prato de cerâmica, vidro ou prata (e, honestamente, há alguns pratos incríveis disponíveis), você pode usar qualquer prato. Caso tenha filhos, envolva-os na decoração de pratos com figuras dos eventos ou coisas que os alimentos do sêder representam.

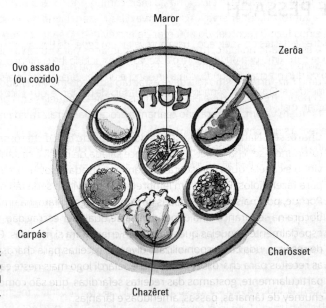

FIGURA 25-1: Keará: o prato ritual do sêder.

» **Ovo assado:** O ovo assado (*beitsá*) é um símbolo em diversas culturas diferentes, geralmente significando a primavera e a renovação. Aqui, ele toma o lugar de uma das ofertas sacrificais que era realizada nos dias do

Segundo Templo (veja o Capítulo 13). Outra interpretação popular é a de que o ovo é como o povo judeu: quanto mais quente o fogo, mais resistente fica. Não se preocupe, não é necessário comer o ovo durante a refeição; a casca apenas precisa aparentar realmente ter passado pelo fogo.

DICA

Caso queira colocar o ovo na grelha, cozinhe-o primeiro. Alguns juram que usar um maçarico na casca dá a melhor aparência de "passar pelo fogo".

» **Zerôa:** É um osso de carneiro tostado, um dos símbolos mais marcantes do Pessach, que celebra o sacrifício pascal (cordeiro) feito na noite em que os antigos hebreus fugiram do Egito. Alguns dizem que ele simboliza o braço estendido de Deus (a palavra hebraica *zeroá* pode significar "braço"). Normalmente, dá para conseguir um osso de carneiro (também é possível usar pescoço de galinha) em qualquer açougue; asse-o no forno junto com o ovo até que ambos tenham a aparência de estar tostados.

DICA

Caso não goste da ideia de ter um osso à mesa, pode considerar usar uma beterraba tostada no lugar. (É o que os vegetarianos geralmente fazem.) Isso não é uma ideia nova; o grande comentarista bíblico e talmúdico Rashi sugeriu usar uma beterraba lá no século XI.

» **Maror ("erva amarga"):** Quando pensamos em Pessach, logo vem à mente a raiz-forte, a erva amarga mais comumente usada no sêder. No entanto, qualquer erva amarga serve. Elas trazem lágrimas aos olhos e nos fazem recordar do amargor da escravidão. O sêder se refere à escravidão no Egito, mas todos são chamados para observar suas próprias escravidões amargas — sejam vícios ou hábitos. Se conseguir uma raiz-forte mesmo (ela deve estar tão firme quanto um nabo ou uma cenoura fresca), corte-a em fatias finas ou rale-a. Aquelas em conserva também valem, embora não tenham a crocância da raiz ralada na hora.

» **Charôsset:** Nada está tão distante do amargo do que o charôsset (pronuncia-se "cha-*rô*-set"), aquela doce salada de maçãs, castanhas, vinho e canela, que representa a argamassa usada pelos hebreus para fazer tijolos. Por que um lembrete da escravidão seria tão doce? Porque, por mais que as pessoas gostem de negar o fato, há uma doçura na segurança e na dependência de qualquer escravidão, talvez especialmente daquelas que as pessoas criam para si mesmas. Os livros de receitas judaicos disponibilizam diversas receitas para charôsset (veja as receitas para charôsset ashkenazi e sefardi logo mais neste capítulo); particularmente, gostamos das receitas sefarditas, que são como um chutney de tâmaras, passas, amêndoas e laranjas.

» **Carpás:** Vegetal verde, geralmente aipo (embora qualquer legume verde possa ser usado; alguns usam o cabo do salsão). Para alguns, carpás simboliza o frescor da primavera; outros dizem que seu consumo

CAPÍTULO 25 **Do Lamento ao Júbilo: Pessach** 335

os faz sentir como se fossem da nobreza ou aristocracia. Algumas famílias ainda usam batatas cozidas [ou cebolas e rabanetes] para carpás, continuando uma traição do Leste Europeu, onde era difícil conseguir vegetais verdes frescos.

» **Chazêret:** Significa literalmente "alface" e pronuncia-se cha-zê-ret. É uma segunda erva amarga, quase sempre alface romana, mas há quem use as folhas da raiz-forte ou da cenoura. Chazêret tem o mesmo simbolismo que maror.

» **Água salgada:** Simboliza as lágrimas e o suor da escravidão, embora, paradoxalmente, seja também um símbolo de pureza, primavera e do mar, gerador de toda a vida. Em geral, há uma única tigela de água salgada na mesa, e as pessoas mergulham o carpás na água durante o sêder. Algumas tradições começam a refeição de sêder com cada pessoa comendo um ovo cozido (e não assado!) mergulhado na tigela de água salgada.

» **Matzá:** Talvez o símbolo mais importante na mesa de sêder seja um prato com três matzot (pão não fermentado). As *matzot* (plural de matzá) são normalmente cobertas com um pano. (Visto que três matzot provavelmente não alimentarão todos à mesa, é importante ter mais em outra parte da mesa). A tradição oferece muitos tipos de interpretações para as trêz matzot. Alguns dizem que elas representam a classe de Cohen (os sacerdotes judeus nos tempos antigos), os Levitas (que apoiavam os sacerdotes) e os israelitas (o restante dos judeus). Na realidade, não nos importamos com qual simbolismo você atribua a essa trindade, desde que pense sobre o assunto. Durante as lutas dos judeus soviéticos, uma quarta matzá foi acrescentada ao prato de sêder para simbolizar as lutas dos judeus que ainda não estavam livres o suficiente para celebrar o Pessach. Atualmente, algumas famílias ainda usam a quarta matzá como uma forma de relembrar todas as pessoas que ainda não estão livres para celebrar como possam desejar.

» **Taças e vinho (ou suco de uva):** Todos no sêder têm quatro taças para tomar quatro doses de vinho. Veja, antes de ficar com ideias malucas para encher a cara, lembre-se de que são geralmente taças muito pequenas. E caso prefira não beber vinho, pode usar suco de uva. Tradicionalmente, as quatro taças representam as quatro promessas bíblicas de redenção: "Eu os livrarei do trabalho imposto pelos egípcios. Eu os libertarei da escravidão e os resgatarei com braço forte e com poderosos atos de juízo. Eu os farei meu povo..." Outros dizem que as quatro taças representam as quatro letras do Nome impronunciável de Deus (veja o Capítulo 2). Além das taças de vinho ao lado de cada prato, é necessário ter uma taça adicional, chamada de Taça de Elias, sobre a qual falaremos posteriormente neste capítulo.

336   PARTE 4 **Celebrações e Dias Sagrados**

Os participantes não comem todos os símbolos, como o osso tostado de carneiro e o ovo assado. No entanto, quanto chega a hora de comer o carpás, o charôsset e os outros símbolos, há costumes diferentes entre as famílias. Alguns comem os símbolos diretamente do prato de sêder; outros dão a cada pessoa um miniprato; em eventos maiores, os anfitriões podem servir os itens ao estilo familiar, passando grandes tigelas para que cada um se sirva.

Charôsset Ashkenazi

Tempo de preparo: 15 min.	Rendimento: 3 a 4 xícaras.

INGREDIENTES

3 maçãs grandes e firmes (doces, azedas ou ambas)

Suco de 1 limão fresco ou 1 colher de chá de suco reconstituído de limão

250g de castanhas cortadas rusticamente (nozes, amêndoas, pecãs ou um pouco de cada)

1 colher de chá de canela em pó

Vinho tinto suave ou suco de uva para dar a consistência desejada

1 colher de chá de açúcar ou 2 a 3 colheres de mel (opcional)

MODO DE PREPARO

1. Descaroce e pique as maçãs. (Alguns as descascam primeiro, mas não achamos ser necessário.) Caso use um processador, use a função pulsar para picar rusticamente as maçãs.

2. Misture bem as maçãs com o suco de limão e incorpore as castanhas e a canela. Acrescente vinho ou suco de uva suficiente para chegar na consistência desejada, geralmente 1/3 de xícara. Experimente para ver se quer acrescentar mais açúcar ou mel para obter uma doçura extra.

Por porção: *Calorias: 322 (Da gordura 225); Gordura: 25g (Saturada: 2g); Colesterol: 0mg; Sódio: 2mg; Carboidrato: 23g (Fibra dietética: 6g); Proteína: 6g.*

Dica: Você pode fazer o charôsset até três dias antes e mantê-lo na geladeira.

Observação: Charôsset é uma mistura parecida com argamassa que precisa ficar consistente e sem cair em uma matzá antes de chegar à sua boca. Assim, não use muitos líquidos no preparo.

CAPÍTULO 25 **Do Lamento ao Júbilo: Pessach** 337

Charôsset Sefardi

Tempo de preparo: 10 min. **Rendimento:** 3 a 4 xícaras.

INGREDIENTES

1 xícara de tâmaras sem sementes (120g)

1 xícara de uvas-passas

1 maçã descaroçada e cortada em pedaços

½ xícara de nozes

1 colher de chá de raspas de laranja

¼ de xícara de suco de laranja

¼ de colher de chá de canela

1 pitada de noz-moscada ou de cravos

MODO DE PREPARO

1. Misture as tâmaras, passas, nozes e a maçã em um processador e processe até que a mistura fique em pedacinhos, mas não totalmente moída. Passe a mistura para uma tigela média.

2. Adicione à mistura das frutas as raspas de laranja, o suco de laranja, a canela e a noz-moscada (ou os cravos). Cubra a tigela e deixe no refrigerador durante a noite toda (a mistura ficará mais grossa conforme resfria).

Por porção: *Calorias: 249 (Da gordura: 62); Gordura: 7g (Saturada: 1g); Colesterol: 0mg; Sódio: 5mg; Carboidrato: 50g (Fibra dietética: 5g); Proteína: 3g.*

Dica: Experimente a versão sefardi do charôsset em seu próximo sêder (ou até mesmo antes). Isso ajuda aqueles de nós com um legado do Leste Europeu a apreciar mais os sabores contribuídos por outros segmentos da experiência cultural judaica maior.

Anedota: Esta é a receita básica que Ruth Neuwald Falcon (esposa do Ted) pegou de sua mãe, que adorava receitas de lugares exóticos. Na casa dos Falcon, Ruth prepara charôssets tanto sefardi como ashkenazi a cada ano para todos os sedarim de que participam.

ABRAÇANDO OS MUITOS SABORES DO CHARÔSSET

O prato favorito de todo mundo durante o sêder de Pessach é o charôsset (o "ch" é gutural"), um chutney consistente e doce servido com matzá. Quando dizemos "charôsset" para a maioria dos judeus nos EUA, eles imediatamente pensam em "maçãs, castanhas, canela e vinho suave". De fato, para muitos judeus, um sêder sem esse tipo específico de charôsset simplesmente não é um sêder. No entanto, o prato não serve apenas para o Pessach. Nós somos do tipo de pessoas que gosta de charôsset o ano todo. E não permita lhe dizerem que há apenas uma forma de preparar o prato; após tentar o básico, permita-se ser criativo com outras frutas.

PARTE 4 **Celebrações e Dias Sagrados**

Passos do sêder

Você arrumou a mesa, preparou os alimentos, distribuiu as hagadot... finalmente chegou a hora para o início do sêder. Cada sêder precisa de um líder para orquestrar os procedimentos e ler as partes principais da hagadá. Nos lares tradicionais, o líder pode usar um *kitel* branco (manto), que a pessoa veste apenas em ocasiões especiais de sua vida, como durante o sêder, Yom Kipur, seu casamento e enterro; vestir kitel ajuda a criar um senso de que este é um momento sagrado.

Os quinze passos do sêder (lembre-se de que sêder significa "ordem") podem ser divididos em quatro seções:

» Uma série de orações e rituais preparatórios, geralmente começando com uma música especial listando os quinze passos.

» A narração da história.

» O jantar.

» As orações e músicas após a refeição.

A primeira atividade do sêder — o acendimento das velas — não está listada nos 15 passos porque esse ritual sempre precede a celebração noturna de qualquer festival judaico. Após acender as velas, o sêder acontece como mostrado a seguir. (Por favor, observe que este livro de forma alguma é um substituto para a hagadá real, que entra em maiores detalhes e fornece as orações apropriadas.)

Passo 1: Cadesh (santificação do dia)

Encha a primeira taça com vinho ou suco de uva, levante-a, recite o *Kidush* (santificação sobre o fruto da vinha e sobre as energias especiais do feriado), e beba, inclinando-se para a esquerda. A tradição diz para encher o copo até a borda, mas ela também diz que não devemos ficar bêbados, então não é necessário beber a taça toda (e a taça pode ser pequena). Em Purim (veja o Capítulo 24), as pessoas bebem até não distinguirem mais as coisas, mas no sêder, bebem para aguçar, lembrar e transcender.

Passo 2: Urcháts (lavagem das mãos sem bênção)

O segundo passo é uma ablução ritual — uma limpeza espiritual ao despejar água sobre as mãos. A água deve estar em temperatura agradável. Tradicionalmente, despeja-se a água de uma jarra sobre a mão direita e depois sobre a esquerda. Então, pode secar as mãos em uma toalha. Em alguns lares, e em uma grande congregação, o líder geralmente atua como representante, realizando o urcháts por todos os participantes.

CAPÍTULO 25 **Do Lamento ao Júbilo: Pessach** 339

A HISTÓRIA EM ESPIRAL

A Bíblia diz sobre contar a história de Pessach para seus filhos, mas e se não tiver filhos ou se cresceram e se mudaram? Recite a história para seu/sua companheiro/a, amigos ou até mesmo leia-a em voz alta para si mesmo. De acordo com o judaísmo, cada um de nós está em um caminho, uma jornada pela vida, e aprendemos incrementalmente. Gostamos de pensar na história de Pessach como uma marca na estrada ao longo desse caminho espiralado, e a cada ano, ao passarmos pela marca, podemos ver se progredimos ou se ficamos no mesmo lugar. Caso estejamos em um lugar diferente no caminho, então cada vez que a história é narrada, ela traz novas interpretações e compreensões. Por outro lado, de dissermos "Já conheço essa história; não há nada de novo aqui", então não saímos do lugar, e talvez seja hora de nos esforçarmos mais para encontrar os lugares dentro de nós que se tornaram escravizados.

LEMBRE-SE

É comum dizer uma bênção sobre o ritual de lavagem das mãos, mas não desta vez!

Passo 3: Carpás (comer o vegetal verde)

A primeira mordida é no carpás, o vegetal verde, símbolo da primavera e da renovação, que é mergulhado na água com sal (lágrimas purificadoras) antes de ser consumido. Todo mundo que se esqueceu de comer um lance antes de chegar ao sêder vai ficar muito tentado a continuar comendo o carpás (e qualquer vegetal que estiver por perto) como aperitivos antes da refeição. Os organizadores sábios sempre garantem haver bastante vegetais disponíveis. Manda ver!

Passo 4: Yacháts (quebrando a matzá)

Agora o líder do sêder pega a matzá do meio do prato de matzot e a quebra no meio. O líder coloca a metade menor de volta entre as outras duas matzot, mas a metade maior é reservada como *afikoman* ("sobremesa"), que será consumida no final da refeição. Em algumas famílias, o afikoman é escondido em algum lugar da casa, e próximo do fim do sêder, as crianças podem ir procurá-lo (veja o Passo 12). Outra prática comum é colocar o afikoman perto do líder, de quem as crianças devem roubá-lo durante o sêder sem que ele perceba. Em algumas famílias sefarditas, cada pessoa coloca um afikoman quebrado em seu ombro, simbolizando o rápido êxodo do Egito.

Passo 5: Maguid (narração da história)

Geralmente o mais longo dos quinze passos, maguid é a narração da história do Êxodo. Nessa altura, a criança mais nova à mesa faz as quatro perguntas (todas as hagadot as indicam). Na verdade, qualquer pessoa pode ler as perguntas, ou todos podem lê-las juntos. As quatro perguntas revolvem em torno da questão básica: "Por que esta noite é diferente de todas as outras?" (*Ma nishtaná haláila hazê mikol haleilot?*)

O restante da Maguid responde a essa pergunta com a história do êxodo dos hebreus do Egito, com um pouco de estudo da Torá e com uma discussão sobre a descrição dos quatro tipos de filhos: o sábio, o malvado, o simples e aquele que não sabe o suficiente para perguntar (veja a Introdução). Muitos observam ao redor da mesa para encontrar um bom exemplo de cada filho, mas acreditamos ser mais adequado olhar para dentro para encontrar as partes de nós mesmos que se encaixam em cada descrição.

Por fim, a segunda taça de vinho é preenchida, mas não a beba ainda! Tradicionalmente, os participantes mergulham um dedo no vinho para transferir dez gotas dele para o prato, uma para cada praga do Egito. Após cantar as canções de louvor a Deus, destacando os diversos itens da mesa do sêder novamente, e recitar as bênçãos sobre o vinho, poderá beber a segunda taça. Nessa altura, geralmente você precisará dela!

Passo 6: Rochtsá (ablução das mãos com bênção)

É hora de lavar as mãos novamente, mas desta vez *com* a bênção (veja o Apêndice B). Observe que o costume é não falar nada entre a lavagem das mãos e a recitação das bênçãos sobre a matzá. Você pode usar esse momento para uma reflexão sobre a santificação e purificação pela qual está passando.

Passo 7: Motsí (bênção antes de comer a matzá)

Levante a matzá (pão não fermentado) e recite duas bênçãos sobre o pão: a bênção motsí normal (veja o Apêndice B) e uma especificamente mencionando a *mitzvá* (mandamento judaico) de comer matzá em Pessach.

Passo 8: Matzá (comer a matzá)

Bênçãos recitadas, todos quebram um pedaço de matzá e o comem.

Passo 9: Maror (comendo as ervas amargas)

Ironicamente, bem quando seu estômago está começando a resmungar, você come maror, as ervas amargas. Esteja comendo uma fatia fresca de raiz-forte (que promete trazer lágrimas a seus olhos) ou uma folha de alface-romana (que é bem sem graça, em nossa humilde opinião), você deve estar pensando sobre o amargor da escravidão. Tradicionalmente, devemos mergulhar o maror no charôsset (a salada de maçã, castanhas, vinho e canela) para experimentar um pouquinho de doçura junto com a dor.

CAPÍTULO 25 **Do Lamento ao Júbilo: Pessach** 341

CRIANÇAS NO SÊDER

O sêder apresenta um dilema: o Pessach está claramente montado para ser um momento de inclusão e de educação das crianças, mas, em essência, as conversas, orações e meditações espirituais mais profundas não podem ser realizadas com crianças falando, brincando, reclamando e, em geral, sendo crianças. No entanto, não precisamos abrir mão de nada. Uma opção é fazer dois sidarim, um para as crianças e outro para os adultos (enquanto alguém cuida das crianças). Também dá para colocar atividades infantis durante o sêder para as crianças se distraírem quando quisermos um momento mais sério.

A seguir, veja algumas ideias que também podem ajudar:

- Assegure-se de conseguir uma hagadá apropriada para as crianças.

- Envolva todas as crianças no preparo da comida; elas gostam especialmente de fazer o charôsset. Elas podem até moldá-lo como uma pirâmide (mas vale observar que os judeus certamente não as construíram).

- Lembre-se de que as crianças estão geneticamente predispostas a perguntas "Quando vamos comer?" exatamente cinco minutos após o início do sêder. Talvez elas estejam escravizadas também — escravas do momento presente e dos próprios desejos. Assegure-se de que elas façam um lanche antes (e talvez à mesa também). O sêder trata de celebração, não de privação.

- Algumas famílias começam o sêder com uma pequena peça. Após todos se sentarem, alguém bate à porta e um "estranho" entra, com a aparência de ser viajante de longas jornadas. Ele pode então liderar o sêder, respondendo perguntas e contando histórias. Você também pode pedir que seus filhos pratiquem uma peça antes e que a encenem durante o sêder.

- Para as crianças menores, faça cópias de uma foto divertida e apropriada para a idade e que reflita os ideais da família, de um lado de um papel-cartão, e do outro lado coloque a foto de uma matzá (dá para usar a foto da frente da embalagem de matzá). Corte no formato de peças de quebra-cabeça. Em vez de caçar o afikomen, as crianças podem caçar essas peças. Quando as duas fotos estiverem prontas, fale sobre elas.

- Todos os adolescentes gostarão dos temas de liberdade e empoderamento (a menos que você de fato use esses termos, o que lhes fará tirar sarro de você). Eles anseiam por liberdade, mesmo sem saber como ela é nem o que fazer com ela. Tudo bem; use essa energia para falar sobre o assunto. As crianças em geral pensam que estão escravizadas também. Você pode se surpreender ao ver como elas ficam engajadas nessa conversa!

> - Todos devem se lembrar de que não há perguntas idiotas no sêder; muitas partes do sêder são "esquisitas" de propósito para incitar as perguntas. No entanto, não se preocupe se não souber todas as respostas. As perguntas sem respostas podem estimular uma busca mais profunda por significado.

Passo 10: Corêch (o sanduíche de Hilel)

Embora o conde de Sandwich, inglês, seja geralmente creditado por inventar o lanche que leva seu nome, Hilel (veja o Capítulo 28) pode tê-lo originado 2 mil anos atrás ao combinar matzá, uma fatia de cordeiro pascal e uma erva amarga. Os judeus não mais sacrificam e comem o cordeiro, então agora o sanduíche de Pessach é apenas matzá, charôsset e uma erva amarga (muitos usam chazêret [alface] em vez de raiz-forte).

Passo 11: Shulchan Orêch (comendo a refeição)

Após o corêch, a verdadeira refeição começa, geralmente com um ovo cozido duro mergulhado em água salgada e passando rapidamente ao gefilte fish com raiz-forte infundida em beterraba ou normal, sopa de bolinhas de matzá, fígado picado e praticamente tanto mais comida quanto conseguir enfiar goela abaixo. Talvez alguns desses alimentos sejam novos para você; por exemplo, *gefilte fish* é um tipo de bolinho de peixe que parece assustador se você não cresceu com ele — mas experimente-o assim mesmo (é geralmente um pouco doce e vai muito bem com raiz-forte). Embora bebamos quatro taças cerimoniais de vinho durante o Pessach, podemos beber um pouco mais durante o jantar.

CUIDADO

No entanto, não podemos beber cerveja; ela é feita de grãos fermentados, então é *chametz* (veja "Este Alimento Pode, Aquele Não", anteriormente neste capítulo).

Passo 12: Tsafun (comendo o afikoman)

Independentemente de seu anfitrião servir ou não sobremesa, o último alimento que é oficialmente consumido é um pedaço do afikoman da matzá (veja o Passo 4), que simboliza o sacrifício de Pessach. Caso as crianças tenham escondido ou roubado o afikoman, elas devem devolvê-lo ao líder até o final do sêder. Algumas famílias recompensam as crianças que encontram o afikoman, outras recompensam todas as crianças, e algumas até barganham para consegui-lo de volta. Não é possível concluir o sêder sem o afikoman (e a tradição diz que o sêder *deve* terminar antes da meia-noite), mas as crianças estão geralmente cansadas nessa altura, então ambos os lados têm boas posições de barganha. Na realidade, muitos não comem o afikoman em si; após ele ter sido retornado, qualquer pedaço de matzá servirá.

O afikoman também representa a parte do eu ou da alma que está perdida ou abandonada à escravidão. O sêder representa a jornada da escravidão à liberdade, e no Tsafun, as pessoas reivindicam as partes do eu que estavam faltando.

Passo 13: Barech (bênção após comer)

As refeições judaicas tradicionalmente terminam com uma bênção, e esta refeição não é diferente. Nessa altura, no entanto, a refeição pode estar terminada, mas o sêder não. A terceira taça de vinho celebrando a refeição é enchida, e, após a recitação de uma bênção, todos a bebem. Agora acontece uma curiosa tradição: uma taça de vinho é enchida em homenagem ao profeta Elias, e a porta é aberta para que ele entre. Muitos acham que a taça é para Elias. Na verdade, essa taça extra é proveniente de um debate rabínico sobre se devemos ou não beber a quarta e a quinta taças de vinho durante o sêder; o meio-termo ficou em bebermos quatro (a quarta é bebida no passo 14), encher uma quinta e esperar até que Elias venha para nos dizer qual forma está correta.

Um costume alternativo convida que cada pessoa coloque um pouquinho do vinho de sua taça para encher a de Elias, simbolizando a responsabilidade de cada um para trazer a redenção.

Passo 14: Halel (canções de louvor)

Após fechar a porta, o ritual final do sêder inclui cantar músicas especiais de louvor a Deus, e depois encher, abençoar e beber a quarta taça de vinho.

Passo 15: Nirtsá (conclusão)

Os rituais e as ações prescritos se encerram no passo 14, mas assim como a cerimônia de Havdalá após o Shabat (veja o Capítulo 18), o Nirtsá celebra uma conclusão. A oração mais comum ao término é simplesmente *Leshaná habaá bi-Yerushalayim*, que significa "Ano que vem em Jerusalém!" Então, dependendo da hora e do nível de energia dos participantes, você pode se ver cantando mais músicas e possivelmente até dançando! Algumas famílias têm por tradição ler em voz alta o livro Cântico dos Cânticos da Bíblia ao final do sêder, então esteja preparado para lamentos sonolentos caso você dê a sugestão.

DICA

Como a dança de salão, o sêder tem regras relativamente claras e uma ordem, mas o que deixa a noite especial são os extras que você e todos os participantes acrescentam ao longo do caminho. Há muito espaço para acrescentar coisas ao sêder: músicas, orações, poemas, histórias, comentários, e assim por diante. Os sedarim dos quais David participava quando estava crescendo sempre incluíam a canção "Deixe Meu Povo Ir" (David achava que era uma música judaica tradicional, até que descobriu que é um famoso *spiritual*). Os sedarim de Ted sempre incluem momentos para meditação silenciosa e uma concentração nas escravidões específicas das quais cada participante pretende sair durante a jornada do ano seguinte.

A hagadá não é apenas um script a ser seguido, mas uma base sobre a qual se pode construir um sêder incrivelmente criativo. Vale a pena repetir: acreditamos que, caso não esteja se divertindo, não está fazendo do modo certo.

Novas tradições: A taça de Miriam

Uma das adições mais populares ao sêder de Pessach é *Kos Miryam* (Taça de Miriam), que fica na mesa, próxima à Taça de Elias. Ela é enchida com água, em vez de vinho, honrando a história talmúdica do Poço de Miriam, que trouxe água vivificante conforme as tribos israelitas viajavam pelo deserto, assim como a profetisa Miriam (irmã de Moisés) amenizou e nutriu os Filhos de Israel durante a jornada. A Taça de Miriam honra o espírito materno de Deus que trabalha em todos nós e também honra todas as mulheres de nossa história que nutriram e curaram nosso povo e a nós pessoalmente.

Como muitos aspectos do sêder, os judeus desempenham a Taça de Miriam de diversas maneiras. Em geral, após beber a segunda taça de vinho, o líder convida cada um (ou às vezes apenas as mulheres) à mesa para colocarem um pouco da água de sua taça no cálice vazio. Então o líder pode pegar um tamborim e conduzir os participantes a uma canção festiva. (E sentimos muito, mas, sim, outra canção festiva!) Este também é um bom momento para compartilhar histórias de mulheres que foram importantes na história e em nossa própria vida.

Um Momento para Pensarmos sobre a Liberdade

Anualmente, pelo que parece, ouvimos pelo menos uma pessoa fazer a mesma pergunta: "Para começar, por que Deus permitiu que os judeus fossem escravizados?" Embora seja uma ótima pergunta, ela meio que se perde da questão principal. Em vez de definir a questão como Deus permitindo que as pessoas façam ou não as coisas, o judaísmo ensina que sempre temos livre-arbítrio (veja o Capítulo 2). Nesse caso, a família de Jacó escolheu entrar no Egito porque realmente parecia o certo a ser feito na época.

Ironicamente, os problemas das pessoas quase sempre começam como uma solução a um problema anterior, e o que, em determinado momento, parece ser o caminho à liberdade, geralmente acaba se tornando o próximo lugar onde ficam "presas". (Lembre-se de que a palavra em hebraico para Egito é *Mitzrayim*, que significa "[sair] de lugares estreitos.") Pense sobre as oportunidades de crescimento realmente importantes que teve. Elas não vieram todas com a superação de um desafio?

CAPÍTULO 25 **Do Lamento ao Júbilo: Pessach**

Como aprendemos e evoluímos mais quando estamos empacados e temos que escolher ir adiante, nossas escravidões — sejam grandes ou esmagadoras — nos oferecem oportunidades preciosas para despertarmos e crescermos além de padrões e crenças antigos.

Permita que o Pessach seja um momento para pensar sobre a liberdade e a independência. Caso não faça nada mais para o Pessach este ano, pelo menos encontre um amigo e discuta essas ideias.

PALAVRAS DE SABEDORIA

> Nós, que vivemos nos campos de concentração, podemos nos lembrar dos homens que caminhavam pelas cabanas confortando os outros, doando seu último pedaço de pão. Podem ter sido poucos em números, mas oferecem provas suficientes de que tudo pode ser retirado de um homem, com exceção de uma coisa: a última das liberdades humanas — escolher sua própria atitude em qualquer conjunto de circunstâncias, escolher seu próprio caminho.
>
> — VICTOR FRANKL

É tudo uma questão de escolha

Todo mundo adora ter liberdade para fazer as coisas. Queremos para ir a lugares, ver e fazer o que quisermos e ter a liberdade de dizer ou acreditar no que quisermos. A "liberdade para" é obviamente muito importante, mas alguns dizem que a "liberdade de" é ainda mais valiosa. Como escreve o Dr. Avram Davis, "Estar livre da raiva, do ódio, das correntes que escravizam o coração... É isso que significa estar livre "do" mitzrayim, dos lugares estreitos".

"Liberdade de" trata basicamente sobre a habilidade de fazer escolhas. Se cada vez que visita seus pais você se transforma em uma criança de quatorze anos internamente, então não é livre. Se "tem" que ter o dispositivo mais novo e popular assim que é lançado, você não é livre. Pode ser livre para fazer qualquer coisa que quiser, mas se for escravo da TV, do clima, do mercado de ações ou de qualquer coisa que o impeça de seguir seu caminho, você não é livre.

Infelizmente, é muito difícil sair de nossas escravidões. A tradição judaica observa que menos da metade dos hebreus saiu do Egito após o Faraó libertá-los. Os demais ficaram, pois prefeririam a rotina familiar da escravidão aos desafios desconhecidos do deserto. De fato, às vezes nos perguntamos se as dez pragas provocadas no Egito não tiveram, na verdade, o propósito de fazer com que os judeus remanescentes saíssem, para dar a eles a coragem e a confiança que tão duramente lhes faltavam no estado de escravidão.

Assim, talvez outra interpretação do Pessach seja a celebração da habilidade de "passar por cima", de pular uma coisa e escolher outra. Afinal, o fato de que as pessoas foram feitas à imagem de Deus não significa que sejam iguais a Deus — significa que fazem parte de uma Consciência

Maior, da qual derivam seu livre-arbítrio. Os humanos têm a liberdade de discernir entre o certo e o errado e de aprender a diferença entre espiritual e mundano. Temos a liberdade de descobrir e escolher nossos caminhos.

Dayenu: Tanta gratidão

A parte favorita do David no sêder de Pessach é cantar *Dayenu*, que significa "Já nos bastaria" (isso geralmente acontece durante a narração da história de Pessach). Além do ritmo contagiante e da batida estridente, a canção capta outros dois aspectos profundamente importantes deste feriado: humildade e gratidão.

Em resumo, a canção diz: "Se Deus nos tirasse do Egito, já teria nos bastado. Se Deus tivesse nos dado apenas o Shabat, já teria nos bastado. Se Deus apenas tivesse nos dado a Torá, já teria nos bastado", e assim por diante. Os judeus entendem Dayenu como um chamado para sermos agradecidos pelo que somos — onde quer que estejamos —, sabendo que é ali que devemos estar. A canção é também um chamado para a humildade, o equilíbrio e a moderação, para não exagerarmos, não trabalhar, comer ou até celebrar demais.

Dayenu não significa que devemos descansar sobre nossas vitórias. Longe disso! Significa que devemos apreciar onde estamos e o que conquistamos. Também significa que precisamos apreciar os outros. Sempre que a Bíblia repete o refrão "Lembrem-se de que foram escravos no Egito", pense nisso como um chamado para relembrar a humildade, para ser generoso com os forasteiros e para tratar todos os outros como gostaria de ser tratado.

Só Acaba com o Ômer

O sêder acabou e você está pronto para a vida voltar ao normal, certo? Bem, não se anime muito ainda, porque é hora do período de 49 dias chamado de Contagem do Ômer (ou apenas Ômer). Muitos judeus não tradicionais tendem a ignorar totalmente o Ômer, mas pode ser um momento fascinante de autorreflexão e melhoria espiritual. Esse período também inclui diversos outros feriados específicos que mencionaremos mais adiante nesta seção.

Raízes agrícolas

A Contagem do Ômer, como muitos outros feriados, dá atenção novamente ao ciclo agrícola. Nos tempos bíblicos, os israelitas honravam a colheita da primavera balançando um feixe de cevada (chamado *ômer*) no que os judeus hoje em dia consideram a segunda noite de Pessach. Então eles contavam os 49 dias seguintes, até a colheita do trigo no 50º dia (chamado Shavuot, veja o Capítulo 26).

CAPÍTULO 25 **Do Lamento ao Júbilo: Pessach** 347

Ao longo dos séculos, conforme o calendário agrícola se tornou menos relevante para os judeus, o Ômer tomou um significado mais espiritual. Embora ninguém saiba exatamente quanto tempo levou para que os israelitas recém-libertos caminhassem do Egito até o Monte Sinai (onde receberam a Torá; veja o Capítulo 3), a tradição dita que a revelação ocorreu no 50º dia. Com isso em mente, o período do ômer reflete a natureza da jornada da escravidão (simbolizada por Mitzrayim) à liberdade e à revelação.

(Curiosamente, a tradição cristã se espelha nessa jornada de sete semanas: Pentecostes — a descida do Espírito Santo sobre os apóstolos — ocorreu sete semanas, ou 49 dias, após a Páscoa. Alguns dizem que a "última ceia" de Jesus foi, de fato, um sêder de Pessach, então não é surpresa que Pentecostes ocorra quase exatamente no mesmo período que Shavuot.)

Geralmente, o período dos 33 primeiros dias do Ômer é um momento de semiluto, significando que tradicionalmente não acontecem casamentos ou celebrações festivas. Os judeus tradicionais também param de tocar instrumentos musicais ou até mesmo de cortar o cabelo durante esse período. Em geral, as únicas exceções são as duas luas novas que ocorrem durante o Ômer e Lag BaÔmer (o 33º dia do Ômer, descrito logo mais nesta seção).

Visto que a Bíblia diz especificamente para contarmos os dias do Ômer, a cada noite, com início na segunda noite de Pessach, os judeus são instados a dizer a seguinte bênção:

Baruch atá Adonai Elohênu mélech haolam, asher kideshanu bemitsvotav vetsivánu al sefirat haômer.

Bendito sejas Tu, Eterno, nosso Deus, Rei do Universo, que nos santificaste com os Teus mandamentos [caminhos de santidade] e nos ordenaste quanto à contagem do Ômer.

...e então, leia a frase a seguir, preenchendo os espaços com os números apropriados (pode deixar de fora a parte entre colchetes durante a primeira semana

Hoje é o __ dia [ou seja, __ semana(s) e __ dia(s)] da contagem do Ômer.

O mágico e místico sete

A essência dos ensinamentos místicos judaicos é chamada de *cabalá*, que literalmente significa "aquilo que é recebido". Por volta do século XVI, os místicos começaram a associar a Árvore da Vida Cabalística (veja o Capítulo 5) às sete semanas da contagem do Ômer, de modo que pudessem honrar mais profundamente as energias especificamente espirituais de cada passo da jornada.

Os rabinos associaram o período de 49 dias às sete *sefirot*, ou níveis, mais abaixo na Árvore da Vida — uma para cada semana. Eles também associaram cada dia da semana com uma dessas sete.

Muitos livros tradicionais de orações incluem as sefirot do dia, com a ordem da contagem. Mais recentemente, os livros de orações oferecem meditações e intenções específicas para cada uma das semanas e para cada um dos dias.

Aqui, novamente temos um exemplo claro de como os feriados judaicos (com poucas exceções principais, como o Rosh Hashaná e o Yom Kipur) começaram como respostas aos ciclos agrícolas, depois foram associados a eventos históricos e, por fim, receberam significados especificamente espirituais. Talvez isso reflita a natureza essencial da evolução do judaísmo, saindo de um foco na ordem do mundo natural, passando pelos ritmos do mundo histórico e chegando à dimensão espiritual — uma Unidade compartilhada por todos.

Yom HaShoá

Em 1951, o Knesset (Parlamento) israelense separou o dia 27 de Nissan (que é o 12º da contagem do Ômer) como o *Yom HaShoá veHaguevurá* ("Dia da Destruição e do Heroísmo), geralmente chamado apenas de *Yom HaShoá*. Imortalizando o Holocausto e os 6 milhões de judeus mortos, o Yom HaShoá é claramente um dia de luto e lembrança, e os judeus realizam eventos na maioria das cidades com grandes populações judaicas. Em geral, as pessoas leem publicamente os nomes dos que foram mortos no Holocausto e recitam o cadish, a oração memorial judaica (veja o Capítulo 4).

LEMBRE-SE

Comunidades ao redor do mundo assumem a responsabilidade por recordarem o Holocausto de modo a aumentar a sensibilidade e encorajar ações para inibir tais atrocidades no futuro. Nesse dia, em Israel, o país inteiro pausa por um minuto — todo o trânsito cessa — para um momento compartilhado de recordação silenciosa.

Dia da Independência Israelense

Os judeus celebram o Dia de Independência Israelense no 20º dia da contagem do Ômer, que é o 5º dia do mês hebraico de Iyar (embora os dias da contagem do Ômer ocorram em dias diferentes do calendário gregoriano anualmente, sempre são consistentes no calendário hebraico).

O dia que precede o Dia de Independência é chamado de *Yom HaZikaron*, um "Dia de Lembrança" daqueles que perderam a vida tanto no estabelecimento quando na defesa posterior de Israel. No entanto, no pôr do sol (os "dias" judaicos começam no pôr do sol), aquele espírito de luto dá lugar a celebrações que se tornam barulhentas, incluindo a proliferação um tanto singular dos martelinhos de plástico que as crianças — e adultos agindo como crianças — usam para bater na cabeça uns dos outros. Emitindo um rangido com cada batida inofensiva, os martelos se tornaram uma parte da celebração do Dia de Independência de Israel assim como os fogos o são nos EUA [e os desfiles o são no Brasil].

Lag BaÔmer

O dia "oficial" de trégua do semiluto durante o período de contagem do Ômer chega em 18 de Iyar, Lag BaÔmer (literalmente, o 33º dia da contagem do Ômer). Todos parecem ter seu motivo favorito *pelo qual* o lamento deve parar neste dia. Alguns dizem que lamentamos durante a contagem do Ômer porque uma praga se proliferou entre os alunos de Rabi Akiva durante os primeiros anos do século III desta era, mas a praga parou no 33º dia. Outros dizem que foi nesse dia que o maná começou a cair do céu durante a caminhada bíblica para o Sinai.

Os Temas Universais em Pessach

PALAVRAS DE SABEDORIA

"O esquecimento leva ao exílio, enquanto a recordação é o segredo da redenção."

— Baal Shem Tov

O mês de Nissan, cuja Lua cheia ilumina a celebração de Pessach, é o primeiro mês do ano judaico. (Isso é meio confuso, porque Rosh Hashaná é, na verdade, chamado de Ano-novo Judaico; veja o Capítulo 19.) Nissan é o início da primavera [no Hemisfério Norte] e sinaliza um novo despertar do mundo natural que fala ao espírito humano sobre esperanças e possibilidades renovadas. O mundo natural é liberto das constrições do inverno e salta para a oportunidade de uma nova expressão.

Tal processo de redespertar é universal; essa celebração particular de reavivamento é judaica. Permitimos que o passado seja real novamente para que possamos evitar repeti-lo. Transmitimos as mensagens duradouras do passado para criar uma visão maior do que ainda podemos ver.

NESTE CAPÍTULO

» Aprendendo os três "Rs": Revelação, Recepção e Reconfirmação

» Perante o Sinai: Uma comunidade em temor

» Estudando a Torá até o Sol nascer

» Ouvindo a história de Rute

Capítulo **26**

O Esplendor da Natureza: Shavuot

A essência da espiritualidade judaica não é uma ideia, uma regra ou uma prática, e é ainda mais profunda do que um sentimento; na verdade, é uma mudança de consciência. A espiritualidade judaica é aquele momento profundo de despertar quando dizemos *uau!* e percebemos que cada pessoa faz parte de algo maior e mais unificado do que qualquer um de nós possa compreender. Tal percepção pode vir quando ouvimos uma música excelente, quando apreciamos um momento de meditação em silêncio profundo ou quando seguramos um recém-nascido.

Esses momentos são tão valiosos e incríveis, que o judaísmo tem um feriado apenas para celebrá-los: Shavuot, o Festival das Semanas, que ocorre no fim de maio ou começo de junho, cinquenta dias após o segundo dia de Pessach. *Shavuot* significa literalmente "semanas", referindo-se às sete semanas da contagem do Ômer que levaram a esse feriado (veja o Capítulo 25).

Infelizmente, embora seja um dos feriados mais importantes do calendário judaico, vários judeus o ignoram, pois, diferentemente do Chanucá, poucos rituais ou práticas tradicionais estão associados a ele. Muitas crianças judaicas nunca aprendem a celebrar o Shavuot, porque ele sempre ocorre após os colégios religiosos entrarem de férias de verão. No entanto,

CAPÍTULO 26 **O Esplendor da Natureza: Shavuot** 351

conforme vamos envelhecendo, passamos a perceber o Shavuot como cada vez mais atrativo e importante em nossa vida. Não leva muito tempo para descobrimos o porquê.

As Ideias por Trás de Shavuot

Os feriados judaicos geralmente são relacionados a festivais agrícolas, e o Shavuot não é exceção. Quando o Pessach originalmente celebrava a colheita de cevada e do trigo da primavera, o Shavuot honrava a mudança da primavera para o verão, o amadurecimento dos frutos e o início da principal colheita de trigo. Este é o único festival prescrito na Bíblia exclusivamente por motivos agrícolas, ordenando que cada família leve seus "primeiros frutos" (*bikurim*) ao Templo em Jerusalém como uma oferta a Deus. Daí o feriado também ser chamado de *Chag haBikurim* ("festival dos primeiros frutos") e *Chag haKatzir* ("festival da colheita").

Podemos imaginar a visão extraordinária de milhares de famílias judaicas anualmente fazendo uma peregrinação ao Templo de Jerusalém, carregando elaboradas cestas de figos, tâmaras, uvas, romãs e azeitonas para o jubiloso festival de Shavuot. Além disso, cada família levava dois pães feitos com seu melhor trigo, da primeira colheita.

Recebendo a Torá

Gerações depois, os judeus que viviam em cidades se perguntavam: "Ei, não vivo mais no campo, por que deveria me preocupar celebrando o Shavuot?" Talvez você esteja se fazendo a mesma pergunta. Para que o feriado sobrevivesse, os judeus tiveram que expandir seu significado.

Em algum momento durante o período do Segundo Templo (veja o Capítulo 13), o Shavuot foi formalmente declarado como o aniversário do recebimento da Torá no Monte Sinai. Isso conferiu ao dia sagrado uma relevância que conseguiria persistir, não importa onde os judeus vivessem, muito além da destruição do Templo e dos 2 mil anos de exílio judaico. Até hoje o Shavuot também é chamado *Zeman Matan Torateinu* ("o momento em que nos foi dada nossa Torá").

Porém o pêndulo continua se movimentando, assim, talvez tenha sido inevitável que, conforme os judeus se estabeleciam de volta na Palestina (e posteriormente em Israel) no século XX e começavam a cultivar a terra novamente, o festival de Shavuot retornasse a suas raízes agrícolas. Atualmente, enquanto quem mora nas cidades faz uma celebração urbana, os produtores rurais não religiosos celebram o feriado com festividades agrícolas.

352   PARTE 4 **Celebrações e Dias Sagrados**

OBTENDO UMA BOA RECEPÇÃO NO SINAI

Se algum dia você já esteve no deserto do Sinai, no Egito, sabe que parece que estamos no meio do nada. Talvez Jerusalém ou alguma outra civilização central teria feito mais sentido para uma revelação de tamanha importância. Porém, ao longo dos séculos, os rabinos vêm ensinando que a Torá foi dada no deserto porque ninguém é dono dele, indicando que a Torá é para toda a humanidade. Caso ela tivesse sido recebida na terra de alguém, raciocinaram os rabinos, então um ou outro povo poderia ter se gabado de que "a Torá foi dada no meu território".

Há muito tempo os professores judeus usam essas historinhas para ensinar lições de vida. Outra fábula rabínica conta sobre uma competição entre todas as montanhas da região. Cada uma queria sediar a revelação, mas o Monte Sinai decidiu não entrar na disputa porque sentia que era comum demais. Deus o escolheu, dizem os rabinos, por causa de sua humildade.

Reunindo-se no Sinai

Se você acha que a Torá é apenas um livro de histórias ou um conjunto de leis, então o Shavuot — a celebração de termos recebido esse Livro — não significará muito para você. Lembre-se, no entanto, de que a palavra *Torá* significa muito mais do que os cinco primeiros volumes da Bíblia; é o Caminho básico do judaísmo (veja o Capítulo 3). Você não precisa concordar com cada palavra da Torá escrita para celebrar a prática o espírito e o "Tao" do judaísmo.

Além disso, precisamos enfatizar que o Shavuot não celebra apenas os livros, as tradições orais ou até mesmo todo o caminho judaico. O feriado homenageia o *recebimento* do Caminho chamado "judaísmo". E quando dizemos "receber", não estamos apenas dizendo que isso aconteceu a um grupo de pessoas paradas ao redor de uma montanha 3.300 anos atrás. O judaísmo entende claramente que Deus dá a Torá a cada dia, a cada momento.

LEMBRE-SE

O Pessach desafia as pessoas a participarem da transição da escravidão para a liberdade — tornando-a algo pessoal ao refletirem sobre as escravidões de sua própria vida. Então, cinquenta dias depois, o Shavuot as desafia a participarem na corrente contínua da transmissão da Torá por meio da qual a natureza essencial desta é aprofundada. Em outras palavras: envolva-se!

CAPÍTULO 26 **O Esplendor da Natureza: Shavuot** 353

Sintonize-se hoje!

Cada feriado judaico tem palavras-chave que nos ajudam a lembrar o que está acontecendo. Para o Pessach, pensamos em "liberdade" e "responsabilidade". Talvez o Chanucá possa ser resumido com "dedicação" e "milagres". Para o Shavuot, as palavras em que devemos nos concentrar são "revelação", "recepção" e "comprometimento". Falaremos sobre comprometimento posteriormente neste capítulo; por ora, exploraremos as ideias de revelação e recepção.

Uma comunicação normal sempre pode ser identificada no tempo e no espaço ("Ele disse isso *lá* e *em tal momento*"); a revelação, por outro lado, é uma profunda comunicação espiritual que está além das fronteiras de tempo e espaço — ela acontece em todos os lugares, o tempo todo. Estar ciente da revelação é como sintonizar em uma estação de rádio ou TV que não sabíamos que existia. (Podemos até imaginar os comerciais: Você está sintonizado em "W–D–E–U–S! Tudo sobre Deus, o tempo todo! Agora, vamos à previsão do tempo...")

É claro, não podemos simplesmente definir a sintonia e começar a ouvir essa estação. Precisamos de um tipo específico de sensibilidade. Mas enquanto algumas tradições ensinam que apenas certas pessoas podem "se sintonizar" e atuar como uma conexão para Deus, a tradição judaica encoraja todos a estudarem e se tornarem mais disponíveis para esse profundo canal de comunicação (veja o Capítulo 2).

Anunciai pelas montanhas

A história judaica, exposta na Bíblia, contém inúmeras instâncias nas quais as pessoas têm uma teofania. (*Teofania* é uma de nossas palavras favoritas; ela significa, de modo geral, "ver ou experienciar Deus".) Noé, Abraão, Jacó, Ezequiel e os outros profetas... não importa o motivo, todos receberam algo de significância duradoura na forma de palavras e visões. De igual modo, a Bíblia diz que, cerca de 3.300 anos atrás, Moisés, liderando os israelitas pelo deserto, teve uma série de revelações. E tais revelações — aquilo que foi recebido — são a Torá.

A data de Shavuot marca o dia quando Moisés teve sua primeira revelação no Sinai e desceu da montanha com os Dez Princípios (as tábuas de pedra vieram quarenta dias depois). Também são chamados de Dez Afirmações, mas passaram a ser conhecidos como os "Dez Mandamentos" durante a maior parte da história ocidental (veja o Capítulo 4). Alguns professores dizem que o Shavuot é "a experiência máxima quintessencial".

PARTE 4 **Celebrações e Dias Sagrados**

Contando histórias

Talvez mais do que qualquer outro feriado judaico, o Shavuot tenha se tornado o foco de muitas incríveis histórias midráshicas (veja o Capítulo 3) ao longo dos séculos. Tais contos acrescentam riqueza a Shavuot e ajudam a descrever a gama de emoções e temas associados a esse dia.

Por exemplo, alguns rabinos ensinam que a filha de Faraó tirou Moisés do Nilo no dia de Shavuot. Outros insistem que o rei Davi nasceu e morreu no Shavuot e que o Baal Shem Tov (veja o Capítulo 28) também faleceu em Shavuot no ano de 1760.

As histórias do recebimento da Torá no Shavuot também são maravilhosamente variadas, embora poucas tenham bases bíblicas. Veja apenas algumas amostras:

» Alguns dizem que os israelitas ouviram Deus pronunciar apenas a primeira palavra do primeiro princípio, *Anochi* ("Eu sou"). Outros insistem que o povo ouviu somente a primeira sílaba ("Ah) antes de enviar Moisés para receber o restante.

» Uma tradição observa que os Dez Princípios contêm 172 palavras individuais, e que Deus falou todas elas ao mesmo tempo, de modo que os israelitas não considerassem um princípio mais importante do que o outro.

» Uma fábula muito contada diz que Deus ofereceu a Torá para diversos outros povos, sendo que todos a rejeitaram após ouvirem o que ela continha. Porém, quando Deus se aproximou dos israelitas, eles responderam "Faremos e ouviremos", indicando que obedeceriam mesmo antes de ouvir o que a Torá dizia.

» Por outro lado, de acordo com um sermão, conforme os israelitas se aproximavam do Monte Sinai, Deus levantou a montanha acima daquele povo, ameaçando soltá-la sobre eles caso não aceitassem a Torá. Todos gritaram "Nós aceitamos!", e uma miríade de anjos desceu para dar a cada pessoa uma coroa e uma "faixa de glória" (que, aliás, Deus retirou quando os hebreus posteriormente fizeram o Bezerro de Ouro).

Uma de nossas histórias favoritas de Shavuot descreve como os céus se abrem à meia-noite desse dia, todas as orações são ouvidas e podemos experienciar o Universo inteiro. A revelação é algo misterioso para captarmos, mas uma porta cósmica certamente faz muito para ajudar a descrever tal conceito abstrato.

CAPÍTULO 26 **O Esplendor da Natureza: Shavuot**   355

Buscando Novos Rituais

Talvez você esteja se perguntando "O que *fazemos* nesse feriado?" Boa pergunta. O Chanucá tem as velas, o Pessach tem a matzá e o sêder, e o Sucot têm a *sucá* (a cabana temporária), mas o Shavuot não tem praticamente nada na forma de um ritual oficial, talvez como uma maneira de encorajar mais rituais pessoais. Para um de nossos amigos, comer cheesecake no Shavuot se tornou o ritual "oficial"; veja a seção "Já tomou leite hoje?", posteriormente neste capítulo.

Muitos judeus tradicionais visitam a *mikvá* (um banho ritual) ou qualquer lugar onde a água flua livremente, como um rio, lago ou oceano, na tarde logo antes do início do Shavuot (lembre-se de que os feriados começam no pôr do sol), de modo a se limparem e purificarem espiritualmente para a revelação.

O Shavuot começa com o acendimento ritual das velas em casa (veja o Apêndice B), e em geral o povo judeu vai depois para um serviço na sinagoga, onde algumas orações e poemas especiais de Shavuot são recitados. Por exemplo, nas sinagogas asquenazitas, o poema do século XI *Akdamut* é popular, contando sobre o amor de Deus e a devoção de Israel à Torá. A abertura do poema é particularmente adorável:

> Se fosse tinta todo o mar, e os céus infindos, os papéis; quais penas fosse todo hastil, e os homens, escrivães fiéis; nem mesmo assim, o amor de Deus poderia ser descrito em todo o fulgor.

Em geral, como um ato de rededicação, a congregação se levanta e lê os Dez Princípios em voz alta com um *tropo* especial (uma melodia entoada). Para enfatizar o tema de que o Shavuot é um compromisso simbólico, algumas comunidades sefarditas leem em voz uma *ketubá* especial (certificado de casamento) que fala do amor e do casamento entre Deus e o povo judeu. Também pode ser incluída a porção de Haftará (veja o Capítulo 3) que descreve a visão extraordinária que Ezequiel teve da carruagem.

Fazendo uma noitada mística

Outra forma de se preparar para receber a revelação é "ficar acordado" para o que está acontecendo ao seu redor — ao manter a mente e o coração em alerta, estará mais bem preparado para "sintonizar-se" com uma dimensão espiritual. Um número cada vez maior de judeus entende essa ideia literalmente e fica acordado para estudar e meditar a noite toda na primeira noite de Shavuot. Tal costume, chamado *Tikun Leil Shavuot* ("Reparo na noite de Shavuot"), foi iniciado pelos cabalistas místicos de Safed no século XVI (veja o Capítulo 5).

PENTECOSTES VERSUS SHAVUOT

Se a expressão "cinquenta dias depois" lhe soa familiar, talvez esteja pensando no feriado cristão de Pentecostes, que cai no sétimo domingo após a Páscoa. A tradição cristã diz que, cinquenta dias após Jesus ter ressuscitado, o "Espírito Santo", ou a "Presença Divina", desceu e preencheu o pequeno grupo de apóstolos judeus com inspiração. Consideramos os paralelos entre a revelação do Monte Sinai e essa tradição cristã fascinante; o tema "receber" claramente parece chegar além das fronteiras judaicas nessa época do ano. Curiosamente, *Pentecostes* era originalmente o nome grego para Shavuot.

O Tikun, como geralmente é chamado, é uma cerimônia projetada para preparar os judeus para receber a Torá novamente. Tradicionalmente, em um Tikun, você pode ler e discutir versos de cada porção da Torá, os livros dos Profetas, os volumes da Mishná (no Talmud; veja o Capítulo 3) e o Zohar (veja o Capítulo 5). Abdicando do sono, você tenta aperfeiçoar sua alma e seu intelecto em antecipação ao alvorecer e à revelação. É um desafio permanecer concentrado a noite toda, mas quando vê o nascer do sol com os olhos exaustos, tem uma sensação definitiva de triunfo.

Algumas congregações na verdade não ficam acordadas a noite toda; apenas fazem um Tikun até mais tarde, daí todos se arrastam para casa.

Decorem o salão...

Para a maioria dos judeus (pelo menos para quem vive em grandes cidades, como nós), a única recordação de que o Shavuot era originalmente um festival agrícola aparece na forma de lindas flores e plantas verdes exuberantes que decoram as sinagogas e lares nessa época do ano. Em vez de levar trigo e "os primeiros frutos" ao Templo, os judeus se reconectam com a terra e com a beleza ao seu redor ao levar rosas, ervas aromáticas e plantas verdejantes para dentro.

Depois que o Vilna Gaon (um importante sábio lituano do século XVIII) baniu o costume de decorar com árvores e plantas porque parecia ser pagão demais, muitos judeus europeus passaram a decorar suas casas e sinagogas com recortes de papel no formato de plantas, animais e figuras bíblicas. Hoje em dia, não é incomum ver tanto esses recortes (alguns bem simples feitos por crianças, e às vezes outros muito elaborados feitos por profissionais), assim como plantas verdes como decorações.

CAPÍTULO 26 **O Esplendor da Natureza: Shavuot** 357

Tomou?

Para muitos, "feriado judaico" pode ser traduzido como "comida... muita comida". Assim, por que Shavuot seria diferente? Alguns professores judeus dizem que o Shavuot é o melhor feriado porque durante o Pessach não podemos comer *qualquer coisa* que quisermos, no Sucot não podemos comer em *qualquer lugar* que quisermos, no Rosh Hashaná podemos comer apenas após recitarmos longas orações, e no Yom Kipur nem podemos comer nada. Mas no Shavuot, podemos comer o que, onde, quando e como quisermos.

No entanto, a comida tradicional de Shavuot são os laticínios (que, como analisamos no Capítulo 4, podem ser praticamente qualquer prato vegetariano) e em geral inclui blintzes de queijo com sour cream e compotas (veja a receita neste capítulo), docinhos de queijo, kreplach de queijo e cheesecake. Os motivos subjacentes ao comer laticínios são um mistério, embora possam nos recordar das raízes agrícolas de Shavuot. Mas quando o assunto é comer doces sobremesas de laticínios, quem precisa de motivos?

Blintzes de Queijo

Blintzes de queijo: é impressionante como apenas três palavras podem dar água na boca. Um blintz é basicamente um crepe recheado, geralmente doce e sempre delicioso.

Tempo de preparo: 1 hora.	Tempo de cozimento: 40 min.	Rendimento: De 24 a 30 blintzes.

INGREDIENTES
Crepes:

6 ovos batidos

1 xícara de água

½ colher de chá de açúcar

1 pitada de sal

1 xícara de leite

2 xícaras de farinha

Óleo vegetal para fritar os crepes e saltear os blintzes

Recheio:

2 xícaras de queijo cottage, escorrido (ou prensado)

MODO DE PREPARO

1. Para fazer os crepes, use uma tigela grande para misturar os ovos, a água, o açúcar, o sal e o leite. Acrescente a farinha — pouquinho de cada vez — enquanto mistura, até que a massa fique lisa (ficará muito mais fina que a massa normal de panquecas).

2. Escorra bem o queijo cottage. Pode até escorrer mais líquido colocando o queijo em um pano ou pressionando-o em um escorredor fino. (Caso esteja usando o queijo prensado, não é necessário escorrer, mas é importante esfarelá-lo bem.)

3. Enquanto o queijo é drenado, aqueça uma frigideira de 20 centímetros no fogo médio ou médio para baixo e unte com um pouco de óleo. Quando estiver quente, despeje cerca de $^1/_3$ de xícara da massa e gire a frigideira para espalhá-la o mais fino que puder. Não vire o crepe; ele é frito apenas de um lado. Assim que estiver pronto na parte de cima e dourado embaixo, vire a frigideira de cabeça para baixo sobre um pano

| Tempo de preparo: 1 hora. | Tempo de cozimento: 40 min. | Rendimento: De 24 a 30 blintzes. |

2 ovos

¾ de colher de chá de sal

2 colheres de chá de açúcar (ou a gosto)

½ colher de chá de extrato de baunilha

úmido e bata gentilmente nela para que o crepe se solte (caso esteja usando uma boa frigideira que não gruda, talvez consiga retirá-lo sem virá-la). Repita o processo até terminar a mistura. Pode empilhar os crepes separando-os com papel-manteiga.

4. Em uma tigela média, misture 1 ovo com o sal, o açúcar e a baunilha. Incorpore o queijo e misture até que o recheio fique cremoso, mas consistente — quase igual ao requeijão. Se estiver muito líquido, o recheio escorrerá dos blintzes. (Caso isso ocorra, pode tentar adicionar um pouco de farinha de matzá.)

5. Em uma tigela pequena, bata o segundo ovo com uma colher de sopa de água; você usará essa mistura para ajudar a fechar os blintzes.

6. Coloque um crepe com o lado frito (levemente dourado) para cima e adicione 2 ou 3 colheres de sopa do recheio. Dobre a ponta de baixo sobre o recheio (deve cobrir quase toda a mistura) e pincele uma pequena quantidade da mistura de ovo e água sobre a área exposta, que foi dobrada (isso ajudará a fechar o blintz). Em seguida, dobre os dois lados para que tenha um "envelope" com três pontas. Agora, enrole o blintz. Logo antes de fechar o rolo, pincele mais um pouquinho da mistura de ovo e água na extremidade de cima para ajudar a fechar. Repita até que tenha terminado os crepes. Agora você pode salteá-los, ou refrigerá-los, ou congelá-los para saltear depois. (Coloque-os sobre papel-manteiga, mas não deixe que se encostem.)

7. Para saltear os blintzes, frite-os com manteiga ou óleo vegetal, com o lado dobrado para baixo (para garantir que não abram). Frite os blintzes até que estejam dourados, vire-os e frite o outro lado até alcançar a mesma cor. (Observe que geralmente é mais fácil usar pinças do que espátula para fazer isso.) Quando estiverem prontos, retire o excesso de óleo com papel toalha e sirva-os com sour cream, compota de maçã, açúcar de confeiteiro, outras compotas, frutas frescas ou qualquer condimento gostoso.

(continua)

CAPÍTULO 26 **O Esplendor da Natureza: Shavuot** 359

(continuação)

| Tempo de preparo: 1 hora. | Tempo de cozimento: 40 min. | Rendimento: De 24 a 30 blintzes. |

Por porção: *Calorias: 150 (Da gordura: 66); Gordura: 7g (Saturada: 2g); Colesterol: 84mg; Sódio: 229mg; Carboidrato: 11g (Fibra dietética: 0g); Proteína: 8g.*

Variações: Esta receita para blintzes de queijo é bem tradicional; alguns gostam de acrescentar castanhas, frutas ou condimentos. Outros eliminam totalmente o recheio de laticínios e usam cereja ou maçã.

Lendo Rute

Com as decorações verdes e as refeições vegetarianas, no Shavuot, os judeus tradicionalmente leem o livro de Rute. A curta história leva apenas dez ou quinze minutos para ser lida, mas caso não tenha uma Bíblia por perto, veja a seguir o resumo básico da história:

Era uma vez uma não judia chamada Rute que se casou com um judeu proveniente de uma família que tinha recentemente se mudado para seu país. Quando, logo depois, seu marido e seu sogro morreram, sua sogra, Noemi, decidiu retornar ao próprio país, a terra de Judá. Ela instou que Rute não a acompanhasse, mas esta se recusou, respondendo: "Aonde fores irei, onde ficares ficarei! O teu povo será o meu povo e o teu Deus será o meu Deus!" Em resumo, ela escolheu se converter ao judaísmo.

Rute viajou com Noemi de volta à terra natal desta, casou-se com um parente rico de seu sogro e deu à luz um filho chamado Obede. O neto de Obede, revelou-se, era o rei Davi, o que significa que Rute é celebrada como heroína: bisavó do rei e ancestral do futuro messias. Fim.

Embora o livro de Rute seja uma história muito boa, o fato é que também ressoa com os temas gerais do Shavuot. Por exemplo, quanto ao tema do comprometimento, Rute comprometeu-se livremente ao judaísmo, assim como os hebreus se comprometeram com a Torá.

LEMBRE-SE

A moral da história de Rute é que uma pessoa não judia pode não apenas se tornar uma parte autêntica da comunidade judaica, mas também uma parte crucial da história dos judeus.

A história também toca o tema de "receber", embora com um significado levemente diferente daquele que estamos discutindo. Naomi e os outros judeus receberam Rute — quer dizer, recepcionaram-na com braços abertos e amorosos. A aceitação que o livro apresenta é uma recordação do ideal de que os judeus devem receber aqueles que decidem se tornar parte da comunidade.

GUIA DE INICIANTES PARA O SHAVUOT

O Shavuot, como todos os outros feriados, é melhor quando celebrado com outras pessoas, e, desde que todos homenageiem os mesmos temas, não há motivos para que sejam todos judeus. Caso seja convidado para uma celebração de Shavuot, veja algumas sugestões que ajudarão todos a entrar no espírito certo:

- Leve flores ou plantas verdes. As rosas são uma ótima opção se não forem muito caras em sua região (alguns dizem que o Monte Sinai ficou coberto de rosas na revelação, embora tenhamos dificuldades de visualizar isso).

- Caso leve comida, considere levar um prato vegetariano ou feito de laticínios.

- A noitada de Tikun Leil Shavuot pode ser uma experiência muito divertida e educacional, mas faça-se um favor e leve lanches, café ou chá, chocolate (uma boa fonte de cafeína e açúcar) e lenços úmidos para lavar o rosto ocasionalmente e se manter acordado.

Novamente, há poucas regras no Shavuot, mas muitas oportunidades para despertar, receber e se comprometer com seu caminho. Aproveite!

Tradições não tradicionais

Como Shavuot tem poucos rituais prescritos, vemos como uma grande oportunidade de experimentar suas próprias tradições. Veja a seguir algumas ideias para começar:

» As cerimônias judaicas de confirmação geralmente ocorrem em Shavuot (veja o Capítulo 8). A confirmação é uma oportunidade para os jovens (geralmente em torno de dezesseis anos) fazerem a escolha consciente e adulta de continuar seu caminho judaico e serem parte da comunidade judaica. Mas por que parar aos dezesseis? O Shavuot é um ótimo momento para qualquer um com qualquer idade fazer a confirmação ou reconfirmação. Crie um ritual simples ou elaborado, conforme lhe parecer certo.

» Sherwin Wine, fundador do movimento judaico secular humanístico na década de 1960, sugere que, no Shavuot, nos concentremos nos 3 mil anos de criatividade literária do povo judeu. Aqui a Torá é apenas o primeiro livro em uma longa história de importantes obras judaicas. Como observa o rabino Wine, "A maior colheita do povo judeu ao longo dos últimos 2 mil anos não é o trigo. É a palavra escrita".

» Algo com relação às montanhas nos inspira a nos abrirmos às profundas dimensões da realidade. Tire um dia para-fazer uma caminhada ou um piquenique em uma montanha de usa região. Caso more em um estado sem essa característica geográfica, pode alcançar o mesmo efeito sentando-se em um espaço bem aberto.

» O Shavuot e o Tu BiShvat (veja o Capítulo 23) têm um tema comum de conexão com a natureza. Alguns até dizem que o Shavuot é o "dia do julgamento das árvores frutíferas", e encorajam as pessoas a orar pelas árvores. Tire um tempo para se sentar em um jardim e se lembrar de como é extraordinário o fato de que as coisas crescem desse jeito. Caso tenha um jardim, o Shavuot é uma época maravilhosa para prensar flores.

» Comer uma boa fatia de pão (o caseiro é melhor, é claro) com um pouco de mel enquanto lê um bom livro (ou até "O Bom Livro") é uma atividade celestial em Shavuot. Caso ninguém esteja olhando, movimente o pão e o livro acima de sua cabeça em oração e agradecimentos silenciosos (ou não tão silenciosos assim), como os antigos judeus faziam com suas ofertas no Templo.

Novo Despertar

O Shavuot encoraja uma maior apreciação do relacionamento entre o finito e o infinito, entre o temporal e o eterno. Podemos imaginar a Torá como a forma por meio da qual o infinito se adentra ao mundo finito. O ciclo do ano judaico vê a redenção da escravidão (Pessach) completando-se na revelação do Sinai (Shavuot). O restante da história judaica (e do ano judaico como um todo) envolve a tradução e a interpretação contínuas de tal revelação.

Temos uma oportunidade de considerar as profundezas ilimitadas da Torá e de reafirmar suas mensagens essenciais:

» Há uma conexão entre nós mesmos e aquilo que é Maior.

» Vivemos em um Universo ao qual estamos intimamente conectados em todos os níveis.

» Somos expressões individuais de uma Unidade Universal.

362   PARTE 4 **Celebrações e Dias Sagrados**

NESTE CAPÍTULO

» Permitindo um dia de luto

» Jejuando e recordando

» Lidando com a dor

» Entrando na celebração com Tu BeAv

Capítulo **27**

Um Dia de Luto: Tishá BeAv

Em uma das passagens mais citadas da Bíblia, *Kohelet* (o livro de Eclesiastes) diz: "Tudo tem o seu tempo determinado, e há tempo para todo o propósito debaixo do céu... Tempo de chorar e tempo de rir; tempo de prantear, e tempo de dançar." Essas palavras não são apenas um velho clichê, elas declaram uma verdade importante esquecida por muitos: a profunda importância de sentirmos e expressarmos um espectro completo de emoções de modo a sermos verdadeiramente humanos.

A sociedade moderna, tanto no Oriente como no Ocidente, tende à filosofia de que "se não está sorrindo, então há algo de errado". Mas o judaísmo tem uma tradição milenar que insiste em que a real força vem a partir de sentirmos uma vasta gama de emoções — até mesmo os sentimentos "negativos" que muitos tentam evitar ao se distrair com atividades frívolas.

O Tishá BeAv — o "nono dia do mês de Av", que geralmente cai no final de julho ou início de agosto — é um dia para abrirmos mão de tais distrações e sentirmos um lamento profundo. De fato, os judeus tradicionalmente observam os mesmos ritos como se um parente próximo tivesse morrido (veja o Capítulo 10). Na superfície, o dia recorda a destruição dos dois Templos de Jerusalém (veja os Capítulos 12 e 13). No entanto, outras tragédias também estão associadas a esse dia:

CAPÍTULO 27 **Um Dia de Luto: Tishá BeAv** 363

- » A tradição afirma que no Tishá BeAv, Deus disse a Moisés e ao povo de Israel que, como não tinham fé suficiente em Deus, não poderiam entrar na Terra Prometida por quarenta anos (até que a geração que fora escravizada no Egito morresse no deserto; veja o Capítulo 11).

- » Alguns eruditos dizem que foi no Tishá BeAv em 1290 EC que o rei da Inglaterra ordenou a expulsão dos judeus (outros dizem que foi uma semana antes).

- » O Tishá BeAv marcou a data em 1492 EC, quando os judeus foram expulsos da Espanha (a menos que se convertessem).

- » O exército russo mobilizou seus exércitos no Tishá BeAv de 1914, levando à eclosão da Primeira Guerra Mundial (que muitos acreditam ter marcado o início do fim do judaísmo do Leste Europeu).

É claro, todos esses eventos aconteceram muito tempo atrás, e as pessoas raramente ficam muito animadas quanto a se recordar de um dia de luto. O resultado é que cada vez menos pessoas homenageiam o Tishá BeAv. Mas esse dia suscita temas importantes para os judeus de hoje em dia — perda, exílio e o desejo de voltar para casa —, temas esses que podem ajudar as pessoas a entenderem mais profundamente o judaísmo e a si mesmas. A data exige que passemos por lugares de luto pessoal e comunitário, chegando à esperança, ao otimismo e à alegria mais profundos.

Jejuando, Lendo e Refletindo

Os judeus tradicionais jejuam no Tishá BeAv, permitindo que o dia seja de autoaflição e lamento, com restrições iguais àquelas do Yom Kipur (veja o Capítulo 20).

Os serviços da noite na sinagoga incluem o livro de Lamentações (*Eichá*, em hebraico), entoado pelo cantor em uma melodia antiga que expressa tanto a dor pessoal como o luto da comunidade. O livro é um réquiem à destruição do Templo e de Jerusalém, um pranto para que Deus ouça as súplicas e veja as lágrimas do povo judeu. Nesse serviço, os judeus geralmente removem os calçados e se sentam no chão, em banquinhos baixos ou almofadas em um santuário escurecido.

LEMBRE-SE

Tais rituais de lamento não têm o propósito de fazê-lo se sentir péssimo. O judaísmo não está pedindo que você use cilícios ou bata a cabeça contra uma parede. A ideia é simplesmente estar consciente e criar uma atmosfera de lugubridade e de profunda recordação. Honrar os dias de tristeza nos lembra de que a vida é repleta de altos e baixos e que viver plenamente significa aceitar o ruim com o bom.

GUIA DE INICIANTES PARA O TISHÁ BEAV

O serviço de Tishá BeAv é diferente de qualquer outro no ano, e talvez você considere ser uma experiência fascinante caso esteja disposto a se abrir às energias de lamento do dia. No entanto, lembre-se de que o feriado não é tão observado como já foi, então você pode ter que procurar uma sinagoga que o ofereça. Veja a seguir algumas coisas a ter em mente caso participe de um:

- **Não leve alimentos ou bebidas ao serviço. Certifique-se de fazer uma boa refeição antes, pois não haverá nada para comer.**

- **Não use maquiagem, perfume ou joias espalhafatosas. Outra coisa: não use calçados com sola de couro (os judeus tradicionais evitam totalmente o couro).**

- **Nos serviços de Tishá BeAv, é possível que os judeus não se cumprimentem antes ou depois do serviço, embora seja importante ficar de olho em outros congregantes. Seja como for, você deve manter um ar sombrio e permanecer relativamente quieto.**

- **Caso não saiba hebraico, certifique-se de conseguir uma cópia do livro de Lamentações (está em todas as Bíblias) para que possa acompanhar conforme o cantor recita o fascinante poema; lembre-se de que, embora o livro fale sobre a destruição de Jerusalém, você deve usá-lo para refletir sobre suas próprias experiências de perda.**

Judeus mais liberais podem apenas passar o dia em reflexão silenciosa, saindo para caminhadas ou para visitas em cemitérios.

O Tishá BeAv Atualmente

Todo mundo já experimentou a perda pessoal de "templos", como a perda da infância, de pessoas ou de coisas que eram profundamente importantes. Mesmo uma perda experimentada há trinta anos ou mais pode ainda exigir luto — revisitar um processo no qual sentimos a dor e passamos por ela de modo a crescermos. O Tishá BeAv poderia ser um dia do ano quando realmente nos permitimos explorar tais profundezas como um passo crucial para a cura.

Similarmente, muitos judeus estendem os temas do Tishá BeAv globalmente, observando que foi por volta dessa época do ano (dias 6 e 9 de agosto, para sermos exatos) que os EUA soltaram as bombas atômicas sobre Hiroshima e Nagasaki. Alguns rabinos também observam que a humanidade está prestes a destruir o Templo mais sagrado — a Terra — por meio da poluição, do uso exagerado de recursos ou do aquecimento global.

CAPÍTULO 27 **Um Dia de Luto: Tishá BeAv** 365

O ritual de Tishá BeAv convida as pessoas a se recordar da dor e a permanecer conscientes em tal recordação. O feriado não é uma época de negação; pelo contrário, é um convite a experimentarmos profundamente o luto e a dor. Em última instância, os judeus consideram o Tishá BeAv como um momento de afirmação, no qual as dores e o luto promovem capacidades de experienciarmos e compartilharmos maiores alegrias, compaixão e cuidado.

Tu BeAv: Libertação para a Alegria

O primeiro Shabat após o Tishá BeAv é chamado de *Shabat Nachamu*. O nome é derivado das primeiras palavras da passagem de *Haftará* da semana: *Nachamu nachamu ami* ("Consolai, consolai o meu povo"). O serviço é um consolo bem-vindo, como ser abraçado pela mãe após chorar. Então, alguns dias depois, chega a festiva celebração de Tu BeAv ("o 15º dia de Av"). O festival da Lua cheia de Tu BeAv ocorre exatamente seis meses após a celebração de Tu Bishvat (veja o Capítulo 23), e embora a maioria dos judeus nunca tenha chegado a ouvir sobre esse feriado, é um momento cada vez mais popular para a celebração de casamentos. Enquanto o Tu Bishvat indica a primavera por vir, o Tu BeAv fornece os primeiros vislumbres do outono [no Hemisfério Norte], quando a temperatura cai e o clima fica cada vez mais moderado.

5

A Parte dos Dez

NESTA PARTE...

Apresentamos a você nossos pensadores e líderes judeus favoritos — afinal, não dá para conhecer bem alguma coisa sem sabermos sobre as pessoas fundamentais que a moldaram! E apresentamos respostas às perguntas mais frequentes sobre o judaísmo, desde o que significa dizer que os judeus são o povo "escolhido" até questões sérias sobre o humor judaico.

> **NESTE CAPÍTULO**
>
> » Dez pessoas que você precisa conhecer
>
> » Os cérebros por trás de dois milênios de pensamento judaico
>
> » Um quem é quem básico do judaísmo

Capítulo 28

Dez Pessoas que Ajudaram a Moldar o Judaísmo

Neste capítulo, levamos você por um pequeno tour sobre dez dos pensadores judeus mais importantes e influentes ao longo dos últimos dois milênios. Eles não foram apenas grandes judeus e grandes pensadores, mas também grandes pensadores sobre o judaísmo em si.

LEMBRE-SE

Esses não são *os* dez grandes pensadores, mas apenas dez de uma grande lista, organizados cronologicamente. Por questões de espaço, nos limitamos aos pensadores pós-bíblicos e tivemos que omitir diversos outros que merecem ser reconhecidos.

Talvez você perceba outra omissão aqui: a relativa falta de mulheres (apenas uma dessas pessoas é mulher). Claramente, as mulheres têm sido uma parte importante do judaísmo. No entanto, infelizmente, elas não eram encorajadas a estudar e a escrever sobre o judaísmo no passado, e as que o fizeram não foram muito reconhecidas. Há raras exceções, como Bruriá (esposa do sábio talmúdico Rabi Meir), e a professora hassídica do século XIX Hannah Rachel (conhecida como a Donzela de Ludomir). Considerando o número de mulheres que estão atualmente se tornando rabinas e escrevendo sobre o judaísmo, confiamos que a proporção entre homens e mulheres em tais listas será mais igualitária no futuro.

Hilel

Rabi Hilel (70 AEC a 10 EC) ficou conhecido por suas perguntas e respostas enigmáticas que exigiam profundas reflexões de seus alunos. Mas suas decisões rabínicas e sua ênfase no espírito da lei, em vez de na letra da lei, verdadeiramente o distinguiram como um grande pensador judeu.

Chegando a ser o líder e o maior sábio dos rabinos durante o período de Herodes, o Grande, e do Segundo Templo (veja o Capítulo 13), as regras de Hilel para interpretar a Torá lançaram as bases para todas as futuras análises bíblicas. Ele sempre destacava as interpretações práticas e éticas, em detrimento de uma consideração estrita pelas regras e rituais.

Hilel ensinou que o objetivo mais importante do judaísmo é o *tikun olam*, a melhoria do mundo por meio de ações éticas e morais. Em um ensinamento que ressoou por 2 mil anos tanto nos círculos judaicos como cristãos, ele perguntou: "Se eu não for por mim, quem será por mim? Mas se eu for só por mim, o que sou eu? E se não agora, quando?"

Diversos dos famosos descendentes de Hilel também se chamavam Hilel, o que faz da decifração histórica do judaísmo um belo desafio. Para ajudar a distinguir entre Hilel e sua prole, as pessoas geralmente se referem a esse grande professor como "Hilel, o Ancião".

Rashi

Quando você pensa no século XI, é provável considerar que as pessoas vivam em cabanas mexendo na terra para ganhar a vida. Afinal, é o que os filmes nos fazem acreditar. Porém, em Troyes, na França, um jovem chamado Shlomo ben Isaac (1040 a 1105 EC) se tornou o maior professor medieval do judaísmo e mudou para sempre a compreensão das pessoas sobre a Torá e o Talmud. O Rabi Shlomo ben Isaac é mais conhecido por um acrônimo criado a partir das primeiras letras de seu nome: Rashi.

A habilidade especial de Rashi era a tradução e os comentários sobre os significados de passagens da Torá e do Talmud. Ele escrevia de uma maneira incomumente clara e concisa, trazendo a perspectiva de um leigo para um corpo incrivelmente denso de obras. Fluente em diversos idiomas e poeta de sucesso, Rashi tinha diversas vinhas nas quais trabalhava na colheita das uvas, e a imagística do trabalho cotidiano e da produção de vinho aparecem ao longo de seus escritos.

370 PARTE 5 **A Parte dos Dez**

Seus comentários sobre a Torá e o Talmud ajudaram as pessoas comuns a decifrarem os textos e, alguns anos depois, tornaram-se obrigatórios para os judeus estudar a porção semanal da Torá com os comentários de Rashi.

Atualmente, novecentos anos após sua morte, todas as versões impressas do Talmud ainda incluem os comentários de Rashi. Seu legado não se limitou a tal feito: defronte às notas de Rashi estão os comentários chamados *Tosafot*, que foram escritos em grande parte por cinco de seus descendentes (dois genros e três netos).

Maimônides

Rabi Moshê ben Maimon (1135 a 1204 EC) — mais conhecido como Maimônides ou simplesmente como "o Rambam" — foi um intelectual, teólogo e filósofo. Nasceu na Espanha, mas, após a perseguição muçulmana lá, sua família fugiu primeiro para o Marrocos e depois para o Egito, onde ele posteriormente se tornou o líder da comunidade judaica de Cairo e o médico do sultão do Egito.

Esse cara saía para jogar bola em seu tempo livre? Não, mas de alguma forma, além de todo seu trabalho, ele conseguiu escrever numerosos livros médicos, assim como a *Mishnê Torá* (Repetição da Torá), o compêndio máximo de toda a lei judaica, selecionando a essência da Bíblia, dos dois Talmudim (plural de Talmud), da literatura midráshica e até da *Responsa Gaônica* (veja o Capítulo 3). Seu objetivo era pegar esses textos incrivelmente difíceis, que exigem anos de pesquisa acadêmica e estudos, e destilá-los em algo que praticamente todo mundo poderia ler. Ele até incluiu uma dose generosa de conselhos médicos, por via das dúvidas. O livro foi uma benesse ao homem comum, que poderia estar comprometido com o judaísmo, mas não o suficiente para dedicar toda sua vida aos estudos. Podemos dizer que foi o primeiro *Judaísmo Para Leigos*.

Maimônides passou então a escrever um tomo filosófico mais denso chamado *O Guia dos Perplexos*, no qual ele argumenta que não há contradições entre o judaísmo e a ciência. Ele acreditava firmemente na importância da razão e que nada nos sagrados escritos do judaísmo deveria exigir que as pessoas aceitassem simplesmente pela fé.

Yossef Caro

Rabi Yossef ben Ephraim Caro (1488 a 1575) foi um brilhante erudito em questões jurídicas que admirava a obra de Maimônides, mas sentia que poderia melhorá-la de algumas maneiras. Nascido na Espanha, Caro cresceu em Constantinopla (Istambul), onde estudou a Torá e o Talmud. Em

1537, emigrou para Tzaf (atualmente Distrito Norte de Israel; também conhecida como Safed), onde foi rapidamente reconhecido como um brilhante legalista e se tornou o líder dos eruditos de lá.

Em Tzfat, ele concluiu sua obra-prima, *Beit Yosef* (Casa de José), na qual discute claramente cada lei judaica, traçando-a até sua fonte por meio de várias interpretações ashkenazim e sefardim divergentes, chegando, por fim, a uma regra decisiva. O livro foi, e é, um trabalho magnificente de erudição, mas ainda era tão denso e intimidador, que Caro teve que distilá-lo em uma versão menor chamada *Shulchan Aruch* ("A Mesa Posta"). É por essa obra que ele é mais conhecido, e é essa versão que a maioria dos rabinos atualmente consulta primeiro quando lhes pedem para decidir sobre uma questão de lei judaica.

Antes de ficar com a ideia de que esse tal de Caro era apenas um advogado enfadonho, você deve saber que ele parecia viver uma vida dupla: uma de compilação da literatura do código (como o judaísmo deve ser observado), e outra como místico. Caro disse que um anjo o visitava regularmente e falava por meio dele, revelando verdades místicas e argumentos legais mais profundos.

Isaac Luria

De todos os profetas, eruditos e professores da história judaica, apenas um homem recebeu o título e o nome "divino" por seus contemporâneos. No século XVI, em Tzfat (atualmente Distrito Norte de Israel), um jovem chamado Yitzchak (Isaac) Luria (1534 a 1572) recebeu o nome de Elohi Rabenu Yitzchak ("Nosso Divino Rabbi Isaac"); ele também é conhecido pelo acrônimo "O Ari" (que significa "leão").

Nascido em Jerusalém, a família de Luria se mudou para o Egito quando ele era jovem. Foi considerado um menino-prodígio e estudou com alguns dos maiores professores judeus da época. Após meditar sozinho em uma cabana ao lado do Nilo por dois anos, mudou-se para Tzfat em 1570 e não demorou até ser aceito como um grande mestre.

Luria ensinou que, no princípio do Universo, um acidente cósmico estraçalhou recipientes contendo energia divina e centelhas de luz divina ficaram escondidas em cascas de matéria. A função do cabalista (místico judeu), disse ele, é redimir as centelhas escondidas, para concretizar o *yichud* ("unificação do ser").

Luria era considerado tão grandioso por seus contemporâneos, que suas práticas eram entendidas como regras legais vinculativas. Seu ensinamento ainda é visto por muitos como sendo tão importante quanto o *Zohar* (veja o Capítulo 5). Infelizmente, sua morte prematura aos 38 interrompeu uma vida repleta de mistério e de inspiração divina.

372   PARTE 5 **A Parte dos Dez**

Baal Shem Tov

Rabi Israel ben Eliezer (1700 a 1760) foi um líder altamente carismático cujos trabalhos lendariamente miraculosos levaram as pessoas a chamá-lo de Baal Shem Tov ("Mestre do Bom Nome de Deus"), ou simplesmente pelo acrônimo "o Besht."

Baal Shem Tov vivia humildemente como professor de crianças até seu 36º aniversário, quando revelou que era um curador e começou a juntar um grupo de discípulos. Ele ensinou um caminho de alegria e amor, de esperança e exuberância, e se tornou extremamente popular quase da noite para o dia.

Rumores de seus milagres, especialmente a cura de doentes e a expulsão de espíritos malignos, contribuíram para sua fama. No entanto, Rabi Israel ben Eliezer mesclava sua mágica com lindas lições de vida, enfatizando uma conexão alegre — até extática — com Deus por meio das danças, músicas e celebrações. Tais lições e ideais sobreviveram para ajudar a formar a base do Hassidismo (veja o Capítulo 1).

Em uma época em que a profunda espiritualidade mística era praticada apenas por um grupo de elite, ele ensinou que uma conexão íntima com Deus estava disponível para todos (claro, sua definição de "todos" significa provavelmente apenas os homens). Ele ensinou que a oração não deveria ser restrita a certas horas do dia, mas que as pessoas poderiam estar em oração constante, e que toda a vida — até as transações comerciais — poderia ser realizada com uma alegria devocional.

Henrietta Szold

Henrietta Szold (1860 a 1945) não foi uma típica erudita judia. A mais velha dentre oito filhas e nascida em Baltimore, Maryland, na segunda metade do século XIX, usou seu conhecimento da Torá e do Talmud para escrever livros e também para bancar uma vida de ação social, incluindo um papel instrumental na criação do Estado judaico de Israel em 1948.

Em uma época em que as mulheres raramente recebiam algo além de uma educação nominal, o pai de Szold, um renomado rabino, acreditava em uma educação apropriada a suas filhas. Sua filha mais velha era uma aluna ávida e talentosa, tornou-se fluente em hebraico, alemão e francês, e foi a primeira mulher a receber permissão para estudar no Seminário Teológico Judaico de Nova York (sob a condição de que não tentaria se tornar rabina).

Mas foi apenas quando Szold fez uma viagem para a Palestina perto da virada do século — quando tinha mais de quarenta anos — que começou o trabalho mais importante de usa vida. Vendo as terríveis condições

CAPÍTULO 28 **Dez Pessoas que Ajudaram a Moldar o Judaísmo** 373 de saúde tanto dos colonizadores judeus como dos árabes na Palestina, ela propôs a um pequeno grupo de mulheres de Nova York criarem uma nova organização que enviaria ajuda média para aquela região. O grupo assumiu o nome de Hadassá (o nome hebraico de Ester, a heroína no livro bíblico que leva seu nome) e posteriormente se tornou a maior organização judaica do mundo, com mais de 400 mil membros.

Szold, judia devota e sionista convicta, garantiu que as necessidades de saúde tanto dos judeus como dos árabes fossem uma prioridade do Hadassá. Ela acreditava firmemente que o futuro do sionismo estava no trabalho conjunto entre judeus e árabes. Em 1942, seis anos antes da criação do Estado israelense, Szold se juntou ao movimento Unidade, que apoiava a formação de um Estado binacional árabe e judaico na Palestina.

Além do mais, Szold ajudou a organizar um grupo (chamado Aliyá da Juventude) que ajudaria mais de 10 mil crianças e adolescentes a escaparem da morte certa na Alemanha nazista.

Abraham Isaac Kook

Ao ouvir a retórica acrimoniosa entre os judeus religiosos e seculares de Israel, talvez você pensaria ser impossível preencher a lacuna. No entanto, nos primeiros dias do sionismo, antes da fundação do Estado de Israel, o rabino Abraham Isaac Kook (1865 a 1935) fez exatamente isso, pregando compaixão e tolerância entre os diversos grupos judaicos. Seu amor impressionante pela humanidade era contagiante, e ele se sentia em casa em um ambiente ortodoxo tradicional, assim como no contexto de um *kibutz* secular (veja o Apêndice A).

Nascido na Letônia, Kook recebeu uma educação tradicional e se tornou um rabino ortodoxo. Naquela época, a maioria dos judeus ortodoxos se opunha à ideia de um Estado judaico. Eles sentiam, como alguns ainda sentem, que apenas Deus — e não as pessoas — poderia ou deveria criar um Estado judaico. O rabino Kook pensava diferente, mudou-se para a Palestina em apoio ao sionismo e posteriormente se tornou o primeiro rabino chefe do país.

Ele sentia que apenas seguir as estritas leis religiosas sem retornar constantemente ao espírito da lei era insustentável. Reconhecendo a sacralidade em cada pessoa, não importa se fosse observante religiosa ou não, ele escreveu que não há "nada totalmente secular neste mundo", e que todas as tentativas humanas de sacralidade "são seculares em comparação à exaltada luz de sacralidade que emana do *Ain Sof* (o 'Infinito')".

374　　PARTE 5 **A Parte dos Dez**

Martin Buber

Você se lembra de uma época em que, talvez apenas por um momento, teve uma conexão profunda com outra pessoa? Uma conexão com a qual sentiu a totalidade de sua alma fazer contato, com um senso inexplicável de que aquilo era profundamente significativo? Talvez posteriormente tenha considerado tal encontro como irracional ou até besteira, mas o internacionalmente renomado filósofo judeu Martin Buber (1878 a 1965) certamente não teria considerado o fato uma besteira. De fato, grande parte de sua filosofia e de seu senso de religião era baseada exatamente nesse fenômeno.

Provavelmente o maior filósofo judeu do século XX, Buber escreveu extensivamente sobre o tema desse tipo de encontro intenso e íntimo, chamado por ele de relacionamento "Eu/Tu". Por meio de sua escrita poética, embora um tanto quanto densa, Buber relacionou elementos de psicologia, religião e misticismo, apontando a um motivo subjacente mais profundo para encontrarmos significado na vida.

Em 1930, ele já tinha trabalhado extensivamente da academia e se tornou professor na Universidade de Frankfurt. Infelizmente, em 1933, quando o partido nazista assumiu, forçou as universidades alemãs a despedirem todos os professores judeus. Em 1938, Buber por fim emigrou para a Palestina, tornando-se professor de filosofia social na Universidade hebraica de Jerusalém, onde viveu e trabalhou até sua morte.

Um dos aspectos mais fascinantes da obra de Buber foi seu foco no Hassidismo (veja o Capítulo 1) e na preciosa tradição das histórias hassídicas. Em tais maravilhosas histórias, ele descobriu o relacionamento eu/tu se desdobrando entre professor e aluno e entre pessoa e Deus. A ironia é que, embora Buber fosse responsável por fazer essas histórias conhecidas a tantas pessoas, ele próprio não era observante e, na verdade, sentia fortemente que os rituais tradicionais reprimiam a espontaneidade.

Em essência, suas ideias — especialmente que o próprio significado se desdobra por meio de relacionamentos profundos e verdadeiros de modo que "todo viver real é encontro" — inspiraram uma geração inteira de judeus e não judeus.

Abraham Joshua Heschel

Os escritos e as ações de Abraham Joshua Heschel (1907 a 1972) recordam as pessoas de que a espiritualidade transcende as barreiras da prática da religião e da raça.

Heschel era polonês, mas estudou na Alemanha, até que, três semanas antes de completar seu doutorado, os nazistas subiram ao poder e deportaram todos os nativos poloneses. Por fim, foi contratado pela Hebrew Union College em Cincinnati, EUA, a principal escola rabínica do movimento reformista.

Mas Heschel não era um rabino reformista. Era judeu ortodoxo e ridicularizado com frequência na faculdade por permanecer kosher e seguir as outras leis judaicas. Ele então se mudou para o Seminário Teológico Judaico em Nova York, que era a principal escola rabínica para o movimento conservador, onde lecionou até sua morte, cerca de trinta anos depois. Infelizmente, ele foi o alvo de muitas piadas lá, também por causa de seu interesse em espiritualidade e misticismo, em vez de no racionalismo estrito e na academia.

Embora Heschel fosse tradicionalista de muitas maneiras, ele se concentrou na espiritualidade e no significado, que sentia serem os aspectos mais importantes do judaísmo. Ele entendia que alguns judeus ortodoxos seguiam as leis, mas que não tinham conexão com Deus, e que alguns judeus reformistas eram intensamente espirituais, embora ignorassem muitas das leis. Como Martin Buber, Heschel acreditava que cada pessoa pode ter um relacionamento profundo com Deus e ensinava que havia uma troca, uma interação na qual tanto Deus como os humanos são transformados. "Revelação", escreveu ele, "não é nada menos do que o sentido de temor que sentimos quando estamos conscientes de sermos confrontados por Deus em um desses momentos de admiração e mistério".

A teologia de Heschel levou-o a um envolvimento profundo com o ativismo social. Ele se preocupava com questões de dignidade e valor humanos, uma preocupação que sem dúvidas aumentou suas próprias experiências com as atrocidades nazistas. Ele foi um dos primeiros e francos oponentes da Guerra do Vietnã e um bom amigo do Dr. Martin Luther King, Jr., que chamou Heschel de "um dos verdadeiramente grandes homens de nosso dia e era, um verdadeiro grande profeta".

NESTE CAPÍTULO

» Judeus, Jesus e o islã

» Israel e o "Povo Escolhido"

» O papel das mulheres no judaísmo

» Os sons do judaísmo: música e risos

Capítulo **29**

Respostas a Dez Perguntas Comuns sobre o Judaísmo

Nossos amigos judeus e não judeus sempre nos fazem perguntas quanto a ser judeu. Talvez seja por isso que escrevemos este livro. Com o passar do tempo, ouvimos diversas perguntas, mas algumas surgem mais que outras. Aqui estão dez de nossas favoritas. Cobrimos diversos assuntos aqui, do feminismo à relação entre o judaísmo e o islã, do humor judaico à lei judaica. Então, aperte o cinto — será uma baita aventura!

Por que os Judeus Não Acreditam em Jesus?

Provavelmente o maior ponto de diferença entre judeus e cristãos seja sua percepção de Jesus. Para os cristãos, Jesus é o *Cristo* ("o ungido"). Embora muitos judeus acreditem que Jesus tenha sido um grande professor, há diversos motivos para que não acreditem nele como o Messias.

Os judeus acreditavam que o Messias deveria anunciar o despontar de uma nova era de paz, compaixão e amor. Isso claramente não aconteceu (veja os Capítulo 13 e 14). Outra coisa: os judeus não acreditam que qualquer pessoa (nem mesmo o Messias) possa ser um Deus, nem mesmo o único "filho de Deus". A visão judaica é a de que todas as pessoas são "filhos" e "filhas" de Deus.

Embora os judeus não possam aceitar o messianismo de Jesus, muitos professores judeus reconheceram sua grande importância. Maimônides (veja o Capítulo 28) disse que o cristianismo era uma forma pela qual Deus trouxe partes importantes da mensagem do judaísmo para o restante do mundo. Certamente, há similaridades entre os ensinamentos de Jesus e a literatura rabínica daquela época. Por exemplo, sua ênfase em "Amarás o Eterno, teu Deus..." e "Ame seu próximo como a si mesmo" são totalmente congruentes com os ensinamentos rabínicos e são citações diretas da Bíblia hebraica. Dessa forma, Jesus traduziu o monoteísmo do judaísmo para uma comunidade maior.

A propósito, nem o hebraico nem o aramaico têm o som "j", assim, essa pessoa claramente não foi chamada de "Jesus" durante sua vida. Provavelmente era chamado *Yeshua*, uma variante do nome hebraico *Yehoshua* ("Josué").

O que Significa Ser o Povo "Escolhido"?

Talvez nenhum outro aspecto da crença judaica tenha causado tanta consternação entre os não judeus, ou também tanta perplexidade entre os judeus, como a nação de que os Filhos de Israel são "o povo escolhido". Certamente, proclamar a si mesmo como "especial" é uma ótima forma de criar inimigos — seja ao declarar para seu irmão que você é o favorito dos pais ou como porta-voz de um país anunciando sua superioridade sobre outras nações.

No entanto, ser "escolhido" de forma alguma significa superioridade sobre qualquer um. O judaísmo não ensina que os "não escolhidos" não possam ir para o Céu ou qualquer coisa do tipo. O povo judeu é "escolhido" para o Caminho chamado Torá, assim como todos os povos são escolhidos para seus próprios caminhos, singulares e especiais. Os judeus reconstrucionistas mudaram a expressão "o povo escolhido" para "o povo que escolhe", assim, tal escolha vem de cada pessoa, e não de Deus.

A "escolha" é tanto uma bênção como uma grande responsabilidade em relação às ações éticas e espirituais no mundo. O profeta Amós traduz a palavra de Deus para o povo de Israel: "Escolhi apenas vocês de todas as famílias da terra; por isso eu os castigarei por causa de todas suas maldades."

378   PARTE 5 **A Parte dos Dez**

Por que Israel É Tão Importante para os Judeus?

Para entender a importância de Israel para os judeus, considere que os judeus tradicionais incluíram uma menção da centralidade de Jerusalém e da terra de Israel em seus serviços diários de oração há quase 2 mil anos. Durante os diversos séculos nos quais foi negada uma pátria para o povo judeu, Israel fornecia um foco para oração e identidade.

Os judeus religiosos apontam primeiramente para as histórias bíblicas nas quais Deus lhes dá a terra. Quando Abraão recebeu seu primeiro chamado para sair da casa de seu pai, Deus lhe prometeu a terra de Canaã como uma herança eterna. Posteriormente, após os hebreus terem sido libertos da escravidão e vagarem por quarenta anos, Deus novamente lhes deu a terra.

Os reinados israelitas desenvolveram essa região 3 mil anos atrás, sob os reis Saul, Davi e Salomão. Essa é a terra da qual o povo foi novamente levado para o exílio em 586 AEC e à qual retornou meio século depois para reconstruir o Templo e sua cultura. Esse é o local que os romanos destruíram em 70 EC, levando a maior parte da comunidade judaica para o exílio.

Quando aos remanescentes da comunidade judaica europeia, libertados das horríveis torturas da era nazista, tiveram recusada sua entrada em país após país, o estabelecimento do Estado de Israel lhes garantiu um lugar no qual poderiam viver. Até hoje, a Lei do Retorno garante cidadania em Israel a todos os judeus, caso decidam morar lá.

Por que Há Tantos Médicos, Advogados e Artistas Judeus?

Um número surpreendente de médicos, advogados e celebridades é composto de judeus, considerando que os judeus compõem menos de 2% da população dos EUA [cerca de 0,05% da população brasileira] e menos de 0,25% da população mundial! Assim, por que mais de 20% dos Prêmios Nobel foram concedidos a judeus ou a pessoas com ascendência judaica? Veja a seguir apenas algumas ideias que ajudam a explicar tal disparidade:

> » Há muito tempo os judeus são chamados de "o Povo do Livro", não apenas porque a Bíblia é central à religião, mas porque o estudo de textos e a educação em geral estão entre os valores mais importantes passados de geração a geração. Portanto, muitos judeus entram em profissões nas quais o estudo é central.

» Os judeus têm uma longa tradição de estudar direito e medicina. Há mais de mil anos a medicina é considerada uma profissão altamente nobre para um judeu. Direito, medicina e ciência podem tornar o mundo um lugar melhor e mais justo, algo tão importante no judaísmo quanto o estudo espiritual.

» Políticas antissemitas ao longo dos séculos forçaram os judeus a viverem em centros urbanos e a se tornarem bons em trabalhos que podem ser desempenhados neles (finanças, medicina, direito, varejo, entretenimento etc.). Nos séculos XIX e XX, áreas urbanas dos EUA, como Nova York, Filadélfia, Cleveland, Boston, São Francisco, Los Angeles e Chicago — que tinham uma porcentagem muito maior de judeus do que o resto do país —, tornaram-se cada vez mais influentes. Assim, os judeus já viviam em meio aos centros mais poderosos de mídia e às melhores universidades do mundo.

» Muitos judeus relatam um senso geral de que precisam se sair melhor do que as outras pessoas, embora poucos saibam dizer por quê. Alguns dizem que sentem o fardo de ter que provar que os judeus são "tão bons" quanto todos os demais.

» Algumas áreas foram basicamente criadas por judeus. Por exemplo, todos os principais estúdios de Hollywood — Universal, MGM, 20th Century Fox e assim por diante — foram iniciados por judeus imigrantes do Leste Europeu.

Qual É o Papel das Mulheres no Judaísmo?

Tradicionalmente, as mulheres são isentas de realizar quaisquer *mitzvot* positivas baseadas em tempo (mandamentos como ir aos serviços na sinagoga em horários específicos), pois elas estavam encarregadas da casa e dos filhos. Infelizmente, a palavra "isenção" se tornou sinônimo de "proibição" na maioria das comunidades ortodoxas.

Durante a maior parte da história judaica, só havia rabinos (e sacerdotes antes deles); apenas os homens contavam para formar um *minyan* (um quórum; veja mais detalhes no Capítulo 4); caso as mulheres fossem permitidas na sinagoga, tinham que ficar atrás de uma barreira chamada *mechitzá*; as mulheres não podiam ler a Torá (pelo menos não em público) nem estudar o Talmud; elas não recitavam o cadish diário para um dos pais que havia falecido; não podiam usar os xales de oração nem tefilin (veja o Capítulo 4), e assim por diante.

A maioria dos judeus ortodoxos vê as mulheres como tendo igual importância que os homens e respeita profundamente suas contribuições ao judaísmo. No entanto, o judaísmo tradicional acredita que os homens e as mulheres têm papéis diferentes a desempenhar. Como em muitas outras religiões conservadoras, o judaísmo tradicional vê a mulher como essencial na criação adequada dos filhos e na manutenção do espírito de um lar.

No início da década de 1970, as mulheres começaram a desafiar e mudar seus papéis tradicionais. O movimento reformista ordenou a primeira rabina, Sally Priesand, em 1972. Atualmente há centenas de rabinas nas sinagogas reformistas, reconstrucionistas, renovadoras e conservadoras. No momento de escrita deste livro, diversas mulheres foram ordenadas por rabinos ortodoxos, mas ainda não receberam a aceitação da comunidade ortodoxa mais amplamente.

A maioria das sinagogas não ortodoxas se livrou da mechitzá e conta as mulheres para o minyan. Muitas congregações mudaram as traduções do hebraico para serem mais neutras quanto ao gênero e menos machistas, e algumas chegaram até a alterar a própria liturgia para que seja mais igualitária. Algumas mulheres que querem uma observância mais tradicional criaram pequenos grupos comunitários (*minyanim* independentes) ou se juntaram a congregações judaicas renovadoras, que oferecem às mulheres uma chance de adorar mais tradicionalmente, mas com igualdade.

O que É o "Humor Judaico"?

De acordo com alguns relatos, cerca de 80% dos comediantes populares dos EUA nos últimos sessenta anos foram judeus, incluindo Milton Berle, Mel Brooks, Lenny Bruce, Sacha Baron Cohen, George Burns, John Stewart, Billy Crystal, Rodney Dangerfield, Groucho Marx (e seus irmãos), Sarah Silverman, Jackie Mason, Ben Stiller, Adam Sandler, Seth Rogen, Jerry Seinfeld, os Três Patetas e Henny Youngman.

Os judeus têm um longo histórico de tornar o humor uma parte da vida. Alguns insistem que foi tal senso de humor que permitiu sua sobrevivência por tanto tempo. Outros chegam até a dizer (meio que na brincadeira) que o senso de humor de uma pessoa é um fator determinante para ver se ela é ou não judia.

Dizer que os judeus têm um senso de humor peculiar seria errado — o humor judaico claramente sensibiliza um número enorme de não judeus. Contudo, parece de fato haver algo chamado "humor judaico", que é diferente de qualquer outro, embora talvez de forma sutil.

CAPÍTULO 29 **Respostas a Dez Perguntas Comuns sobre o Judaísmo** 381

Autoexame: Tente isso em casa!

Uma definição clara e lúcida é algo maravilhoso, mas infelizmente o humor judaico afronta tal definição. Estudiosos tentam há anos definir exatamente o que o humor judaico é e não é, mas conseguiram basicamente dor de cabeça para si (e para seus leitores). Não obstante, veja a seguir algumas noções fundamentais do humor judaico.

Autocrítico

Embora o humor judaico seja em geral autocrítico e muitas vezes autodepreciativo, é quase sempre contado em um espírito de diversão e até de celebração.

> Um alemão, um francês e um judeu estão caminhando no deserto. O francês diz "Estou cansado, com sede, preciso de uma taça de vinho". O alemão diz "Estou cansado, com sede, preciso de um copo de cerveja". O judeu diz "Estou cansado, com sede, devo ter diabetes".

Ansioso

As piadas judaicas em geral se concentram em áreas da vida dos judeus em que há ansiedade: assimilação, antissemitismo, sucesso financeiro, dogma religioso, educação etc. Esse humor é tipicamente pessimista e resignado quanto ao futuro imediato, mas otimista quanto ao longo prazo. O resultado é um humor ansioso, ou o que alguns chamam de "otimismo aflito".

> Dois judeus estão caminhando em uma viela à noite quando veem dois valentões. "Vamos correr", diz um dos judeus, "eles estão em dois, e nós estamos sozinhos".

> Típica mensagem judaica por celular: "Comece a se preocupar. Detalhes em breve."

Raramente cruel

Embora o humor judaico nem sempre seja afetuoso, raramente é cruel. Os judeus, há tanto tempo os próprios azarões, evitam atacar o fraco ou o enfermo. Os judeus, porém, não param de atacar seus colegas ou aqueles no poder.

> Maldição iídiche: que seus inimigos tenham câimbras nas pernas quando dançarem sobre o seu túmulo.

Democrático

É comum os judeus ficarem do lado do "homem comum" e tendem a não confiar em ninguém que exibe muito poder ou que aparenta ser pretensioso demais. Assim, o humor judaico é geralmente antiautoritário e se sente na liberdade de tirar sarro de qualquer um — até mesmo de Deus.

> Um homem vai ao alfaiate pedir uma calça feita sob medida. Após uma semana, ela não está pronta. Após duas semanas, ainda não está pronta. Após seis semanas, está finalmente pronta e, para a agradável surpresa do homem, fica perfeitamente ajustada. Mesmo assim, ele provoca o alfaiate, dizendo: "Deus levou apenas seis dias para fazer o mundo, e você levou seis semanas para fazer uma calça!" "Ah", respondeu o alfaiate, "mas olhe bem para esta calça, e veja em que estado o mundo está!".

Instrutivo

O humor judaico quase sempre expõe algo sobre os judeus ou sobre a sensibilidade judaica. O propósito de muitas piadas judaicas não é fazer ninguém rir, mas, como observaram os autores William Novak e Moshe Waldoks, provocar "um amargo assentimento com a cabeça ou um comiserado suspiro de reconhecimento".

> A Sra. Levy encontra o Sr. Levy sentado na sala de visitas da casa, pelado, vestindo apenas seu fedora.
>
> "E então? Por que está sentado aqui pelado?", pergunta ela.
>
> "Tá tudo certo, Mama, nunca recebemos visitas."
>
> "Então por que o chapéu?"
>
> "Bom, talvez chegue alguma visita."
>
> Embora haja muita controvérsia científica e religiosa sobre quando, exatamente, a vida começa, a tradição judaica é clara: o feto não é considerado viável até que se forme em medicina.

Personagens

Muitas piadas judaicas não falam sobre os judeus em geral, mas sobre certos tipos de personagens judeus. Durante anos, o *schnorrer* ("mendigo/pedinte") e o *schlemiel* (veja o Apêndice A) foram personalidades populares no humor judaico. Na década de 1980, uma onda de piadas sobre o "judeu príncipe norte-americano — ou a judia princesa norte-americana" se concentrava naqueles judeus que se viam muito envolvidos com as posses materiais. As mães judias (outrora chamadas *iídiche mamas*) são uma constante básica do humor judaico. É claro, os estereótipos podem ser perigosos e são geralmente usados para rotular pessoas que não merecem isso.

Qual é a diferença entre um Pit Bull Terrier e uma mãe judia?
Resposta: Mais cedo ou mais tarde, o Pit Bull larga.

As mães judias são tão notoriamente exigentes nos restaurantes, que se conta a história de um garçom que perguntou "Tem *alguma* coisa certa?".

Resignado

O humor judaico reconhece que a tristeza e a felicidade sempre andam de mãos dadas, como a hélice dupla entrelaçada do DNA. Como observa o autor Harry Golden, "Na essência do humor judaico está a crença de que Deus dificultou ser um judeu por Seus próprios motivos". Tais piadas geralmente espelham tanto uma resignação do judeu quanto sua porção na vida como uma profunda crença de que a vida pode melhorar. Como diz o ditado, "Deus nos deu ombros, e Deus nos deu fardos".

O Sr. Fischer entra no escritório da sociedade funerária para pedir a realização do funeral de sua esposa.

"Sua esposa?", pergunta a secretária. "Mas não a enterramos ano passado?"

Suspirando, Fischer observa: "Aquela foi minha primeira esposa. Estou falando sobre minha segunda esposa."

"Ah, não sabia que tinha se casado de novo. Mazal tov!"

Britânico no ornamento, iídiche no pensamento

Transformar lágrimas em risos geralmente é um elemento essencial do humor judaico, e há tempos é a base de histórias de escritores iídiches, como Isaac Bashevis Singer, Sholom Aleichem e I.L. Peretz. De alguma maneira, ser esperto e engraçado pode ser mais poderoso que o polegar do opressor. Como escreveu certa vez Leo Rosten, "O humor... serve aos aflitos como uma compensação pelo sofrimento, um símbolo de vitória do cérebro sobre o medo".

O século XX levou o humor judaico às massas, em parte porque Hollywood foi uma invenção dos judeus do antigo país em que foram criados em meio ao teatro e ao vaudeville ídiches.

Qual Papel a Música Desempenha na Cultura Judaica?

Perguntar sobre a "música judaica" é como perguntar sobre a "música brasileira" ou a "música norte-americana" — é uma categoria grande demais. Tendo dito isso, quando muitos não judeus falam sobre a "música judaica", em geral se referem à música klezmer, a que foi trazida da Europa Central e Oriental e é tocada em instrumentos como acordeão, violino e clarinete. A música klezmer pode fazê-lo se levantar e dançar em um piscar de olhos, ou pode partir seu coração com tristeza. Como observa Ari Davidow em seu excelente site klezmershack.com [conteúdo em inglês], "É música dos Bálcãs e blues, cultura, oração e história judaicas antigas, espírito e jazz, tudo junto e misturado".

A música klezmer foi redescoberta no reavivamento da música popular dos anos 1970 e se tornou rapidamente uma constante em casamentos, festas de bar/bat mitzvá e outros eventos sociais judaicos. Mais recentemente, grupos klezmer, como a banda Ellis Island e os Klezmatics, se tornaram superpopulares.

Quando os judeus falam sobre a música judaica, geralmente estão pensando nas músicas populares dos acampamentos de verão, as músicas israelenses ou as melodias litúrgicas tradicionais. Geralmente, tais categorias misturam as composições de populares compositores judeus norte-americanos como Debbie Friedman e Shefa Gold.

A música litúrgica judaica contemporânea tem sido influenciada grandemente por pessoas como Shlomo Carlebach, David Zeller, o falecido Lubavitcher Rebbe e Zalman Shachter-Shalomi — que revitalizaram o uso das músicas e do *nigun* (uma melodia sem letra que usa sílabas como "dai, dai, dai; bai, lai, lai, bai", e assim por diante). Curiosamente, alguns judeus atualmente reclamam quando as sinagogas usam músicas "não tradicionais" — embora o que consideram "tradicional" provavelmente tenha sido escrito nas décadas de 1930 e 1940 e foi radical para aquela época.

Como os judeus tendem a incorporar aspectos de seu ambiente cultural, as orações e músicas dos judeus árabes ou norte-africanos têm melodias distintamente "orientais", e os judeus ashkenazim usam melodias com o sabor do Leste Europeu.

CAPÍTULO 29 **Respostas a Dez Perguntas Comuns sobre o Judaísmo** 385

Quem Comanda o Judaísmo?

O judaísmo não tem um papa, um patriarca ou um comitê para proferir decisões por meio de uma hierarquia aceita para todos os judeus. Contudo, o judaísmo tem um conjunto enorme de regras e leis, que não têm todas mil anos de criação nem são da Torá (veja o Capítulo 3). Quem faz todas essas leis?

Os judeus tradicionais dizem que as respostas para todas as perguntas estão na Torá, mas são necessários estudo e erudição para extraí-las. Tendo isso em mente, a lei judaica é baseada quase que em sua totalidade em mais de 20 mil anos de interpretações rabínicas e reinterpretações da Torá, começando com os diversos argumentos apresentados no Talmud (veja o Capítulo 3). A obra do século XVI *Shulchan Aruch* ("A Mesa Posta") condensou esses argumentos em decisões legais, e esse livro ainda é a base para julgamentos oficiais.

Atualmente, cada rabino toma as decisões religiosas para suas comunidades com base nesses textos e em suas próprias interpretações. É claro, dúvidas ainda surgem, e desde a época do Talmud babilônico, há uma tradição de um *bet din* ("casa de julgamento"), um painel de três rabinos qualificados que decidem sobre questões de lei civil e religiosa dentro de cada comunidade judaica. Tais leis sempre evoluíram de forma lenta e orgânica, com as decisões abrindo seus caminhos pela comunidade judaica internacional e sendo aceitas ou não em outros locais. Por exemplo, enquanto a proibição imposta no século XI pelo Rabbi Gershom quanto à poligamia foi amplamente aceita, os judeus sefardim a ignoraram, e alguns continuaram se casando com várias esposas até 1948.

Talvez você tenha ouvido sobre os "rabinos-chefes" anunciando decisões legais, mas ainda depende que a comunidade as aceite. Os rabinos-chefes podem ser porta-vozes de suas comunidades, mas nenhuma pessoa é porta-voz para todo o judaísmo. Em última instância, o judaísmo ensina que cada pessoa é responsável por suas próprias ações e crenças.

Nas comunidades hassídicas, a autoridade está investida no *rebe*, o líder rabínico que tem a autoridade para aquela comunidade particular. Lembre--se de que há diversas comunidades ortodoxas, e muitos rebes, e — para dizer de forma educada — eles nem sempre concordam com as políticas uns dos outros. Não é incomum que um judeu ortodoxo decida mudar de um rabino para outro, dizendo "Gosto mais da política dele sobre tal e tal coisa". Os outros principais movimentos judaicos têm organizações rabínicas por meio das quais as decisões são geralmente tomadas.

386   PARTE 5 **A Parte dos Dez**

Posso Me Converter ao Judaísmo?

Os judeus têm uma longa história de receber conversos. O livro de Rute diz que o próprio rei Davi era descendente de uma mulher (Rute) que escolheu se unir ao povo judeu. Atualmente, há mais de 200 mil judeus por opção nos EUA.

LEMBRE-SE

Se você é judeu e um conhecido seu está pensando em se converter ou já se converteu, o melhor a fazer é ser amável, aberto e acolhedor. Lembre-se de que alguém que se converteu não é mais ou menos judeu que qualquer outra pessoa. Outra coisa, observe que algumas pessoas consideram o termo "convertido" ou "converso" ofensivo, preferindo "judeu por opção".

Caso esteja pensando em se converter, primeiramente leia sobre o judaísmo e procure também ir a sinagogas e palestras judaicas, além de começar algumas práticas (como acender as velas do Shabat; veja o Capítulo 18). Outra coisa: dê uma olhada em livros e sites sobre conversão (como www.convert.org, em inglês, ou https://pt.chabad.org/library/article_cdo/aid/4182096/jewish/Como-se-Converter-ao-Judasmo.htm e https://www.vidapraticajudaica.com/conversao-judaismo, em português). Não saia por aí que nem um louco tentando fazer e aprender tudo de uma vez; essa será uma maneira certeira de encontrar o esgotamento.

Em seguida, encontre um rabino que o ensinará e o orientará. Quando fizer isso, faça a si mesmo as seguintes perguntas:

» **À qual denominação o rabino pertence?** Os judeus ortodoxos apenas aceitarão alguém que se converteu por meio de um rabino ortodoxo. Mas, a menos que esteja planejando emigrar para Israel ou se casar com alguém ortodoxo, isso pode não ser um problema. Os judeus reformistas, reconstrucionistas e alguns conservadores tendem a aceitar os convertidos uns dos outros (veja detalhes sobre as denominações judaicas no Capítulo 1).

» **Você se sente confortável com esse rabino?** Os rabinos são como terapeutas ou gerentes — mesmo um muito bom pode acabar lhe dizendo algo que cause raiva ou ofensa, então vale a pena procurar. Alguns rabinos tradicionais testam a resolução dos potenciais conversos recusando-os três vezes, então não desanime.

Normalmente, as pessoas precisam estudar por cerca de um ano (muitas sinagogas oferecem aulas sobre conversão), embora possa levar mais tempo para uma conversão ortodoxa. Em geral, é preciso aprender hebraico básico, história judaica, o serviço de orações e as práticas religiosas. Este livro não é um guia de estudos para a conversão, mas se aprender tudo que apresentamos aqui, além de aprender um pouco de hebraico, já estará bem à frente.

Por fim, quando o rabino decide que você está pronto para a conversão, deverá comparecer perante um *bet din*, um tribunal religioso normalmente composto de três rabinos. Embora possa estar nervoso, lembre-se de que os rabinos não estão tentando enganá-lo, e você não ganhará uma nota. O bet din simplesmente precisa avaliar sua sinceridade, que está se convertendo de livre vontade e que estudou o suficiente. Em geral, os rabinos pedem ao candidato também que recite um juramento de lealdade ao povo judeu.

Uma vez que o bet din aceite sua conversão, você vai à *mikvá* (banho ritual; veja o Capítulo 4) para uma imersão (tanto homens quanto mulheres fazem isso, embora muitos judeus reformistas omitam essa parte). Se é homem, seu pênis precisa ser circuncidado por um mohel (caso já o seja, ainda precisa dar uma gota de sangue como uma circuncisão simbólica; veja o Capítulo 7). Alguns rabinos conduzem o ritual de conversão sem exigir a circuncisão.

Qual É a Relação entre o Judaísmo e o Islã?

O judaísmo e o islã são mais parecidos do que talvez quaisquer outras duas religiões. O islã se baseia nos ensinamentos de Maomé, um empresário árabe do século XVII que aprendera bastante sobre o monoteísmo com seus sócios judeus e cristãos. O Alcorão, o livro sagrado do islã, inclui muitas histórias sobre Abraão, o dilúvio, Moisés, o nascimento de Jesus de uma virgem, e assim por diante. No entanto, os muçulmanos acreditam que Maomé era o último profeta, aquele que corrigiu os "erros de transmissão" que se infiltraram nos textos judaicos e cristãos. Embora os judeus não acreditem nesse último ponto, as duas religiões têm um número surpreendente de similaridades:

» Judeus e muçulmanos (e cristãos, a propósito) acreditam no mesmo Deus Único (a palavra árabe para Deus é *Alá*) e condenam estritamente a adoração de ídolos.

» Tanto a tradição islâmica como a judaica têm origem em Abraão: os judeus por meio de seu filho Isaque, e os muçulmanos por meio de seu filho Ismael. Os muçulmanos afirmam que Abraão foi o primeiro muçulmano (na medida em que foi a primeira pessoa a se submeter à vontade do Deus Único). Lembre-se de que os árabes e os judeus são considerados semitas (descendentes de Sem, o filho de Noé).

» Enquanto o cristianismo se baseia basicamente na fé ou na crença, tanto o judaísmo como o islamismo se baseiam em extensos sistemas legais que tratam de cada aspecto da vida, incluindo o que comer e beber, ética, código civil e penal, direito de família, pureza, e assim por diante. No judaísmo, tal conjunto de leis é chamado *halachá*, no islã, é *sharia*, ambas significando "um caminho percorrido". De igual modo, essas leis se baseiam em decisões e interpretações legais de eruditos (enquanto um rabino faz as interpretações no judaísmo, o ulemá ou o aiatolá as faz no islã), e tais interpretações geralmente são a causa de grandes discussões.

» Muitas das leis são similares, incluindo as que regulam o casamento e o divórcio, as orações, a higiene e a pureza da comida. A versão islâmica da comida kosher é chamada *halal*, e embora não sejam exatamente a mesma coisa, têm semelhanças.

Basicamente, quando se trata disso, há pouquíssimo antagonismo entre as duas religiões, além da questão de se Maomé era um verdadeiro profeta de Deus. E durante a maior parte dos últimos 1.400 anos, o relacionamento entre muçulmanos e judeus tem sido relativamente bom. Embora os judeus ainda não tivessem recebido um status igualitário sob o governo muçulmano, eles tendiam a receber do islã um tratamento melhor do que o recebido dos cristãos. Certamente, enquanto a Palestina estava sob os governos turcos e britânicos, o povo judeu viveu lado a lado com seus vizinhos muçulmanos em paz e, geralmente, em boa vontade. Mesmo assim, os muçulmanos, assim como os cristãos, tinham a tendência de ficar ressentidos pelo fato que os judeus não concordavam totalmente com eles.

Talvez essas duas religiões sejam como dois irmãos na mesma família que são tão parecidos a ponto de sempre estarem batendo boca e competindo pela atenção e pelo amor dos pais. Entre Ismael e Isaque, quem Abraão amava mais? Quem Deus amava mais? Ficamos entristecidos pelo fato de que o monoteísmo se transformou, em alguns aspectos, em um jogo de "Há apenas um Deus, e é o *meu* Deus", em vez de "Estamos todos em nossos caminhos para o Deus Único".

CAPÍTULO 29 **Respostas a Dez Perguntas Comuns sobre o Judaísmo** 389

Apêndices

NESTA PARTE...

Quando precisar com urgência de informações, venha aqui as buscar, desde a definição de palavras importantes às bênçãos apropriadas por ver um arco-íris.

Apêndice A
Oy Vey! e Outras Palavras que Você Precisa Saber

Neste apêndice, focamos as palavras que talvez você ouça de outras pessoas ao falarem ou escreverem sobre o judaísmo — palavras que podem ser importantes saber para acompanhar a conversa.

Uma Cartilha de Palavras Básicas

LEMBRE-SE

Quando ler a lista de palavras a seguir, lembre-se de que o som "ch" em hebraico não é como o som da palavra "chave" (veja a Introdução). Quando vir "ch" em uma palavra hebraica, sempre a leia com como se fosse a letra "j" do espanhol, "rr" no português, aquele som gutural de ar passando pela garganta, como se estivesse tentando falar alemão. Algumas vezes, esse som é transcrito por meio das letras "kh" também, mas em geral será "ch".

Bagels. Depois das férias, Ted geralmente levava bagels de Cleveland para o pequeno estado de Ohio, onde fazia faculdade, e muitos de seus colegas não judeus ficavam maravilhados, nunca tendo visto antes tal tipo de pão. Como os tempos mudaram! Ao longo dos últimos vinte anos, os bagels em formato de anel e massudos deixaram de ser uma iguaria judaica, passando a fazer parte da cultura norte-americana. Os bagels são tradicionalmente servidos com um *schmeer* de cream cheese [ou requeijão] (veja "Iídiche, Portuguiídiche, Oy!", posteriormente neste apêndice), cebolas roxas e bastante salmão defumado.

Chabad (pronuncia-se cha-*bád*). Diversas seitas derivaram do movimento hassídico original, fundado pelo Baal Shem Tov (veja o Capítulo 28), no final do século XVIII, mas a que você provavelmente verá mais é a dos Chabad Lubavitchers. O movimento Chabad é ultraortodoxo e tende a ter uma ênfase intelectual; o movimento vem tendo uma grande presença nos *campi* universitários há muitos anos.

Gentios Justos. Embora milhares, e talvez milhões, de não judeus tenham sido ativos na matança de judeus durante o Holocausto, ou passivamente permitiram-no acontecer, houve alguns que, durante os dias escuros da era nazista, arriscaram a própria segurança para apoiar, abrigar e proteger os membros judeus de suas comunidades. Essas pessoas são chamadas de *gentios justos*, uma expressão retirada do Talmud: *Chasidei Ummot ha-Olam* ("Os justos das nações do mundo"), um termo de honra e respeito. Talvez dois dos exemplos mais famosos sejam Oscar Schindler, cuja história foi contada no filme de Steven Spielberg *A Lista de Schindler*, e Raoul Wallenberg, um diplomata sueco que serviu em Budapeste, a quem se credita ter salvado cerca de 100 mil judeus lhes conferindo a cidadania sueca. A Dinamarca é às vezes considerada uma "nação de gentios justos", devido aos esforços heroicos de seu povo para salvar os judeus dinamarqueses durante a Segunda Guerra Mundial, enviando-os para a Suécia, um país neutro que aceitou muitos milhares de judeus.

Golem. Modele argila no formato de um ser humano, recite os encantamentos certos e talvez se verá com um *golem* em suas mãos: uma criatura "viva", mas sem alma. A ideia de um golem foi discutida pela primeira vez no Talmud (que diz que Adão era um golem antes de receber sua alma), mas a mais famosa dessas criaturas imaginárias é o Golem de Praga, do século XVII, que se tornou um protetor super-humano dos judeus, levando os criminosos antissemitas à justiça.

Guerra de Yom Kipur. No Yom Kipur (veja o Capítulo 20), de 1973, quando a grande maioria dos soldados israelitas estava em casa ou na sinagoga, o Egito e a Síria lançaram um enorme ataque surpresa a Israel, começando o que é agora conhecido como a Guerra de Yom Kipur. A Síria invadiu as Colinas de Golã, e mais de 70 mil soldados egípcios cruzaram o Canal de Suez rumo ao Sinai, onde encontraram pouco menos de quinhentos soldados israelenses. No entanto, após três semanas de combate, Israel venceu a guerra e expulsou ambos os exércitos.

Guerra dos Seis Dias. Em maio de 1967, os governos do Egito, da Síria, do Iraque e da Jordânia anunciaram que queriam atacar Israel. Após o Egito fechar o Estreito de Tiran (no Mar Vermelho) para todos os navios que transportavam materiais estratégicos para o Estado judeu e os árabes começarem a preparar seus exércitos, o governo israelense tomou uma decisão: no dia 5 de junho, Israel lançou um ataque preventivo e, em um único dia, destruiu a maior parte da força aérea tanto do Egito como da Síria. Após seis dias de combate, Israel negociou uma derrota humilhante dos Árabes e tomou a península do Sinai do Egito, as Colinas de Golá da Síria, e a Cisjordânia (incluindo a Jerusalém oriental) da Jordânia.

Hatikva. Escrito como um poema no final do século XIX, por Naftali Hertz Imber, *Hatikva* ("A Esperança") foi musicado e cantado por diversos dos primeiros sionistas. Em 1948, *Hatikva* foi adotado como o hino nacional de Israel.

Ilha Ellis. A maioria dos judeus de hoje dos EUA tem ancestrais que vieram da Europa no final do século XIX e no início do século XX, e quase todos esses corajosos imigrantes chegaram ao porto de Nova York (passando pela

394   PARTE 6 **Apêndices**

Estátua da Liberdade) e foram inspecionados pelos oficiais do governo na Ilha Ellis. Talvez o aspecto mais significativo dessa ilha seja que foi nesse local que muitos judeus receberam seus sobrenomes. Não conseguindo soletrar ou entender aqueles nomes estranhos que ouviam, os oficiais geralmente registravam os nomes que a eles soava corretamente.

Kibutz. Um *kibutz* (não confunda com a palavra iídiche *kibitz*, sobre a qual falaremos posteriormente neste apêndice) é uma fazenda coletiva que apoia um ideal democrático e socialista de responsabilidade compartilhada e se beneficia da terra. Os judeus imigrantes fundaram o primeiro kibutz na Palestina em 1910, e atualmente há mais de 200 *kibutzim* (a forma plural da palavra) em Israel. Embora apenas 5% dos israelenses vivam em um kibutz, os ideais e as atitudes do movimento têm sido extremamente influentes na cultura e na política israelenses.

Ladino. Enquanto os ashkenazim do Leste Europeu misturaram idiomas para formar o iídiche (sobre o qual falaremos posteriormente neste apêndice), os sefardim e os países do Mediterrâneo criaram um idioma completamente diferente, chamado de *ladino*, baseado em palavras espanholas e hebraicas, com uma mistura de turco, grego, francês, italiano e português. Aqui estão duas frases em ladino que você pode usar para impressionar as pessoas: *Dos judiyos, tres kehilot* ("Dois judeus, três opiniões") e *Buen moed* ("Bom feriado").

Maguen David. A estrela de seis pontas que aparece na bandeira de Israel é chamada de Maguen David e se tornou um símbolo de tudo o que é judaico. Geralmente traduzido como "Estrela de Davi", o termo na verdade significa "Escudo de Davi". Na realidade, não há conexão entre a estrela e o rei Davi, e apenas no século XVII o símbolo foi relacionado especificamente ao judaísmo. No final do século XIX, a estrela se tornou o símbolo oficial do movimento sionista. No século XX, o Maguen David se transformou em um símbolo de humilhação, visto que os judeus foram forçados a usar uma "estrela amarela" para se identificarem como judeus. A estrela também é um símbolo de conforto, na forma do Maguen David Edom (a versão judaica da Cruz Vermelha).

Muro das Lamentações. O local mais sagrado do judaísmo não é uma sinagoga ou o local em que está alguma relíquia importante, mas um enorme muro de pedras em Jerusalém que originalmente não tinha um propósito religioso. O Muro das Lamentações [ou Muro Ocidental] (em hebraico, *Kotel ha-Ma'aravi*) é a única estrutura do Monte do Templo que ainda está de pé, sendo que o Monte foi destruído pelos romanos em 70 EC (veja o Capítulo 13). Embora essa fosse a única seção de um muro externo de contenção, muitas pessoas choram e oram fervorosamente nesse local, daí o termo "Muro das Lamentações". Caso o visite, verá pessoas orando, lendo a Torá (é um local popular para a cerimônia de Bar Mitzvá; veja o Capítulo 8) e colocando orações escritas nas rachaduras do muro.

Pilpul. Se você realmente acredita que a Torá e o Talmud são revelações de Deus dadas palavra por palavra, então cada detalhe merece um escrutínio extraordinário. *Pilpul* é uma forma de estudo no qual os menores detalhes

APÊNDICE A **Oy Vey! e Outras Palavras que Você Precisa Saber** 395

dos textos orais e escritos são desconstruídos e debatidos. Observe que *pilpul* significa "pimenta" e tem o propósito de conferir um tempero aos debates talmúdicos.

Shalom aleichem. Se alguém disser *shalom aleichem* para você enquanto caminha na rua, a resposta adequada é *aleichem shalom*. Ambas as expressões são geralmente traduzidas como "paz para você", mas *shalom* quer dizer algo mais profundo do que "paz". *Shalom* vem de uma raiz que significa "tornar inteiro", então o desejo é pela "paz" no sentido de inteireza e completude.

Shamos. A palavra *shamos* é uma pronúncia iídiche da palavra hebraica *shamash*, que literalmente significa um servente, atendente ou garçom. *Shamos* geralmente se refere à vela "auxiliar" na menorá de Chanucá (veja o Capítulo 22) ou o zelador de uma sinagoga.

Sião. Sião (do hebraico *Tzion*) é outro nome de Israel, embora também se refira a Jerusalém e até mesmo a todo o povo judeu. Um sionista é alguém que acredita na necessidade de um Estado judaico de Israel.

Tikun. *Tikun* significa literalmente melhoria, reparo ou correção. No entanto, o termo reside na essência de um importante ensinamento judaico: que o propósito maior da identidade e da observância judaicas tem a ver com a cura tanto de nosso planeta como de nós mesmos. A expressão *tikun olam* é às vezes traduzida como a "cura do mundo" e se refere à paz mundial, à segurança global, à justiça social ou — em um sentido mais místico — à conclusão de toda a criação de Deus.

Yad Vashem. Yad Vashem é o memorial do Holocausto em Israel. A dignidade e a sacralidade do memorial ajuda as novas gerações a se lembrarem das atrocidades indescritíveis e, muitas vezes, incompreensíveis. Um novo design recente e um banco de dados online dos que foram mortos na Shoá dão um acesso ainda maior às realidades daquele período terrível. O memorial luta para apresentar acuradamente o que aconteceu, na esperança de que tal informação iniba a mesma tragédia no futuro.

Yeshivá. *Yeshivá* (literalmente, um lugar para "se sentar") é um termo genérico para uma escola de estudos judaicos, porém se refere mais especificamente às instituições tradicionais para a educação superior. O foco da maioria das *yeshivot* (plural de yeshivá) é o estudo da Torá e do Talmud, embora algumas — incluindo a progressista Yeshivah University, em Nova York — encoraje também os estudos seculares. Um Kolel é tradicionalmente uma *yeshivá* para alunos mais velhos e casados, um tipo de pós-graduação nos estudos judaicos.

Yom Tov. Cada feriado judaico é chamado de *Yom tov* (hebraico para "dia bom"). Tal expressão foi encurtada em iídiche para *yontif*, e as pessoas geralmente se cumprimentam nos feriados com "Güt yontif", que na verdade significa "bom dia bom".

396   PARTE 6 **Apêndices**

Iídiche, Inglídiche e Portuguídiche, Oy!

O iídiche tem raízes profundas. Sua história remonta à Alemanha da Idade Média, embora tenha começado a andar com suas próprias pernas por volta do século XV. Durante a maior parte dos últimos quinhentos anos, era comum que os judeus do Leste Europeu lessem hebraico durante os ensinamentos religiosos ou orações, falassem polonês, alemão ou russo com seus vizinhos não judeus e usassem o iídiche para falar entre si.

O iídiche é um idioma híbrido, uma mistura de hebraico, alemão, polonês, eslávico e russo. Para o ouvido destreinado, parece muito com o alemão.

Não falamos iídiche fluentemente, mas, como muitos judeus atualmente, crescemos ouvindo nossos pais e avós salpicarem palavras em iídiche nas frases. O idioma capta um tom que é difícil de encontrar em outros, como no português.

Muitos pensam que o iídiche é um idioma em extinção, mas a ironia é que ele, que sobreviveu por centenas de anos ao pegar emprestadas palavras de outras línguas, está agora prosperando, em parte por se incorporar em outros idiomas, como o inglês. Atualmente, um número cada vez maior de universidades ensina iídiche — e o primeiro dicionário japonês-iídiche foi lançado recentemente.

A lista a seguir mostra palavras em iídiche que estão cada vez mais comuns, mesmo nas conversas do dia a dia. Caso seu interesse desperte, sugerimos comprar um exemplar do livro de Leo Rosten, *The Joys of Yiddish*, um livro que consideramos essencial para cada lar judaico. [Uma opção em português são os dois volumes de Sheva Zuker, *Ídiche, uma introdução ao idioma, literatura e cultura*.]

LEMBRE-SE

Enquanto o hebraico não tem o som de "ch" (como da palavra "chave"), e usa, por sua vez, um som gutural (veja a Introdução), o iídiche usa os dois sons. No entanto, na lista a seguir, siga a pronúncia gutural, a menos que informemos ser diferente.

Alter kahker. O iídiche tem pouca tolerância com os requintes extravagantes. *Alter kahker* significa literalmente estraga-prazeres (embora essa tradução não seja grosseira o bastante). O termo se refere a qualquer homem mais velho que fica sentado o dia todo, mansamente ineficaz. Não recomendamos dizer *alter kahker* na cara de alguém.

Apikorus. A cultura grega antiga foi sedutora para muitos judeus ao redor do Mediterrâneo Oriental, muitos dos quais abriram mão de seus caminhos judaicos e se assimilaram. O termo *apikorus* (do filósofo grego Epicuro) foi desenvolvido nos tempos talmúdicos para descrever um judeu não observante. O termo foi posteriormente generalizado para significar qualquer cético ou descrente.

Balebuste. Embora qualquer mulher que cuide da casa ou de um negócio possa ser considerada uma *balebuste* (pronuncia-se "ba-le-*bus*-te"), o termo geralmente é reservado para uma mulher excelente em organização, limpeza e cuidados do lar. Embora alguns usem o termo no sentido de "uma mulher mandona", é em geral dito como grande elogio. Para os homens, usa-se *balaboss*.

Boychik. Pronuncia-se "*boy*-tchick" e significa um garoto jovem. É claro, há avós que chamam o neto de *boychik* mesmo que ele tenha quarenta anos.

Bubeleh. Embora essa palavra (pronuncia-se "*bu*-bele") realmente signifique "avozinha", é usada no lugar de quase qualquer palavra de carinho. As mães chamam seus filhos (meninos e meninas) assim, e os adultos também podem se chamar de *bubeleh*. Você também ouvirá uma versão encurtada, *bubbe* (pronuncia-se "*bu*-be"), geralmente entre amigos.

Bubkes. Embora *bubkes* (pronuncia-se "*bub*-kis") derive da palavra russa para "feijão", significa algo trivial ou sem valor. Leo Rosten escreve: "*Bubkes* deve ser usado com desdém, sarcasmo, indignação ou desprezo. O expletivo entra em cena quando 'Absurdo!', 'Conversa fiada!' ou 'Asneira!' tiram um descanso." Quanto estão lhe pagando? *Bubkes!*

Chazer. Qualquer pessoa sovina, desleixada, vulgar ou gananciosa é uma *chazer* (pronuncia-se com o "ch" gutural), mas geralmente a palavra descreve alguém que come muito. Em vez de chamar alguém de "comilão", pode chamá-lo de *chazer* (e, na realidade, essa palavra significa "porco" em hebraico. Embora possa usá-la com afeição para uma criancinha, achamos que soa melhor quando a palavra é acompanhada com uma cara feia. Uma das palavras em iídiche favoritas de David é uma parente dessa: *chazerai*, que significa itens imprestáveis ou coisas inúteis. O escritório de David está repleto de *chazerai* e *tchotchkes* (veja o significado posteriormente nesta lista). *Chazerai* também pode significar "junk food" [porcaria]; o tipo de comida que um *chazer* iria *fress* (também logo mais na lista).

Chutzpá. É fácil entender por que *chutzpá* é tão utilizada até por não judeus: simplesmente não há outra palavra que capture tão bem um sentido de insolente arrogância, ousadia, presunção ou atrevimento. É muito atrevimento ligar para o presidente de uma grande empresa e pedir para marcar um almoço de modo a conseguir um trabalho na sala de fotocópias. Na verdade, é *chutzpá* conseguir que ele aceite marcar um almoço com *você*, onde você o convence de que é vice-presidente das operações de fotocópia.

Dreck. Crescemos em uma época quando era antiquado (para dizer o mínimo) usar palavrões na frente de nossos pais, então, quando tínhamos que descrever algo desprezível ou inútil, usávamos a palavra iídiche *dreck*. Literalmente significando "excremento", *dreck* pode descrever aquele filme insuportável a que você assistiu semana passada, a comida daquele restaurante novo ou as opiniões de certos apresentadores bem conhecidos de programas de rádio. *Dreck* é uma ótima palavra, mas não exagere em seu uso; como a garrafa de um vinho fino, deve ser reservada apenas para a ocasião certa.

398 PARTE 6 **Apêndices**

Fress. Vamos usar poderes psíquicos para analisar seu passado: se é judeu, sua avó achava que você não comia o suficiente, e, quando se sentava para comer, ela não lhe dizia para comer, mas dizia *fress*, que significa comer *muito*. É claro, se você pegasse alguma coisa da geladeira e comesse muito rápido enquanto saía, ela reclamava com o mesmo tom de voz: "Vai devagar! Não *fress*." É uma diferença sutil que talvez apenas uma avó poderia entender. Perceba também que alguém que come muito, ou rapidamente, é um *fresser*, como na frase "Oy, olha aquele cara naquela mesa; como é um *fresser!*"

Gay gezuntaheit. Quem dera o apresentador Lawrence Welk tivesse encerrado seu programa de TV, em meio a bolhas de sabão, com "Boa noite, *aufwedersein, au reviour, gay gezuntaheit!*" Significando "vá com saúde" (e pronunciada "gay ge-*zun*-ta-*hait*"), essa expressão em iídiche é dita quando nos despedimos de alguém querido.

Goy. Um *goy* é qualquer não judeu (plural: *goyim*). Como *gaijin*, em japonês, *goy* significa simplesmente alguém de outra nação. No entanto, também como *gaijin*, a palavra infelizmente ganhou um subtom negativo. O resultado é que fica difícil saber se alguém a está usando de forma depreciativa ou não. Nós dois crescemos dizendo *goy* e gostamos de pensar que não estávamos sendo desagradáveis ao fazê-lo. Porém, agora tentamos usar "não judeu", pois é uma expressão menos ambígua e capciosa.

Hokn a cheinik. Quando estiver perante alguém que fica tagarelando sobre algo (você parou de prestar atenção cinco minutos atrás), pode dizer "Por favor, pare de *hokn a cheinik*" (o iídiche tem o som "tch", como em português, que é o caso aqui, como na palavra "tchau": "hokin a *tchai*-nik"). Embora *cheinik* se refira a qualquer tagarelice ou fala incessante, a expressão significa mais ou menos "Pare de bater no bule de chá".

Kenahora. Você não se sente meio bobo quando diz "bata na madeira" (buscando alguma coisa de madeira ao seu redor)? Contudo, a superstição está tão apegada na mente humana, que quase nos sentimos mais desconfortáveis ao *não* dizermos isso após a menção a algo negativo. Felizmente, podemos usar a expressão *kenahora* no lugar (que significa "sem olho mal", uma junção de três palavras iídiche: kein (não/sem), ayin (olho) e hara (mal); talvez, se você usar essa palavra judaica, ninguém perceba que é supersticioso. Ela é pronunciada de duas formas: "*ken* a-*hor*-a" ou "*kain* a-*hor*-a". "Caso aconteça um acidente, *kenahora*, ligue para este número." "Dizem que a morte é mais tranquila quando você está rodeado de amigos e familiares, *kenahora*."

Kibitz. Esta é outra palavra em iídiche que ficou muito comum, em particular na língua inglesa. Como verbo, *kibitz* significa intrometer-se, dar conselho ou comentar sobre algo, especialmente quando não é da sua conta. Por exemplo, é praticamente impossível que um jogador de xadrez judeu não fique *kibitziando* enquanto observa outras duas pessoas jogarem. A pessoa que faz o *kibitz*, seja do outro lado da sala ou no assento de trás no carro, é um *kibitzer*. Observe que, se lhe pedem para dar sugestões, você é um conselheiro, não um *kibitzer*.

APÊNDICE A **Oy Vey! e Outras Palavras que Você Precisa Saber** 399

Kishkes. Por um lado, *kishkes* é uma iguaria culinária que envolve rechear os intestinos bovinos com vegetais, temperos e gordura de galinha. (Veja, não estamos dizendo que comemos essa coisa; apenas que ela existe.) Por outro lado, *kishkes* é outra palavra para "tripas", aquelas coisas em sua cavidade abdominal. Quando seu avião ou elevador tem uma leve instabilidade passageira, você sente o tranco em suas *kishkes*. Um ministro evangélico (com senso de humor) pode perguntar em um sermão: "Conseguem sentir o espírito descendo em suas *kishkes?*"

Kvell. Quando sua filha chega em casa com um boletim cheio de notas 10, você não segura o *kvell*. Quando seu filho se casa com uma médica, você *kvell*. *Kvell* é encher-se de orgulho e prazer, ao ponto em que precisa contar para alguém. Quando uma pessoa lhe dá *naches* (veja adiante nesta lista), você *kvell*. É o passatempo favorito dos pais.

Kvetch. Uma das melhores palavras em iídiche jamais inventadas, *kvetch* significa reclamar ou se queixar. (Também pode fazer referência à pessoa que está *kvetcheando*, como "Ele é um grande *kvetch*.") Apresentar uma opinião clara quanto a uma reclamação que possa ter não é *kvetch*; ficar de choradeira, chutar as coisas ou escrever quinze e-mails ao editor é *kvetch*. Dá para ficar enrolando pelo menos metade do dia porque está *kvetcheando*, e depois pode *kvetch* quanto ao tempo desperdiçado.

L'chayim. Ao erguer um copo ou taça para brindar, os brasileiros dizem "Saúde", os norte-americanos dizem "Cheers", os alemães dizem "Prost", os japoneses dizem "Campai". Os judeus dizem *L'chayim*, literalmente "à vida".

Loch in kop. Às vezes, as expressões em iídiche são traduzidas antes de se tornarem parte do linguajar cotidiano. Um bom exemplo [muito comum em inglês] é *loch in kop*, que significa "um buraco na cabeça". Uma auditoria em seus impostos seria um *loch in kop*. Experimente usar essa expressão algumas vezes; por algum motivo, achamos ser mais satisfatório usá-la do que a tradução.

Machetunim. A família de seu cônjuge é *machetunim* (pronuncia-se "mach-é- *tu*-num"), e parece que sua *machetunim* tem sempre o dobro de tamanho da sua própria família. Algumas pessoas usam a palavra com referência aos parentes dos filhos por afinidade. Por exemplo, caso seu filho seja casado, a família de sua nora é sua *machetunim*.

Maven. Alguns falantes de língua inglesa nem desconfiam de que a palavra *maven* — que significa um conhecedor ou especialista — é iídiche; ela simplesmente se tornou parte do uso comum daquele idioma. Porém, *maven* (*mei*-ven) sugere mais do que apenas um grande conhecimento. Alguém que trabalha com carros é mecânico; um *maven* não apenas conhece o carro como a palma de sua mão, mas pode lhe dizer o que há de errado apenas ouvindo o som do motor.

Mazel tov (ou Mazal tov). Todos os momentos importantes ao longo do caminho da vida, como uma formatura ou um casamento, são pontuados pelas palavras *mazel tov*. Embora signifique literalmente "bom planeta", é usada como "boa sorte" ou "parabéns". Algo bom aconteceu com você hoje? *Mazel tov!* Alguns se confundem e usam *l'chayim* quando querem dizer *mazel tov*, mas sabemos que você não faria isso.

Mensch. Embora os alemães usem *mensch* como referência a qualquer ser humano, o iídiche atribui muito mais significado à palavra. Ser chamado de *mensch* (ou, ainda melhor, de um(a) "verdadeiro(a) *mensch*") é talvez o maior elogio e um sinal de respeito. *Mensch* sugere muito mais do quem uma pessoa bem-sucedida, mas deixa a entender que alguém é moral e eticamente correto, alguém com um caráter nobre. Ser rico ou bonito, ou até popular, não o faz um *mensch*. É algo mais rico que o dinheiro. No entanto, não precisa ser algo grandioso: alguém que encontra uma carteira e a devolve intacta ao dono é um *mensch*.

Meshugue. *Meshugue* (pronuncia-se "me-*shug*-á") significa "doido", mas também pode significar "tolo", "absurdo" ou até verdadeiramente "doente mental", dependendo do contexto em que é dito. Uma palavra relacionada é *mishegass* ("mish-é-*gass*"), significando insanidade ou tolice. A diferença? Um congressista em particular pode ser um *meshugue* (ou *meshuggener*), mas a política (como a salsicha) é *mishegass*. David sabe agora que a ideia de reformar a casa é *meshugue*, basicamente por causa da *mishegass* com que teve que lidar ano passado. Basicamente, *meshugues* com todas suas ideias *meshugner* causam uma real *mishegass*.

Mishpochah. Sua família é sua *mishpochah* (pronuncia-se "mish-*poch*-a"). Não, não estamos falando apenas sobre sua família imediata; *mishpochah* quer dizer *toda* sua família. De fato, o termo é geralmente estendido a toda a família judaica. Quando um judeu vê alguém que não conhece, mas suspeita que seja judeu também, pode perguntar baixinho: "*Mishpochah?*" É claro, testes recentes de DNA parecem indicar que somos todos *mishpochah* de qualquer forma, se voltarmos o suficiente ao passado.

Naches. Como *kvell*, a palavra *naches* significa orgulhoso ou jubiloso. No entanto, há uma diferença sutil entre as duas palavras. *Naches* é a luz refletida que recai sobre você quando outra pessoa (normalmente um filho seu) faz algo grande. Por exemplo, pode *kvell* porque seu filho é médico, mas o fato de que ele se tornou um médico reflete bem em você, dando-lhe *naches*. (Por algum motivo você sempre *fica* naches. Quem somos nós para questionar a gramática iídiche?) Após seu filho marcar um gol de placa, você pode dizer: "Oy, você me dá tanto *naches*!"

Nebish. O idioma iídiche tem uma habilidade incrível de descrever tipos de personalidades, e um de nossos favoritos é *nebish*, o cara babaca atrapalhado que, não importa o quanto você sinta pena dele (nove de cada dez *nebishes* são homens), ele simplesmente lhe dá nos nervos. Leo Rosten recorda o ditado que diz que quando um *nebish* sai do cômodo, temos a impressão de que alguém acabou de entrar.

APÊNDICE A **Oy Vey! e Outras Palavras que Você Precisa Saber** 401

Nosh. Há poucos prazeres tão grandes como a ação de *nosh*, comer petiscos. De fato, temos certeza de que os judeus inventaram os aperitivos como uma boa desculpa para *nosh* nas festas. Você também pode dizer: "Vou pegar um pequeno *nosh*." Mas cuidado: seus amigos podem começar a chamá-lo de *nosher*.

Nu? Uma das palavras em iídiche mais usadas é *nu*. Quase sempre em perguntas, "*Nu?*" pode significar uma dezena de coisas diferentes, dependendo do contexto, da narrativa, do levantar das sobrancelhas e do tom de voz. Por exemplo, "*Nu?*" pode significar "Como vai?", "Estou lhe esperando", "Não está óbvio?" ou "O que eu podia fazer?".

Oy! O epítome do iídiche é *oy!* (Realmente merece ser escrito com um ponto de exclamação.) Como *nu*, dizer *oy!* pode significar tantas coisas diferentes, que é difícil especificar. Pode ser uma grito de surpresa, de dor, frustração, alegria, contentamento ou consternação. Pode ser uma exclamação, uma pergunta ou um suspiro. Para ênfase, pode dizer *oy vey* ("oh, desgraça!"), ou falar a frase inteira: *Oy veyzmir*.

Pisher. Uma pessoa *pisher* é alguém sem experiência, ou apenas jovem e imaturo, como um "noviço". Embora *pisher* seja literalmente alguém que urina, ninguém usa a palavra nesse sentido; pelo contrário, as pessoas dizem *pisher* de forma afetiva ("Que *pisher* lindinho você é!") ou pejorativamente ("Não dá para confiar no que ele diz, é só um *pisher*").

Plotz. Sabe aquelas tirinhas cômicas em que, quando alguém está muito surpreso ou irritado, fica de ponta-cabeça, com as pernas para o ar? Já se perguntou o que estão fazendo? Estão *plotzeando*. No mundo real, isso geralmente acontece quando alguém conta uma piada muito engraçada ("Dei tanta risada que achei que iria *plotz*") ou quando más notícias estão iminentes ("Não conte isso para sua avó, ela vai *plotz*").

Putz. Todo adolescente sabe que podemos julgar a eficácia de um idioma pelo número de eufemismos para a genitália masculina. O iídiche, nesse respeito, se sobressai. *Putz* é uma dessas palavras, e já foi considerada tão vulgar a ponto de ser evitada na frente de mulheres. No entanto, ninguém usa a palavra *putz* para descrever um pênis; a palavra é usada no sentido de um tolo, idiota ou quase qualquer pessoa que é um pé no *tuchis*: "Aquele *putz* não sabe patavinas."

Schlemiel. Um *schlemiel* (pronuncia-se "shlé-*miel*") é alguém incompetente, socialmente desajustado, uma pessoa tola, que erra constantemente. Uma expressão bastante conhecida em iídiche diz que, quando um *schlemiel* cai de costas, ele quebra o nariz.

Schlep. Como verbo, *schlep* significa carregar ou arrastar algo. Por exemplo, "Ajude-me a *schlep* as compras do carro" ou "Oy, não quero ter que *schlep* essas coisas na cidade inteira". No entanto, *schlep* às vezes se refere ao seu próprio corpo: passar uma hora no trânsito até chegar ao trabalho é um grande *schlep*. Por outro lado, um *schleper* é alguém que *schleps* as coisas. Porém, o termo faz referência a qualquer um que anda arrastando o calcanhar, que age de forma ineficiente ou que é preguiçoso. Quando David era adolescente, sua mãe sempre lhe dizia para pentear o cabelo antes de sair, para que não se parecesse com um *schleper.*

Schlemazl. Quase todas as palavras em iídiche que começam com "sch" diminuem alguém ou algo, então talvez não seja surpresa que um *schlemazl* se refira a alguém com uma má sorte crônica. Quando um *schlemazl* encontra uma nota de R$50 na rua, a primeira pessoa com quem se depara é aquela a quem deve R$51. O *schlemazl* é sobre quem o *schlemiel* derrama seu café.

Schlock. Quando você anda de carro pela cidade e vê itens domésticos na calçada com uma placa dizendo "Gratuito, me leve", essas coisas são *schlock. Schlock* é tudo quanto é tranqueira.

Schmata. *Schmata* é um trapo ou algo manchado. Uma judia pode passar uma semana para encontrar o vestido perfeito para a festa de Ano-novo, mas, quando o elogia, ela diz: "Ah, esse *schmata* velho?" Logo após o autor e professor de meditação Ram Dass (que nasceu bem judeu, sob o nome Richard Alpert) ter um derrame, um médico teve que avaliar o quanto sua mente ainda estava funcionando. O médico levantou uma caneta e perguntou: "O que é isso?" Ram Dass respondeu: "Uma caneta." Depois, o médico lhe mostrou sua gravata, e Ram Dass respondeu: "Uma *schmata.*"

Schmeer. Um dos efeitos colaterais da grande popularidade dos bagels é o aumento simultâneo do uso da palavra *schmeer* [pronuncia-se *schmir*], que significa recheio ou cobertura, ou, como verbo, espalhar ou cobrir. Não dá apenas para comer bagel; é preciso *schmeer* cream cheese (ou pelo menos alguma geleia). Observe também que alguns usam *shmeer* para indicar um suborno ("Será que precisamos *schmeer* o maître aqui?"), embora seja muito menos comum. Adicionalmente, *schmeer* pode significar "apanhar muito". Por exemplo: "Ele ficou todo *schmeered*!"

Schmuck. Certo, momento de confissão: quando David tinha oito anos, ele encontrou um crachá com as palavras "Super Schmuck" (um amigo tinha dado para seu pai, de brincadeira). Orgulhoso tal qual um super--herói, ele pulava pela casa gritando: "Sou um super schmuck!" Ele ficou muito decepcionado quando descobriu que *schmuck*, na verdade, significa pênis. (Vem da palavra alemã para "joias".) *Schmuck*, como *putz*, evoluiu ao longo do tempo e passou a ser usado comumente em língua inglesa com o sentido de pateta, tolo ou babaca. Por exemplo: "Qualquer *schmuck* sabe disso!" Voltando à época na qual *schmuck* era uma palavra muito mais cap-ciosa e vulgar, era comum ser abreviada para *schmo* (por exemplo, "Quem é aquele schmo?" ou "Estou me sentindo um grande schmo").

Shiksa. Uma *shiksa* é qualquer mulher não judia, embora se refira especial-mente a uma jovem, e mais especificamente àquela que está de olho no seu filho judeu. Lembre-se de que a linhagem judaica é tradicionalmente pas-sada de mãe para filho e filha, então há tempos uma mulher não judia que

APÊNDICE A **Oy Vey! e Outras Palavras que Você Precisa Saber** 403

entra para a família é considerada um tipo especial de ameaça. Obviamente, a palavra *shiksa* é geralmente dita com uma pitada de tensão. A palavra correspondente para um jovem não judeu é *shaygets* [pronuncia-se *shei*-guêts].

Tchotchke. *Tchotchke* (pronuncia-se "tsa-tské", "tchotch-ké" ou tchotch-ki) é literalmente um boneco ou uma boneca de criança, mas descreve qualquer brinquedinho ou bugiganga. Chaveiros, canetas divertidas e aqueles brinquedos que fazem barulho quando apertamos, e que servem para aliviar o estresse, são todos exemplos de *tchotchkes*.

Tsuris. Como na música: "Encosta sua cabecinha no meu ombro e chora, e conta todas suas *tsuris* para mim..." Bem, essa poderia ser a versão iídiche. *Tsuris* significam tristezas, problemas ou mágoas. É o que seus filhos podem lhe causar quando não lhe dão naches. "Não me dê *tsuris*", uma mãe pode repreender seu filho malcomportado.

Ungepotchket. Uma panelada feita juntando tudo quanto é sobra da semana é *ungepotchket* (pronuncia-se "un-guê-*potch*-ket"). Algumas artes modernas (aquelas coisas copiadas das brilhantes obras das crianças de cinco anos) são *ungepotchket*. Pegar às cegas quaisquer roupas limpas (talvez) quando se veste pela manhã garante que você estará vestido de forma *ungepotchket*. Qualquer coisa feita ou projetada por Martha Stewart [apresentadora de TV e empresária norte-americana] é, quase que por definição, o oposto de *ungepotchket*.

Yente. Pronunciada "*yen*-ta" ou "*yen*-té", a palavra se refere à mulher vulgar ou fofoqueira. Chamar uma mulher de *yente* na cara dela é considerado rude, para dizer o mínimo. É comum ouvirmos as pessoas confundirem "Yentl" com *yente*. Cuidado! *Yentl* é um nome feminino, e o título de um filme com Barbra Streisand. Curiosamente, a palavra *yente* vem recebendo um tom positivo, como na empresa "Rent-a-Yente", que contrata pessoas que estão dispostas a ajudar com tarefas gerais e projetos.

Zaftig. No mundo atual de supermodelos que se parecem com vassouras, é difícil nos lembrarmos da definição de *zaftig*, que literalmente significa "suculento", mas é mais frequentemente usado para se referir a um tipo de corpo que dá vontade de agarrar (geralmente, feminino). O oposto de *zaftig* é *svelte*, que sempre achamos ser iídiche, mas não é [é uma palavra em inglês que significa "esbelto"]. *Zaftig* é uma palavra sensual, e também pode ser usada para descrever frutas ("Oy, essa ameixa é tão zaftig, mal posso esperar para comê-la!") ou até para ideias ("A palestra dele estava repleta de ideias zaftig"). Sim, homens também podem ser zaftig. É um adjetivo que oferece oportunidades igualitárias.

Zeyde. Seu *zeyde* ("zei-da" ou "zei-de") é seu avô, e muitos judeus se referem aos avós como "*zeyde* e *bubbe*". Você também pode ouvir as pessoas se referirem de forma afetuosa e respeitosa a qualquer homem mais velho como *zeyde*.

Apêndice **B**

Uma Amostra das Orações e Bênçãos Judaicas

A oração é uma forma de expandir sua consciência, permitindo uma apreciação mais profunda da vida. As bênçãos nos relembram da santidade contida até mesmo nos momentos mais cotidianos do dia. Este apêndice inclui alguns textos de orações centrais e algumas bênçãos que podem lhe ser úteis para ajudá-lo a se concentrar ao longo do dia.

Todas essas orações e bênçãos foram retiradas de um *sidur*, ou livro de oração, tradicional, embora várias delas sejam seleções de textos muito mais longos. Caso não esteja familiarizado com as orações, pratique com estas, e depois poderá usar um sidur completo. Há muitas versões diferentes de sidurim [plural de sidur] disponíveis atualmente, e você as encontra em qualquer livraria judaica ou na internet.

Você poderá fazer as orações em português até se sentir mais confortável para fazê-las em hebraico. Quando estiver pronto para isso, lembre-se de que a transliteração *ch* é pronunciada com o som gutural, como o "j" do espanhol, ou o "rr" do português.

Os judeus normalmente recitam suas orações e bênçãos em voz alta; por exemplo, em um lar judaico, a bênção sobre a comida é dita antes de todos comerem (seja individualmente ou por uma que o faz por todos). Você não precisa dizer as palavras em voz muito alta; os judeus geralmente as murmuram bem baixinho, mas com intenção.

O Foco Central: Shemá e Veahavtá

O que podemos considerar como a afirmação básica da fé judaica é retirado do livro de Deuteronômio. Quando Moisés reconta a jornada dos Filhos de Israel, ele exorta as pessoas a despertarem ao amor e à compaixão mais profundos do ser de cada um e a ouvirem a mensagem mais profunda de que tudo é Um.

Shemá Yisrael, Adonai Elohênu, Adonai Echad.

Ouve Israel! O Eterno é nosso Deus! O Eterno é Um! (Deuteronômio 6:4)

O Shemá é como um "mantra" que pode ser dito a qualquer momento ao longo do dia (veja no Capítulo 4 mais informações sobre o Shemá). Essas são as últimas palavras que um judeu diz antes de morrer, e são as palavras contidas nas orações diárias e incluídas (veja as próximas seções) na oração antes de dormir. São as palavras mais famosas de todas as orações judaicas; são as "guardiãs" dessa fé.

As palavras que seguem o Shemá na Torá são chamadas de *Veahavtá*. Você as ouve sendo entoadas em qualquer serviço de sinagoga. Para David, todas as misturas "esquisitas" das sílabas lhe pareceram desgastantes no início; não tema, após vinte ou trinta minutos, elas sairão com leveza de sua boca.

Veahavtá et Adonai Elohêcha, bechol levavechá uvechol nafshechá uvechol meodêcha. Vehaiu hadevarim haêle, asher anochí metsavechá haiom al levavêcha. Veshinantám levanêcha vedibartá bam, beshivtechá bevetêcha, uvelechtechá vaderech uveshochbechá uvecumêcha. Ukeshartam leót al iadêcha, vehaiú letotafot bên enêcha. Echetavtám al mezuzót betêcha uvish'arêcha.

E amarás o Eterno, teu Deus, de todo o teu coração, de toda a tua alma e de todo o teu poder. E estarão, permanentemente, no teu coração, estas palavras que hoje te recomendo. E as ensinarás diligentemente a teus filhos e falarás a respeito delas quando estiveres sentado em tua casa e quando estiveres andando pelo teu caminho; quando te deitares e quando te levantares. E as atarás como sinal na tua mão, e serão por frontais entre os teus olhos. E as escreverás nos umbrais da tua casa e nas tuas portas.

Embora alguns leiam essas palavras como comandos ("*farás* essas coisas, senão..."), outros — como nós — as entendem mais como uma consequência lógica do Shemá: despertar à Unicidade sempre nos leva à capacidade estendida para o amor e para a compaixão.

Primeira Coisa pela Manhã

As primeiras palavras que um judeu tradicional recita ao despertar a cada manhã expressam gratidão, definindo o tom para qualquer coisa que aconteça durante o dia.

[Homens:] *Modê* [Mulheres:] *Modá ani lefanêcha melech chai vecaiam shehechezárta bi nishmatí bechemlá, rabá emunatêcha.*

Dou graças perante Ti, ó Rei vivo e existente, que devolveste a minha alma com piedade, grande é nossa fé em Ti.

Última Coisa pela Noite

O judaísmo emoldura-se com orações. Aqui está uma de nossas favoritas, uma oração de perdão que precede a recitação do Shemá, antes de dormir. Repetir esta oração não apenas o ajuda a dormir, mas o deixará de bom humor quando acordar.

Ribonô shel olam, hareni mochel lechol mi sherichi'is vehicnit oti, o shechatá kenegdi, ben begufi, ben bemamoni, ben bichvodi, ben bechol asher li; ben bemezid, ben bedibur, ben bemaassê, ben beguilgul zê, ben beguigul acher, lechol adam. Velô ueanesh shum adam bessibati. Yehi ratson milefanêcha, Adonai Elohai, vElohê avotai, shelô echtá od, velô echezor bahêm, velô ashuv od lehach'issêcha, velôeessê hará beenêcha. Umá shechatáti, mechok berachamêcha harabim, velô al yedê yissurim vacholayim ra'im. Yihyu leratson imrê fi, veheguiôn libí lefanêcha, Adonai Tsurí veGoalí.

Mestre do Universo, eis que perdoo todo aquele que me tenha irritado ou hostilizado, que tenha pecado contra mim, tanto contra meu corpo como contra minha propriedade, contra minha honra ou contra tudo que me pertence; seja de modo acidental ou intencional, inadvertida ou deliberadamente, por palavra ou ação, nesta encarnação ou em outra encarnação, perdoo a todos. Que ninguém seja punido por minha causa. Seja Tua vontade, Adonai, meu Deus e Deus de meus antepassados, que eu não mais cometa pecados, que não mais os repita e que não volte a irritar-Te, nem fazer o mal a Teus olhos. E o que já transgredi, apaga com Tua grande misericórdia, mas não por meio de sofrimentos ou doenças más. Possam as palavras de minha boca e a meditação de meu coração serem aceitas perante Ti, Adonai, minha Rocha e meu Redentor.

Você pode recitar o Shemá (veja na seção anterior) após essa oração noturna, logo antes de dormir.

APÊNDICE B **Uma Amostra das Orações e Bênçãos Judaicas** 407

Bênçãos Úteis Diversas

Dizer uma bênção nos dá a oportunidade de celebrar os momentos de nossa vida. A tradição ensina que cada judeu deve dizer no mínimo cem bênçãos diárias. É celebração que não acaba mais! Embora tal objetivo não seja um problema se você participar de três serviços de adoração por dia, recitando a liturgia inteira em cada um, acaba sendo um desafio para quem não faz isso.

As bênçãos desta seção o ajudarão a chegar às suas cem diárias. Mas lembre-se de que a tradição também ensina que podemos usar nossas próprias palavras para abençoar as coisas e os eventos.

LEMBRE-SE

Quando ouvir outra pessoa recitar uma bênção, diga "Amém" ao término. Isso permite que as bênçãos que você ouviu contem para uma de suas cem! Em geral, não dizemos "Amém" para nossas próprias bênçãos.

Bênçãos para a comida

Assim como agradecer pela refeição antes de comer, estas bênçãos nos encorajam a estar conscientes ao longo do dia, em vez de simplesmente enfiar a comida goela abaixo.

Antes de tomar suco de uva ou vinho

Baruch atá Adonai, Elohênu mélech haolam, borê peri hagáfen.

Bendito sejas Tu, Eterno, nosso Deus, Rei do Universo, que criaste o fruto da vinha.

Bênção antes de comer pão

Baruch atá Adonai, Elohênu mélech haolam, hamotsí lechem min haárets.

Bendito sejas Tu, Eterno, nosso Deus, Rei do Universo, que fazes sair o pão da terra.

Antes de comer outros produtos de trigo, cevada, centeio, aveia, espelta ou arroz

Baruch atá Adonai, Elohênu mélech haolam, borê minê mezonot.

Bendito sejas Tu, Eterno, nosso Deus, Rei do Universo, que criaste diversas espécies (grãos) de alimentos.

Antes de comer frutas que crescem em árvores

Baruch atá Adonai Elohênu mélech haolam, borê peri haêts.

Bendito sejas Tu, Eterno, nosso Deus, Rei do Universo, que criaste o fruto da árvore.

Antes de comer alimentos que crescem diretamente na terra

Baruch atá Adonai Elohênu mélech haolam, borê peri haadamá.

Bendito sejas Tu, Eterno, nosso Deus, Rei do Universo, que criaste o fruto da terra.

Antes de comer ou beber outros alimentos

Baruch atá Adonai, Elohênu mélech haolam, shehacol nihia bidvaro.

Bendito sejas Tu, Eterno, nosso Deus, Rei do Universo, que criaste tudo pela Tua palavra.

Após a refeição

A bênção tradicional após a refeição é chamada de *Bircat HaMazon* ("A Bênção pelo Alimento"), embora algumas pessoas se refiram a ela simplesmente como "a Bircat". Essa bênção é muito mais comprida do que as que precedem as refeições (a bênção a seguir é o parágrafo central da versão tradicional).

A Bircat fala sobre a experiência de estar satisfeito, nutrido e amparado pelo alimento e pelo Universo no qual a comida cresce, buscando universalizar tal experiência e afirmar que ela possa estar, por fim, disponível para todos.

Um efeito colateral da Bircat é que ela encoraja as famílias ou comunidades a encerrarem as refeições juntas, em vez de ir cada um para seu canto quando terminar.

Baruch atá Adonai Elohênu mélech haolam, hazan et haolam culô betuvô uvechéssed uverachamim, hu noten lechem lechol bassar, ki leolam chasdo. Uvetuvo hagadol tamid lo chássar lanu veal iechessar lanu mazón leolam vaed, baavur shemo hagadol, ki hu El zan umefarnes lacol umetiv lacol umechin mazon lechol beriotav asher bará. Baruch atá Adonai, hazan et hacol.

APÊNDICE B **Uma Amostra das Orações e Bênçãos Judaicas** 409

Bendito sejas Tu, Eterno, nosso Deus, Rei do Universo, que alimentas todo o mundo com Sua bondade, com graça, benevolência e misericórdia. Ele dá pão a todas as criaturas porque a Sua misericórdia permanece para sempre. Em Sua grande e constante bondade nunca nos faltou, e nunca nos deixará faltar, o sustento para sempre, em virtude de Seu Grande Nome, porque Ele alimenta e sustenta a todo o ser, é benéfico para com todos, e prepara sustento a todas as Suas criaturas que criou. Bendito sejas Tu, Eterno, que alimentas a todos.

Bênçãos que fazem momentos especiais

Abençoar é afirmar a beleza e a retidão de um momento, mesmo que ele não seja tão alegre. Abençoar nos abre a uma percepção mais plena e, com ela, a uma maior liberdade. Veja algumas bênçãos para iluminar seu dia.

Celebrando experiências inéditas

A bênção a seguir, geralmente chamada apenas de *Shehecheiánu*, é provavelmente nossa favorita. Você pode recitá-la sempre que adquirir ou usar algo novo, ou quando fizer algo pela primeira vez.

> *Baruch atá Adonai Elohênu mélech haolam, shehecheiánu vekiiemánu vehiguiánu lazeman hazé.*

> Bendito sejas Tu, Eterno, nosso Deus, Rei do Universo, que nos conservaste em vida, nos amparaste e nos fizeste chegar a esta época festiva.

Experimentando o esplendor da natureza

A tradição diz que esta é a oração a ser dita quando passamos por um terremoto, ou vemos um raio, uma montanha imponente ou um grande rio. Mas, honestamente, ela funciona com qualquer evento natural fascinante.

> *Baruch atá Adonai Elohênu mélech haolam, ossê maasê vereshit.*

> Bendito sejas Tu, Eterno, nosso Deus, Rei do Universo, que executas atos da criação.

Indo ao banheiro

Os judeus têm uma bênção para cada momento, incluindo o uso do banheiro. Embora isso pareça ser besteira para alguns, é, na realidade, uma oportunidade maravilhosa de trazermos nossa consciência ao incrível fato de que nosso corpo funciona bem. Esta bênção geralmente é recitada após o evento. (Não se esqueça de lavar as mãos!)

Baruch atá Adonai Elohênu mélech haolam, asher iatsár et haadam bechochmá, uvará vo necavim nevacim, chalulim chalulim. Galui veiadúa lifnê chissê chevodêcha, sheím yipatêach echad mehem ô yissatêm echad mehem, i efshar lehitcaiêm velaamod lefanêcha afílu shaá echat. Baruch atá Adonai, rofê chol bassar umaflí laassót.

Bendito sejas Tu, Eterno, nosso Deus, Rei do Universo, que formaste o homem com sabedoria e criaste nele órgãos com orifícios. Revelado e sabido é perante o Teu glorioso trono que, se um órgão aberto se fechar ou um órgão fechado se abrir, o ser humano não sobreviverá nem uma hora. Bendito sejas Tu, Eterno, que saras toda a carne e fazes maravilhas.

Bênçãos para atos rituais

A realização das *mitzvot* ("mandamentos" ou "atos que nos permitem conexão com Deus) tradicionais exige uma concentração especial, e estas bênçãos oferecem tal foco. Elas ajudam a transformar o que, em alguns casos, pode ser um ato automático em um momento de santidade.

Acendendo as velas no Shabat ou em um dia festivo

Os judeus acendem velas no início de cada *yom tov* ("dia bom" ou "feriado"), incluindo o Shabat na sexta-feira à noite (veja o Capítulo 18). A luz das velas no Shabat evoca o primeiro ato da Criação, que foi a luz. No Shabat, assim como nos dias festivos, a luz fala sobre a singularidade do momento.

Baruch atá Adonai, Elohênu mélech haolam, asher kideshánu bemitsvotáv, vetsiváno lehadlic nêr shel Shabat (ou nêr shel Iom tov).

Bendito sejas Tu, Eterno, nosso Deus, Rei do Universo, que nos santificaste com Tuas *mitzvot* [caminhos de santidade] e nos deste a mitzvá de acender a vela de Shabat (ou de Iom tov).

Observe que as palavras finais dessa bênção mudam um pouquinho dependendo do que está sendo celebrado. Por exemplo, em Chanucá, dizemos "*... lehadlic nêr shel Chanucá...*" (veja o Capítulo 22). Ou, se for Yom Kipur e Shabat, então dizemos "*... lehadlic nêr shel Shabat veshel Yom haKipurim...*" (veja o Capítulo 20).

APÊNDICE B **Uma Amostra das Orações e Bênçãos Judaicas** 411

Antes do estudo da Torá

Baruch atá Adonai Elohênu mélech haolam, asher kideshánu bemitsvotáv, vetsivánu laasóc bedivrê Torá.

Bendito sejas Tu, Eterno, nosso Deus, Rei do Universo, que nos santificaste com as Tuas mitzvot e nos deste a mitzvá de ocuparmo-nos com as palavras da Torá.

Colocando o talit (xale de oração)

Baruch atá Adonai Elohênu mélech haolam, asher kideshánu bemitsvotáv, vetsivánu lehitatêf betsitsit.

Bendito sejas Tu, Eterno, nosso Deus, Rei do Universo, que nos santificaste com as Tuas mitzvot e nos deste a mitzvá para que nos envolvamos com o Talit.

Ao afixar uma mezuzá

A mezuzá é colocada no batente da porta, no lado direito de quem entra, com a parte de cima levemente voltada ao cômodo no qual se está entrando (veja mais informações no Capítulo 4).

Baruch atá Adonai, Elohênu mélech haolam, asher kideshánu bemitsvotav vetsivánu licbôa mezuzá.

Bendito sejas Tu, Eterno, nosso Deus, Rei do Universo, que nos santificaste com as Tuas mitzvot e nos deste a mitzvá de afixarmos a mezuzá.

Bênçãos como lembretes e ensinamentos

As bênçãos a seguir nos ajudam a celebrar momentos não apenas de alegria, mas também de dificuldade e de dor.

Ao ouvir notícias incomumente boas

Baruch atá Adonai Elohênu mélech haolam, hatov vehametiv.

Bendito sejas Tu, Eterno, nosso Deus, Rei do Universo, que é bom e faz o bem.

Ao ouvir notícias incomumente más, como a morte de alguém

Baruch atá Adonai Elohênu mélech haolam, Dayan haement

Bendito sejas Tu, Eterno, nosso Deus, Rei do Universo, o Juiz verdadeiro.

Ao ver pessoas, árvores ou campos excepcionalmente bonitos

Baruch atá Adonai Elohênu mélech haolam, shecácha lo beolamo.

Bendito sejas Tu, Eterno, nosso Deus, Rei do Universo, que assim fizeste para Si no Seu mundo.

Vendo uma pessoa ou animal que o deixa incomodado

Baruch atá Adonai, Elohênu mélech haolam, meshanê haberiyot.

Bendito sejas Tu, Eterno, nosso Deus, Rei do Universo, que crias variedade entre as criaturas.

Apêndice C
Agora Vá e Aprenda

PALAVRAS DE SABEDORIA

Mais ou menos 2 mil anos atrás, pediram ao grande sábio Rabi Hilel que explicasse o significado do judaísmo enquanto se equilibrava em apenas um pé. Hilel respondeu: "O que é odioso para ti, não faça aos outros. Esta é toda a Torá, todo o resto é comentário — agora vá e aprenda." Oferecemos a lista a seguir como um auxílio em sua jornada para que vá e aprenda.

Obviamente, a internet é um dos melhores lugares para começar a juntar informações sobre o judaísmo. Para facilitar ainda mais essa experiência, fizemos uma lista dos melhores links em nosso site, www.joyofjewish.com.

*Nota da Editora: Todos os materiais sugeridos neste apêndice (sejam ou não online), salvo indicado o contrário, estão em inglês e são de total responsabilidade dos autores. No entanto, incluímos algumas sugestões entre colchetes para o leitor brasileiro.

Livros para o Povo do Livro

Só considerando nós dois, temos centenas de livros sobre o judaísmo em nossas prateleiras. Felizmente, você não precisa de tantos livros assim para ganhar um sentimento profundo pelo judaísmo. Aqui temos uma lista de apenas alguns de nossos favoritos, o tipo de livro que acreditamos que deveria fazer parte da biblioteca de qualquer judeu.

Estes livros estão disponíveis nas livrarias (encorajamos você a visitar sua livraria judaica local, caso haja uma). Também disponibilizamos links para eles em nosso site:

» *A Bíblia (Tanach*, Stone Edition): Muita gente acha que, se viu uma Bíblia, então viu todas. Não é bem assim. Recomendamos a Stone Edition do Tanach (a Bíblia hebraica; veja o Capítulo 3), publicada pela Artscroll. Essa versão contém tanto o hebraico quanto uma tradução muito boa em inglês, além de alguns comentários úteis e tradicionais. [Há em português uma edição similar, publicada pela Sêfer: *Torá, A Lei de Moisés*.]

» *Etz Hayim: Torah and Commentary*: É a atual favorita de Ted, produzida pelo movimento conservador, e inclui a tradução mais recente da Sociedade Judaica de Publicação. O comentário honra a tradição, mas frequentemente a transcende.

» *Entering Jewish Prayer*, de Reuven Hammer: Orações e bênçãos são elementos importantes da prática judaica (veja o Capítulo 4). Esse livro maravilhoso oferece uma consideração mais profunda sobre as dimensões internas e externas da adoração judaica, incluindo uma introdução à liturgia.

» *God Is a Verb*, de David A. Cooper: O misticismo judaico (veja o Capítulo 5) está muito em voga atualmente, e por um bom motivo: ele oferece uma abordagem profundamente gratificante à vida. Infelizmente, muitos livros no mercado apenas tornam o misticismo mais mistificante. Não é assim com essa preciosidade, que explica as coisas claramente e torna relevante o esotérico para a vida de cada um.

» *Jewish Literacy*, de Joseph Telushkin: Durante a escrita de *Judaísmo Para Leigos*, não raro nos sentimos frustrados porque não podíamos mergulhar mais profundamente em um tópico (devido à natureza introdutória deste livro). O livro de Telushkin é um ótimo "próximo passo" pelo caminho judaico.
[Em português, sugerimos *Livro do Conhecimento Judaico*, de Eliahu Kitov, e *Judaísmo para o Século 21*, de Aryeh Carmell.]

» *Meditação Judaica*, de Aryeh Kaplan: Se achou intrigante a ideia da meditação judaica no Capítulo 5, vá correndo adquirir um exemplar desse excelente livro introdutório.

» *The Handbook of Jewish Meditation Practices*, de Rabi David Cooper: Aqui há uma abordagem mais moderna sobre antigas práticas. O Rabi Cooper se comunica claramente em apoio à jornada interna.

» *The Joys of Yiddish*, de Leo Rosten: Incluímos diversas palavras importantes em iídiche no Apêndice A, mas Rosten explora e explica as expressões em iídiche melhor do que qualquer outro. Todos deveriam ter esse livro.
[Em português, indicamos os dois volumes de Sehva Zucker: *Ídiche, uma Introdução ao Idioma, Literatura e Cultura*.]

» *The New Jewish Wedding*, de Anita Diamant: Não compre esse livro como um presente de casamento; ofereça-o ao casal em seu noivado! Diamant oferece uma visão incrível dos casamentos e de como podem ser eventos profundamente significativos (tanto para judeus quanto para não judeus).
[Sugestões em português: *Casamento com Compromiss*o, de Esther Jungreis, e *A Escada da Elevação*, de Robert L. Kremnizer.]

416   PARTE 6 **Apêndices**

» *Seasons of Our Joy*, de Arthur Waskow: Quer uma compreensão mais profunda da história e das interpretações por trás dos feriados judaicos? Nós sempre buscamos referências nesse livro ao longo do ano, encontrando bons lembretes e ótimas lições.
[Sugestão em português: *Livro do Conhecimento Judaico*, de Eliahu Kitov.]

» *A Short History of the Jewish People*, de Raymond P. Scheindlin: A história judaica é tão longa e repleta de detalhes, que a maioria dos livros é imensa e leva meses para ser digerida. Esse livro apresenta a história significativamente com mais detalhes do que conseguimos fazer nos Capítulos 11 a 16, mas é uma leitura fácil e direta.
[Sugestão em português: *Breve História do Judaísmo*, de Isidore Epstein.]

» *Um Tesouro do Folclore Judaico*, de Nathan Ausubel: Não conhecemos ninguém que tenha lido essa coleção clássica (e enorme) de histórias judaicas e de humor de capa a capa, mas ela oferece uma ótima oportunidade para pesquisar e ler em voz alta para crianças e cônjuges.

Nas Bancas

Revistas e jornais são uma ótima maneira de se manter atualizado com questões relevantes ao judaísmo. Veja a seguir os melhores periódicos em circulação:

» *Commentary:* Essa revista oferece uma vasta gama de artigos políticos e opiniões sob um ângulo conservador e um ponto de vista judaico. www.commentarymagazine.com.

» *International Jerusalem Post:* Acompanhar as notícias de Israel é um desafio sem receber as notícias diretamente de lá. www.jpost.com.

» *Moment:* Cada edição dessa revista bimestral parece incluir algo com o qual ficamos alegres, algo com que ficamos bravos e algo a aprender. O que mais poderíamos pedir? www.momentmag.com.

» *Sh'ma:* Esse diário de espírito livre vem publicando artigos sobre diversas questões religiosas, sociais e políticas desde 1970. www.shma.com.

» *Tikkun:* Esse diário bimestral de cultura, política e questões sociais também mergulha profundamente na importância da espiritualidade nas questões cotidianas. www.tikkun.org.

[Há uma lista de links para a imprensa judaica no Brasil no site da Confederação Israelita do Brasil: https://www.conib.org.br/links/]

APÊNDICE C **Agora Vá e Aprenda** 417

Algumas Organizações Judaicas

Caso queira mais informações sobre um movimento religioso específico no judaísmo ou sobre como doar dinheiro para plantar uma árvore em Israel, as organizações a seguir podem ser úteis. Também temos ótimos links para cada uma em nosso site, www.joyofjewish.com.

Ações educacionais e sociais

Veja a seguir organizações de serviço dedicadas ao fortalecimento dos laços dentro da comunidade judaica:

» American Jewish Committee: www.ajc.org.

» American Jewish Congress: www.ajcongress.org.

» Anti-Defamation League: www.adl.org.

» B'nai B'rith International: www.BBInet.org.

» Hillel: The Foundation for Jewish Campus Life: www.hillel.org.

» InterfaithFamily: www.interfaithfamily.com.

» United Jewish Communities: www.ujc.org.

Caridades

Visto que a tsedacá é uma parte tão crucial do judaísmo (veja o Capítulo 4), aqui indicamos alguns lugares onde você pode descobrir como contribuir:

» Hadassah: www.hadassah.org.

» Jewish National Fund: www.jnf.org.

» Mazon: www.mazon.org.

[Algumas sugestões no Brasil: Unibes — http://unibes.org.br; Ten Yad — https://tenyad.org.br; para mais informações sobre outras entidades, Confederação Israelita do Brasil — https://conib.org.br/]

Judaísmo na Internet

Inúmeros sites judaicos disponibilizam um vasto espectro de informações sobre o judaísmo. Aqui indicamos apenas alguns que você deve conferir:

» Maven Jewish Web Directory: `www.maven.co.il`.

» MyJewishLearning: `www.myjewishlearning.com`.

» Judaism 101: `www.jewfaq.org`.

» Jewish Virtual Library: `www.jewishvirtuallibrary.org`.

» Joy of Jewish: `www.joyofjewish.com`.

[Em português, sugerimos: Morashá (`http://www.morasha.com.br/home.html`); Chabad (`http://www.chabad.org.br/`); CONIB (`https://www.conib.org.br/`) e CJB (`https://www.cjb.org.br/`).]

Índice

SÍMBOLOS
32 caminhos de santidade, 77

A
aborto, 102
Abraão, 48, 160
   e Isaque, 161
   jornada de, 160
Adolf Hitler, 192, 210
Adonai, 28
adoração
   Aleinu, 60
   Amidá, 59
   Cadish, 60
   comunitária, 57
   modos básicos, 59
   particular, 57–58
   Shemá, 58
adultério, 103
água salgada, 336
Alcorão, 194
alma, 91
Antigo Testamento, 41
antissemitismo, 213–214, 225, 227, 230
   atos de, 230
   atualmente, 237
   crenças, 233–235
   definição, 232
   na literatura e na arte, 236–237
Arca da Aliança, 169, 174, 176
arrependimento, 277
Árvore da Vida (Etz Chaim), 84, 90, 310
assassinato, 105
autópsia, 147

B
Bar/Bat Mitzvá
   celebração, 123
   origem, 122–128
bênçãos, 55
Bíblia hebraica, 40–41
   seções, 41
budismo, 223

C
cabalá, 74, 348–349
   filosofia, 76
caminho
   da criação, 85
   do despertar, 86
   do relâmpago brilhante, 85

cantor (chazan), 62
caridade, 54–72, 97
Carlos Magno, 196
casamento, 130
   bênção com vinho, 133–134
   cerimônia, 132
   contrato matrimonial (ketubá), 136
   costumes, 131
   interconfessional, 133–140
   pessoas do mesmo sexo, 139–140
   quebra do copo de vidro, 135
   sete bênçãos, 134
céu (paraíso), 152
Chanucá, 183, 298
   acendimento das velas, 302
   celebração, 298, 300
   comidas, 303
Chmielnicki, massacre de, 202
cidadania, 204
Cinco Livros de Moisés, os, 39
circuncisão, 112
   cerimônia, 114
   conforto do bebê, 114
   feminina, 112
Ciro da Pérsia, 180
comida, bênçãos para, 408
comunidades, 14
confirmação da fé, 121, 128
Conselho das Quatro Terras, 202
conspiração, 234–235
contagem do Ômer, 347
controle de natalidade, 102
conversão, 14, 387
credos, 26
criptojudeus, 199
cristianismo, 94
   conversão compulsória, 199
Cruzadas, 196
Culto do Templo, 183

D
Dalai Lama, 189
dança extática, 18
Davi, 173
Debbie Friedman, 385
derramamento da semente, 101

Índice   421

Deus
argumentar com, 26
existência de, 27
nomes, 27
outros nomes, 30
pluralidade, 29
tradição cabalística, 33
Deuteronômio (D'varim), 39
Dez Mandamentos, 50, 168, 354
Dia
da Árvore Judaico, 313
da Lembrança do Holocausto, 215–218
diálogo talmúdico, 44
direitos humanos, 99
divórcio (guet), 137
dízimo (ma'asser kessafim), 54, 310
doação de órgãos, 147
doutrinas, 18–19
doze tribos de Israel, 169

E
Elias (profeta), 344
era
de ouro espanhola, 195
messiânica, 65, 244
espiritualidade, 76
essênios, 183
Estrela de Davi, 68
ética, 93–94
quatro ensinamentos fundamentais,
94–96
sexual judaica, 100
exílio na Babilônia, 179
êxodo do Egito, 34

F
Faisal (rei), 236
fariseus, 183
feminismo, 22, 61
Filhos de Israel, 31, 34, 166, 227, 345
fundamentalismo, 43

G
genocídio, 215
gentios justos, 212, 394
Golias, 173
Grandes Festas, 261, 268, 271, 277
Guerra dos Seis Dias, 394
gueto, 203
de Varsóvia, 215–218

H
Haganá, 216–218
halal, 389
Hannah Rachel, 369
hebreus, 159
Henrietta Szold, 373–374
hermenêutica, 43
Herodes, 184
Hilel, Rabi, 370
hinduísmo, 223
Holocausto, 211
homossexualidade, 102
humor judaico, 381

I
Idade das Trevas, 193
Iluminismo, 204
Império
Bizantino, 193
Persa, 181
Romano, 299
incesto, 103
Inquisição, 199
intencionalidade, 55
interconfessionalismo, 99
Isaac Luria, 372
islã, 194, 388
Israel, 13, 379
Estado, 216–218, 238
Proclamação de Independência de, 217
significado, 26

J
jejum, 319, 324
Jesus, 185, 190, 233–234, 377
judaísmo
humanista secular, 23–24
liberal, 19
nazareno, 22
Judá, o Príncipe, 45, 192
Judeia, 174
judeus
afrodescendentes, 15
ashkenazi, 14
conservadores, 20–21
humanistas, 23
messiânicos, 22–24
ortodoxos, 16–17
reconstrucionistas, 21
reformistas, 19–20
renovados, 22
sefaradi, 15
significado, 12

Judith Kaplan Eisenstein, 127
Júlio César, 184
justiça, 54–72
    e caridade, 97

K
Kadish dos Enlutados, 152
kipá, 68
kosher, 63

L
Lamentações, livro de, 364
lares judaicos, 71
Leis
    de Noé, 53
    de Nuremberg, 211
    dietéticas, 20, 63
leituras, 39–40
libelo de sangue, 235
liberdade de Sião, 187
Livro da Vida, 263, 271
luto, 142
luxúria, 101

M
Macabeus, 183, 298–301
Maçons, 234
Maimônides, 97, 371, 378
mal, 33–35
Manuscritos do Mar Morto, 183
Maomé, 193
Marco Antônio, 184
Martin Buber, 375
Martinho Lutero, 233
meditação, 57, 81
menstruação, 100
Messias (Mashiach), 34, 76, 185, 378
misticismo, 73–74
    dos Hekhalot, 77
    livros, 76–79
Moisés, 16, 167
monoteísmo, 26
Mordechai, 316
morte, 142
    cemitério judaico, 145
    confissão, 143
    corpo, preparação, 147–148
    cremação, 147
    discurso fúnebre (hesped), 149
    funeral, 145, 148–149
    luto, 150

movimento
    Chavurá, 224
    Judaico de Renovação, 224
    Mussar, 98
    neo-ortodoxo, 207
    reformista, 220
mulheres, papel das, 380–381
Muro
    das Lamentações, 55, 185, 395
    Ocidental, 185
Museu do Holocausto, 214–218
música klezmer, 385

N
nacionalismo, 207
Napoleão Bonaparte, 204
nazarenos, 190
níveis de consciência (sefirot), 77, 85
noite dos cristais quebrados, 212
nomeação de um bebê, 117–118
Novo Testamento, 41

O
orações (tefilot), 55
Organização das Nações Unidas, 216–218
organizações judaicas, 418

P
padrinho (sandek), 113
Palestina, 190, 210, 238
pecado (chet), 277
pena de morte, 105
Pentateuco, 39
Pentecostes, 348
perdão, 276, 278
perseguição, 319
Pessach, 326
    comidas, 327, 334
    motivos do, 326
Pôncio Pilatos, 185
Povos do Livro, 194
práticas (mitzvot), 50
    e mulheres, 52
    motivos para realizá-las, 53
Primeira Guerra Mundial, 364
Primeiro Templo em Jerusalém, 176
profetas (neviim), 172

Q
quatro dimensões de significado bíblico, 43
Quatro Mundos, os, 90
questão judaica, 210–218
    solução final, 213–214
quinze passos do sêder de Pessach, 339

Índice   423

R

rabino, 62
Rabi Shimon bar Yochai, 78
racismo, 207, 239
Rashi, 196, 370–371
redenção, 34
  caminhos da, 35
  visões de, 34
reencarnação, 152
Reino de Judá, 174
ressurreição, 34
revelação, 32
Revolução Francesa, 204
ritos, 66–67
Rute, livro de, 360, 387

S

sacrifícios animais, 43
saduceus, 183
Salomão, 176
Sara, 160
sarça ardente, 29
Satanás (Ha-Satan), 33
Segunda Guerra Mundial, 216, 219, 234
Septuaginta, 42, 182
sexo, 100
Shabat, 244
  aspectos universais, 259
  o que pode, 247
  preparação, 247–248
  refeição, 252
  regras, 244–245
  restrições, 245–247
Shavuot, 351–352
  comida, 358
  histórias do, 355
  ideia por trás de, 352
  rituais, 356
  tradições, 361
Sião, 396
Simchat Torá
  celebração, 294–296
sinagoga, 60–61
  ir à, 56
  o que encontrar, 61
sionismo, 18, 209, 300
Sucot, 288
  guia para o, 289–293
  tradição, 289
suicídio, 144

T

Taça de Elias, 336, 345
Talmud, 18–20, 45, 95, 183
testamento, 142–143
Torá, 16, 19, 95
  definição, 37
  setenta maneiras de interpretar a, 158
Torá Oral, 43
  Midrash, 47
Tratado de Versalhes, 210
Tribos de Israel, 163, 178
Tu Bishvat
  bênçãos, 311
  celebração, 312
  significado, 310

U

última ceia, 348
Universo, criação do, 32

V

vândalos, 193
vegetarianismo, 61, 65, 107
Victor Frankl, 346
Vulgata, 40

Y

YHVH, 28
Yom Kipur, 275–276
  celebração, 278
  Guerra de, 394
  serviços, 280
  significado, 276
Yossef Caro, 52

Projetos corporativos e edições personalizadas dentro da sua estratégia de negócio. Já pensou nisso?

Coordenação de Eventos
Viviane Paiva
viviane@altabooks.com.br

Assistente Comercial
Fillipe Amorim
vendas.corporativas@altabooks.com.br

A Alta Books tem criado experiências incríveis no meio corporativo. Com a crescente implementação da educação corporativa nas empresas, o livro entra como uma importante fonte de conhecimento. Com atendimento personalizado, conseguimos identificar as principais necessidades, e criar uma seleção de livros que podem ser utilizados de diversas maneiras, como por exemplo, para fortalecer relacionamento com suas equipes/ seus clientes. Você já utilizou o livro para alguma ação estratégica na sua empresa?

Entre em contato com nosso time para entender melhor as possibilidades de personalização e incentivo ao desenvolvimento pessoal e profissional.

PUBLIQUE
SEU LIVRO

Publique seu livro com a Alta Books.
Para mais informações envie um e-mail para: autoria@altabooks.com.br

 /altabooks /alta-books /altabooks  /altabooks

CONHEÇA OUTROS LIVROS DA **PARA LEIGOS**

Todas as imagens são meramente ilustrativas.

Este livro foi impresso nas oficinas gráficas da Editora Vozes Ltda.,
Rua Frei Luís, 100 – Petrópolis, RJ.